KB215925

CNB
713
목회서신에 관한 구속사 중심의 강해
성경신학 관점의 주해 및 본문 메시지

목회서신

송 영 찬

2024

크리스천
르네상스

지은이 | 송영찬

서울 총신대(1973-76년, B.A)와 수원 합동신학대학원대학교(1983-85년, M. Div)에서 신학을 공부했다. 기독교문사 편집실에서 기독교대백과사전 제작에 참여했고(1980-82년), 대한예수교 장로회 전북노회에서 목사 안수를 받았으며(1987년), "하나님의 편지"(1986-88년), "그리스도인"(1988-95년) 등을 발행하며 집필 활동을 하였다. 기독교개혁신보 편집국장으로 재직했으며(1996-2016년), 지금은 도서출판 〈교회와 성경〉 CNB 시리즈 편집인으로(2005년부터), 그리고 샤로수교회에서 설교자로(2018년부터) 섬기고 있다.

저서 및 출판 예정 도서

- **CNB 701 예수 그리스도**(2005년, 서울 : 칼빈아카데미)
  예수 그리스도를 가장 선명하게 소개하고 있는 마태복음 1-4장에서 사도 마태가 말하고자 하는 예수 그리스도에 대해 성경신학에 근거한 구속사적 관점에서 관찰하고, 이를 통해 이 시대의 교회가 추구해야 할 신앙의 좌표를 제시하고 있다.

- **CNB 702 산상수훈 연구**(2020년, 서울 : 교회와 성경)
  마태복음 5장-7장의 산상수훈의 강명과 하나님 나라의 삶에 대한 구속사적 이해를 통해 하나님 나라의 본질을 추적하고 하나님 나라를 세워 나가야 하는 이 땅의 교회와 성도들이 마땅히 나타내어야 할 삶의 정형 및 교회가 이 땅에서 세워 나가는 하나님 나라의 문화와 존재 의의를 제시하고 있다.

- **CNB 703 교회와 문화**(출판 예정)
  그동안 발표한 신학 관련 단편들을 한 자리에 모은 ANTHOLOGY로 바른 교회관과 신자의 삶에 대한 단상들을 살펴보고 하나님 나라의 백성으로 이 땅에서 살아가야 할 구체적인 삶의 정형들을 제시하고 있다.

- **CNB 704 세례와 성찬**(2006년, 서울 : 깔뱅)
  예수 그리스도의 지상 사역의 핵심은 새 언약을 수립하신 일이다(마 26:26-29). 이 새 언약에 기초하여 교회가 탄생했다. 이 교회의 핵심적인 실질을 세워나가기 위해 주어진 세례와 성찬에 대한 올바른 이해를 조명함으로써 교회들이 바로 서 가야 할 길을 제시하고 있다.

- **CNB 705 교회와 사명**(2006년, 서울 : 깔뱅)
  교회가 발휘하는 능력의 근원과 회원의 의식을 통해 역사 속에서 교회가 존재하는 의미로서 어떻게 사명을 구현할 것인가를 조명하고 하나님 나라의 구현을 위한 구체적인 삶의 형태들을 찾아 우리 시대에 있어야 할 교회상과 삶의 정형을 제시하고 있다.

- **CNB 706 교회와 신앙**(2006년, 서울 : 깔뱅)
  교회의 속성과 더불어 교회의 회원된 성도의 자기 인식, 즉 교회아(敎會我)로서의 자기 발견에 대해 살펴봄으로써 주의 군사로 장성하여 하나님의 나라를 구체적으로 세워나가야 하는 시대적인 사명 의식을 재확인하고 그에 따른 신앙의 자태를 제시하고 있다.

- **CNB 707 파노라마 구약성경**(2007년, 서울 : 깔뱅)
  구약성서를 이해하기 위한 입문서로 구속사적 관점에서 구약의 역사를 간략하게 살펴보는 50편의 글과 4편의 부록으로 구성되었으며 구약의 메시지인 하나님의 나라와 하나님의 언약에 대한 안목을 제시하고 있다.

- **CNB 708 창세기의 메시지 : 하나님의 언약**(2006년, 서울 : 깔뱅)
  4개의 언약을 중심으로 하나님의 구속 사역을 진행시키고 있는 창세기에서 언약 중심의 구속사를 조명하기 위해 성경신학에 근거해 창세기의 메시지를 관찰하고, 언약 공동체인 오늘날의 교회가 추구해야 할 신앙의 자태를 제시하고 있다.

- **CNB 709 출애굽기의 메시지 : 시내산 언약과 십계명**(2006년, 서울 : 깔뱅)
  신약의 교회를 모형으로 보여주는 이스라엘 교회의 속성을 보여주고 있는 시내산 언약을 중심으로 구약 교회의 태동과 장차 태어날 신약 교회 사이의 관계를 조명함으로써 이 시대의 교회가 추구해야 할 역사 의식을 제시하고 있다.

- **CNB 710 역대기의 메시지 : 다윗 왕국과 언약**(2006년, 서울 : 깔뱅)
  "왕국 언약에 기초하여 역사 속에 등장한 교회의 완벽한 전형이자 하나님 나라의 모형이었던 다윗 왕국의 역사를 탐구하고 역대기가 소망했던 새로운 왕국의 재건에 담긴 의미를 찾음으로써 우리 시대의 교회가 추구해야 할 성격을 제시하고 있다.

- **CNB 711 아가서 : 하나됨의 신비**(2018년, 서울 : 교회와 성경)
  아가서의 메시지를 성경신학적 관점에서 해설함으로써 혼인제도를 통한 가정의 세움이 궁극적으로 신약의 교회를 통해 새 하늘과 새 땅으로 묘사되는 에덴동산의 회복에 담겨 있는 의미를 밝히고 있다.

- **CNB 712 옥중서신**(2021년, 서울 : 교회와 성경)
  바울 사도가 옥중서신을 통해 제시하고 있는 교회론을 중심으로 교회의 본질과 정체성을 탐구하고 우리 시대의 교회가 추구해야 할 방향성과 함께 복음에 합당한 삶의 의미를 밝히고 있다.

목회서신

디모데전서 / 디도서 / 디모데후서

CNB 713

목회서신

A Study of the Pastoral Epistles of Paul
by Youngchan Song
Copyright © 2024 by Youngchan Song

Published by the Christian Renaissance Publishing House
Seoul, Korea

초판 인쇄 | 2024년 5월 1일
초판 발행 | 2024년 5월 4일

발행처 | 크리스천 르네상스
주소 | 경기도 안산시 단원구 와동로 5길 301호
전화 | 070-4894-7722, 010-6253-4742
등록번호 | 제2019-000004호
등록일자 | 2019년 1월 31일

발행인 | 정영오
지은이 | 송영찬
편집주간 | 송영찬
편집 | 신명기

―――――――――――――――――
총판 | 기독교출판유통
주소 | 경기도 파주시 광탄면 서원길 104
전화 | 031-906-9191

―――――――――――――――――
저작권자 © 2024 송영찬

이 책의 저작권은 저자에게 있습니다.
내용의 일부를 발췌 및 배포할 경우
서면에 의한 저자와 출판사의 허락을 받으십시오.

값은 표지에 있습니다.
파손된 책은 구입처나 출판사에서 교환해 드립니다.
ISBN 979-11-980535-6-5 93230

Printed in Seoul of Korea

CNB Facebook 페이지 | http://www.facebook.com/ChurchAndBible(교회와 성경)

CNB 시리즈
서 문

CNB The Church and The Bible 시리즈는 개혁신앙의 교회관과 성경신학적 구속사 해석에 근거한 신·구약 성경 연구 시리즈이다.

이 시리즈는 보다 정확한 성경 본문 해석을 바탕으로 역사적 개혁 교회의 면모를 조명하고 우리 시대의 교회가 마땅히 추구해야 할 방향을 제시함으로써 교회의 삶과 문화를 창달하는 것을 그 목적으로 하고 있다.

따라서 이 시리즈는 진지하게 성경을 연구하며 본문이 제시하는 메시지에 충실하고 있다. 그렇다고 이 시리즈가 다분히 학문적이거나 또는 적용이라는 의미에 국한되지 않는다. 학구적인 자세는 변함 없지만 궁극적으로 하나님의 나라를 지향함에 있어 개혁주의 교회관을 분명히 하기 위해 보다 더 관심을 가진다는 의미이다.

본 시리즈의 집필자들은 이미 신·구약 계시로써 말씀하셨던 하나님께서 지금도 말씀하고 계시며, 몸된 교회의 머리이자 영원한 왕이신 그리스도께서 지금도 통치하시며, 태초부터 모든 성도들을 부르시어 복음으로 성장하게 하시는 성령께서 지금도 구원 사역을 성취하심으로써 창세로부터 종말에 이르기까지 거룩한 나라로서 교회가 여전히 존재하고 있음을 그 무엇보다도 중요하게 여기고 있다.

아무쪼록 이 시리즈를 통해 계시에 근거한 바른 교회관과 성경관을 가지고 이 땅에 진정한 그리스도인의 삶과 문화가 확장되기를 바라는 바이다.

시리즈 편집인

송영찬 목사, 교회와성경 편집인, 샤론수교회, M.Div.
이광호 목사, 한국개혁장로회신학교 교장, 실로암교회, Ph.D.

〈표〉바울의 생애

제1기 사역 _ 회심과 예루살렘 방문		
32/33년	바울의 회심	
33-35년	시내산 방문 (예수님으로부터 계시를 받은 곳으로 보임)	
	다메섹과 아라비아 사역	
35/36년	회심 후 첫 번째 예루살렘 방문	
36-45년	길리기아, 수리아 사역	
	삼층천 경험 (42년경)	
45년	바나바의 초청으로 수리아 안디옥 사역	
46년	두 번째 예루살렘 방문 (기근을 위한 안디옥 교회 연보 전달)	
제2기 사역 _ 제1차 전도여행과 예루살렘 공의회		
46-48년	제1차 전도여행	
	① **갈라디아서** (48/49년, 안디옥에서 예루살렘으로 가는 도중)	
49년	세 번째 예루살렘 방문	
	예루살렘 공의회	
제3기 사역 _ 제2, 3차 전도여행과 예루살렘 성전 소요 사건		
50년	제2차 전도여행 (50-52년)	
51-52년	고린도 사역	
	② **데살로니가전서** (51년 초, 고린도)	
	③ **데살로니가후서** (51년, 고린도)	
	④ **히브리서** (51/52년, 고린도)	
52년 여름	네 번째 예루살렘 방문	
52년	제3차 전도여행 (52-57년)	
52-55년	에베소 사역	
	⑤ **고린도전서** (55년 봄, 에베소)	
55-57년	마게도냐, 일루리곤, 아가야 사역	
	⑥ **고린도후서** (56년초, 마게도냐)	
	⑦ **로마서** (57년 봄, 고린도)	
57년 5월	다섯 번째 예루살렘 방문과 유대인 소요 사건	
제4기 사역 _ 가이사랴와 로마의 옥중 생활		
57-59년	가이사랴 옥중 생활	
59년 9월	로마로 항해	
60년 2월	로마에 도착	
60-62년	로마 가택 연금	
	⑧ **골로새서**	
	⑨ **빌레몬서**	
	⑩ **에베소서**	
	⑪ **빌립보서**	
제5기 사역 _ 로마 구금 이후 전도 활동과 순교		
62-64년	로마 옥에서 풀려난 후 계속적인 전도 활동	
	(서바나?, 에베소, 그레데, 마게도냐, 드로아, 밀레도,	
	고린도, 니고볼리, 로마 등에서 사역)	
	⑫ **디모데전서** (62/63년, 마게도냐)	
	⑬ **디도서** (63년, 마게도냐 혹은 니고볼리로 향하던 도중)	
64/65년?	바울의 체포와 두 번째 투옥	
	⑭ **디모데후서** (64년 혹은 67년?, 로마)	
64(68?)년	바울의 순교	

〈지도〉 로마시대의 지도

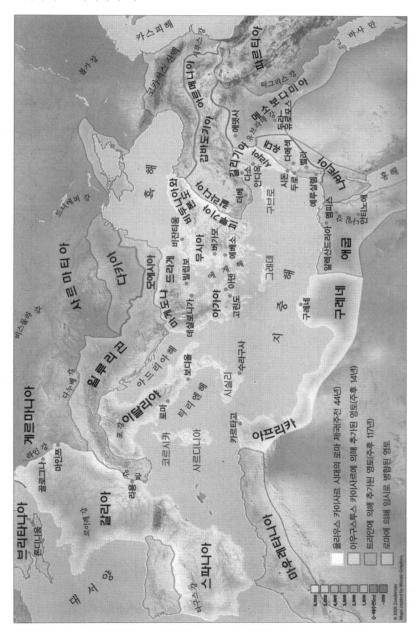

목회서신

디모데전서 / 디도서 / 디모데후서

헌   사

복음을 이어가며 다음 세대를 짊어질
그리스도의 군사들에게
이 책을 헌정합니다.

소영, 성주, 진모, 수정, 라헬, 준경,
제니퍼, 준혁, 린, 신비, 윤창, 선민,
은민, 진선, 바움, 수지, 제임스, 엘리야, 시엘

머 리 말

　바울 서신 가운데 디모데전후서와 디도서를 묶어 목회서신(The Pastoral Epistles)으로 부르고 있다. 목회서신은 바울 사도의 마지막 생애 기간에 기록되었다. 바울 사도는 AD 63년경 로마의 구금 상태에서 자유롭게 되어 그레데를 거쳐 소아시아와 마게도냐 교회들을 방문하던 중 AD 64년경에 다시 로마의 옥에 갇히게 되었다.

　이 과정에서 바울 사도는 디모데에게 서신을 보냈고(디모데전서, AD 63년경), 이어 디도에게도 서신을 보냈다(디도서, AD 63년경). 그리고 로마 옥중에서 재판을 받고 있던 중에 다시 디모데에게 서신을 보냈다(디모데후서, AD 64년 혹은 그 이후).

　이즈음 교회는 여러 형태의 신학적 문제점을 해결해야 하는 상황이 전개되고 있었다. 이때는 아직 정경으로서 신약 성경이 정립되어 있지 않던 시기였다. 때문에 ① 교회는 유대교의 영향을 받은 유대주의자들을 상대로 복음에 근거한 신학적 정체성을 확고하게 세워야 했다. ② 교회는 유대교와 헬라 지역의 토속 종교의 공격으로부터 복음을 온전하게 보존해야 했다. ③ 교회는 헬라 철학의 영향을 받아 변질된 유대인들과 헬라 종교와 혼합된 유대교의 악의적인 공격을 상대로 성도들을 보호해야 했다.

　그동안 교회를 세웠던 사도들의 시대가 지나가고 있었기에 교회는 이러한 내적, 외적인 문제들을 원만하게 대처하기 위한 새로운 지도자들이 필요했다. 이처럼 급변하고 있는 상황 가운데 있는 교회를 위해서 바울 사도는 복음의 가르침을 지켜내고, 온전하게 복음을 보존하며, 이 복음을 변호하기 위한 교회의 지도자들을 세우는 일에 깊은 관심을 가져야 했다.

바울 사도는 하나님께서 교회에 직분자들을 주신 것을 가리켜 "이는 성도를 온전케 하며, 봉사의 일을 하게 하며, 그리스도의 몸을 세우려 하심이라"(엡 4:12)고 정의한 바 있다. 이러한 관점에서 목회서신은 ① 교회의 지도자들을 선출함에 있어 그 직책을 원만하게 수행하기 위해 요구되는 자질과, ② 교회의 질서와 체제를 유지하고 발전시켜 나가기 위한 신학적인 교훈 및 지침에 깊은 관심을 보이고 있다.

특별히 바울은 이 목회서신을 통하여 직분자들과 성도들이 합력함으로써 하나님의 집이며, 진리의 기둥이며, 진리의 터로서 교회가 그리스도의 성육신에 담긴 신비와 그 적용의 보편성 그리고 그리스도의 현재 및 장차 임할 영광을 널리 나타내기를 기대하고 있다(딤후 3:14-16).

따라서 우리가 목회서신을 대할 때에는 ① 교회는 하나님의 집이며, 진리의 기둥이며, 진리의 터라는 사실에 대한 명확한 이해를 가지고 있어야 하며, ② 교회는 그리스도의 성육신에 담긴 신비와 그 적용의 보편성 그리고 그리스도의 현재 및 장차 임할 영광을 위해 존재하고 있다는 사실에 대한 고백과, ③ 교회는 복음을 온전하게 보존하고 다음 세대에 전수해야 한다는 확고한 사명 의식에 따른 경건한 삶을 살아야 한다는 자세를 가져야 할 것이다.

필자는 2021년 9월 5일부터 2023년 5월 14일까지 샤로수교회에서 31회에 걸쳐 목회서신을 강설하는 기쁨을 누렸다. 이렇게 강설한 원고를 수정·보완하여 한 권의 책으로 엮게 되었다.

이 책의 처음 원고는 2007년도에 작성되었으며, 대한성서공회의 개역한글판을 기본으로 인용했었다. 그동안 여러 차례 원고를 수정하고,

본문 강해를 진행하면서 개역개정 4판을 인용하게 되었다. 일부는 개역한글판을 혼용하기도 했다. 때로는 필자가 개인적으로 번역하기도 했다. 영어성경은 KJV와 NIV를 주로 인용했다. 헬라어 성경은 비잔틴 사본(RP Byzantine Majority Text, 2005)을 주로 인용했다. 어느 역본을 택하든 최대한 본문의 의미를 담아내는 데 주력했다.

1973년에 총신대학교에 입학하고 신학의 길에 들어선 지 벌써 50년이 지났다. 여전히 공부할 게 많고 배워야 할 게 많기만 하다. 이 책이 신학의 길에 들어선 신학도들에게 하나의 징검다리가 되기를 바란다.

이 책이 널리 읽힘으로써 우리 시대의 교회가 사도로부터 물려받은 이 복음을 보존하고 계승하기 위해 충성하는 직분자들이 많이 세워지기를 바라는 마음 간절하다(딤후 2:2).

지난 20년 동안 함께 걸어 온 CNB 독자들, CNB 시리즈를 지지하고 응원을 아끼지 않은 실로암교회 이광호 목사님과 실로암교회 성도님들, 그리고 기꺼이 출판의 짐을 짊어진 〈도서출판 크리스천 르네상스〉 정영오 대표님과 출판 담당자들에게 마음을 담아 감사를 드린다.

이 책을 출판하기까지 묵묵히 자리를 지켜준 샤로수교회 성도들에게 고마운 마음을 전한다. 늘 힘이 되어주는 아내 나에스더와, 격려를 아끼지 않는 이강숙 권사님께 감사를 드린다.

2023년 6월 6일
관악산 아래 커피향이 진한 슬리핑피쉬 카페에서
저자 아룀

차 례

CNB 시리즈 서문 / 5
바울의 생애 / 6
로마시대의 지도 / 7
머리말 / 11

| 목회서신 |

〈서 론〉 종말의 시대를 살아가는 교회와 그 사명 (딤후 4:1-8) ················· 19

| 디모데전서 |

〈개 요〉 _ 40
〈서 론〉 사도적 복음 계승과 교회의 직분 (딤전 4:12-16) ················· 46
1 _ 교회에 주어진 사도의 복음 (딤전 1:1-2) ················· 62
2 _ 율법의 목적과 바른 교훈의 근거 (딤전 1:3-11) ················· 76
3 _ 사도 바울이 전파한 '바른 교훈'의 핵심 (딤전 1:12-20) ················· 90
4 _ 공중 기도의 중요성과 그 범위 (딤전 2:1-7) ················· 105
5 _ 그리스도인의 신분과 그 품행 (딤전 2:8-15) ················· 119
6 _ 교회의 직분으로서 감독과 집사 (딤전 3:1-13) ················· 133
7 _ 교회의 직분과 복음의 사명 (딤전 3:14-16) ················· 149
8 _ 교회 지도자의 역할과 사명 (딤전 4:1-10) ················· 164
9 _ 교회 지도자의 위치와 사명 (딤전 4:11-16) ················· 179
10 _ 교회 회원들 사이의 책임과 의무 1 (딤전 5:1-16) ················· 192
11 _ 교회 회원들에 대한 책임과 의무 2 (딤전 5:17-25) ················· 207
12 _ 복음에 관한 사도의 믿음과 교회의 계승 (딤전 6:1-10) ················· 220
13 _ 복음에 관한 믿음의 보존과 계승 (딤전 6:11-21) ················· 238

• 참고도서 / 254

| 디도서 |

〈서 론〉 사도적 복음 계승과 교회 중심의 생활 ················ 256

1_ 사도의 복음과 교회의 계승 (딛 1:1-4) ················ 271

2_ 사도의 복음 계승을 위한 교회 질서 (딛 1:5-16) ················ 282

3_ 성도들의 경건 생활을 지지하는 복음 (딛 2:1-10) ················ 294

4_ 하나님의 은혜와 그에 합당한 생활 원리 (딛 2:11-15) ················ 310

5_ 새 생명을 얻은 성도의 역할과 복음의 개요 (딛 3:1-8) ················ 324

6_ 복음의 확장과 하나님 나라의 건설 (딛 3:8-15) ················ 338

• 참고도서 / 351

| 디모데후서 |

〈서 론〉 사도적 복음 계승과 교회의 투쟁 ················ 354

1_ 사도로부터 받은 복음의 보존과 승계 (딤후 1:1-5) ················ 368

2_ 성령의 능력과 복음 전도 (딤후 1:6-18) ················ 382

3_ 복음의 계승을 위한 교회의 충성과 헌신 (딤후 2:1-13) ················ 396

4_ 복음의 계승을 위해 교회에게 주어진 훈령 (딤후 2:14-26) ················ 410

5_ 복음을 위한 투쟁과 교회의 승리 (딤후 3:1-9) ················ 423

6_ 교회에게 유익을 주는 복음의 능력 (딤후 3:10-17) ················ 438

7_ 배교의 시대에 교회가 보존해야 할 복음 (딤후 4:1-5) ················ 452

8_ 배교의 시대에 교회가 각성해야 할 사명 (딤후 4:6-22) ················ 466

• 참고도서 / 480

성구색인 / 481

목회서신

〈목회서신 서론〉

종말의 시대를 살아가는 교회와 그 사명

디모데후서 4:1-8

하나님 앞과 살아 있는 자와 죽은 자를 심판하실 그리스도 예수 앞에서 그가 나타나실 것과 그의 나라를 두고 엄히 명하노니 너는 말씀을 전파하라 때를 얻든지 못 얻든지 항상 힘쓰라 범사에 오래 참음과 가르침으로 경책하며 경계하며 권하라

때가 이르리니 사람이 바른 교훈을 받지 아니하며 귀가 가려워서 자기의 사욕을 따를 스승을 많이 두고 또 그 귀를 진리에서 돌이켜 허탄한 이야기를 따르리라 그러나 너는 모든 일에 신중하여 고난을 받으며 전도자의 일을 하며 네 직무를 다하라

전제와 같이 내가 벌써 부어지고 나의 떠날 시각이 가까웠도다 나는 선한 싸움을 싸우고 나의 달려갈 길을 마치고 믿음을 지켰으니 이제 후로는 나를 위하여 의의 면류관이 예비되었으므로 주 곧 의로우신 재판장이 그 날에 내게 주실 것이며 내게만 아니라 주의 나타나심을 사모하는 모든 자에게도니라

사도들에 의해 세계 곳곳에 복음이 전파되기 전까지 교회에서는 아직 신학적 논쟁이 필요하지 않았다. 교회가 예루살렘과 유다 및 사마리

아 지역에 있는 동안에는 기독교의 터로 자리를 잡아 가는 일에 보다 깊은 관심을 보이고 있었다. 이때까지만 해도 기독교는 유대교를 신봉하는 유대인들과 더불어 살면서 교회의 정체성을 확립하는 일에 힘을 쏟고 있었다.

반면에 사도들에 의해 수리아의 안디옥으로부터 시작하여 소아시아와 마게도냐와 이고니온 등지로 널리 복음이 전파되면서부터 신학적 문제가 발생하게 되었다. 그 내용은 아래와 같다.

① 교회 내 신학적 문제 : "회심한 이방인 신자들에게도 유대인 신자들과 같이 할례와 율법의 규례 등을 준수하게 해야 하는가?"에 대한 문제가 발생했다. 이것은 아직도 선민의식이 강한 유대인의 전통과 관습 아래에 있던 유대인 신자들이 기독교를 변형된 유대교의 하나인 것으로 오해함으로써 시작되었다.

② 복음의 훼손 문제 : 일부 복음을 바르게 받아들이지 않은 유대인 신자들이나 혹은 이방 종교로부터 회심한 신자들에 의해 사도로부터 계승한 복음의 본질을 왜곡시키는 문제가 발생했다. 심지어 유대인 출신 신자 중 일부는 자신들이 먼저 복음을 받았다는 우월성을 내세우면서 이방인 신자들로부터 사사로이 영리를 취하기도 했다. 그 가운데는 자기들이 살고 있었던 지방의 이방 종교로부터 영향을 받은 유대인들이 복음을 변질시키고, 이 변질된 복음을 사도들의 복음보다 우위에 있다고 주장하는 이들도 있었다.

③ 교회의 외부로부터 오는 종교적 갈등 문제 : 복음을 받아들이지 않은 일부 유대인들이나 이방인들은 교회의 복음 전도를 자기들이 추종하고 있는 유대교나 이방 종교에 대한 도전으로 받아들이거나, 혹은 그로 인하여 발생하게 되는 자기들의 기득권에 대한 도전으로 간주하고 교회를 핍박하는 문제들이 발생했다.

이처럼 복음의 확장과 더불어 세계 여러 곳에 교회가 세워지면서부터 교회는 다양한 형태의 도전을 받게 되었다. 이와 관련해 사도 시대에 나타났던 거짓 가르침과 거짓 신앙 및 사상들을 살펴보고 그에 대해 사도들이 어떻게 대처했는가를 확인함으로써 우리 시대의 교회가 마땅히 추구해야 할 삶의 지표로 삼고자 한다.

1. 복음에 대한 거짓 교리들의 도전

1) 갈라디아서(AD 48/49년)에 나타난 유대주의자들

첫 번째 문제는 이방인 회심자들에게 할례와 율법의 규례들을 적용하려고 하는 유대주의자들에 의해 발생했다.[1] 갈라디아서에 나타난 이 '다른 복음'(갈 1:7)은 이방인 신자들을 자기편으로 만들어서 할례의 규례를 받아들이게 하려고 열정적으로 전도 정책을 펼친 유대주의 신자들에 의해 야기되었다(갈 5:2-12).

그 당시, 가나안 지방에서는 유대교 열심당들(Jewish Zealots)이 한창 세력을 확장하고 있었다. 이 열심당들은 로마에게 협력하는 유대인들뿐 아니라, 유대적 전통을 등한시하는 유대인들을 상대로 공공연하게 폭력을 행사하고 있었다. 이런 사회적 분위기 속에서 오랜 전통과 관습을 지키고 있는 유대인들은 '기독교인들이 할례받지 않은 이방인들과 교제한다'라고 강하게 비난하고 있었다. 이러한 비난을 잠재우기 위해 유대인 신자들은 이방인 신자들에게 할례를 받아야 한다고 주장

---

1) 유대주의자(Judaizers)란 유대교의 종교적 관습을 받아들였거나 다른 사람들에게 영향을 주어 그렇게 하도록 하는 사람들을 가리킨다. 이들은 교회에서 모세의 율법과 같은 유대주의 관습과 의식들을 받아들여야 한다고 주장했다. 유대주의자라는 이 단어는 갈라디아서 2장 14절에서 Ἰουδαΐζειν 라는 헬라어로 한번 사용되었다. 바울은 기독교인이 유대교의 전통을 받아들이는 것을 경계했다.

했다.[2]

이에 대해 바울은 할례를 주장하는 유대주의를 추종하는 신자들의 주장을 '다른 복음'(a different gospel : 갈 1:6-9)이라고 규정하고, 성도들은 '이신칭의'(be justified by faith in Christ)에 근거하여 복음으로만 구원을 받는다는 사실을 규명함으로써(갈 2:16) 유대주의 신자들의 주장을 일축했다.

이와 비슷한 일이 수리아의 안디옥 교회에서도 발생했다. 바울은 이 '다른 복음'과 관련된 일로 말미암아 예루살렘 공의회에 참석하게 되었다. 예루살렘 공의회에서는 할례와 율법의 규례를 준수해야 한다는 주장을 펼치는 유대주의 신자들의 '다른 복음'을 거부하고, 더 이상 이방인 회심자들에게 할례를 시행하지 않도록 결정했다(행 15장).

2) 고린도 전, 후서(AD 55-56년)에 나타난 거짓 교사들

갈라디아서에 나타난 '다른 복음'을 전하는 유대주의자들과 비슷한 정체를 가진 일단의 무리가 고린도 교회에서도 발견된다. 소위 자신들은 그리스도에게 속했다고 주장하는 이 무리는 바울이나 베드로나 아볼로가 전한 것과는 다른 예수, 다른 성령, 다른 복음을 전하고 있었다(고후 11:4-5 참고).

이들에 대해 바울은 그들을 자칭 '히브리인이요 이스라엘 사람이요 아브라함의 자손들이요 그리스도의 일꾼이라고 하는 자들'로 묘사하고 있다(고후 11:22-23; 갈 2:4; 행 15:1, 5 참고). 그들은 예루살렘 교회가 공식적으로 파송한 전도자들이 아니었으며, 유대교와 혼합된 이방 종교 사상을 가지고 고린도 교회로 들어온 '거짓 교사들'이었다(고후 3:1).

---

2) Ralph P. Martin, 신약의 초석 II, 원광연 역, 고양, 크리스챤다이제스트, 1993, p. 236.

이 거짓 교사들은 예수 그리스도로부터 특별한 지식(γνωσις, 고전 3:18-20; 8:1-3, 10, 11; 13:9)을 받았으며, 이전의 모든 계시의 권위 곧 구약과 사도들의 권위로부터 해방되었다고 주장했다. 그들은 이전의 모든 규례와 도덕적 의무 사항들이 폐기되었고, 이제는 그 금기 사항들이 자기들에게 무의미하게 되었다고 주장했다. 그리고 모든 것이 '내게 가하다'(고전 6:12; 10:23)라고 하는 논리를 펼쳤다.

이 거짓 교사들은 그리스도인의 삶을 고난과 실패에서 완전히 벗어난 것으로 받아들이는 일종의 승리주의 관념에 빠져 있었다. 이 무리가 주축이 되어 반율법주의(antinomianism)를 주장하면서 한때 고린도 교회에서 주의 성찬은 일종의 축제와 주연의 자리로 변질되었다.

그들은 '새로운 지식'을 자랑하면서 마치 성령의 은사들을 행할 수 있는 것처럼 자신들을 높이는 데 현혹되어 있었다(고전 12-14장). 더 심각한 것은 육체를 무시하고 육체의 부활도 거부했다(고전 15장). 그들은 장차 성도가 하나님 나라에서 수행하게 될 왕 노릇을 이 땅에서 이미 행하고 있었다(고전 4:8). 그 정도로 자신의 권위를 내세운 거짓 교사들은 바울의 사도권에 대해서도 의문을 표시하면서 바울 사도의 권위를 부인하기에 이르렀다.[3]

이 거짓 교사들은 유대주의자들과는 달리 할례를 강력하게 주장하지는 않았지만, 교회 안에서 상당히 강압적인 권위를 누리고 있었다(고후 11:19-20). 하지만 바울처럼 그리스도를 위하여 고난을 겪거나 복음 사역을 위해 수고하지는 않았다(고후 11:23). 바울은 이들을 가리켜 '자칭 그리스도의 일꾼이지만 거짓 사도들이며, 속이는 일꾼들이며, 자기를 그리스도의 사도로 가장하는 자들이며, 사탄의 일꾼들이다'라고 그들의 정체를 밝혔다(고후 11:13, 15, 26).

---

3) Robert L. Reymond, 바울의 생애와 신학, 원광연 역, 고양, 그리스챤다이제스트, 2003, p. 245.

3) 골로새서와 에베소서(AD 60~62년)에 나타난 이단들

골로새 교회와 에베소 교회는 유대인의 민중 신앙과 브루기아 지방의 토착 신앙 그리고 기독교의 기초적인 가르침이 뒤섞인 종교적 혼합주의의 위협을 받고 있었다(골 2:8). 이것은 지금까지 나타난 유대주의자들이나 거짓 교사들과는 다른 양상을 보이고 있었다. 이 혼합적인 가르침의 특징은 다음과 같다.

① 그들은 신지론적(theosophic) 지혜를 가지고 있다고 주장했다. 그들이 주장하는 지혜는 창조의 신에게서 오는 신비한 지혜이며, 이것은 일종의 비술(occult)로, 원한다면 다른 사람들에게 줄 수 있는 능력을 갖추고 있다고 주장했다(골 1:9, 28; 2:3, 8, 23; 3:16; 4:5).
② 그들의 가르침에는 의식적(ritualistic) 성격이 포함되어 있었다. 그들은 유대인들의 할례와 음식법과 특별 절기를 준수해야 한다는 종교적인 제도를 중요시하고 있었다(골 2:11; 16~17; 3:11).
③ 그들 중 일부는 금욕적(ascetic) 가르침을 주장했다. 그들은 금욕을 강조하고 육체를 천하게 여기고 있었다(골 2:21, 23).
④ 일부는 마술적(magic) 행위를 강조했다. 그들은 천상의 신들에게 제의적인 행위를 통해 그 신들의 능력과 접촉한다고 여기고 있었다(골 1:16; 2:10, 15; 4:3, 9).
이처럼 브루기아 지방에 나타난 거짓 가르침은 다양한 이방 종교의 특성을 가지고 있었다는 점에서 기독교 역사상 등장하는 최초의 혼합주의 성격을 가진 이단이라 할 수 있다.

이 혼합주의 사상을 가지고 거짓 가르침을 전파하는 자들은 자신들의 주장이 그리스도의 복음을 대치하는 것이 아니라 오히려 그 복음을 보충함으로써 골로새 교회와 에베소 교회 성도들을 기독교의 초보 단

계를 넘어 충만하고 완전한 단계로 이끌어 준다며 유혹했다.

　바울은 이들의 주장이 예수 그리스도의 유일하고도 최종적인 위대성 (우주론적 기독론)과 그리스도의 속죄 사역의 충족성(교회론적 기독론)에 도전하는 것이라고 밝히고, 참 복음이 가르치는 우주적 그리스도의 주되심과 그 풍성함과 초월성을 제시하면서 실현된 종말론을 통해 이들의 거짓 가르침을 반박했다.4)

　4) 빌립보서(AD 62년)에 나타난 거짓 교사들

　빌립보 교회 역시 비슷한 문제로 신학적인 도전을 받고 있었다. 바울은 이들의 정체를 명확하게 밝히고 있지 않지만, 수신자들이 이들의 정체를 이미 알고 있는 것으로 전제하고 있다. 바울은 빌립보 교회가 이들의 거짓 가르침에 크게 유혹되어 있지 않다는 점을 염두에 두었던 것으로 보인다(빌 3:2).

　이 거짓 가르침은 ① 유대적 율법주의(빌 3:2, 6-8)와 ② 완전주의(빌 3:12-16) 그리고 일종의 ③ 자유방임주의(빌 3:18-19)를 주장하고 있다는 점에서 그들의 주장이 에베소 교회와 골로새 교회의 이단과 유사한 면을 가지고 있음을 알 수 있다. 이 거짓 가르침을 주장하는 무리가 여럿으로 각기 다른 주장을 한 것인지는 확실하지 않지만 혼합된 하나의 집단이었을 가능성도 있다.

　빌립보서에 등장하는 이 거짓 교사들은 유대교의 우수성을 신봉하면서 강한 선민의식을 가지고 있는 유대주의자들이었던 것으로 보인다. 이들이 자신들의 민족적 신분을 나타내는 표지로 할례를 주장했던 이유는 선민으로서 민족적 지위를 재확인하려는 정치적 갈등에서 그 원인을 찾을 수 있다.

---

4) Robert L. Reymond, 바울의 생애와 신학, pp. 290-291.

이들은 할례를 받아들임으로써 진정한 이스라엘이 된다고 주장했다. 이 주장의 이면에는 완전주의라는 거짓 주장이 도사리고 있었다. 또한 장차 올 파루시아(parousia), 곧 주님의 재림에 대한 소망을 부인함으로써 도덕적 책임을 소홀히 하는 자유방임주의로 흐르고 있었다.

이들은 그리스도인이 고난과 역경과 고통이 전혀 없는 삶을 살 수 있다고 주장했는데, 그리스도인은 이미 영적인 사람으로 그리스도와 함께 부활하여 이 땅에서 천상의 삶을 살게 된다는 허망한 생각에 빠져 있었다.

반면에 바울은 오히려 그리스도인들에게 고난이 있음을 강조하고 있다. 성도들에게 고난이 온다면 그것은 하나님의 선하신 목적을 위해 허락된 것이다. 바울이 옥에 갇힌 것 역시 바울이 거짓 사도이기 때문에 고난을 받는 것이 아니라 진정한 사도임을 보여주기 위해 하나님이 주신 표적이었다.

성도들이 누리는 최종적 완전이란 미래에 얻을 소망이며, 끈질긴 노력이 소요되는 마라톤 경주와 같이 성도들은 미래의 소망을 향해 달려가야 한다(빌 3:12-15). 때문에 바울은 현재의 완전성을 신랄하게 부인하면서 동시에 장차 올 파루시아를 강조하고 있다(빌 3:20-21). 이 파루시아에 대한 소망은 새 생명에로의 부활이 그 보증이 됨과 동시에 이 세상의 삶에 대한 윤리적 관심을 요구한다.

바울은 성도들의 삶은 그리스도의 '주' 되심을 기반으로 개인적, 사회적 관계를 이루어가는 것에 있다고 보았다(빌 2:1-5). 이에 바울은 고난과 희생이 따르는 순종의 길을 통해 주님이신 그리스도를 향해 앞으로 나아가고 있는 것처럼, 성도들 역시 바울처럼 고난과 희생적인 순종의 삶을 살아야 할 것을 권면하고 있다.

이 완전주의 사상으로 인해 빌립보 교회 형제들 가운데 일부가 바울의 '이신칭의'를 오해하게 되었고, 자신들은 이미 완전한 상태에 도달했기 때문에 더 이상 도덕적인 노력을 하지 않아도 된다고 여겼던 것으로 보인다. 바울은 이들의 잘못된 오해를 풀어주기 위해 이 문제를 거론하고 있다.

반면에 할례를 받고 율법을 따름으로써 복음보다 더 완전함에 도달할 수 있다는 그들의 주장은 하나님의 은총을 미래의 보이지 않는 세계가 아닌 현세에서 누릴 수 있는 것처럼 보이게 한다. 때문에 고난과 도덕적 책임을 강조하는 바울보다 더 매혹적으로 보였음이 분명하다. 그러나 그들의 가르침을 받아들인다면 완전주의와 자유방임주의로 흐를 수밖에 없다.

바울은 그들의 주장을 반박하면서 성도들의 시민권($\pi o\lambda\iota\tau\epsilon\upsilon\mu\alpha$)을 강조하고 있다(빌 3:20-21). 이 '시민권'이라는 단어는 다른 민족들에 의해 둘러싸여 살면서 독립적으로 존재하는 사람들을 지칭한다. 당시 유대인들은 자기들의 법에 따라 살 수 있도록 허락된 자치 구역($\pi o\lambda\iota\tau\epsilon\upsilon\mu\alpha\tau\alpha$)에서 거주하고 있었다. 바울은 이러한 유대인들의 자치 구역과 비교하기 위해 이 단어($\pi o\lambda\iota\tau\epsilon\upsilon\mu\alpha$)를 사용하고 있다. 이런 점에서 빌립보서에서 언급하고 있는 그들의 정체는 유대인들 혹은 이교에서 개종한 유대 교인들일 가능성이 크다(Gerald F. Hawthorne).[5]

2. 사도적 복음을 부인하는 거짓 교사들

1) 베드로후서(AD 64년경)에 나타난 거짓 교사들

베드로가 지적하고 있는 거짓 교사들은 자신들의 생활과 교훈을 통

---

5) Gerald F. Hawthorne, 채천석 역, 서울, 솔로몬, 1999, pp. 58-59.

해 예수님의 주되심을 부인하고 있었다(벧후 2:1). 그들은 교회에서 거룩
하게 수행하고 있는 사랑의 교제인 애찬을 더럽혔으며, 그들 자신은 부
도덕했으며, 음란한 생활을 통해 성도들을 오염시키고 있었다. 그들은
신자들의 생활에서 율법의 위치를 감소시키고 자유와 방임을 강조함으
로써 성도들을 방종에 빠뜨리고 있었다(벧후 2:10, 12-13, 18-19).

이 거짓 교사들은 화려한 말솜씨를 앞세워 그럴듯한 재치를 내보이
며 자신들의 이익을 탐하고 있었다. 심지어 유익을 얻을 수 있는 사람
들에게는 온갖 추태를 부리는 것까지도 서슴지 않았다(벧후 2:3, 12, 14,
15, 18). 그러면서 그들은 거만하고 냉소적이었다. 특히 주님에 대해서나
교회의 지도자들에 대해서 그리고 천사들에 대해서도 그러했다(벧후
2:1, 10, 11).

그들은 자신들의 주장을 뒷받침하기 위해 사도들이 전한 복음에 근
거하지 않고 자기들이 경험한 환상이나 예언을 강조했다(벧후 2:1). 그리
고 교회 공동체 안에서 분쟁을 일삼았으며 스스로 우월의식에 빠져 있
었다(벧후 2:2, 10, 18).

무엇보다도 그들의 신학은 그리스도의 재림을 부정할 뿐 아니라 재
림의 사실에 대해 조롱하고 있었다(벧후 3:3-4). 그리고 자신들의 주장을
증명하려고 구약의 예언들과 바울 서신들을 왜곡하거나 도용하고 있었
다(벧후 1:18-2:1; 3:15). 그러면서 자신들은 출중한 지식을 가지고 있다고
자랑했다.6)

이러한 거짓 교사들과 그들의 가르침은 고린도 교회에서도 발견된
다. 고린도에서는 자유를 앞세워 자유로운 성생활을 옹호하는 이들이
있었다(고전 6:12, 14). 이들은 주님을 부인했으며(고전 6:18-20), 자신들의
지식을 강조한 나머지 이교적인 종교의식(宗敎儀式)에 참여하는 것을 정
당화시키기도 했다(고전 8장, 벧후 2:10).

---

6) Michael Green, 베드로후서, 권성수 역, 서울, 기독교문서선교회, 1980, p. 45.

이들은 한결같이 거룩한 성찬을 오염시켰으며(고전 11:21) 파당을 조장시켰다(고전 3장; 벧후 2:18-19). 무엇보다도 하나님 나라의 미래적인 요소, 즉 재림과 부활을 부정했다(고전 15장). 그 결과 그들은 도덕적 방종에 빠져 있었다.

이와 비슷한 이단들은 요한계시록에서도 발견된다. 소위 니골라당이라는 분파가 그것이다. 그들은 성적 부도덕과 우상숭배와 자신들의 지식 탐구에 빠져 있었으며, 그 결과 자기들 중심의 파당을 만들었다(계 2-3장). 베드로가 지적하는 발람(벧후 2:15)이라는 이름은 니골라당(계 2:14)과 긴밀한 연관이 있는 것으로 보인다.

베드로후서에 언급된 이단들과 비슷한 주장을 펼친 것은 골로새 교회에 나타난 이단들이었다. 오늘날 터키의 중앙을 차지하고 있는 넓은 지역의 리쿠스 벨리(Lycus Vally)에 있는 도시들은 브루기아의 토속 신앙과, 페르시아의 종교적 요소들과, 일종의 황홀경과 같은 체험을 통해 지혜(sophia)를 얻음으로써 구원에 이른다는 신비주의와, 다양한 헬라 문화가 혼합된 관념들이 뒤섞여 있었다.[7]

이러한 혼합주의로 말미암아 발생한 변종된 유대주의자들은 "복음보다 진일보한 지혜와 지식(γνωσις)에 참여하고, 일종의 신비스러운 비결(비밀) 전수를 통하여 더 깊은 신비들을 탐구함으로써 '완전'에 이르러야 한다"고 주장하면서 교회 공동체 회원들을 유혹했다.

혼합주의에 빠진 이단들의 활동으로부터 교회를 보존하는 길은 그리스도를 아는 지식과 그리스도인 공동체의 삶의 특징을 이루는 덕목들에 있어서 영적인 성장뿐이다. 영적인 성장은 예수 그리스도를 아는 지식이 성도들이 행하는 덕목, 곧 경건한 삶을 통해 맺어진 열매로 확인된다.

---

7) Ralph P. Martin, 신약의 초석 II, p. 317.

이런 점에서 베드로가 "이러므로 너희가 더욱 힘써 너희 믿음에 덕을, 덕에 지식을, 지식에 절제를, 절제에 인내를, 인내에 경건을, 경건에 형제 우애를, 형제 우애에 사랑을 공급하라"(벧후 2:5-7)고 강조하고 있는 것은 당연하다. 왜냐하면 이러한 덕목들은 신자들이 하나님의 성품에 참여하고 있다는 증표(벧후 2:4)이기 때문이다.

2) 유다서(AD 64년경)에 나타난 거짓 교사들

유다서는 대부분 거짓 교사들에 대해 언급하는 것에 할애되어 있다(유 5-16절). 여기에서 유다는 모세오경에서 취한 하나님의 심판을 예로 들어 광야 세대, 범죄한 천사들, 소돔과 고모라 사람들을 거짓 교사들과 동일한 범주에 넣고 있다(유 5-10절). 이어 거짓 교사들에게 '화'를 선포한 후에 그들을 구약성서에 나오는 세 명의 악한 죄인들, 즉 각기 하나님을 배반한 가인, 발람, 고라와 연결함으로써 그들의 행위와 특성(유 11-13절) 그리고 그들의 악한 행실을 묘사하고 있다(유 14-16절).

이 거짓 교사들의 가르침은 하나이신 주재, 곧 주 예수 그리스도를 부인하고 있었다. 유다는 이 거짓 교사들의 정체나 그들이 범하고 있는 교리적인 오류보다는 그들의 방종한 행동을 통하여 그들이 근본적으로 기독교의 특성인 은혜의 교리를 잘못 이해하고 있음을 강조하고 있다. 그들은 하나님께서 행하시는 은혜의 구속력을 무시하고 비도덕적인 탐닉을 마치 합법적인 것처럼 여기는 방종주의자들이었다. 또한 그들은 하나님의 계시보다는 자기 자신들의 꿈을 더 앞세우고 있었다. 그들에게는 성령론이 아예 결여되어 있었다.

더 문제가 되는 것은 그들의 도덕적인 결함이었다. 그들은 이성이 없는 짐승보다도 못한 짓들을 하고 있었다(유 10절). 그들은 부자연스러운 탐욕에 제멋대로 탐닉하고 있었으며 분명히 정욕의 지배를 받고 있었다. 이것은 그들이 더럽혀져 있음을 의미한다(유 23절). 또한 이들은 불만에 차 있었고 무례하며 탐욕적이었다(유 16절). 어떤 점에서 그들은 금전적인 이익을 위해 자신들의 사상을 이용하고 있었다.

유다는 이들을 가리켜 교회 안에 가만히 들어 온 거짓 교사들이라고 밝히고 있다(유 4절). 그들은 방탕한 생활을 하고 있는데 음란하고(유 4, 8절), 권위를 멸시하며(유 8-10절), 이기적이고 탐욕스러웠다(유 12절). 그들은 스스로 공동체의 지도자라고 주장하지만 그들의 가르침에는 내용이 없었고(유 12-13절), 스스로 자신들을 자랑하는 자들이었다(유 16절). 유다는 이 거짓 교사들의 형태들이 구약과 사도들이 경고한 예언이 성취되는 것으로 제시하며, 그들에게 임할 하나님의 심판을 예고하고 있다.

3. 신학적 혼돈을 초래한 이단들의 도전

1) 요한일서(AD 64년경)에 나타난 이단과 그 정체

복음을 위협하는 사상들을 상대로 사도들로부터 물려받은 믿음을 굳건하게 세워나가던 교회는 사도 시대 말기에 또 다른 위협을 당하고 있었다. 그것은 교회 공동체 내부에 가지고 있는 구조적인 문제와도 연결되어 있었다.

당시 교회는 여전히 유대교 색채를 강하게 유지하려고 하는 일단의 무리와 헬라 종교와 문화의 영향으로부터 아직 자유롭지 못한 일단의 무리로 인해 야기된 문제들을 안고 있었다. 전자의 문제는 바울 서신서들에서 충분히 다루고 있기에 교회에서는 이에 대한 대책이 마련되어 있었다. 그러나 이교적 종교와 문화의 영향 아래에 있는 후자의 경우에는 그리 단순한 문제가 아니었다.

당시 헬라의 이교적 체계는 이원론적 배경을 강하게 유지하고 있었다. 따라서 헬라적 사고방식에 길들어 있었던 이방인 회심자들이 기독교 복음의 핵심인 예수님의 온전한 사람되심(humanity), 즉 성육신에 대해 올바르게 이해한다는 것은 결코 쉬운 일이 아니었다.[8)]

이들 회심자에게서 나타나는 주된 문제점들은 ① 그리스도의 재림에 대한 확고한 신뢰에 대한 것(벧후 3:3-4), ② 하나님이신 주 예수 그리스도의 신성에 대한 확고한 신뢰에 대한 것(유다서)으로 나타나고 있다. 이와 동시에 또 다른 일단의 거짓 가르침이 교회 안에 유포되기 시작했다. 그것은 ③ 예수님의 인성에 대한 확고한 신뢰에 대한 것이었다. 이러한 일련의 문제점들은 다분히 헬라의 이원론 사상에 익숙한 영향에 근거하고 있다.

'물질은 악하다'라고 하는 이원론적인 선입견을 가지고 있는 사람들에게 있어서 '최고선이신 하나님이 어떻게 인간이라는 불결한 육체와 연합하기 위해 땅으로 내려올 수 있는가?'하는 문제는 이해의 폭을 넘어서는 문제였다. 이런 이유에서 그들은 신적 말씀이신 천상의 그리스도가 실제로 인간이 되신 것이 아니라 단지 인간의 형태를 지닌 것처럼 보였을 뿐이며, 공생애 동안 그리스도의 몸은 실체가 아닌 환영이었다고 주장했다(가현설).

어떤 이들은 예수님의 실체인 육신을 부정할 수 없었기 때문에 예수님과 그리스도를 구별하기도 했다. 이들은 예수께서 세례를 받을 때 천상의 그리스도께서 그에게 강림하셨으며, 십자가에서 처형되기 직전에 그에게서 떠났다고 주장했다.

그들의 주장에 따르면 신적 존재가 예수의 세례 시 그에게 임했으나 십자가 처형 이전에 예수를 떠났기 때문에 예수는 단지 그리스도가 아

---

8) Stephen S. Smalley, 요한 1, 2, 3서, 조호진 역, 서울, 솔로몬, 2005, p. 23.

닌 인간으로서 고통을 당했다는 것이다.[9] 이러한 주장들은 그리스도의 성육신 자체를 부인하는 것이었다(요일 2:22; 4:2-3).

이들에게 있어서 성육신의 하나님이라는 개념은 결코 이해할 수 없는 영역이었다. 그들은 모든 물질이 악하다고 믿고 있었기 때문에 그리스도께서 육체와 접촉하셨다는 사상을 받아들일 수 없었다. 때문에 그들은 인간 예수와 단지 인간의 모습을 취한 것으로 보였을 뿐인 천상의 그리스도를 구분함으로써 이 문제를 해결하려 하였다.

이렇게 함으로써 그리스도께서 물질, 즉 육체와 같은 본래 악한 것을 타고나셨다는 이례적인 경우를 생각하지 않을 수 있었다. 결국 이들은 그리스도의 신성을 보존하기 위해 그리스도의 인성을 포기하는 방법을 택했다.[10]

이처럼 이교적인 신앙이 기독교에 접목되면서 교회는 신학적 위기를 가지게 되었다. 요한은 이러한 시대적 경향이 교회에 심각한 위험을 가져다 줄 수 있기에 적절하게 대처할 방안이 필요했다.

이에 대해 요한은 균형잡힌 기독론을 바탕으로 예수님은 태초부터 존재하신 분이며, 거룩하고 정결하신 분이며, 마지막 때에 영광 중에 돌아오실 분임을 강조한다(요일 2:13-14, 20, 28-29; 3:2, 3, 5, 7; 5:20-21). 그리고 예수님의 삶과 죽음이 허상이 아니라 분명하게 역사적이며 실제적이고 참이었던 예수님이야말로 참으로 사람이었음을 강조하고 있다(요일 2:6; 4:2, 9, 17). 이렇게 함으로써 요한은 예수님이 하나님과 함께하신 그리고 사람과 함께하신 분이셨다는 진리를 제시하고 있다(요일 1:1-4; 2:22-23; 5:1-2).

---

9) I. Howard Marshall, 신약성서신학, 박문재, 정용신 역, 고양, 크리스챤다이제스트, 2006, p. 669.

10) Donald Guthrie, 신약 서론, 김병국, 정광욱 공역, 고양, 크리스챤다이제스트, 1996, p. 809.

2) 사도 요한의 신학적 변론

요한은 하나님의 아들 예수 그리스도께서 물과 피로 임하였으며(요일 5:6), 영원한 성자이신 예수님의 피가 우리를 모든 죄에서 깨끗하게 하실 것(요일 1:7)이라고 함으로써 그리스도의 참된 인성을 강조했다. 영원한 아들을 물과 피를 지닌 존재로 묘사하는 것은 이들 거짓 교사들로서는 상상조차 할 수 없었다.

그러나 요한에게 있어서는 그것이 바로 구원의 핵심이었다. 우리를 위해 내어주신 그분의 몸과, 우리를 위해 흘려주신 그분의 피는 세상 죄를 위한 화목 제물이었다(요일 2:2; 3:16). 뿐만 아니라 그분의 몸과 피는 인류를 향한 하나님의 사랑을 보여주는 최초의 증거이자 그 사랑에 대한 최고의 보증이었다(요일 4:10).

요한은 그들을 '거짓말하는 자들'이라고 단정하고(요일 2:4, 22; 4:20) 그들을 '적그리스도'라고 부르고 있다(요일 2:18). 이는 그들이 적그리스도의 영을 가지고 있었기 때문이었다(요일 2:18, 22; 4:3).

그들은 자신들의 우월한 교화를 통하여 도덕적으로 완전한 경지에 이르렀다고 주장했다. 그리고 자신들은 더 이상 죄를 짓지 않는다는 우월감에 빠져 있었으며 상대적으로 그리스도인들은 어두움 속에서 무지한 채로 있다고 멸시했다. 그들은 스스로 새로운 도덕적, 영적 엘리트 의식을 가지고 있었고, 그와 같은 태도는 교회로부터 자신들을 분리시키는 결과를 가져왔다.[11]

요한은 이들이 전파하던 부적절한 관점들, 즉 잘못된 기독론과 부도덕한 윤리적 관점을 바로잡고 기독교적인 믿음과 행함에 대해 강조하고 있다. 이런 점에서 요한은 사도적 복음을 유지할 것을 격려함으로써

---

11) David Jackman, 요한서신강해, 김일우 역, 서울, IVP, 2003, p. 17.

교회 공동체 안에 있는 신실한 신자들의 믿음과 결심을 강하게 유지하게 한다.

이 목적을 위해 요한은 예수님의 인격에 대한 적절한 평가를 받아들일 것과, 그리스도인다운 도덕성을 갖고 행동하라고 호소한다. 곧 신자들에게 빛 가운데서 하나님의 자녀답게, 신자답게 살아갈 것(요일 1:5-2:29; 3:1-5:13)을 권면하고 있다.12) 이렇게 함으로써 요한은 참 빛과 어두움의 본질을 자세히 검토할 것과, 끊을 수 없는 줄로 묶여 있는 모든 성도에 대한 사랑과 참된 경건의 삶을 하나로 이어주고 있다(요일 4:20-21).

성육신하셔서 실제로 존재하신 역사적 예수님과 나누었던 특별한 개인적인 관계를 너무나 분명하게 인식하고 있는 요한이기에 그리스도 안에서 주어진 하나님의 계시가 가지는 위대한 핵심 진리들을 선포할 수 있었다. 아울러 성육신하신 성자를 믿는 사람들은 진실로 영생을 얻는다는 사실을 보증하고 있다(요일 5:13). 실재의 징표들과 그에 따른 보증의 표시들은 신비하거나 철학적인 것이 아니라 지극히 현실적이고 눈으로 볼 수 있는 것들이었다.

거룩한 삶도, 죄와의 철저한 단절도, 다른 신자들에 대한 깊은 사랑도 찾을 수 없는 사람들이 하나님을 아노라고 고백한다는 것은 우리 주 예수 그리스도의 성육신을 부정하는 것 못지않은 기만행위와 다를 바 없다. 믿음과 행위는 불가분의 관계이다. 참된 빛은 참된 사랑으로 인도하기 때문이다.13)

마치는 말

교회는 이 땅에 존재하는 동안 자신들이 고백하는 신앙으로 말미암

---

12) Stephen S. Smalley, 요한 1, 2, 3서, p. 30.
13) David Jackman, 요한서신강해, p. 19.

아 항상 교회 안팎으로부터 도전을 받아왔었다. 교회는 외부로부터 가해지는 핍박을 대항해야 했으며 동시에 내부에서 발생한 이단 사상들로부터 사도들이 전한 교회의 복음을 보존해야 했다. 이러한 도전들은 교회의 기초가 되었던 사도들의 시대가 끝나갈 즈음 더욱 거세지고 있었다.

주후 64년을 전후해서 교회는 교회의 신앙을 대표하는 바울과 베드로, 그리고 주의 형제 야고보 등 세 명의 지도자들을 잃게 되었다. 그들은 처음부터 교회를 세우는 일에 있어서 당시 알려진 교회의 대표들이었다(갈 2:9). 이런 상황에서 불경건한 사기꾼들이 교묘하게 교회에 침입해 들어와 무분별하고 불안전한 신자들을 유혹해서 복음을 벗어나게 만들고 있었다.[14]

이러한 현상들이 발생하게 된 배경에는 그리스도의 임박한 재림과 이 세대의 대격변을 통한 종말에 대한 약속이 실제로 성취되기보다는 연기되고 있다는 관점이 작용하고 있었다. 때문에 사도 시대가 끝나가고 교회 시대가 본격적으로 시작하는 시점에서 교회는 시대적 사명을 확인해야 했다.

그것은 ① 거짓 가르침으로부터 사도들의 복음을 보존하기 위해 성경의 권위를 확고하게 하는 일과, ② 사도적인 신앙이 그릇된 믿음에 대한 절대적이며 확실한 판단의 기준이 된다는 사실을 분명하게 정립하는 일과, ③ 거짓 사상의 도전을 물리치기 위한 바른 신학을 정립하는 일이었다.

우리 시대의 교회가 나아가야 할 방향 또한 사도 시대의 교회가 가야 했던 방향과 다르지 않음이 분명하다. 우리는 ① 사도들이 교회에 위탁

14) J. Calvin, 유다서, 존 칼빈성경주석출판위원회 역, 서울, 성서교재간행사, 1990, p. 431.

한 성경, 곧 복음의 권위를 확고하게 세우는 것을 지상 사명으로 여겨
야 한다(교회의 순결성). 아울러 ② 오로지 사도들이 전해 준 신앙만이 절
대적이며 확실한 믿음의 판단임을 분명하게 선포해야 한다(교회의 통일
성). 또한 ③ 거짓 사상의 도전을 물리치기 위해 우리는 역사적인 개혁
교회가 고백해 오고 있는 신앙고백 위에 우리의 교회를 바르게 세워야
한다(교회의 보편성).

교회가 이러한 자세를 견지할 때 그곳에 비로소 거짓 신학이 발을 붙
이지 못하게 될 뿐만 아니라, 전적으로 그리스도의 은혜로 말미암아 부
름을 받은 신자들이 풍성한 은혜를 누리게 될 것이다. 이때 교회는 모든
신자에게 양식을 제공하는 어머니가 된다는 사실을 잊지 않아야 한다.

| 기 도 |

자비로우신 하나님 아버지,

하나님께서 성령과 말씀으로 말미암아 하나님과 하나님의 아들을 알도록
우리를 인도하시고 하나님의 말씀이 우리에게 선포되게 하심을 감사드립니
다. 우리에게 전해 준 사도들의 복음을 통해 가르침을 받은 대로, 그리스도
안에서 뿌리를 박고 세워지고 터가 굳어져서 믿음으로 강건하게 하옵소서.

이제 목회서신 강해를 시작합니다. 목회서신 강해를 마치는 날까지 우리
에게서 주의 말씀과 성령을 거두지 마시고, 모든 고난과 역경 중에서도 굳건
한 믿음과 인내와 함께 처음 사랑과 동일한 마음을 주옵소서.

무엇보다도 오늘날 복음을 변질시키고 왜곡하여서 거짓 복음을 주장하는
자들로 인해 교회의 거룩성과 통일성과 보편성이 위협을 받지 않도록 은혜
를 주옵소서. 주의 교회를 도우사 보존해 주시며 복음을 따라 살고자 하는
주의 백성을 반대하는 조롱과 가혹한 현실로부터 건져주옵소서. 우리 주 예
수 그리스도를 통하여 주의 평강을 우리에게 내려주옵소서.

우리 주 예수 그리스도의 이름으로 기도합니다.

디모데전서

〈디모데전서 개요〉

1. 디모데전서의 의의

AD 62년경 바울 사도가 제1차 로마 옥중 구금에서 석방된 후 여러 곳을 다니며 복음을 확고하게 하고 교회를 든든히 세우고 있는 동안에 64년 여름 로마에서 발생한 대화재 사건은 기독교 역사에 하나의 전환점이 되었다. 로마 대화재로 말미암아 백성들의 비난이 자신에게 집중되자 네로는 비난의 화살을 기독교인들에게로 돌리게 했다. 이로써 교회는 소름끼치는 유혈의 참사를 당하는 위기에 처하게 되었다.[15]

이러한 상황에서 바울은 에베소의 디모데와 그레데의 디도에게 교회의 직분, 교회의 예배 생활, 성도들을 보살핌, 교회의 건강을 위협하는 오류와 싸우는 문제 등 교회 생활 전반에 대해 여러 가지 지침을 담은 편지를 보낸 것은 결코 놀라운 일이 아니다.

뿐만 아니라 로마 대화재 사건 이후부터 예루살렘 성전이 파괴된 AD 70년 동안에 로마 제국과 유대인들 사이에는 극도의 긴장이 감돌고 있었다. 이러한 정치적인 요인 또한 교회의 상황을 어렵게 만들었다. 그 시기에 사도들과 교회의 많은 지도자들이 체포되거나 처형을 당했다. 로마 제국 입장에서 볼 때 당시 기독교는 유대교와 큰 차이가 나

---

15) William Handriksen, 목회서신, p. 57.

지 않은 새로운 종교, 또는 유대교의 한 분파로 보였기 때문이었다.

사도 바울뿐 아니라 베드로와 요한과 같은 교회의 지도자들도 심한 박해를 받았다. 베드로 역시 사형을 당한 것으로 알려져 있으며, 요한은 밧모섬으로 유배되는 고난을 당해야 했다. 이러한 상황에서 사도들이 죽게 되고 예루살렘 성전이 파괴되면 교회의 구심점이 사라지게 된다. 그렇지만 이러한 위기 가운데에서 오히려 교회는 안정기에 접어들고 있었다.

사도들과 교회 지도자들이 체포되거나 처형되고 있을 때 하나님은 교회의 체제를 더욱 강화하셨다. 이것은 사도들이 모두 세상을 떠난 이후 확립된 교회의 체제를 통해 안정적으로 교회를 유지하기 위한 배려였다. 무엇보다도 예루살렘 성전 파괴 이전에 신약성경을 결집하게 하심으로써 교회는 사도들의 사역 중심에서 성경 중심의 체제로 전환되는 계기를 만들어 주셨다. 이것은 새로운 교회 시대를 예고하고 있는 것과 같다. 이로써 교회는 예루살렘 성전 파괴와 더불어 보편교회 시대를 맞이할 수 있었다.[16]

바울의 마지막 서신들인 디모데전서와 디도서 그리고 디모데후서가 다른 서신들에 비해 교회의 직분과 체제에 대해 훨씬 발전적이며 구체적인 지침들을 다루고 있는 이유도 여기에서 찾아볼 수 있다. 오순절 성령 강림과 더불어 처음 교회가 시작될 때 사도들만 있던 교회는 그후에 교회의 봉사를 위해 집사 직분을 세웠다(행 6:1-6). 이후 교회는 성장과 확장 과정에서 직분들과 은사들이 나타나게 되었다(고전 12-14장).

이러한 직분에 대해 바울은 "그가 혹은 사도로, 혹은 선지자로, 혹은 복음 전하는 자로, 혹은 목사와 교사로 주셨으니 이는 성도를 온전케 하며 봉사의 일을 하게 하며 그리스도의 몸을 세우려 하심이라"(엡 4:11-12)고 정의한 바 있다. 이처럼 다양한 교회의 직분들은 마침내 목회서신

---

16) 이광호, 바울의 생애와 바울 서신, 서울 도서출판 깔뱅, 2007, p. 249.

을 통해 목사, 장로와 같은 감독 직분과 집사와 같은 봉사 직분으로 교회의 체제가 완성을 이루게 되었다.

2. 디모데전서의 주제

디모데전서의 수신자가 디모데라는 이유로 이 서신이 개인적인 바울의 서신이라고 할 수 없다. 만일 디모데 한 사람만을 상대로 이 서신을 기록했다면 바울은 자신의 직책을 열거하고 사도직에 관한 주장을 다짐할 이유가 없었을 것이다. 바울은 자신의 사도직을 강조함으로써 누구도 스스로 그리스도의 사도가 될 수 없으며 이 사도직은 하나님의 명령이나 정하심에 입각하고 있다는 점을 강조하고 있는 이유를 보여주고 있다.[17]

특히 "은혜가 너희와 함께 있을지어다"(딤전 6:21)라는 마지막 인사말에서 바울은 이 서신을 통해 디모데를 넘어서 교회를 바라보고 있다는 점을 미루어 볼 때, 이 서신은 디모데 개인에게 보내졌지만, 공적인 임무를 가지고 있음을 명백하게 보여주고 있다. 이 사실은 본 서신에서 다루고 있는 내용들을 통해서도 구체적으로 다음과 같이 제시된다.

① 교회의 교리 : 거짓 가르침으로 인해 부패함 없이 교회를 보존하는 교리를 제시하고 있다(1:3-20).

② 공적 예배 : 인류를 위한 우주적인 중보 기도와 그 기도를 실행하는 면에서 남자와 여자의 역할을 제시하고 있다(2:1-15).

③ 교회의 목회직 : 장로와 집사의 자격 요건을 제시하고 있다(3:1-16).

④ 교회의 윤리적 지침 : 창조의 교리로부터 자연스럽게 유추된 윤리와 경건을 제시하고 있다(4:1-10).

---

17) J. Calvin, 디모데전서, 존 칼빈성경주석출판위원회 역, 서울, 성서교재간행사, 1990, p. 409.

⑤ 교회의 리더십 : 특별히 젊은 지도자가 업신여김을 받지 않고 자신의 가르침이 경청되는 방법을 제시하고 있다(4:11-5:2).

⑥ 교회의 사회적 책임 : 교회 안에서 과부에 대한 교회의 책임뿐 아니라 장로와 노예에 대한 책임까지 포함하고 있다(5:3-6:2).

⑦ 물질의 소유에 대한 교회의 태도 : 경건을 이익의 재료로 여기면서 부하고자 하는 자들과 부자들에게 경고하고 있다.[18]

이상의 내용들은 모든 시대, 모든 지역 교회를 위한 보편적인 가르침을 포함하고 있다는 점에서 이 서신은 교회 공동체의 지침으로 주어졌으며 사적인 서신을 넘어서고 있음을 알 수 있다.

3. 디모데전서의 구조

디모데전서는 다음과 같은 구조로 되어 있다.

I. 인사말(Salutation)
   문안(1:1-2) : 믿음 안에 있는 디모데에게 바울의 문안

II. 감사(Thanksgiving)
   감사(1:3-20) : 거짓 교사들의 허망한 신화와 족보 그리고 율법에 대한 변론과 달리 사도에게 위임된 영광스러운 복음에 감사하고(3-11절), 옛 생활로부터 자신을 변화시키고 일꾼으로 삼으신 하나님의 자비에 대해 찬양하며(12-17절), 영적 전쟁을 수행하기 위해 하나님의 부르심을 받은 디모데의 사역을 위해 기도한다.

III. 본문(Body of the Letter)
   1. 교회의 예배와 질서에 관한 규례(2:1-4:16)

---

18) John Stott, 디모데전서, pp. 43-44.

1) 공중 기도의 중요성과 그 범위(2:1-7) : 하나님께서는 자신의 아들을 속
   죄 제물로 주심으로써 모든 사람을 구원하기를 원하시기 때문에 기도
   는 모든 사람을 위해서 해야 한다. 설교자로 임명된 것은 이것을 증거
   하기 위함이다.
2) 그리스도인의 신분과 품행(2:8-15) : 남성들은 기도에 대한 바울의 가르
   침에 따라 각처에서 기도해야 할 것과, 공적 예배에서 여성들의 역할을
   제시하고 있다. 여성은 믿음, 사랑, 거룩함, 정숙 등에서 계속 정진해야
   하며 아담이 먼저 지음을 받고 하와가 그 후에 지음을 받음과 같이 교
   회 안에서 질서를 따라 정숙한 순종을 미덕으로 삼아야 한다.
3) 교회 직분자들의 자격(3:1-13) : 감독은 새로 입교한 자여서도 안 되고
   책망할 것이 없어야 한다(1-7절). 집사 역시 감독과 다를 바 없다. 이 두
   직분 모두 도덕적인 흠이 없어야 하며 직분에 대한 책임을 수행할 능력
   을 자신들의 가정에서부터 입증해 보여야 한다.
4) 교회의 특성(3:14-16) : 하나님의 집, 진리의 기둥, 진리의 터로서 교회
   는 그리스도의 성육신 신비와 그 적용의 보편성 그리고 그리스도의 현
   재의 영광을 나타내어야 한다.
5) 교회의 안전을 위협하는 세력들(4:1-16) : 기만적인 가르침과 금욕적인
   관행으로 특징되는 배교의 때에 대한 경고를 통해 바울은 교회의 감독
   인 디모데에게 형제들과 연합할 것, 헛된 생각을 피할 것, 말과 행실과
   태도에서 모범이 되며 자신의 경건 생활을 훈련할 것, 공적 사역을 부
   지런히 수행할 것, 자신의 은사를 개발할 것을 제시한다.

2. 교회 안에서 수행할 감독의 사역(5:1-25)
   교회 안에 있는 다양한 부류의 사람들은 서로 다르게 다루어야 하며 이
   에 대한 구체적인 지침이 제시된다. 서로 다른 연령층은 서로 다르게
   대우해야 한다(1-2절). 참으로 도움이 필요한 과부를 신중하게 분별해
   야 한다(3-8절). 교회의 일꾼으로 등록되어 지원받는 과부에 대한 규례
   (9-10절)와 젊은 과부에 대한 규례(11-16절)에 이어 장로에 대한 존경과
   무분별한 송사 금지(17-20절)에 대한 내용을 다룬다. 이때 디모데는 자
   신의 행위를 먼저 살피고, 편파적이지 않아야 하며, 조급하게 행동하지

말아야 하며, 정결함을 배양하면서 자신의 건강에 관심을 가져야 한다.
끝으로 직분자를 선택할 때 조급하게 하거나 외모를 따라 선택하지 않
아야 한다(21-25절).

IV. 도덕적이고 윤리적인 가르침(Moral and Ethical Instruction)
    1. 종과 상전에 대하여(6:1-2)
    2. 거짓 교사들에 대하여(6:3-5)
    3. 부의 위험에 대하여(6:6-10)
    4. '하나님의 사람'의 목표에 대하여(6:11-16)
    5. 부자에 대하여(6:17-19)

VI. 맺는 말(Closing)
    1. 디모데의 직분 충실에 대한 당부(6:20)
    2. 축도(6:21)

〈디모데전서 서론〉

사도적 복음 계승과 교회의 직분

디모데전서 4:12-16

누구든지 네 연소함을 업신여기지 못하게 하고 오직 말과 행실과 사랑과
믿음과 정절에 있어서 믿는 자에게 본이 되어 내가 이를 때까지 읽는 것
과 권하는 것과 가르치는 것에 전념하라
네 속에 있는 은사 곧 장로의 회에서 안수 받을 때에 예언을 통하여 받은
것을 가볍게 여기지 말며 이 모든 일에 전심 전력하여 너의 성숙함을 모
든 사람에게 나타나게 하라
네가 네 자신과 가르침을 살펴 이 일을 계속하라 이것을 행함으로 네 자
신과 네게 듣는 자를 구원하리라

목회서신(The Pastoral Epistles)으로 알려진 디모데전후서와 디도서는
바울의 생애 말기 서신들로 교회의 교리적, 윤리적, 목회적 질서에 대
한 사도의 지침을 담고 있다. 특히 디모데전서가 더욱 그러하다.[19] 이
런 점에서 디모데전서는 하나님의 집, 즉 하나님께 속한 가족이라는 개
념을 가지고 있는 교회에 속한 성도들에게 기대되는 행동을 체계적으
로 다루고 있다(딤전 3:15).

---

19) John Stott, 디모데전서, 디도서 강해, 김현회 역, 서울, IVP, 1998, p. 20.

나아가 이 서신은 그릇된 가르침에 대한 경계가 담겨 있다. 특히 유대교 배경을 가진 유대주의자들에 의해 도전을 받고 있었던 에베소 교회는 유대주의자들이 주장하는 거짓 교리를 배척하고, 이로 인해 실추된 도덕적이고 윤리적인 품행으로부터 기독교의 본질을 회복해야 했다. 분명히 이들 유대주의자들의 주장은 성경을 임의로 해석하고 부활을 부정하는 등 기독교의 본질을 훼손하고 있는 이단 사상이었다(딤전 1:3-5; 4:1-3).

빌립보서(AD 62년)에 따르면 이들은 교회를 혼란에 빠뜨리는 자들로(빌 3:1-3), 이들은 일종의 완전주의 그룹(a perfectionist group)에 속한 것으로 보인다. 그들은 이미 영적으로 완성되었다고 주장하면서 십자가의 원수인 쾌락주의를 교회 안에 들여오려고 하였다(빌 3:4-16). 이에 바울은 그리스도의 모범을 따를 것과, 주 안에서 완전함(빌 3:12-16)과 거룩함(빌 3:17-20)과 견고함(빌 4:1)과 오직 주 안에서 기뻐하며 신뢰하기를 격려한 바 있다(빌 4:1-7).

이들 유대주의자들의 거짓 가르침은 당시 헬라 철학의 영향을 받은 혼합주의 사상이었다. 바울은 이것을 가리켜 '거짓된 지식'(딤전 6:20)이라고 밝히고 있다. 당시 유대주의자들은 이 거짓 가르침을 통해 교인들을 미혹하고 자신들의 배를 채우고 있었다.

이런 점에서 바울은 자신의 신임을 받고 있으며, 성도들의 믿음을 보존하기 위해 하나님 앞에서 수고하는 디모데(딤전 4:16)로 하여금 유대주의자들과는 달리 자신의 사역을 보다 효과적으로 수행하도록 독려하기 위해 이 서신을 통해 격려하고 있다.

1. 첫 번째 로마의 구금에서 풀려난 이후 바울의 행적

사도행전의 마지막 기록(행 28:30-31)에는 바울이 로마에서 2년 동안 자유로운 연금(libera custodia) 상태에 있었다고 증언하고 있다. 그 2년의 구금 상태가 끝난 이후 바울에게 어떤 일이 있었는가에 대해 누가는 더 이상 기록하지 않고 있다.

사실 구금 상태를 마친 AD 62년 이후 바울의 행적을 알기란 쉽지 않다. 단지 목회서신에서 사도행전 이후 바울의 행적을 알 수 있는 암시를 담고 있을 뿐이다. 이 서신들을 중심으로 재구성한 바울의 행적은 대략 다음과 같이 정리할 수 있다.

1) 석방 이후 바울의 행적

바울은 첫 번째 구금 중인 로마의 옥중에서 자신이 소아시아와 마게도냐의 교회들을 방문할 의사를 표한 바 있다(몬 22절; 빌 2:24). 목회서신을 중심으로 볼 때 석방 이후 바울은 여느 때와 다름없이 먼 여행길을 거침없이 소화해 낸 것으로 나타난다.

① 그레데 섬 여행 : 바울은 석방되자마자 디모데를 빌립보로 보내어 이 소식을 전하도록 했다(빌 2:19-23). 이때는 대략 AD 63년 초였을 것으로 보인다. 64년 7월 19-24일 발생한 로마 대화재 사건 이후로는 석방이 불가능했을 것이다.[20]

바울은 소아시아를 향해 가던 중 먼저 그레데 섬에 들러 그곳에서 디도와 함께 일정 기간 활동한 다음 디도를 그곳에 남겨두고 동쪽으로 여행했다(딛 1:5). 후에 기록된 디도서에서 바울은 디도에게 니고볼리에서 자신과 만나 겨울을 지내라고 지시하고 있다(딛 3:12).

사도행전에는 바울의 그레데 방문은 로마 압송 과정에 한 차례 나타나고 있으며(행 27:7-8) 당시에 디도는 함께 있지 않았다. 따라서 디도서

---

20) William Handriksen, 목회서신, p. 56.

에서 언급하고 있는 내용은 로마 구금 이후의 일임이 분명하다.21)

② 소아시아 여행 : 그레데 섬 방문 후에 바울은 소아시아에 있는 에
베소에 도착했다. 바울은 계획했던 대로 골로새에 이르기까지 계속 여
행을 한 후(몬 22절) 다시 에베소로 돌아왔다. 에베소에서 바울은 빌립보
교인들에게서 좋은 소식을 가지고 돌아온 디모데와 합류했다. 바울은
디모데를 에베소에 남겨두고 마게도냐로 떠났다(딤전 1:3).

③ 마게도냐 여행 : 바울은 계획대로 마게도냐로 계속 여행했다(빌
2:24; 딤전 1:3). 이때 바울은 곧 에베소로 귀환할 수 있을 것이라고 여기
고 있었다. 그러나 시간이 지체되고 있었으며 자신을 기다리고 있는 디
모데에게 첫 번째 편지를 보냈다(디모데전서, 딤전 3:14-15). 이때쯤 아굴라
와 브리스길라도 에베소에 돌아와 있었다. 바울이 에베소에 있는 디모
데에게 그 두 친구에게 문안하라고 청한 것에서 이를 확인할 수 있다(딤
후 4:19).

바울은 마게도냐에 있던 중 혹은 니고볼리로 가는 도중에 디도에게
편지를 썼다. 이 편지에서 디도에게 니고볼리에서 자신과 만나 겨울을
지내라고 지시했다(딛 3:12). 그리고 바울은 이오니아 바다 동쪽 해안에
있는 니고볼리에서 디도와 함께 겨울을 보냈다. 이 사실은 디모데전서
와 디도서가 AD 63년과 64년 사이에 기록되었음을 시사해 주고 있다.

④ 서반아 여행 : 겨울을 보낸 64년 초에 바울은 서반아(스페인)로 여
행을 떠났을 가능성이 있다(디도가 이 여행에 동행했을 가능성도 있지만 확실치
않다). 서반아에서 돌아온 바울은 다시 소아시아로 가서 드로비모와 함
께 밀레도를 방문했다. 당시 드로비모는 병들어 있어서 그곳에 남겨 두

21) Robert L. Reymond, 바울의 생애와 신학, p. 306.

어야 했다(딤후 4:13, 20). 바울은 에베소에서 다시 디모데를 만났지만 얼마 되지 않아 작별해야 했다(딤후 1:4). 그리고 바울은 홀로 드로아에 있는 가보를 방문했다가 그의 집에 외투를 놓아두었다(딤후 4:13).

⑤ 바울의 두 번째 체포 : 이후 바울은 에라스도가 머물고 있던 고린도를 거쳐(딤후 4:20) 로마로 되돌아왔다. 이즈음 바울은 로마에 있는 성도들이 AD 64년 7월에 발생한 로마 대화재의 책임을 뒤집어썼다는 소식을 듣고 제국의 수도로 귀환한 것으로 보인다.[22] 그러나 바울이 어디에서 체포되었는지는 정확하게 알 수 없다.

2) 바울의 두 번째 옥중 생활

바울은 로마 대화재로 인해 기독교도들에 대한 대대적인 박해와 더불어 형성된 새로운 불법 종교(religio nova et illicita)인 기독교를 유포한 혐의와, 바울이 로마의 구금에서 풀려난 후 로마 교회의 성도들과 로마 화재를 공모했다는 혐의로 체포된 것으로 추정된다.[23]

이 두 번째 구금은 첫 번째 구금 때와는 형편이 많이 달라져 있었다. 바울은 디모데후서를 기록할 때까지 여전히 감옥에 있었다. 그 당시에는 누가만 바울 곁에 있었다(딤후 4:11). 데마는 데살로니가로 가고 없었으며, 그레스게는 갈라디아로, 디도는 달마디아로 갔다고 바울은 밝히고 있다(딤후 4:10-11).

로마에서 바울은 법정에 가기 전에 예심을 거쳤고(딤후 4:16-18) 다음 재판을 위해 감옥에 구금되어 있었다. 당시 에베소에서 온 오네시보로

22) Ralph P. Martin, 신약의 초석 II, 원광연 역, 고양, 크리스챤다이제스트, 1993. p. 448.
23) Robert L. Reymond, 바울의 생애와 신학, p. 307.

가 로마에서 바울을 찾는 데 상당히 어려움을 겪었을 정도였다(딤후 1:16-17). 이러한 상황은 로마 옥중에 있었던 바울의 신변이 매우 불안정한 상태였음을 암시한다. 가까스로 바울을 찾은 오네시보로는 에베소에서 일어난 일들에 대해서 바울에게 보고했다(딤후 1:15-18).

새로운 불법 종교를 유포한 혐의에 대해 바울은 자신의 무죄를 성공적으로 변호하였다(딤후 4:16-17). 하지만 바울의 무죄 석방에 대한 희망을 기대할 수 있는 상황은 아니었다(딤후 4:6). 그만큼 바울의 신상에는 한 치 앞을 내다볼 수 없을 정도로 불안정한 상태가 지속되고 있었다.

바울은 머지않아 자신의 사역을 마칠 것으로 예측하고 에베소에 있는 믿음의 아들 디모데에게 두 번째 서신인 디모데후서를 보냈다. 이때가 64년 겨울인지 아니면 그보다 늦은 연대(65-67년 사이)인지는 확실치 않다.

이 서신에서 바울은 디모데에게 겨울 전에 속히 오라고 청하였다(딤후 4:9). 그리고 마가도 데리고 올 것(딤후 4:11)과 드로아에 있는 가보의 집에 남겨 둔 겉옷과 가죽 두루마리를 가져오라고 부탁했다(딤후 4:13). 바울은 에베소 교회를 위해 디모데를 대신하여 두기고를 보내기로 했다(딤후 4:12). 두기고는 틀림없이 디모데에게 즉시 로마로 오라고 요청하면서 두 번째 편지를 디모데에게 전달한 것(딤후 4:21)으로 보인다.[24]

디모데는 시간을 지켜 로마로 와서 재판을 앞둔 나이 많은 바울을 격려했을 것이다. 하지만 바울의 재판은 사형 선고로 종결되었으며 재판 후에 신속하게 사형이 집행된 것으로 보인다.[25]

---

24) Thomas C. Oden, 디모데전후서, 디도서, 김도일 역, 서울, 장로교출판사, 2002, p. 32.

25) Robert L. Reymond, 바울의 생애와 신학, pp. 306-308.

2. 디모데전서 기록 배경과 거짓 교훈의 정체

앞에서 살펴본 것처럼 AD 63년에 로마 옥중에서 풀려난 바울은 그레데를 거쳐 소아시아의 에베소에 도착했다. 에베소에서 디모데를 만난 바울은 디모데에게 에베소 교회를 맡기고 로마 옥중에서 계획했던 빌립보 교회 방문을 위해 마게도냐로 출발했다(빌 2:24; 딤전 1:3).

그러나 바울은 다시 에베소를 방문한다는 것이 쉽지 않았기 때문에 부득이 디모데에게 편지를 보내게 되었다. 당시 에베소에서는 자칭 율법 교사라고 자처하는 유대주의자들이 끝없는 족보 이야기와 허탄하고 망령된 신화와 같은 것들을 강조하면서 에베소 교회에 잘못된 교훈들을 전파하고 있었다(딤전 1:4, 7; 4:7).

이들 거짓 교사들의 주장에서 혼인 생활을 반대한다든지(딤전 4:3), 금욕주의적 성향이 있다든지(딤전 4:3-4), 물질을 경멸하는 발언(딛 1:15) 등과 같은 초대 영지주의적 요소들이 나타나고는 있지만 이들의 정체는 유대인들이었음이 분명하다. 나아가 이들의 특징으로 지적된 것처럼 그들이 '말만 무성하다' 는 것은 유대주의자들과 성도들 사이에 활발하게 논쟁이 진행되고 있음을 암시하고 있다.26) 이들의 주장을 정리하면 다음과 같다.

① 종교적 혼합주의 : 이들 거짓 교사들의 사상은 한마디로 공상적인 종교적 혼합주의였다. 이들의 사상은 플라톤의 철학, 동양의 신비주의, 히브리 민중 사상이 가미된 신비 철학의 유대주의(Cabbalistic Judaism)를 기독교의 복음에 혼합시키는 특징을 가지고 있었다.27) 이들은 구원과 영적 지식을 얻을 수 있는 것은 오직 소수의 엘리트들에게만 허용된다고 주장하고 있었다(딤전 2:4; 4:10). 이들의 주장은 분명히 기독교 교리

26) Ralph P. Martin, 신약의 초석 II, p. 455.
27) William Handriksen, 목회서신, p. 31.

(딤전 4장)를 수용하는 것 같았지만 실상은 기독교 교리를 무너뜨리고 있었다.

② 신화와 족보 지상주의 : 이들은 족보와 신화에 과도한 관심을 기울이고 있었는데 이것은 유대교의 전통에 그 뿌리를 두고 있었다(딤전 1:4; 4:7). 이들 중 몇몇은 율법에 대한 이해가 현저하게 부족했음에도 자기들이 유대 전통을 제대로 간직하고 있다거나 또는 자칭 율법 교사인 것처럼 위장했다(딤전 1:7). 일종의 유대주의자들인 이들은 이미 기독교회 안에서 할례 문제가 마무리되었음에도 불구하고 모든 성도들이 할례를 받아야 한다고 계속 주장하고 있었다(딛 1:10 참고).

③ 육체 부활의 부인 : 이들은 구약의 율법과 그 율법에 대한 해석을 풍유적으로 적용하고 있었다. 이들은 구약성경을 '신화와 끝없는 족보'로 여기고 풍유적으로 해석했다(딤전 1:4). 때문에 이들에게 있어서 하나님의 아들이 육체를 입는 것과 같은 성육신 사건은 발생할 수 없다고 여겼다. 신적인 존재는 영이기 때문에 본질적으로 악한 물질과 연합될 수 없다고 생각했기 때문이다. 이런 점에서 이 거짓 교사들은 물질을 악한 것이라고 여기고 물질을 죄악의 온상이라고 주장하면서 육체의 부활을 부인하고 영적인 부활만을 강조하는 이원론에 빠져 있었다(딤후 2:18).

④ 금욕주의 : 이들은 물질이 아닌 것은 그 자체가 선하며 반면에 물질은 그 자체가 악하다고 단정하고, 세상을 하나님의 선한 창조물이 아니며 하나님을 대적하는 이질적인 요소로 보았다. 이들은 세상에서 사람들이 겪고 있는 곤경과 관련하여 하나님을 대적하는 도덕적인 반역에서 그 원인을 찾지 않고, 사람들의 영혼이 물질세계 속에 얽매여 있다는 데서 그 원인을 찾았다.

이런 이유에서 이들은 사람이 현재 거주하고 있는 물질세계로부터 해방되는 것을 구원이라고 이해했다. 그리고 이 해방은 비밀스러운 지식과 육체적 금욕, 즉 음식 규례를 지키고 부부관계 등을 금해야 한다고 주장했다.[28] 이러한 사상으로 인해 그들은 혼인제도를 부정했다. 그리고 유대인들의 음식법 규례에 따라 일부 음식을 금했다(딤전 4:3).

⑤ 반율법 방종주의 : 극단적인 금욕주의를 주장하는 이 거짓 교사들에게서는 상대적으로 영적 방종 현상도 두드러지게 나타나고 있었다. 이들은 하나님을 안다고 하면서도 자기들은 방종에 빠져 있었다. 이들은 하나님을 부인할 뿐만 아니라 유부녀들을 유혹하여 자신의 이득을 취하는 부도덕한 행위를 일삼았다(딤후 3:6). 또한 뻔뻔스럽게도 거짓 교훈들을 이용하여 기꺼이 금전상의 이득을 취하기 위해서 거짓말을 일삼고 있었다(딤전 6:5). 이러한 반율법 방종주의를 앞세운 자들에 의해 기독교 공동체는 강한 도전을 받고 있었다.[29]

⑥ 파당적이고 사변적인 논쟁자들 : 더 심각한 문제는 유명하다고 하는 몇몇 교회 지도자들 중에는 우월감을 가진 사람들도 있었는데, 그들 역시 이 거짓 교사들의 무리와 한통속을 이루고 있었다는 점이다(딤전 1:6, 20; 3:3, 6; 5:17-25).

그들은 끊임없이 어리석고 무식하고 아무런 유익이 없는 질문들을 만들어내면서 거짓 교사들과 사변적인 토론을 일삼고 있었다(딤전 1:4; 6:4). 심지어 자기들이 교회의 보호자나 되는 것처럼 위세를 부렸고 그들의 태도는 교만으로 일관되어 있었다. 그리고 아무도 교회 안에서 주장할 수 없는 그들만의 권위를 앞세워 교회 안에서 유지되고 있는 사랑과 평화를 위협했다.

28) Robert L. Reymond, 바울의 생애와 신학, p. 312.
29) Thomas C. Oden, 디모데전후서, 디도서, p. 34.

반면에 디모데는 우월감에 빠져 있던 유명한 지도자들에 비해 상대적으로 열세였었다. 때문에 디모데가 이들 지도자들과 유대주의자들을 상대로 신학적 난관을 헤쳐나간다는 일은 그렇게 쉬운 일이 아니었다. 이런 이유에서 바울은 교회의 일들과 관련된 교훈을 디모데에게 전달해 주어야 했다.

3. 유대주의자들에 대한 경계와 교회 직분 체제의 완성

1) 유대주의자들의 거짓 교훈에 대한 경계

바울은 디모데가 받은 은사(딤전 4:14)와 바울의 선한 증거(딤전 6:12)와 디모데에게 부탁한 직무(the deposit)를 일깨움으로써 유대주의자들의 주장과 우월감에 빠진 교회 지도자들을 상대로 지혜롭게 처신하기를 기대하고 있다. 이에 바울은 교회에 퍼져 있었던 영혼을 멸망시키는 거짓된 교훈들과 맞부딪칠 수 있는 지침을 제시하고, 디모데가 '바른 교훈'에 계속 거할 수 있도록 격려하고 있다(딤전 1:3-11, 18-20).

사도 바울의 여행이 예정보다 길어지면서(딤전 3:14-15) 이러한 지침들이 디모데에게 더욱 필요하게 되었을 것이다.[30] 이런 이유에서 바울은 교회 조직의 중요성을 강조하고 올바른 교회 지도자들인 장로와 집사를 선택함과, 그들이 곁길로 빠질 때 어떻게 그들을 권면할 것인가를 소상하게 밝히고 있다(딤전 3, 5장). 그 내용을 보면 다음과 같다.

① 그리스도의 구속 : 은밀한 지식과 금욕적인 생활을 수단으로 스스로 구원을 얻기 위해 더 높은 지식을 얻어야 한다는 유대주의자들의 주장을 반박하면서, 바울은 죄인을 구원하기 위해 세상에 오신 그리스도의 유일한 속죄를 통해서 이루어지는 죄로부터의 구속을 강조한다(딤전

30) William Handriksen, 목회서신, p. 58.

1:5).

바울은 유대주의자들이 율법의 내용을 잘못 사용하고 있는 폐해를 지적하면서 디모데에게 율법의 올바르고 정당한 사용을 강조하고, 하나님의 심판을 두려워하되 복음에 나타난 하나님의 죄사함에 관하여 사람들에게 가르치라고 권면하고 있다(딤전 1:8-11).

② 영광스러운 복음 : '망령되고 허탄한 신화'에 빠져 있는 유대주의자들이 창조주 하나님을 부인하고 하나님의 선한 은사들을 거부하는 행위는 마귀에게 속한 헛된 주장이라고 바울은 지적한다. 바울은 창조주 하나님에 대한 바른 지식을 바탕으로 만물을 살게 하고(딤전 6:13), '우리에게 모든 것을 후히 주사 누리게 하시며'(딤전 6:17), '그의 지으신 모든 것이 선하매 감사함으로 받으면 버릴 것이 없는'(딤전 4:4) 복되신 하나님의 영광스러운 복음으로 그들을 상대하라고 권면하고 있다.

③ 교회 지도자의 덕 : 거짓 교훈에 따른 편협하고 분파주의적인 유대주의자들의 교만에 대해서 바울은 모든 사람을 포괄하는 하나님의 은혜의 복음을 제시하고 있다(딤전 2:1-4). 또한 화려하고 사색적이며 논쟁을 일삼고 탐욕스러운 교사들과 달리 디모데에게 참된 교사의 모습을 단단하게 유지하라고 권면한다.

바울은 디모데가 믿음과 선한 양심을 굳건히 지키며(딤전 1:19), 지금까지 믿음과 선한 교훈의 말씀으로 양육받은 것처럼(딤전 6:3-13) 스스로 경건을 훈련하고(딤전 4:6-7), 신실한 사람들을 훈련해 참된 지도자의 인품과 자격을 갖추게 하라고 권면하고 있다(딤전 3:1-3).

2) 교회 직분에 대한 바울의 이해

특별히 이 서신은 교회에서 직분자의 사역에 대해 지대한 관심을 보인다는 점에서 주의를 끌게 한다. 역사적으로 교회에서 직분자의 사역은 중요한 위치를 차지해 왔고 다양한 형태를 취해 왔다. 때로는 권위적인 형태를 보이기도 하지만 평등주의 형태를 취하기도 하고, 계급주의 형태를 취하기도 하지만 이를 배격하기도 했다. 이 직분들에 대한 상호간의 서로 다른 이해에도 불구하고, 직분자의 사역은 교회 조직의 핵심이라 해도 과언이 아니다. 따라서 이 서신이 다른 어떤 서신들보다 직분자의 사역을 자세히 다루고 있다는 사실은 매우 중요하다.

이 시기의 교회에서는 장로와 감독이 동일한 직분이었던 것으로 알려져 있다. 따라서 장로와 감독을 다른 직분으로 구분할 이유는 없다(딤전 5:17-19). 특별히 이들에게는 가르치는 직무가 부여되어 있었다. 한편 집사의 경우에는 인품과 가정생활의 중요성을 중시하고 있는데(딤전 3:8-10, 12), 마찬가지로 장로와 감독에게도 동일한 인품과 행동을 요구하고 있다. 교회는 종종 이 중요한 내용을 놓치고 있었다.[31]

따라서 직분자들에게는 각기 다른 임무가 있지만, 그리스도인이라고 고백하는 모든 성도들은 자신의 삶에서 교리를 반영하기 위해 노력해야 한다. 이런 점에서 고결한 성도로서 살아가는 삶의 중요성에 대하여 바울이 강조하고 있는 것은 초대 교회의 정체성 확립과 긴밀한 관련이 있다.

그래서 바울은 가르치는 직무를 가진 감독($\epsilon\pi\iota\sigma\kappa\sigma\pi\sigma\varsigma$)에 대해서도 교회 조직과 관련된 활동보다는 그들의 덕목인 인품에 많은 관심을 보이고 있다(딤전 3:1-7). 바울이 교회 안의 직무에 합당한 사람들을 세움에 있어 그들에게 기독교적인 삶의 질을 기준으로 삼아야 한다고 강조하는 이유도 여기에 있다.

교회의 직분 이해와 관련된 바울의 가르침은 "이 교훈은 내게 맡기

31) D. A. Caeson, 신약개론, 엄성옥 역, 서울, 은성출판사, 2006, p. 654.

신 바 복되신 하나님의 영광의 복음을 좇음이라"(딤전 1:11)는 고백에서 보는 것처럼 철저하게 복음에 기초하고 있는 교리를 따르고 있다. 확실히 바울은 복음을 구성하고 있는 사건들이 모든 기독교 메시지의 기초를 이루고 있음을 잘 알고 있었다(딤전 2:5-7).

바울은 누구보다도 그리스도의 인격과 사역에 내포된 우주적인 의미들을 잘 이해하고 있었으며, 그 의미들을 기독교인의 삶에 실제로 적용하였다. 바울에 의하면 참된 경건은 준칙들과 규례들의 문제가 아니었다. 따라서 바울이 전파했고 온 교회의 삶의 중심인 복음이야말로 디모데가 어떤 상황을 만나든지 디모데 자신이 전하는 메시지의 중심이어야 했다.[32]

이러한 복음이 선포될 때 성도들은 하나님의 사랑에 응답하게 되며, 이 선포된 복음에 정당하게 응답할 때 하나님은 그들을 자유롭게 받으시고 그들의 마음속에 그리스도의 영을 심어주신다. 이렇게 함으로써 하나님은 성도들이 받은 사랑을 다른 사람들에게 보여줄 수 있도록 인도하신다.

나아가 새로운 인간성이 그리스도의 죽음과 부활 생명을 통하여 존재하게 되었기에 그리스도 안에서 성도들은 점차 성숙해지게 된다. 하나님은 자기 자녀들에게 목줄을 매어두는 것이 아니라 그들이 성장한 아들, 딸로서 곧 보편적인 인류의 한 사람으로서 책임지는 삶을 살아가기를 원하신다.

인류는 일보다 중요하며, 원칙들보다 중요하며, 어떤 주의나 주장보다 더 중요하다. 가장 고귀한 원칙과 가장 훌륭한 주의나 주장들은 인류를 위해 봉사해야 한다. 업적이나 원칙이나 주의 주장을 위해 사람을 희생시킨다는 것은 하나님께서 내신 참된 질서를 왜곡하는 것과 같다. 그러므로 인종, 종교, 계급, 성별을 근거로 부당하게 사람들을 차별하

---

32) D. A. Caeson, 신약개론, p. 655.

는 것은 하나님과 인류 모두에 대한 범죄이다.[33]

이러한 보편적인 질서에 근거한 사실들은 오늘날의 교회가 중요하게 여겨야 할 내용이 무엇인가를 분명하게 보여주고 있다.

첫째, 교회의 직분자들은 복음에 기초한 자신들의 삶을 통해 복음을 증거해야 한다.

둘째, 복음의 메시지는 오직 예수 그리스도만 하나님과 사람 사이의 유일한 중보이며, 모든 사람을 위하여 자신을 속전으로 주셨다는 믿음에 근거한 내용을 담고 있어야 한다.

셋째, 교회의 직분자들은 복음이 전하는 진리의 수호를 위해 선택되었다는 사실을 명심해야 한다.

넷째, 그리스도의 복음은 신자들의 서로 다른 삶의 상황과 이해관계 때문에 변질되어서는 안 된다.

특히 하나님의 교회를 위해 봉사하는 지도자로서 합당한 삶을 살아야 한다는 권면(딤전 6:11-14)과, 자신에게 맡겨진 진리를 굳게 지키라는 엄중한 명령으로 이 서신이 끝나고 있다는 점(딤전 6:20)은 무엇보다도 바울로부터 받은 '복음'을 순전하게 지키고 보존해야 한다는 사실을 강조하고 있음을 명심하게 한다.

나아가 본 서신을 통해 하나님의 사도인 바울은 지상에 존재하고 있는 교회가 마땅히 추구해야 할 삶의 모습에 대해 다음과 같이 제시하고 있음을 우리는 눈여겨보아야 한다.

① 교회의 교리 : 거짓 가르침으로 인해 부패함 없이 교회를 보존하는 교리를 보존해야 한다(1:3-20).

② 공적 예배 : 인류를 위한 우주적인 중보 기도와 그 기도를 실행하

---

33) F. F. Bruce, 바울, 박문제 역, 고양, 크리스챤다이제스트, 1992, p. 496.

는 면에서 성도들의 위치와 역할을 확인해야 한다(2:1-15).

③ 교회의 목회직 : 장로와 집사의 자격 요건을 명확하게 숙지해야
한다(3:1-16).

④ 교회의 윤리적 지침 : 창조의 질서로부터 자연스럽게 유추된 윤리
와 경건을 유지해야 한다(4:1-10).

⑤ 교회의 리더십 : 특별히 지도자가 업신여김을 받지 않고 자신의
가르침이 교회에서 존중받도록 수고해야 한다(4:11-5:2).

⑥ 교회의 사회적 책임 : 교회 안에서 과부에 대한 교회의 책임뿐 아
니라 나이 많은 노인부터 가장 낮은 자리에 있는 노예에 이르기까지 교
회는 사회적 책임을 수행해야 한다(5:3-6:2).

⑦ 물질의 소유에 대한 교회의 태도 : 경건을 마치 자기 자신의 이익
을 추구하는 것으로 여기지 않도록 해야 한다.[34]

이상의 내용들은 모든 시대, 모든 지역의 교회를 위한 보편적인 가르
침이라는 점을 염두에 두고 본 서신을 주의 깊게 살펴보아야 한다.

| 기 도 |

진리의 말씀으로 우리에게 구원의 은혜 주시기를 기뻐하시는 하나님 아
버지.

하나님께서 세우신 사도들을 통해 구원의 도리를 명확하게 기록하게 하
셔서, 모든 세대의 교회와 성도들에게 복된 하나님의 나라를 드러내며 살아
가게 하심에 감사를 드립니다.

우리는 이 복된 진리의 말씀을 따라 이 세상에서 하나님 나라의 백성으로
살아감에 있어서 그리스도의 복음에 합당한 삶을 드러내어야 할 것입니다.
무엇보다도 복음에 근거한 우리의 삶을 통해 그 복음의 능력을 증거해야 할

---

34) John Stott, 디모데전서, pp. 43-44.

것입니다.

이제 목회서신 강해를 진행함에 있어 먼저 디모데전서를 통해서 우리들이 진리를 수호하기 위해 선택되었음을 깨닫게 하옵소서. 하나님께서 세우신 그리스도의 몸된 교회를 위해 봉사하는 일과, 진리를 담고 있는 복음을 순전하게 지키고 보존하는 일에 힘을 모으게 하옵소서. 그리하여 다음 세대에게 이 복된 복음을 전승해야 하는 시대적인 사명을 수행하는 일에 순종하고 헌신할 수 있도록 우리에게 은혜를 더하여 주옵소서.

우리 주 예수 그리스도의 이름으로 기도합니다.

〈 1 〉

교회에 주어진 사도의 복음

디모데전서 1:1-2

> 우리 구주 하나님과 우리의 소망이신 그리스도 예수의 명령을 따라 그리
> 스도 예수의 사도 된 바울은 믿음 안에서 참 아들 된 디모데에게 편지하
> 노니 하나님 아버지와 그리스도 예수 우리 주께로부터 은혜와 긍휼과 평
> 강이 네게 있을지어다

　　로마에서 약 2년간의 구금 생활을 마치고 풀려난 바울은 그레데와
소아시아를 거쳐 마게도냐까지 여행하고 있었다. 당시 바울은 마게도
냐 여행을 마치고 소아시아의 에베소로 돌아가 디모데를 다시 보게 되
기를 기대하고 있었다. 그러나 바울은 에베소에 있는 디모데를 방문하
겠다는 계획을 미루고 이 서신을 보내기로 했다. 아마 바울이 늘 마음
속에 담아두었던 서반아(스페인) 전도여행을 실행하려고 했던 계획 때문
이었을 것이다.
　　바울은 디모데에게 이 서신을 보냄으로써 바울이 떠나 있는 동안일
지라도 디모데가 에베소 교회 성도들의 신앙생활을 어떻게 관리해야
하는가를 알게 하고자 했다.[35] 이런 점에서 본서는 교회의 삶과 관련된

---

35) John Stott, 디모데전서, p. 43.

목회적 성격을 강하게 가지고 있다(딤전 3:14; 4:13).

　서두의 인사말(딤전 1:1-2) 후에 디모데가 교회에서 무엇을 행해야 하고 어떻게 살아야 하는가에 대한 일련의 교훈들이 본 서신의 서론(딤전 1:3-20)을 형성하고 있다. 이 서론은 바울에 의해 이전에 디모데에게 맡겨졌던 사역들을 새롭게 갱신하거나 강화하는 내용(딤전 1:5)으로 구성되어 있다.[36] 이 서론에서 바울은 세 종류의 교사들에 대해 언급하고 있다.

　첫째, 거짓 교사들(3-11절) / 거짓 교사들의 잘못된 율법 적용을 지적하고 있다. 그들의 교훈들은 율법, 즉 구약성경에 대한 잘못된 사용과 오해로 말미암는다. 율법은 복음과 더불어 교회에 주어진 하나님의 계시로서 매우 중요한 위치를 차지하고 있기에 언제나 올바르게 이해되고 사용되어야 한다.
　둘째, 바울 자신(12-17절) / 바울은 이전에 그리스도를 핍박하였으나 이제는 그리스도의 사도로서 복음을 전하고 있다. 복음의 전파에 있어서 하나님의 종으로 위임을 받았다는 사실을 통해 바울은 이전에 죄를 범했음에도 불구하고 죄인들을 향하신 하나님의 은혜와 긍휼의 결과였음을 강조하고 있다.
　셋째, 디모데(18-20절) / 디모데에 대해 진리의 선한 싸움을 싸우라고 격려하고 있다. 어그러진 길로 가버린 몇몇 사람들과 달리 믿음을 굳게 붙잡고 주님을 따르라고 권면하고 있다. 혹 복음 전하는 일에 반대가 있을지라도 자신의 양심을 선하게 지킴으로써 "싸움을 잘 싸워야" 함을 강조하고 있다.

　이러한 흐름 가운데 디모데전서는 전통적인 헬라 서신의 관례대로

---

36) I. Howard Marshall, 신약성서신학, 박문재, 정용신 역, 고양, 크리스챤다이제스트, 2006, p. 493.

바울 사도가 디모데에게 보내는 인사말로 시작하고 있다. 바울은 자신을 가리켜 "우리 구주 하나님과 우리의 소망이신 주 예수 그리스도의 명령을 따라" 사도로 세움을 받았으며, 자신은 '그리스도 예수의 사도'라고 밝히고 있다. 일반적으로 바울은 자신의 사도권을 하나님의 뜻에 그 근거를 두고 있었다(고전 1:1; 고후 1:1; 엡 1:1; 골 1:1; 딤후 1:1).

1. 사도가 선포하는 '구원과 소망'의 메시지(딤전 1:1)

바울은 "우리 구주 하나님과 우리 소망이신 그리스도 예수의 명령을 따라 그리스도 예수의 사도 된 바울"(*Παῦλος ἀπόστολος Ἰησοῦ χριστοῦ κατ ἐπιταγὴν θεοῦ σωτῆρος ἡμῶν, καὶ κυρίου Ἰησοῦ χριστοῦ τῆς ἐλπίδος ἡμῶν*, 딤전 1:1)이라고 자신의 위치를 먼저 밝히고 있다. 여기에서 바울은 자신의 사도권이 '하나님과 그리스도'로부터 왔다는 점을 강조함으로써 다른 서신서의 인사말들보다 더 강력하고 엄중하게 자신의 사도권을 주장하고 있다.

이 구절의 어순을 따라 직역하면 "바울, 그리스도 예수의 사도, 우리의 구주이신 하나님과 우리의 소망이신 주 예수 그리스도의 명령으로" (Paul, an apostle of Jesus Christ by the commandment of God our Saviour, and Lord Jesus Christ, which is our hope, KJV)라고 되어 있다. 여기에서 강조하고 있는 것처럼, 이 서신을 보내고 있는 '바울'의 위치가 두드러지게 드러나 있음을 알 수 있다.

로마서(Paul, a servant of Jesus Christ, called to be an apostle, separated unto the gospel of God, 롬 1:1)와 고린도전서(Paul called to be an apostle of Jesus Christ through the will of God, and Sosthenes our brother, 고전 1:1)에서도 이러한 형식을 볼 수 있다.

바울이 누구인가를 잘 알고 있는 디모데에게 구태여 자신이 누구인가를 이처럼 강력하게 드러내고 있다는 것은, 이 서신에서 다루고자 하는 내용이 전적으로 '구주이신 하나님'과 '소망이신 주 예수 그리스도'의 권위에 근거하고 있음을 강조하기 위함이다. 이것은 이 서신의 수신자인 디모데뿐 아니라, 이 서신을 접하는 그 누구라 할지라도 이 서신에서 언급하고 있는 내용에 대해 전인격적인 순종을 요구하고 있음을 알 수 있다.

여기에서 '우리 구주 하나님'(God our Saviour)이라는 칭호는 구원의 집행과 구현(具現)이 그리스도 예수 안에 있지만, 그 계획과 준비는 하나님께 기원하고 있음을 강조하고 있다(딤전 2:3; 딛 1:3; 2:10; 3:4; 유 25절). 무엇보다도 하나님께서는 교회의 통치에 있어서 성자이신 예수 그리스도를 통하지 않고서는 아무 일도 하시지 않으며, 결과적으로 하나님의 모든 행위는 아들과 함께 행하시는 분이라는 사실을 밝히고 있다.

바울이 성자에게 더 잘 적용되는 '구주'라는 명칭을 하나님께 적용해서 부르고 있는 이유가 여기에 있다. 이렇게 함으로써 바울은 그의 아들을 교회에 보내주신 하나님께, 그리고 그 은혜로 말미암아 성도들이 누리고 있는 구원에 대하여 하나님께 영광을 돌리는 것이 마땅하다고 선언하고 있다.37)

이로써 구원의 집행과 구현에 있어 하나님과 그리스도에게 서로 연결되어 있으며, 구원이 과거와 미래를 연결하는 시간적인 요소를 포함하고 있음을 암시하고 있다. 하나님의 마음에 있었고(작정), 그분 안에 간직해 있던 구원(예정)이 때가 차매 그리스도 예수 안에서 나타났기 때문이다(갈 4:4).

이처럼 '우리의 구주이신 하나님과 우리의 소망이신 주 예수 그리스도'라는 표현에는 구원의 시작과 끝을 아우르는 전체 개념이 담겨 있

---

37) J. Calvin, 디모데전서, p. 409.

다.38) 이러한 신학적 해석에 근거하여 웨스트민스터 신앙고백서, 제8장 '중보자 그리스도', 제1절에서는 다음과 같이 고백하고 있다.

> 하나님께서는 그 영원하신 목적에서 기쁘신 뜻대로 그 독생자 주 예수를 하나님과 사람 사이에 중보자(仲保者)로 세우셨습니다(딤전 2:5, 사 42:1, 요 3:16, 벧전 1:19-20). 예수님은 선지자(행 3:22)와, 제사장(히 5:5-6)과, 왕(눅 1:33, 시 2:6)과, 교회의 머리와 구주가 되시고(엡 5:23), 만물의 후사(히 1:2, 7)와 세상의 심판자가 되셨습니다(행 17:31). 하나님께서는 그의 독생자에게 창세 전에 한 백성을 주시어 그의 씨가 되게 하셨고(사 53:10, 시 22:30, 요 17:6), 때가 이르매 그 백성은 그로 말미암아 속량(贖良)되고, 부르심을 받고, 의롭다 함이 되고, 성화되고, 영화롭게 되도록 하셨습니다(딤전 2:6, 사 55:4-5, 고전 1:30).

이와 더불어 '우리의 소망이신 주 예수 그리스도'라는 표현에 담겨 있는 이 신앙고백은 그리스도 예수의 마지막 강림, 곧 종말론적 '그리스도의 재림'을 포함하여 전 역사적 사건에 적용되어야 한다. 이 신앙고백에서는 하나님이 목적하신 모든 것, 즉 예수 그리스도 안에서 과거에 이뤄진 일과 현재 이루어지고 있는 일을 비롯해 앞으로 이뤄질 모든 것을 담고 있다. 동시에 하나님께서 인류의 구원을 위해 계획하신 모든 역사의 경륜을 포함하고 있다(행 23:6; 24:15; 26:6, 7; 28:20; 골 1:27).

이것은 하나님의 섭리가 '우리의 소망이신 주 예수 그리스도' 안에서 완성되는 것과 관련이 있다. 그 완성의 궁극적인 내용과 관련해 웨스트민스터 신앙고백서, 제5장 '섭리', 제1절에서는 다음과 같이 명확하게 밝히고 있다.

> 만물의 위대한 창조자 하나님께서는 모든 피조물과 그들의 언행심사(단 3:34, 35; 시 135:6; 행 17:25, 26, 28; 욥 38-41장)를 보존하시고(히 1:3), 감

---

38) James Allen, 디모데전서, 정병은 역, 고양, 전도출판사, 2006, p. 34.

독하시고, 처리하시고, 통치하시되, 가장 큰 것으로부터 가장 작은 것에
이르기까지(마 10:29-31) 그렇게 하시며, 그의 가장 지혜롭고 거룩한 섭리
에 의하여(잠 15:3; 시 104:24; 145:17), 그의 무오한 예지(豫知)와 그 자신
의 의지의 자유롭고 불변하는 결정을 따라서 하십니다(엡 1:11; 시 33:10,
11). 이로써 그의 지혜, 능력, 공의, 선하심, 그리고 자비의 영광을 찬미하
게 하십니다(사 63:14; 엡 3:10; 롬 9:17; 창 45:7; 시 145:7).

이처럼 구주이신 하나님의 영원한 작정이 우리의 소망이신 예수 그
리스도 안에서 이루어짐으로써, 성도들이 예수 그리스도의 온전한 순
종의 공로와 십자가에서 죄의 대가를 지불함으로써 성취하신 구속을
믿을 때(갈 2:16) 그리스도께서는 심판에 대한 성도들의 두려움을 제거해
주신다. 그리고 죄책을 제거해 주시고 천국을 확신케 해 주신다. 이런
점에서 그리스도 예수는 성도들의 유일한 소망이 되신다. 이로써 바울
은 이 서신의 첫 시작을 열고 있는 인사말에서부터 이 편지의 주제가
'구원과 소망'이라는 사실을 명확하게 밝히고 있다.

2. 사도권에 대한 바울의 이해 (딤전 1:1)

바울은 자신의 사도직을 역사라는 맥락에서 이해하고 있다. 이 역사
적 맥락의 시작은 예수님의 탄생, 죽음, 부활을 통해 나타난 '우리 구
주 하나님'의 활동이며, 그 정점은 '우리의 소망이신 그리스도 예수'
이다. 그 결과 그리스도의 영광스러운 재림은 성도들의 궁극적인 소망
이며, 모든 인류 역사의 막을 내리게 함으로써 종말에 이르게 될 것이
다. 나아가 바울은 이 두 극점, 즉 역사의 시작과 종말 사이에서 사도적
복음이 전 세계로 퍼져나가게 될 것을 암시하고 있다.[39]
바울의 사도권은 일반적 의미의 사도, 즉 부활하신 구주께서 게바(베

---

39) John Stott, 디모데전서, p. 45.

드로)에게 나타나셨던 것과 같이 자신에게도 나타나셨다는 사실(고전 15:5, 8)에 근거하고 있다. 이 사도권은 우주적인 사명을 수행하는 직무와 관련된다. 이 직무는 그를 보내신 그리스도의 권위를 덧입고 있으며, 그 권위는 교회와 성도들의 신앙생활 모두와 관련되어 있었다.

이런 점에서 바울의 사도권은 12사도와 똑같은 권위를 가지며 동일한 직책을 부여받았다. 특별히 바울은 12사도와 달리 이방인들을 섬기도록 부름을 받았다는 사실을 인정받음으로써 그 권위의 독특성이 구별된다(갈 2:7-9).

바울은 부활하신 그리스도 예수로부터 직접 선택되었고 부름을 받았으며 보내심을 받았다(행 9:1-9). 12사도들과 마찬가지로 바울은 그리스도로부터 직접 사도로서 행해야 할 사명을 부여받았다(요 6:70; 13:18; 15:16, 19; 갈 1:6). 바울과 12사도들은 예수님에 의해 그들의 사역을 위한 자격과 권위를 부여받았으며, 예수님의 말씀과 행동을 직접 보고 들은 목격자들이었다. 특별히 그들은 예수님의 부활을 목격한 증인들이었다 (행 1:8, 22; 고전 9:1; 15:8; 갈 1:12; 엡 3:2-8; 요일 1:1-3).

이들 모든 사도에게는 '성령의 충만'이 임했으며, 이 성령이 그들을 모든 진리 가운데로 인도하셨다(마 10:20; 요 14:26; 15:26; 16:7-14; 20:22; 고전 2:10-13; 7:40; 살전 4:8). 하나님께서는 그들의 사역에 복을 주셨으며, 표적과 이적을 행하게 하심으로써 그 사역의 진가를 나타내셨고, 그들의 수고에 많은 열매를 맺도록 해 주셨다(마 10:1, 8; 행 2:43; 3:2; 5:12-16; 롬 15:18, 19; 고전 9:2; 고후 12:12; 갈 2:8).

이러한 사도들의 직분은 한 지교회에게만 제한되지 않았으며 어느 일정한 기간에만 국한되지도 않았다. 그들의 직분은 전체 교회를 위한 것이며 종신직이었다(행 26:16-18; 딤후 4:7, 8).

이런 점에서 바울은 12사도들과 같이 그리스도 예수의 사도로 불리

고 있다. 바울은 그리스도에게 속하였고, 그리스도에 의해 사명을 부여
받아 보내심을 받았다. 결국 바울을 통해 매고 푸시는 분은 그리스도
자신이시며, 그분이 바울을 통해 역사하고 계신다.

따라서 바울의 메시지는 그리스도의 메시지이며, 바울의 권위는 곧
그리스도께서 부여하신 권위를 가지고 있다.[40] 여기에서 '우리 구주
하나님과 우리의 소망이신 그리스도 예수의 명령을 따라 그리스도 예
수의 사도 된 바울' 이라는 선언은 누구든 반드시 바울 사도가 선포한
복음에 복종해야 한다는 '왕의 명령' 과 같은 의미를 담고 있다.

3. 사도의 고난에 동참하는 교회 공동체 (딤전 1:2)

'구원과 소망' 의 메시지를 선포하는 사도로서 바울은 디모데에게
"믿음 안에서 참 아들 된 디모데에게 편지하노니 하나님 아버지와 그리
스도 예수 우리 주께로부터 은혜와 긍휼과 평강이 네게 있을지어다"
(Τιμοθέῳ γνησίῳ τέκνῳ ἐν πίστει χάρις, ἔλεος, εἰρήνη ἀπὸ θεοῦ πατρὸς
ἡμῶν καὶ χριστοῦ Ἰησοῦ τοῦ κυρίου ἡμῶν. 딤전 1:2)라고 축복하고 있다.

이 문장에서도 바울은 수신자로서 디모데를 명확하게 지정하고 있다
(Unto Timothy, my own son in the faith: Grace, mercy, and peace, from God
our Father and Jesus Christ our Lord). 그리고 앞서 바울의 위치를 밝힌
것처럼 여기에서도 디모데의 위치를 확실하게 밝히고 있다.

바울은 디모데를 '사랑하는 아들' ("사랑하는 아들 디모데에게 편지하노니
하나님 아버지와 그리스도 예수 우리 주께로부터 은혜와 긍휼과 평강이 네게 있을지어
다", 딤후 1:2)이라고 부를 정도로 특별한 관계를 유지하고 있었다.

하나님은 자신의 말씀과 성령으로 모든 신자를 거듭나게 하신다. 하
나님 자신 외에는 아무도 신자들에게 믿음을 넣어준 바 없다. 때문에

---

40) William Handriksen, 목회서신, p. 72.

하나님만이 모든 신자들의 아버지가 되신다. 이때 사도들은 하나님께서 세우신 기관으로서 그 기능을 담당하게 된다.

이런 의미에서 사도인 바울은 하나님으로부터 동일한 믿음을 선물로 받은 디모데를 가리켜 복음으로 출산한 아들이라고 부르고 있다. 바울은 새롭게 태어난 디모데의 영적인 생명을 하나님의 손 안에 있는 수단으로 사용된 사도권과 그 사역의 은덕(고전 4:15; 갈 4:19)의 결과로 이해하고 있다.[41]

여기에서 '참 아들'(γνησίω τέκνω : my true child)이라는 의미는 합법적인 혼인 관계에서 태어난 아들임을 강조하고 있다. 이것은 디모데의 출생을 염두에 두었음을 알 수 있다. 사실 디모데는 헬라인 아버지와 히브리인 어머니 사이에서 출생했기 때문에 유대법에 따를 때에는 사생아나 다를 바 없었다. 하지만 이제 영적으로 새로 태어난 디모데는 사도인 바울에게 있어 합법적인 '참 아들'이 되었다.

왜냐하면 디모데의 회심, 곧 디모데의 거듭남에는 바로 '우리의 구주이신 하나님과 우리의 소망이신 주 예수 그리스도의 사도'인 바울과 관련되어 있기 때문이다. 또한 디모데는 바울의 가르침과 본을 성실하게 따르고 있기 때문이다(고전 4:17; 빌 2:22; 딤후 3:10-11).

이때 '믿음 안에'(ἐν πίστει : in the faith)라는 표현은 '믿음으로 말미암아'라는 의미로 디모데가 하나님을 믿음으로써 바울의 영적인 아들이 되었음을 강조하고 있다. 동시에 '믿음 안에'라는 표현을 통해 부자 관계의 테두리를 정해줌으로써 디모데는 바울이 낳은 영적인 아들임을 확증해 주고 있다.[42]

여기에서 바울은 자신의 영적인 아들이며 자신의 믿음과 경건을 상

---

41) William Hendriksen, 목회서신, p. 75.
42) James Allen, 디모데전서, p. 35.

속받은 아들로서 디모데를 '참 아들'로 부르고 있다. 이것은 마치 아브라함에게 많은 아들들이 있었지만, 이삭만이 유일한 언약의 상속자였음을 염두에 두고 있는 것과 같다(롬 9:6-8). 이와 같이 아브라함이 이삭을 사랑했던 것처럼 바울은 디모데를 사랑하고 있다.

나아가 명목상의 이름뿐인 아버지와 달리 바울은 자신의 삶이 고스란히 묻어 있는 디모데를 향해 애정을 표하고 있다. 여기에는 고난과 임박한 박해와 고통에 직면해 있는 디모데에게, 바울 자신이 그랬던 것처럼, 여전히 복음에 충성할 것을 격려하고자 하는 바울의 심경이 담겨 있다.[43]

이 사실을 강조함으로써 바울은 교회에서 디모데의 권위를 강조하고 있다. 이때 디모데는 에베소 교회를 대표하는 위치에 서 있다는 점에서 에베소 교회 성도들이 바울에게 순종했던 것처럼, 디모데 역시 에베소 교회 성도들에게 바울과 같은 위치에 서 있게 된다. 이 사실은 '하나님 아버지와 그리스도 예수 우리 주께로부터 은혜와 긍휼과 평강이 네게 있을지어다'라는 축복을 통해 확증된다.

4. 사도의 고난에 동참한 교회가 누리는 복 (딤전 1:2)

아브라함의 언약 성취로서 주어진 복음과, 그 복음의 전달자인 아버지와 계승자인 아들의 관계를 자신과 디모데로 언급한 바울은, 사랑하는 아들이자 '참 아들'인 디모데에게 '하나님 아버지와 그리스도 예수 우리 주께로부터 은혜와 긍휼과 평강이 네게 있을지어다'라고 축복하고 있다.

이 사도의 축복은 마치 바울과 디모데를 하나의 가족으로 묶으시는 하나님의 의지를 표명하는 것과 같다. 바울과 디모데를 하나로 묶는 것

---

43) Thomas C. Oden, 디모데전후서, p. 50.

은 다름 아닌 하나님의 '은혜와 긍휼과 평강'을 함께 누림에서 확인되기 때문이다(살전 1:1).

은혜(χάρισ : grace)는 하나님의 자녀들 심령 속에서 역사하는 하나님의 값없는 은총이다. 이 은혜는 죄로 인해 도무지 자격이 없는 자에게 베푸시는 하나님의 친절이다.

긍휼(ἔλεος : mercy)은 스스로 구원할 수 없는 비참한 지경에 놓인 자들에 대한 하나님의 불쌍히 여기심이다. 이런 점에서 긍휼은 비참한 상태에 있는 인간들에 대한 하나님의 연민과 인애하심(lovingkindness)이다. 하늘에 계신 아버지는 그의 자녀를 향하여 자애로운 정을 간직하고 계시며, 언제든지 그들을 도우실 준비가 되어 있다.

평강(εἰρήνη : peace)은 이전에 하나님으로부터 소외되었을 때 그리스도를 통하여 하나님과 화목하게 되었다는 사실을 깨닫는 것을 의미한다. 그리고 서로에게 소외된 사람들을 하나님이 화해시키신 것을 말한다. 죄로 말미암아 깨어지고 단절된 관계가 은혜로 말미암아 온전해지고 하나로 결속하게 된다. 이때 확인되는 것이 평강이다.

이처럼 '은혜와 긍휼과 평강'은 서로 분리되지 않는 한 몸이다. 그리고 이 '은혜와 긍휼과 평강'의 근원은 하나님이시며, 성도들은 그리스도 예수, 즉 그들의 주님으로 말미암아 이 '은혜와 긍휼과 평강'을 얻게 된다.44)

삼위일체 하나님께서 복음을 통해 역사하시어, 부활하심으로써 주님(the LORD)으로 밝히 선언되신 그리스도에게 주의 자녀들을 굴복하게 하심으로써(행 2:36; 빌 2:11), 그 자녀들은 하나님 아버지와 새로운 관계 안으로 들어가게 되었다. 성도들에게 은혜와 긍휼과 평강이 경험되는 것은 이러한 삼위일체 하나님의 역사로 말미암아 주어지는 결과이다.

---

44) William Handriksen, 목회서신, p. 76.

특히 본문에서 이러한 은혜와 긍휼과 평강이 '하나님 아버지와 그리스도 예수 우리 주께로부터' 주어진다는 사실은 은혜와 긍휼과 평강이 하나님의 자녀들인 교회와 관련되어 있음을 시사하고 있다. 본문의 '아버지'(FATHER)와 '주'(LORD)는 신성의 인격들 사이에서 나타나는 상호 관계를 표현해 주고 있는 것이 아니라 교회와의 관계를 표현해 주고 있기 때문이다.[45]

특별히 하나님께서 성도들의 아버지가 되신다는 표현은 하나님께서 사람과 맺은 언약의 궁극적 성취라는 점에서 깊은 관심을 가지게 한다. 이와 관련해 웨스트민스터 신앙고백서, 제12장 '양자됨'에서 이 사실을 더욱 명확하게 밝혀주고 있다.

> 하나님께서는 의롭다 함을 받는 모든 사람이 그의 독생자 예수 그리스도 안에서, 그리고 그를 위하여 양자됨의 은혜에 참여하는 자들이 되는 것을 허락하십니다(엡 1:5; 갈 4:4, 5). 이로 말미암아 그들은 하나님의 자녀의 수효에 들게 되고, 자녀로서의 자유와 특권을 누리게 됩니다(롬 8:17; 요 1:12). 또한 그들 위에 하나님의 이름이 기록되게 되며, 그들은 양자의 영을 받으며(롬 8:15), 담대하게 은혜의 보좌로 나아가며(엡 3:12; 롬 5:2), 아바 아버지라 부를 수가 있으며(갈 4:6), 불쌍히 여김을 받으며(시 103:13), 보호를 받으며(잠 14:26), 필요한 것을 공급받으며(마 6:30, 32 벧전 5:7), 육신의 아버지에게 징계를 받는 것처럼 징계를 받으나(히 12:6), 그렇지만 결코 버림을 받지 않으며(애 3:31), 구속의 날까지 인(印)치심을 받으며(엡 4:30), 약속들을 기업으로 받는 영원한 구원의 상속자들입니다(히 6:12; 벧전 1:3, 4; 히 1:14).

이런 점에서 볼 때, 에베소 교회 성도들은 사도 바울이 디모데에게 보낸 이 서신에 참여함으로써 언약의 성취를 상징하는 삼위일체 하나

---

45) A. C. Hrevey, 디모데전서, 풀핏 성경주석 23권, 풀핏주석번역위원회 역, 보문출판사, 1983, p. 45.

님께서 주시는 은혜와 긍휼과 평강에 함께 참여하고 있다는 사실을 알
수 있다. 그리고 이러한 사도 바울의 축복은 오늘날 이 서신을 접하고
읽으며 믿음으로 받아들이는 우리에게, 그리고 모든 세대의 성도들에
게도 동일한 복으로 주어지고 있다.

여기에서 바울 사도가 축복하고 있는 성도들에게 요구되는 믿음의
특성을 확인할 필요가 있다. 이와 관련해 웨스트민스터 신앙고백서, 제
14장 '구원에 이르는 믿음', 제2절에서는 이렇게 밝히고 있다.

> 구원에 이르는 믿음을 소유한 성도는 하나님의 말씀에 계시된 모든 내용
> 을 참된 것으로 믿습니다. 이는 하나님께서 그 말씀을 자신의 권위로 계시
> 하셨기 때문입니다(살전 2:13; 요 4:42; 행 24:14; 요일 5:10). 그러므로 성
> 도들은 계시된 말씀의 각 구절에 포함된 내용에 따라 행동하되, 명령의 말
> 씀에는 순종하고(롬 16:26), 경고의 말씀에는 두려워하며(사 66:2), 현세와
> 내세에 대한 하나님의 약속의 말씀은 기꺼이 받아들입니다(딤전 4:8; 히
> 11:13). 이러한 구원에 이르는 믿음을 소유한 성도들의 중요한 자세는 은
> 혜언약에 따라 칭의, 성화, 영생을 위하여 그리스도만을 받아들여 영접하
> 고 의존하는 것입니다(요 1:12; 행 15:11; 16:31; 갈 2:20).

이러한 구원에 이르는 믿음을 가진 우리를 향하여 "하나님 아버지와
그리스도 예수 우리 주께로부터 은혜와 긍휼과 평강이 네게 있을지어
다"라는 바울 사도의 축복은 지금까지도 그랬던 것처럼 앞으로 그리고
영원토록 그대로 이루어질 것이라는 신적 권능과 약속이 담겨 있는 선
언이다.

| 기 도 |

우리를 영원한 죽음에서 구원하시고 하나님의 자녀로서 새로운 소망을
누리며 살게 하시는 하나님 아버지.

하나님께서 친히 우리의 구원과 관련한 모든 일을 계획하시고, 아드님이신 예수 그리스도와 함께 친히 우리의 구원을 이루어주심에 감사를 드립니다. 하나님은 우리에게 구원을 주시는 구주이십니다.

또한 우리는 예수 그리스도로 말미암아 속량(贖良)함을 받았고, 사도들이 전해준 복음을 듣고 믿음으로 받음으로써 하나님으로부터 의롭다고 인정되었나이다. 하나님께서는 의롭다 함을 받는 모든 사람이 그의 독생자 예수 그리스도 안에서, 그리고 그를 위하여 양자됨의 은혜에 참여하는 자들이 되는 것을 허락하십니다(엡 1:5; 갈 4:4, 5). 이로 말미암아 그들은 하나님의 자녀 안에 들게 되고, 자녀로서의 자유와 특권을 누리게 됩니다(롬 8:17; 요 1:12).

이로써 우리는 하나님을 아버지라고 부를 수 있게 되었으며, 하나님께서 창세 전에 우리를 위해 예비하신 기업을 받는 위치에 서게 되었습니다. 이러한 복된 은혜를 바탕으로 우리는 이 땅에서 하나님의 자녀답게 살기 위하여 더욱 하나님을 아는 일에 힘을 써야 할 것입니다.

이 땅에서 거룩한 교회의 회원으로 우리를 부르셨사오니, 이 복된 교회를 우리 삶의 중심에 두고 우리의 소망이신 그리스도를 바라보며 살아가게 하옵소서.

우리 주 예수 그리스도의 이름으로 기도합니다.

〈2〉

율법의 목적과 바른 교훈의 근거

디모데전서 1:3-11

내가 마게도냐로 갈 때에 너를 권하여 에베소에 머물라 한 것은 어떤 사
람들을 명하여 다른 교훈을 가르치지 말며 신화와 끝없는 족보에 몰두하
지 말게 하려 함이라 이런 것은 믿음 안에 있는 하나님의 경륜을 이룸보
다 도리어 변론을 내는 것이라

이 교훈의 목적은 청결한 마음과 선한 양심과 거짓이 없는 믿음에서 나
오는 사랑이거늘 사람들이 이에서 벗어나 헛된 말에 빠져 율법의 선생이
되려 하나 자기가 말하는 것이나 자기가 확증하는 것도 깨닫지 못하는도
다 그러나 율법은 사람이 그것을 적법하게만 쓰면 선한 것임을 우리는
아노라

알 것은 이것이니 율법은 옳은 사람을 위하여 세운 것이 아니요 오직 불
법한 자와 복종하지 아니하는 자와 경건하지 아니한 자와 죄인과 거룩하
지 아니한 자와 망령된 자와 아버지를 죽이는 자와 어머니를 죽이는 자
와 살인하는 자며 음행하는 자와 남색하는 자와 인신 매매를 하는 자와
거짓말하는 자와 거짓맹세하는 자와 기타 바른 교훈을 거스르는 자를 위
함이니 이 교훈은 내게 맡기신 바 복되신 하나님의 영광의 복음을 따름
이니라

바울은 자신이 에베소를 떠나 마게도냐로 떠나면서 디모데를 에베소에 머물도록 간청한 일을 상기시키고 있다(3절). 바울은 에베소에 디모데를 남겨두고 떠나기 전에 필요한 가르침을 이미 구두로 주었음이 분명하다. 이 서신이 교회 앞에서 공적으로 읽혀질 때, 이 서신은 디모데의 힘을 북돋는 데 이바지했을 것이다. 여기에서 바울은 '교회에 주어진 사도의 복음'을 파수하고, 이 복음과 다른 복음을 단호히 배격해야 하는 디모데의 임무를 지시하고 있다.

1. '다른 교훈'을 전파하는 거짓 교사들의 정체 (딤전 1:3)

바울이 디모데에게 경계한 첫 번째 내용은 '바른 교훈'을 지키는 일과 '다른 교훈'을 물리치는 일의 중요성을 지시하고 있다. 바울은 디모데에게 이 사실을 돌이켜 생각하기 위해 "내가 마게도냐로 갈 때에 너를 권하여 에베소에 머물라 한 것은 어떤 사람들을 명하여(경고하여, 책망하여) 다른 교훈을 가르치지 말며 신화와 끝없는 족보에 몰두하지 말게 하려 함이라"(딤전 1:3-4상)고 상기시키고 있다.

여기에서 '교훈'은 예수님의 진리에 대한 것을 가리키고 있다. 예수님 자신이 곧 진리이시다(요 14:6). 그리고 이 진리를 증거하기 위해 이 세상에 오셨다(요 18:37). 또한 성령은 진리의 영이시다(요 16:13). 하나님께서는 성령으로 말미암아 그리스도를 통해 진리를 보여주신다.

이런 이유에서 예수님은 사도들에게 거짓 교사를 주의하라고 말씀하셨다(마 7:15; 24:11, 24; 막 13:22). 사도들 역시 예수님으로부터 받은 이 진리를 가르쳤다. 따라서 사도 바울은 디모데에게 거짓 가르침이 퍼지는 것을 막는 바로 그 목적을 위해 에베소에 머물라고 당부했었다.[46]

본문에서 '계속 머무르라'(to stay on)는 표현은 단순히 머무르다(to stay)는 것보다 훨씬 강력한 표현법이다. 디모데는 에베소에 단순히 체

---

46) John Stott, 디모데전서, p. 49.

류하고 있는 것이 아니었다. 디모데는 사도가 전한 복음을 파수하고 이를 떠난 가르침을 바로잡기 위해 에베소에 머물고 있었다. 그 목적은 다름 아닌 '어떤 사람들을 명하여 다른 교훈을 가르치지 못하도록 함'에 있다.

몇 년 전 예루살렘에서 체포되기 전 바울은 에베소 교회의 장로들을 불러 "또한 너희 중에서도 제자들을 끌어 자기를 좇게 하려고 어그러진 말을 하는 사람들이 일어날 줄을 내가 아노니"(행 20:30)라고 하면서 거짓 가르침에 대해 경계한 바 있다. 이렇게 경고하였을 때(AD 57년 5월경)는 본 서신서를 기록할 당시(AD 62년 혹은 63년경)보다 5-6년 전에 불과했다. 그 사이에 바울이 염려했던 그 일들이 에베소 교회에서 현실로 나타나고 있었다. 때문에 바울은 디모데를 향하여 '어떤 사람들을 명하여 다른 교훈을 가르치지 못 하게 하도록'(3절) 엄중하게 당부하고 있다.

여기에서 다른 교훈을 가르치는 거짓 교사들을 가리켜 '어떤 사람들'이라고 단순하게 언급하고 있는 것은 그들의 정체에 대해 더 이상 설명이 필요하지 않았기 때문이다. 그들은 분명히 거짓 가르침에 연루된 열매를 이미 거두고 있었으며, 바울은 영적인 피해를 끼칠 수 있는 그들을 에베소 교회가 경계해야 할 것을 분명히 지적할 필요가 있었다. 그들은 분명히 지역 교회 안에 있는 인물들이었다.[47]

이 사람들은 자기 스스로 생각하는 것처럼 교회 안에서 그렇게 중요한 인물들은 아니었다. 그들은 스스로 율법의 선생들이 되기를 갈망하였지만(7절), 실제에 있어서는 다른 어떤 것, 즉 다른 교리를 주장하고 있었을 뿐이다. 이런 부류의 사람들은 새롭고 다른 것이라면 받아들이기를 좋아하는 성향을 가지고 있다. 그렇지만 사실 그 새롭고 다른 것

---

47) James Allen, 디모데전서, p. 252.

이란 이미 알려진 이단 사상들에 새 옷을 입힌 것과 다를 바 없는 사상
들이었다.

이들이 주장하는 '다른 교훈'(ἐτεροδιδασκαλεῖν)이란 복음의 순수한
교의와 정면으로 충돌하는 가르침일 뿐이다. 이 '다른 교훈'은 마치 새
로운 진리인 것처럼 야심에 찬 자신의 생각을 가지고 사도가 전한 순수
한 복음을 더럽히거나, 혹은 세속적인 공론을 가져다가 복음의 가르침
을 흐리게 하는 모든 것을 가리킨다.

이러한 사실은 상대적으로 이미 바른 '교훈'으로 널리 알려진 표준
적인 교리가 이미 있었음을 암시한다. 이 표준적인 교리는 믿음, 진리,
바른 교훈(딤전 1:10; 6:3; 딤후 1:13; 딛 1:9; 2:1), 가르침, 부탁한 것 등으로
다양하게 불리고 있다. 이 사실은 이미 교회에는 표준으로 여겨지는 교
리 체계가 있었으며, 모든 교회의 가르침이 그 교리에 따라 옳고 그름
이 판정되었음을 보여준다. 그 가르침은 바로 그리스도의 가르침(딤전
6:3)과 사도들의 가르침(딤전 1:11; 2:7; 딤후 1:13; 2:2; 3:10, 14)이었다.[48]

이와 달리 인간의 경험이나 상상에 따라 복음을 판단하거나 이해하
려고 할 때에는 복음의 본질을 왜곡하고 복음의 내용을 더럽히게 된다.
또한 이런 방식으로 성경을 불경건한 방법으로 사용하게 될 때 복음을
더욱 어둡게 만들게 된다. 이런 행위들은 '하나님의 말씀', 곧 바울이
에베소 교회에게 간직하도록 당부한 순수한 복음과 교의를 훼손하는
결과를 가져오게 된다.

그러므로 디모데는 참된 지식의 진보를 가져오는 새로운 발견에 대
해서는 민첩하게 받아들이되, 전통적으로 귀중한 진리를 보수하기에
힘써야 한다. 반면에 거짓 교훈을 주장하는 이들에 대해서는 그들을 책

---

48) John Stott, 디모데전서, p. 49.

망함으로써 다른 교훈들을 주장하지 못하도록 해야 한다.[49]

바울은 특히 그 대상들 가운데 두 사람을 지적하여 '후메네오'와 '알렉산더'의 이름을 언급하고 있다(딤전 1:20). 이들의 이름을 밝히고 있는 이유는 사도의 권위로서 이들을 치리해야 했기 때문이다. 그것은 그 두 사람을 교회에서 출교시키는 것을 의미한다(고전 5:5). 이것은 교회가 사도에게서부터 받은 복음을 순전하게 보존하기 위한 마지막 방법이었다.

2. '신화와 족보'에 빠져 있는 거짓 교사들 (딤전 1:4)

바울이 디모데에게 당부한 두 번째 내용은 '신화와 끝없는 족보에 몰두하지 말게 하려 함'(딤전 1:4)에 대한 것이다. 여기에서 '신화'는 유대인들의 전설로서 '유대인의 허탄한 이야기'(딛 1:14)를 가리킨다. 당시 유대인들 사이에서는 마술이나 요술이 만연하고 있었으며(행 8:9; 13:6; 19:13) 이것들을 전설처럼 여기는 경향이 많았던 것으로 보인다.

'끝없는 족보'는 '헛된 이야기'라는 유대식 표현 형식으로 인간의 가계와 관련되어 있다(딛 3:9). 유대인들은 포로시대 이후에 정통적인 족보가 사라졌던 역사적 사실을 악용해 제사장의 후예 또는 다윗 왕의 후예로 자기 자신을 높이기 위해 거짓 족보를 만들어 사용했었다. 또는 불법적으로 족보를 구성하고 있는 이름들로부터 상상적인 교리를 만들어 내기도 했다.[50]

여기에서 '신화와 족보'는 서로 다른 내용을 가리키지 않는다. 바울은 이것들을 '망령되고 허탄한 신화'(딤전 4:7), '진리에서 떠난 허탄한 이야기'(딤전 4:8)라고 밝힌다. 따라서 '신화와 족보'는 족보에 대한 가

49) William Handriksen, 목회서신, p. 82.
50) A. C. Hrevey, 디모데전서, p. 47.

공된 이야기들을 가리키고 있다.

랍비들은 끝없는 지어낸 이야기들을 좋아했다. 그들은 족보의 목록에서 이름 하나를 택하여서 그럴듯한 이야기를 꾸며내었다. 이런 끝없는 이야기들은 회당에서 정규 메뉴의 일부였으며, 이것들이 학가다 (Haggada : 유대인 전승 중 민화, 설교, 주술, 점성술 등 율법적 성격을 띠지 않는 이야기들)로 알려진 탈무드 가운데 기록되어 남겨지게 되었다.

'희년의 책'(The Book of Jubilees)도 그중 하나였다. 이 책은 BC 130년대 만들어진 것으로 추정되며, 천지 창조로부터 시내산에서 율법을 받기까지의 창세기 이야기를 바리새인의 관점에서 서술하고 있다.

이 책은 창세로부터 가나안에 들어갈 때까지의 전 기간을 '희년' 즉 49(7×7)년을 한 구간으로 하여 50희년기로 나누고, 열국 사이에서 이스라엘의 독특성을 강조하고 있다. 이처럼 '신화와 족보'는 랍비 전승을 통해 이어져 내려오는 꾸며진 이야기들을 가리킨다.[51]

이들에게 있어 율법, 즉 구약성경은 자신들의 우화적 해석을 얻기 위한 하나의 재료에 불과했다. 그리고 그들은 구약성경의 연대나 낱말 정의에 대해 장황한 논란을 전개하는 방법으로 신화 위에 신화를, 우화 위에 우화를 산더미처럼 쌓아 올려서 결국 끝이 보이지 않게 만들었다. 그 결과 인간들이 만들어 놓은 전통에 의해 하나님의 율법이 무력화되고(마 15:6), 정경으로서 받아들여야 할 성경을 심하게 왜곡시키고 있었다.

이처럼 소위 율법 선생들이라고 자처하는 이 거짓 교사들은 '신화와 족보 이야기' 등으로 "믿음 안에 있는 하나님의 경륜을 이룸보다 도리어 변론을 내는 것"(딤전 1:4)에 치중하고 있었다. 아무런 열매도 기대할 수 없는 교묘한 질문과 논쟁을 통해 자신들의 지식과 능력을 과시하려

---

51) William Handriksen, 목회서신, p. 83.

고 하는 이들 율법 선생들의 거짓 교훈들은 결코 하나님의 경륜을 이루는 일과 아무런 상관이 없다. 때문에 교회에서는 마땅히 이들과 이들의 가르침을 배척해야 한다.

'신화와 족보 이야기'의 본질은 의심스러운 변론만을 일으키고 사람들의 호기심을 자극할 뿐 결코 진리를 제시하지 못한다. 또한 교회에서 구원에 이르는 믿음을 일으키지도 못한다. 그들의 변론은 하나님의 경륜과 경건한 덕을 세우기보다는 교회를 무너뜨리는 일만 할 뿐이다.

본문에서 '믿음 안에 있는 하나님의 경륜'(οικονομιαν)은 계시에 의해 전달되고 믿음에 의하여 받아들여진 복음을 의미한다.[52] 이 '경륜'은 하나님이 계시하신 구원의 계획을 보여주고 있다. 이 계획 안에서 성도들은 청지기로서 구원의 계획에 대해 믿음으로 반응해야 한다. 왜냐하면 하나님의 계시는 믿음을 불러일으키기 때문이다.

나아가 하나님의 경륜을 이루는 경건한 덕은 믿음 안에서 나오기 마련이다. 먼저 믿음으로 성도들은 하나님께 나아간다(히 11:6). 그리고 믿음의 길은 복음의 원리 안에서 덕을 세워나가게 한다. 이런 점에서 바울은 신화와 족보 이야기를 교회에서 경계하고 축출해야 하는 것이라고 지적하고, 이렇게 함으로써 "청결한 마음과 선한 양심과 거짓이 없는 믿음으로 나는 사랑"(딤전 1:5), 즉 율법의 가르침을 성취하기 위함이라고 밝히고 있다.

3. 율법의 목적을 오해한 거짓 교사들 (딤전 1:5-7)

바울은 이제 하나님의 경륜에 속한 율법의 용도와 복음의 성격을 제시함으로써 디모데에게 율법을 왜곡시키는 유대교 율법 선생들과 더불어 복음에 신화와 끝없는 족보 이야기를 뒤섞는 거짓 교훈들을 경계시

---

52) A. C. Hrevey, 디모데전서, p. 47.

키고 있다.

율법은 하나님을 사랑하고 우리 이웃을 사랑하는 것을 장려하기 위해 주어졌다. 이런 의미에서 사랑은 율법의 완성이라고 한다(롬 13:10). 따라서 율법의 목적은 인자와 사랑이다(롬 13:8). 하나님의 율법에 담겨 있는 주요한 범위와 흐름은 신자들이 하나님을 사랑하고 서로를 자기 몸처럼 사랑하게 하는 데 있다.

따라서 하나님에 대한 신자들의 사랑이나 형제에 대한 사랑을 약화시키는 성향을 가지고 있는 것은 그것이 무엇이든지 간에 율법의 목적과 대립하게 된다. 그러므로 율법에 대한 지식을 자랑하면서 그 지식을 복음 전파를 방해하는 구실로 이용한다면 그것은 율법의 목적을 무력화시키려는 반역과 다름이 없다.

율법과 율법의 교훈은 청결한 마음과 선한 양심과 거짓이 없는 믿음에서 나오는 사랑을 필요로 한다. 그리고 거룩한 사랑을 간직하기 위하여 신자들의 마음에서 하나님의 말씀을 거역하려고 하는 모든 죄악들을 씻어내야 한다. 사랑은 철저하게 하나님의 말씀에 순종하는 선한 양심에서 나오기 때문이다.

따라서 거짓이 없는 믿음을 요구하는 하나님의 말씀을 순종하고, 그 진리를 믿는 참된 신앙에서 우러난 선한 양심을 간직한 신자들만이 비로소 율법의 목적을 따르게 된다. 이로써 사랑으로 역사하는 믿음(갈 5:6)은 자연스럽고 순수하고 진지한 속성을 가지게 된다.[53]

선한 양심으로 거짓이 없는 믿음을 입증하지 않거나, 사랑 안에서 그 모습을 드러내지 않는 신앙고백 행위들은 모조리 율법을 주신 하나님께 불성실할 뿐이다. 인간의 구원이란 바른 신앙에 의존하는 것이며, 하나님에 대한 완전한 예배는 신앙과 선한 양심 그리고 사랑으로 이루

---

53) Matthew Henry, 디모데전서, p. 11.

어지기 때문이다. 따라서 '청결한 마음, 선한 양심, 거짓 없는 믿음'을 가리켜 율법의 요약이라고 하는 바울의 말은 조금도 이상히 여길 필요가 없다.54)

그러나 이러한 목표에서 벗어나게 되면 엉뚱한 결과를 가져오게 될 뿐이다. 이에 바울은 "사람들이 이에서 벗어나 헛된 말에 빠져 율법의 선생이 되려 하나 자기의 말하는 것이나 자기의 확증하는 것도 깨닫지 못하는도다"(딤전 1:6-7)라고 지적하고 있다.

여기에서 가리키는 '사람들'은 '신화와 족보'처럼 헛된 말에 빠져 있는 '어떤 사람들'(3절)을 지시한다. 이들은 마치 율법의 선생이나 되는 것처럼 말을 하지만 결국 자기의 말하는 것이나 자기의 확증하는 것도 깨닫지 못하는 거짓 교훈에 스스로 빠져들고 있을 뿐이다. 왜냐하면 그들은 율법의 궁극적인 목표인 '청결한 마음, 선한 양심, 거짓 없는 믿음'으로부터 벗어나 있기 때문이다(딤전 6:21; 딤후 2:18). 따라서 그들은 율법의 참된 목적이며 최종 목표인 사랑을 상실하고 말았다.

사랑을 상실한 그들은 무익한 추리, 아무 유익도 얻을 수 없는 논증(딛 1:10), 먼지처럼 메마른 논쟁, 공상적인 족보 이야기라고 하는 '헛된 말'의 수렁에 빠져 결국 자기들이 자랑하는 그 지식으로 인해 무인지경에 떨어지고 말았다. 그리고 그 수렁의 주인은 바로 사탄(딤전 5:15)이라는 사실조차 모르고 있었다.55)

그러면서 그들은 스스로 율법의 선생이 되려 하고 있다. 그들은 자신들이 사용하는 단어의 뜻조차도 바로 알지 못하고 있었으며, 그들이 자랑스럽게 가르치는 주제들마저 이해하지 못하고 있었다(딛 3:8).

---

54) J. Calvin, 디모데전서, p. 415.

55) William Handriksen, 목회서신, p. 89.

4. 율법의 기능을 오해한 거짓 교훈 (딤전 1:8-11)

앞서 살펴본 것처럼 유대인들은 율법을 올바르게 사용하지 않았다. 그들은 이 율법을 그리스도의 몸된 교회를 유린하고, 그리스도의 복음에 대해 저지른 악의에 찬 반대의 구실로 사용했다. 오히려 유대인들은 믿음으로 말미암는 칭의를 거부하고 스스로 율법의 칭의를 받기 위한 도구로 내세우면서 불법적으로 사용하고 있었다.56)

이에 대해 바울은 "그러나 사람이 율법을 법 있게 쓰면 율법은 선한 것인 줄 우리는 아노라"(딤전 1:8)고 선언하고 있다. 바울은 유대인들이 그렇듯이 율법의 목적을 무효화시키려는 '전통들' 아래 율법을 묻거나(마 5:43; 15:3, 6; 17:9), 조상들에 대해 말장난을 위한 자료로 율법을 사용할 때 율법의 능력은 더 이상 기대할 수 없음을 지적하고 있다. 마치 공적인 경기에서 규칙대로 경기한 선수만이 승리의 관을 받아 쓸 수 있는 것처럼(딤후 2:5) 율법을 적법하게 사용할 때만이 율법이 가지고 있는 능력을 기대할 수 있는 것과 같다.

이런 점에서 바울은 '우리가 아노라'고 말한다. 이것은 율법을 꾸준하게 연구해야 한다는 당위성을 전제로 하고 있다. 이 당위성은 새로운 것이 아니라는 것을 디모데에게, 그리고 디모데를 통하여 에베소 성도들에게, 나아가 그릇된 교리들을 선전하여 가르치는 거짓 교사들에게 인식시키기 위함이다(시 19편; 119편; 마 5:17, 18).

무엇보다도 율법은 의로운 사람들을 위해 만들어진 것이 아니라 그것을 지켜야 할 사람들을 위해 만들어진 것이다(갈 3:21). 이에 바울은 "알 것은 이것이니 율법은 옳은 사람을 위하여 세운 것이 아니요 오직 불법한 자와 복종하지 아니하는 자와 경건하지 아니한 자와 죄인과 거룩하지 아니한 자와 망령된 자와 아버지를 죽이는 자와 어머니를 죽이

---

56) Matthew Henry, 디모데전서, p. 12.

는 자와 살인하는 자며 음행하는 자와 남색하는 자와 인신 매매를 하는 자와 거짓말하는 자와 거짓맹세하는 자와 기타 바른 교훈을 거스르는 자를 위함"(딤전 1:9-10)이라고 명쾌하게 밝히고 있다.

율법은 불법한 자와 복종치 아니하는 자들을 위해 세운 것이라는 바울의 이 지적은 율법이 불법한 자를 드러내고, 정죄하고, 제어하고, 바르게 하고, 재조정하기 위해 주어졌음을 밝히고 있다. 이런 점에서 율법의 기능을 다음과 세 가지로 요약할 수 있다.

첫째, 인간 사회를 유지하기 위한 수단으로 악한 자들을 억제하는 기능을 가진다. 율법은 악한 자들을 두려움과 수치를 통해 억제함으로써 그들이 원하는 것을 감히 행하지 못하게 하고 사회를 보호하는 역할을 한다. 이처럼 율법은 사람의 속은 바뀌지 않은 상태에서 외적인 제어 장치 역할을 하기도 한다. 따라서 율법은 어떤 이유에서도 칭의의 근거가 될 수 없다(율법의 사회적 용도).

둘째, 회개와 믿음으로 사람들을 소환하여 죄인들을 정죄함으로써 그리스도께 인도하는 형벌적인 기능을 가진다. 율법은 사람들로 하여금 변명하지 못하게 하며 절망에 빠지게 만듦으로써 벌거벗은 채로 하나님의 자비를 구하게 한다. 그리고 그 안에서 안식을 누리고, 그 안에 깊이 숨게 되고, 의와 공로를 위해 오직 하나님의 자비를 붙잡게 한다(율법의 복음적 용도).

셋째, 특별히 교회의 방향을 제시함으로써 신자들을 가르치고 권면하는 교육적인 기능을 하고 있다. 이것은 하나님의 영이 이미 그 안에서 살고 다스리는 신자들을 위한 것으로 율법은 신자들에게 하나님의 뜻을 가르쳐 주고 그것을 행하도록 권면하기 위한 최상의 도구이다. 따라서 신자들은 율법을 자주 묵상함으로써 순종을 위한 동기를 부여받게 되고 그 안에서 강건해지며 죄악의 미끄러운 길로부터 건짐을 받게 된다. 이처럼 진정한 그리스도인의 자유는 기쁨에 찬 순종 안에서만 발견된다.[57] 이런 점에서 율법은 신자들의 성화와 직접적인 관련이 있으며 우리 시대의 교회에게도 여전히 유효하다(율법의 교훈적 용도).

이에 바울은 율법은 ① 불법한 자, ② 복종치 아니하는 자, ③ 경건치 아니한 자와 죄인, ④ 거룩하지 아니한 자와 망령된 자, ⑤ 아비를 치는 자와 어미를 치는 자, ⑥ 살인하는 자, ⑦ 음행하는 자와 남색하는 자, ⑧ 사람을 탈취하는 자, ⑨ 거짓말하는 자와 거짓 맹세하는 자, ⑩ 기타 바른 교훈을 거스르는 자 등등을 억제하기 위함이라고 지적하고 있다.

모든 율법의 내용은 그 대강령이라 할 수 있는 열 가지 계명으로 압축된다. 그리고 이 열 가지 계명은 하나의 계명으로 최종적으로 귀착된다. 그것이 바로 열 번째 주어진 계명으로 '탐심'에 대한 것이다. 결국 이 탐심으로부터 시작된 범죄가 제1계명까지 거슬러 올라가게 하는 원인이며, 이것이야말로 '죄'가 가지고 있는 근본적인 속성이다.[58]

따라서 열 가지 계명은 인간의 내면에 담겨 있는 '죄'에 대한 규정이며, 이 죄의 문제를 해결하기 위해 주어진 율법의 기능을 압축해 바울은 한마디로 '바른 교훈'이라고 정의한다. 그리고 이 '바른 교훈'에 대해 "내게 맡기신 바 복되신 하나님의 영광의 복음"(딤전 1:11)이라고 제시하고 있다.

이러한 바울의 논법에 따를 때 율법은 바울에게 맡기신 바 '복되신 하나님의 영광을 위한 복음'을 거스르는 자들과 관련이 있음을 알 수 있다. 이것은 두 가지 목적을 가진다. ① 복음을 거스르는 유대인들이 주장하는 '다른 교훈'은 '신화와 끝없는 족보'(3-4절)에 근거하고 있는 반면에, 바울이 디모데를 통해 에베소 교회에 전한 '바른 교훈'은 '복되신 하나님의 영광'에 근거하고 있음을 밝히기 위함이다. ② 이처럼

---

57) John Stott, 디모데전서, p. 57.
58) 송영찬, 시내산 언약과 십계명, 서울 도서출판 칼뱅, 2006, p. 318.

서로 다른 근거를 가지고 있는 '다른 교훈'과 '바른 교훈'을 비교함으로써 바울은 자신의 사도권(1절)에 대한 정당성을 강화한다.

이것은 바울이 자신을 가리켜 '예수 그리스도의 사도'(1절)라고 주장할 수 있는 근거가 된다(고전 9:17; 갈 2:7; 살전 2:4). 따라서 바울은 디모데에게 '다른 교훈'으로부터 복음을 보존할 것과 관련된 '명령권'(3절)을 위탁할 수 있었다.[59]

지금까지 살펴본 것처럼 바울 사도가 디모데에게 지켜내라고 전해준 복음은 '복되신 하나님의 복음'이다. 그리고 지난 2천 년 동안 바울 사도의 지시를 따라 수많은 교회와 성도들이 목숨을 걸고 이 복음을 보존해 왔었다. 그리고 마침내 우리에게까지 이 복음이 전달되었다.

우리는 이 '복되신 하나님의 영광의 복음'을 원형대로 보존하여 다음 세대의 성도들에게 전해야 한다. 이것은 오늘날까지, 그리고 그리스도 예수께서 다시 오시는 날까지 지상에 있는 교회가 각성해야 할 사명이기도 하다.

| 기 도 |

죄악의 종이었던 우리에게 자유를 주시기를 기뻐하시는 우리 주 예수 그리스도의 아버지이신 하나님.

'그리스도께서 우리를 자유롭게 하려고 자유를 주셨다'(갈 5:1)라는 이 복되신 하나님의 복음을 오늘날에도 주의 자녀들에게 베풀어주시오니 감사를 드립니다. 만일 우리에게 이 복음이 전하여지지 않았다면 여전히 우리는 모든 죄악의 억압으로부터 결코 벗어날 수 없었을 것입니다.

하지만 이제 우리는 이 복되신 하나님의 복음 안에 있음으로써 그 어떤 것으로도, 또는 그 누구의 가르침으로도 또 다시 우리를 죄악의 굴레에 빠지게

---

59) William Hendriksen, 목회서신, p. 101.

할 수 없습니다. 또한 이 복음 안에 있는 성도들에게는 성령으로 믿음을 따라 의의 소망을 가지게 함을 결코 막을 수 없습니다(갈 5:5).

바울 사도가 "피차 사랑의 빚 외에는 아무에게든지 아무 빚도 지지 말라 남을 사랑하는 자는 율법을 다 이루었느니라"(롬 13:8)고 권면한 말씀을 따라, 육신의 소욕을 벗어버리고, 오로지 성령을 따라 복음의 아름다운 열매를 맺으며 살게 하옵소서.

또한 이 복된 복음으로 말미암아 우리가 의의 소망을 가지게 된 것처럼, 오고 오는 모든 세대의 성도들에게 이 복된 복음을 전파하는 교회가 되게 하옵소서.

우리 주 예수 그리스도의 이름으로 기도합니다.

〈3〉

사도 바울이 전파한 '바른 교훈'의 핵심

디모데전서 1:12-20

나를 능하게 하신 그리스도 예수 우리 주께 내가 감사함은 나를 충성되이 여겨 내게 직분을 맡기심이니 내가 전에는 비방자요 박해자요 폭행자였으나 도리어 긍휼을 입은 것은 내가 믿지 아니할 때에 알지 못하고 행하였음이라 우리 주의 은혜가 그리스도 예수 안에 있는 믿음과 사랑과 함께 넘치도록 풍성하였도다

미쁘다 모든 사람이 받을 만한 이 말이여 그리스도 예수께서 죄인을 구원하시려고 세상에 임하셨다 하였도다 죄인 중에 내가 괴수니라 그러나 내가 긍휼을 입은 까닭은 예수 그리스도께서 내게 먼저 일체 오래 참으심을 보이사 후에 주를 믿어 영생 얻는 자들에게 본이 되게 하려 하심이라

영원하신 왕 곧 썩지 아니하고 보이지 아니하고 홀로 하나이신 하나님께 존귀와 영광이 영원무궁하도록 있을지어다 아멘

아들 디모데야 내가 네게 이 교훈으로써 명하노니 전에 너를 지도한 예언을 따라 그것으로 선한 싸움을 싸우며 믿음과 착한 양심을 가지라 어떤 이들은 이 양심을 버렸고 그 믿음에 관하여는 파선하였느니라 그 가운데 후메내오와 알렉산더가 있으니 내가 사탄에게 내준 것은 그들로 훈계를 받아 신성을 모독하지 못하게 하려 함이라

앞에서 바울은 자신이 전파한 '바른 교훈'은 '복되신 하나님의 영광'에 근거하고 있으며, 이것은 하나님께서 사도에게 주신 '하나님의 영광의 복음'으로서 오직 사도권의 정당성에 의해서만 보증된다는 사실을 밝힌 바 있다. 이어서 바울은 '그리스도 예수께서 죄인을 구원하시려고 세상에 임하셨다'(15절)는 복음의 본질을 제시함으로써 자신이 전파한 '바른 교훈'의 정당성을 논증하고 있다.

이 복음의 본질에 대한 논술은 '그리스도 예수 우리 주께 감사함'(12절)으로 시작하여 '영원하신 왕이신 하나님께 존귀와 영광이 영원무궁하도록 있을지이다'(17절)라는 찬양으로 둘러싸여 있다.

1. 바울이 수행하는 사도권의 근거 (1:12-13)

바울이 전파한 '바른 교훈'은 복되신 하나님의 영광스러운 복음과 일치하고 있다는 점에서 '신화와 족보'에 근거하고 있는 '거짓 교훈'과 구별된다. 이런 이유에서 바울은 '내게 맡기신 바 그 복음'으로 말미암아 자신이 사도가 되었음을 재확인하고 있다. 이와 관련해 바울은 "나를 능하게 하신 그리스도 예수 우리 주께 내가 감사함은 나를 충성되이 여겨 내게 직분을 맡기심이니"(딤전 1:12)라고 설명하고 있다.

바울은 자신이 전혀 감당할 자격이 없지만 복되신 하나님의 영광의 복음을 전파할 수 있도록 위임을 받았다는 사실과, 그 복음의 은혜와 긍휼이 자신의 회심을 통해 가장 영광스럽게 나타났음을 감사하고 있다. 이 감사는 ① 아무 능력을 갖지 않은 자신에게 능력을 주신 그리스도께서, ② 자신의 영혼에서 발생한 은혜의 사역을 증거하는 변호자가 되어주심으로써 자신의 신실하심을 인정해 주시고, ③ 자신에게 이 사역을 증거하는 직분을 맡기셨다는 내용을 담고 있다.

여기에서 '맡기셨다'는 말은 '내게 맡기신 바'(11절)와 같은 의미로

'하나님의 영광의 복음'을 주신 분이 바로 '그리스도 예수'임을 강조하고 있다. 따라서 바울이 행한 평생의 사역, 즉 바울을 통해 사람들의 영혼에서 발생한 은혜의 사역들은 모두 '그리스도의 역사'로 이루어졌다는 사실로 귀착된다.[60]

이 사실은 처음부터 이 사역을 위해 바울이 하나님의 손으로 만들어졌다는 의미뿐 아니라 계속해서 그리스도께서 도우심으로 이 사도직을 수행하고 있음을 강조하고 있다. 바울은 이 극적인 변화를 증거하기 위해 '거짓 교훈'을 주장하는 유대인들처럼 과거 광적인 율법의 신봉자였던 자신이 복음의 빛 안에서 어떤 존재가 되었는가를 상기시키고 있다.

"내가 전에는 훼방자요 핍박자요 포행자이었으나 도리어 긍휼을 입은 것은 내가 믿지 아니할 때에 알지 못하고 행하였음이라"(딤전 1:13). 여기에서 '(내가) 전에는 훼방자요 핍박자요 포행자이었으나'라는 구절은 앞선 '(그리스도 예수께서) 능하게 하시고, 충성되이 여기고, 직분을 맡기심'과 같은 삼중적 강조와 극적인 대조를 이루고 있다.

① 바울은 복음의 훼방자였다. '훼방'은 그리스도 예수를 악하게 말한 것을 뜻한다. 바울은 그리스도를 믿는 제자들에게 그의 이름을 모독하기를 강요하였던 훼방자였다(행 26:7, 9). 그러나 지금은 그가 훼방한 그리스도 예수의 능력 안에 있다.

② 바울은 핍박자였다. 바울은 교회를 심히 핍박함으로써 잔해하였다(갈 1:13). 그 결과 미처 자신이 알지도 못한 상태에서 그리스도를 핍박하였다(행 9:4). 그러나 지금 바울은 자신이 핍박한 그리스도로부터 자신의 신실함을 인정받고 있다.

③ 바울은 포행자였다. '포행'은 거만함과 불손함이 합쳐진 것으로

---

60) James Allen, 디모데전서, p. 54.

다른 사람들을 모욕하고 창피를 주는 일에서 만족을 누리는 것을 의미한다.[61] 그러나 지금 바울은 다른 사람들에게 복음을 전달하는 직분자가 되었다.

바울의 극적인 회심 사건은 자신을 그리스도의 '능하게 하시고, 충성되이 여기시고, 직분을 맡기심'에서 그 절정을 이루고 있다. 그리고 이 극적인 회심은 바울 자신이 그리스도의 복음을 증거하는 증인이라는 증표이기도 했다. 무엇보다도 이 사건은 바울이 하나님으로부터 받은 긍휼의 대상이었음을 보여주고 있다.

인간으로 말하자면 바울처럼 악의로 가득 차 있고 공격적인 사람에게는 희망이 전혀 없어야 했다. 그러나 바울은 하나님의 긍휼이 미치지 않는 곳으로 결코 도망갈 수 없었다. 하나님께서 주시는 긍휼의 대상이었던 바울은 하나님의 긍휼을 피해 도망갈 곳은 이 세상 어디에서도 찾을 수 없었다. 때문에 바울은 '내가 긍휼을 입은 것은'이라고 두 번씩이나 강조하고 있다(13, 16절).

2. 바울이 전한 복음의 핵심 (1:14-15)

주님은 박해자였던 바울을 온유한 사도로 만드셨다. 바울은 자신이 저지른 죄의 중다함과는 달리 하나님으로부터 풍성한 긍휼을 입었다. 이것은 자신을 죄인 중에 괴수로 생각하고 있는 바울에게는 생각만 해도 기절할 정도로 놀랄 만한 사건이었다. 때문에 바울은 서두(딤전 1:2)에서 그랬던 것처럼 '긍휼'에 '은혜'를 더하고 있다. 이에 바울은 "우리 주의 은혜가 그리스도 예수 안에 있는 믿음과 사랑과 함께 넘치도록 풍성하였도다"(딤전 1:14)라고 고백한다.

바울에게 임한 은혜는 넘쳐흘러서 둑을 터뜨리고 그 앞에 있는 모든

61) Matthew Henry, 디모데전서, p. 52.

것을 쓸어가는 홍수 때의 강물과 같았다. 하지만 이 은혜의 강물은 파멸이 아니라 복이었다. 특별히 바울이 이미 가장 중요하게 여기고 있는 '믿음'과 '사랑'을 실어다 주었다. 은혜는 불신으로 가득 찼던 마음에 믿음을 넘치게 채워주고, 미움으로 가득 찼던 마음에 사랑을 차고 넘치게 한다.[62] 이처럼 하나님의 포괄적인 사랑은 바울의 신성모독과 함께 그리고 모든 모욕 행위들 위에 정확하고 아낌없이 부어졌다.

'믿음과 사랑'은 바울의 삶 속에서 일어난 은혜의 결과를 가리킨다. 바울에게 있어서 은혜는 언제나 뿌리이며, 믿음과 사랑은 그 줄기이며, 선한 행실은 나무의 열매였다(롬 4:16; 11:6; 갈 5:22-24; 엡 2:4-10; 살후 2:13; 딛 2:11-14). 그리고 이 믿음과 사랑은 언제나 그리스도 안에 있었다. 바울은 그리스도와 자신의 신비한 연합 때문에 이 은혜를 소유하고 있었다.

나아가 바울에게 적용되는 이 놀라운 은혜는 구원받은 모든 죄인들에게 적용된다. 때문에 바울은 그리스도께서 구원하시려고 오신 모든 죄인들에게 적용될 수 있는 진리를 여기에서 증거하고 있다. 이에 바울은 "미쁘다 모든 사람이 받을 만한 이 말이여 그리스도 예수께서 죄인을 구원하시려고 세상에 임하셨다 하였도다 죄인 중에 내가 괴수니라" (Πιστὸς ὁ λόγος καὶ πάσης ἀποδοχῆς ἄξιος, ὅτι χριστὸς Ἰησοῦς ἦλθεν εἰς τὸν κόσμον ἁμαρτωλοὺς σῶσαι, ὧν πρῶτός εἰμι ἐγώ, 딤전 1:15)고 증거한다. 그리스도께서 처음에 오신 영광스러운 목적에 대한 바울의 이 증거는 복음의 핵심이며 복음의 총화이자 본체로 간주될 수 있는 선언의 주제이다.[63]

13절에 나오는 '죄'와 14절에 나오는 '은혜'의 대조는 극적인 은혜

---

62) John Stott, 디모데전서, p. 63.

63) William Handriksen, 목회서신, p. 107.

의 풍성하심을 강화하고 있는 가운데 하나의 핵심으로 이어지고 있다. 바울은 이 극적인 감동을 표현하기 위해 '미쁘다, 이 말이여'(This is a faithful saying)라고 15절을 시작하고 있다. 그 핵심은 '의인을 부르러 온 것이 아니요 죄인을 부르러'(마 9:13) 이 세상에 오신 성육신한 아들 에게 초점을 맞추고 있다. 예수 그리스도께서는 죄인들을 구원하시기 위해 이 세상에 오셨다.

때문에 거짓 교사들이 말하는 것처럼 헛된 신화와 족보에 근거하여 구원을 받으려고 한다면, 그들이 주장하는 소위 '의로운' 모든 가르침 과 행위들은 하나님 앞에서 죄로 판단되어 정죄를 받아야 마땅하다. 그 러므로 이 '복음'은 모든 사람이 생각할 필요도 없이 받아들여야 할 진 리이다.

이것은 거짓 교사들의 어리석은 변론이나 세속적인 거짓 선전들과 달리 복음의 신실성을 강조하고 있다. 나아가 이 복음은 누구나 받아 들이는 우주적인 특성을 가지고 있음을 강화시키고 있다. 여기에서 '받는다'(αποδεχομαι)는 말은 자진해서 기쁘게 받아들인다는 의미를 포 함한다(행 2:41). 이런 점에서 본문의 '받음'(αποδοχη)은 열렬한 영접을 의미한다.64)

이제 하나님께서 계획하신 그 구원을 위해 육신을 입고 이 세상에 오 신 그리스도로 말미암아 그 구원의 대상이 되는 모든 죄인들 가운데서 바울은 자신을 그들 가운데 괴수로 고백하고 있다. 율법에 비추어 '의 로운 흠'이 없는 자(빌 3:6)였던 바울이 '죄인 중에 괴수'라고 스스럼없 이 자신을 고백하고 있는 것이다.

여기에서 복음의 또 다른 속성이 나타난다. 이 복음은 우주적이지만 동시에 개인적인 적용을 필요로 한다는 점이다. 왜냐하면 자신이 죄인 이라는 사실을 믿으려 하지 않는 사람들에게는 복음을 인정하거나 열

---

64) A. C. Hrevey, 디모데전서, p. 53.

렬하게 받아들일 수 있는 기회조차 없기 때문이다.

3. 모든 신자들에게 주어진 복음 (1:16)

'미쁘다, 이 말이여'로 대신하고 있는 '복음'은 참되고 진실하며, 모든 사람을 위한 것이며, 예수 그리스도와 그분의 구원 사역에 대한 것으로 신자들 모두가 각기 받아들여야 한다. 따라서 바울은 자신을 하나님의 선하심과 긍휼과 인내를 보여주셨음을 증거하지 않을 수 없다.

"그러나 내가 긍휼을 입은 까닭은 예수 그리스도께서 내게 먼저 일절 오래 참으심을 보이사 후에 주를 믿어 영생 얻는 자들에게 본이 되게 하려 하심이니라"(딤전 1:16).

여기에서 바울은 하나님께서 왜 자신에게 긍휼을 베푸셨는가를 밝히고 있다. 그 대답으로 '하나님은 긍휼의 하나님이시다'는 말로 제시하고 있다. 하나님의 자비로운 용서는 신자 안에 근원을 두고 있는 것이 아니다. 긍휼의 근원은 자비를 베푸는 속성을 지닌 '하나님의 성품'에 있기 때문이다. 바울은 이 사실을 두 가지 측면에서 밝히고 있다.

첫째, 자신이 알지 못하고 행하였던 과거의 사건(13절)에 관한 것이다. 당시 바울은 하나님을 향한 자신의 열심으로(행 22:3) 나사렛 예수의 이름을 대적하여 범사를 살아야 하는 줄로 스스로 생각했었다(행 26:9). 그런 자신의 확신과 열정, 무지와 불신은 지금도 잘못된 것으로 자신에게 그 책임이 있음을 뼈저리게 반성하고 있다.

따라서 자신의 무지에 근거한 열심이 하나님께 긍휼을 요구할 수 있는 근거가 될 수는 없다. 그렇지만 바울 자신의 무지로 인해 믿지 않았었던 그 모든 것이 이제는 '예수 그리스도께서 내게 먼저 일절 오래 참으심을 보이사' 하나님의 긍휼을 입게 되는 한 가지 이유가 되었다.

둘째, 바울이 하나님의 긍휼을 받게 된 두 번째 이유는 아직 하나님
의 긍휼을 받지 못하고 있는 다른 사람들의 믿음 때문이었다. 다메섹에
서 바울의 회심은 그리스도의 무한한 인내로 말미암아 이루어진 일이
었다. 하지만 다메섹에서 극적인 회심의 경험은 전혀 소망이 없는 사람
들에게 지속적인 소망의 원천이 되었다.

바울이 고백하고 있는 것처럼 '후에 주를 믿어 영생 얻는 자들에게
본이 되게'하시려고 그리스도께서는 심지어 죄인의 괴수인 바울에게
도 긍휼을 베푸셨다. 이처럼 그리스도께서는 모든 신자들에게도 긍휼
을 베푸시는 분이시다.65)

하나님께서 베풀어주시는 주권적인 은혜가 그 은혜의 효력으로 말미
암아 믿음의 근거가 되는 그리스도라는 반석 위에서 바울이 영원한 생
명을 얻게 됨으로써, 바울은 모든 사람의 삶 속에서 앞으로 성취될 예
정이었던 구원의 모델이 되었다. 미래에 영원한 생명을 얻게 될 신자들
의 믿음을 위해 바울에게 넘치도록 하나님의 긍휼이 아낌없이 부어졌
던 것이다.

본문에서 '주를 믿어'라는 말은 신자들에게 '영생'을 가져다주는
근거가 된다. 이 영생은 단순한 시간의 지속만을 의미하는 것이 아니
라, 하나님께 속한 생명의 '질'을 묘사하고 있으며 이때 성령은 이 사
실의 보증인이 되신다.

4. 복음을 통해 나타나는 하나님의 영광 (1:17)

복음 전도를 위한 바울의 열정 이면에는 하나님의 긍휼과 그리스도
의 은혜 그리고 성령의 함께하심에 대한 경험이 녹아 있었다. 따라서
12절부터 시작된 바울의 감사는 긍휼과 은혜를 주신 하나님에 대한 찬

---

65) John Stott, 디모데전서, p. 67.

양으로 이어지고 있다.

> "만세의 왕 곧 썩지 아니하고 보이지 아니하고 홀로 하나이신 하나님께
> 존귀와 영광이 세세토록 있을지어다 아멘"(딤전 1:17).

이 찬양은 그리스도께서 구원하러 오신 한 사람의 죄인뿐 아니라, 모든 죄인들에게 보여주는 그리스도의 측량할 수 없는 오래 참으심에 초점이 맞추어져 있다. 따라서 그리스도를 통하여 모든 세대에서 하나님은 그의 영광스러운 속성들을 나타내신다.

하나님은 온 인류 역사를 통하여 일어나는 모든 것을 예정된 목적으로 이끌어가는 분이시다(시 145:13). 이때 하나님은 시간을 뛰어넘어 존재하시며, 자신의 목적을 절대주권 하에 이루시는 '만세의 왕'으로서 복음을 받은 모든 '영생 얻는 자들'로부터 찬양의 대상이 되신다.[66]

바울은 영원한 주권에 나타난 하나님의 절대적인 신성에 대해 다음 세 가지로 묘사하고 있다.

첫째, 하나님은 썩지 아니하시는 분으로 부패와 죽음으로 인한 파괴를 초월하신다(롬 1:23). 이 속성은 부활한 성도들의 몸(고전 15:52), 성도들이 누리는 기업(벧전 1:4) 그리고 이 땅에서 거두는 영적인 안정(벧전 3:4)에 대한 보증이 된다.

둘째, 하나님은 보이지 아니하시는 분으로 모든 영역의 한계를 초월하신다. 피조물과 달리 하나님은 인간의 시야 안에 제한받지 않으신다. 인간이 보았던 전부는 하나님의 영광에 대한 것이며, 그 영광은 하나님의 내적 존재가 외부적으로 빛을 발하는 것이다. 하나님의 영광은 창조물, 즉 하늘과 땅을 통해 나타나며(시 19:1; 사 6:3) 보이지 않는 하나님의 형상이며 성육신한 아들에게서 그 극치를 이룬다(골 1:15).

---

66) James Allen, 디모데전서, p. 60.

셋째, 하나님은 수적으로 홀로 하나이신 유일한 분이시며, 하나님을 상대할 수 있는 경쟁자가 있을 수 없는 분이시다(사 45:18). 하나이신 하나님은 유일하시고 비길 데 없는 분이시며 영광 그 자체이시고 사랑이 많으신 분이시다. 하나님만이 지혜로운 신이시며 모든 지혜의 원천이 되신다(딤전 1:17; 유 25절).

때문에 바울은 이 하나님께 '존귀와 영광이 세세토록 있을지어다' 라고 찬송을 드리고 있다. 바울은 인간의 평가를 초월하시는 하나님에 대한 거룩한 경외심과 두려움에 압도당하고 있다. 이것이 하나님의 '존귀와 영광' 이다. 복음 안에 계시된 하나님은 '존귀와 영광' 의 하나님이시다.

때문에 죄인의 괴수로 대변되는 신자들이 하나님의 주권적인 은혜로 이끌림을 받았을 때 결코 끝나지 않는 찬양을 드려야 함이 마땅하다. 하나님의 존재와 속성에 있어서 존귀와 영광은 세세토록, 즉 영원 영원히 돌려져야 하며 이 찬양은 '아멘' 이라는 엄숙한 동의를 동반해야 한다.[67]

5. 복음을 위한 사도의 싸움을 계승한 교회 (1:18-20)

자칭 율법의 선생들이 되고자 하는 거짓 교사들이 전하는 교훈의 정체를 밝히고, 예수 그리스도의 사도로서 바울이 전하는 바른 교훈의 내용에 대해 밝힌 바울은 이제 에베소 교회를 목양하고 있는 디모데에게 어떻게 행해야 할 것인가를 제시하고 있다.

"아들 디모데야 내가 네게 이 경계로써 명하노니 전에 너를 지도한 예언을 따라 그것으로 선한 싸움을 싸우며"(딤전 1:18). 여기에서 바울은 두 사람을 하나로 묶어주는 특별한 관계인 '아버지와 아들' 로서, 또한

---

67) William Handriksen, 목회서신, p. 118.

디모데가 노회에서 목사로 임직받던 상황에 대해 주의를 환기시키고 있다.

1) 복음의 대적자들을 상대하는 싸움의 성격

아버지로서 바울은 아들 디모데에게 경계시키고 있다. 이 경계의 내용은 앞서 기록된 3-11절에서 분명하게 밝혀졌다. 그것은 디모데가 어떤 사람들을 가르쳐 율법을 불법하게 사용하지 않고 적법하게 사용하여 죄인들의 구주이신 그리스도에게로 개종하도록 디모데에게 에베소에 머무르라고 한 바울의 명령과 관련된다. 그 경계는 새로운 것이거나 부당한 성질의 것이 아니며 '전에 너를 지도한 예언을 따라'된 것이었다.

여기에서 '예언'은 디모데를 하나님 나라에서 특별한 봉사를 위하여 택하였고, 그의 직분에 대해 제시해 주었으며, 그의 고난을 예고했고, 하나님께서 그의 모든 시련 가운데서 도와주시리라는 약속으로 그에게 힘을 주었던 내용들로 보여진다(딤전 4:14; 6:12; 딤후 2:2).

복음을 전할 때마다 바울이 "제자들의 마음을 굳게 하여 이 믿음에 거하라 권하고 또 우리가 하나님 나라에 들어가려면 많은 환난을 겪어야 할 것이라"(행 14:23)고 권면하였던 것처럼, 디모데 역시 이와 같은 내용의 권면을 받았던 것이 분명하다. 그리고 이러한 예언의 내용은 무엇보다도 바울 자신이 부르심을 받아 직분을 맡을 때와 관련이 있는 예언의 말씀들이었다(행 9:15-16; 22:14, 15, 21; 26:16-18). 따라서 디모데에게도 이와 비슷한 내용의 말씀이 주어진 것으로 보인다.[68]

바울이 이러한 내용의 말씀을 디모데에게 한 것은 그것으로 선한 싸움을 싸우게 하기 위함이었다. 특별히 디모데는 사탄의 사주를 받고

---

68) William Hendriksen, 목회서신, p. 120.

있는 거짓 교사들을 대적하는(딤전 6:12; 딤후 4:7; 엡 6:10-20) 바울의 싸움
에 동참해야 했다. 따라서 바울의 권면은 ① 어떤 일도 하나님의 영원
한 작정에 역행하여 일어나지 않는다는 사실과, ② 바울 자신뿐만 아
니라 주님의 싸움에 디모데도 함께 참여하고 있다는 사실과, ③ 용기
와 진실만이 주님의 보상을 받는다는 사실을 디모데에게 일깨워 주고
있다.

바울은 '선한 싸움' 에 대해 그 내용을 밝히고 있지 않지만 앞선 바울
의 경계에서 밝히고 있는 내용에서 이미 확인되고 있다. 이 '선한 싸
움' 은 일시적인 싸움이 아니라 평생 지속되는 것으로 모든 성도들이
참여하는 진리를 위한 싸움이기도 하다.

① 하나님께서 계시하신 진리와, ② 그 진리를 부인하거나 왜곡시키
려는 자들로부터 진리를 지키는 것, ③ 거짓 가르침의 견고한 진을 파
하는 것(고후 10:4)은 확실히 위험하고 힘든 싸움이며, 영적 무기인 성령
의 검, 즉 하나님의 말씀(엡 6:17)을 필요로 한다.[69] 이런 점에서 선한 싸
움을 위해 바울은 디모데에게 "믿음과 착한 양심을 가지라"(딤전 1:19상)
고 권면하고 있다.

진리를 위한 선한 싸움에 필요한 방어와 공격용 무기(살전 5:8; 엡 6:11-
16) 중에서 믿음과 양심은 영적인 것과 도덕적인 특성을 대표하고 있다.
여기에서 '믿음' 은 객관적인 진리에 대한 사도적인 믿음, 즉 사도가 보
인 믿음의 본을 의미한다. '착한 양심' 은 하나님의 말씀을 믿고 거룩한
표준을 소유하게 된 신자의 믿음에 상응하는 품행을 지시한다. 이처럼
믿음과 양심은 서로 분리되지 않는다. 만일 어떤 행동이나 알려진 불순
종으로 인해 믿음과 양심이 흔들리게 될 때 신자는 선한 싸움에서 확신
을 잃어버리고 대적의 손에 넘어가게 될 것이다.

---

69) John Stott, 디모데전서, p. 70.

2) 사도의 복음을 보존해야 할 교회

순수하고 정직한 마음으로 하나님을 섬기지 않고 악한 성향에 따라 이리저리 끌려다니는 사람들은 그들이 처음에는 건전한 이해로 시작했다 할지라도 결국에는 믿음을 완전히 상실하고 만다. 이런 점에서 하나님을 향한 진지한 두려움이 신자들에게 견인의 힘을 준다는 사실을 명심해야 한다. 반면에 악한 양심은 모든 이단의 근거지가 된다. 이에 바울은 "어떤 이들이 이 양심을 버렸고 그 믿음에 관하여는 파선하였느니라"(딤전 1:19하)고 경고하고 있다.

바울은 이 선한 양심을 버렸을 때 진리에 대한 믿음에서 파선된 사람들을 예로 보여주고 있다. 파선을 했다는 것은 그들이 소정의 목적지에 이르지 못했다는 점을 묘사하고 있다. "그 가운데 후메내오와 알렉산더가 있으니 내가 사단에게 내어준 것은 저희로 징계를 받아 훼방하지 말게 함이니라"(딤전 1:20).

이 두 사람은 에베소 교회에 잘 알려진 인물들이었음이 분명하다. 후메네오는 부활이 이미 지나갔다고 가르쳤던 이단 사상을 가진 사람이었다(딤후 2:17-18). 알렉산더가 빌레도(딤후 2:17)와 동일인인지는 분명치 않지만, 알렉산더 역시 후메내오와 같은 부류의 사람으로 에베소 이단의 지도자 중 하나인 것으로 보인다.

이들을 가리켜 바울이 양심을 버렸다고 지적하고 있는 것은 성령에 의해서 하나님의 말씀이 마음에 적용될 때 그 말씀의 명령에 순종하는 양심으로부터 돌아섰음을 가리키고 있다. 그 결과 그들은 그들이 고백했던 진리와 그들이 고백했던 그리스도의 이름(딤후 2:17-19)으로부터 파선하게 되었다. 이들 이단 사상의 지도자들은 지나치게 오류에 깊이 빠져 버렸기 때문에 복음의 참된 내용을 그들이 주장하는 허탄한 신화와 족보와 같은 헛된 것으로 대신하고 말았다(4, 7절).

이에 바울은 그들을 교회에서 추방했던 사실을 환기시키고 있다. 교회로부터의 추방은 성령의 교통과 은사들로부터 단절시킴과 더불어 영혼뿐만 아니라 육체까지도 사탄의 권세 아래 맡겨졌음을 의미한다. 이 형벌이야말로 사람에게 주어지는 최고의 극단적인 형벌이다. 이처럼 교회가 극단적인 조치를 취하는 목적은 "저희로 징계를 받아 훼방하지 말게 함이니라"에 있다.

이 형벌은 교정(矯正)에 그 목적을 두고 있다(살후 3:14-15; 고후 2:5-11). 사도는 이들에게 가해진 징계를 통해 그들에게 유익한 결과가 나타나기를 간절히 바라고 있다. 그들이 사탄에게 지배당하는 지독한 고통으로 말미암아 자신들이 가증한 죄인임을 깨닫게 되고 참된 회개에 이르게 되어 그들이 더 이상 진리를 헐뜯거나 그로 인하여 진리의 저자이신 하나님을 비방하지 않게 되기를 바라고 있다.[70] 이로써 교회는 사도로부터 받은 복음을 순전하게 보존해야 하는 사명을 가지고 있다는 사실을 확인할 수 있다.

| 기 도 |

우리에게 복된 복음을 따라 살아가게 은혜를 주시는 우리 주 예수 그리스도의 아버지이신 하나님.

우리가 받은 복음은 사람들이 만들어 낸 사상적 이론이 아니며, 하나님께서 친히 사도에게 주셨던 '하나님의 영광의 복음' 을 이어서 받게 해 주심에 감사를 드립니다.

"그리스도 예수께서 죄인을 구원하시려고 세상에 임하셨다" (딤전 1:15)는 이 복음의 내용은 이미 창세 전에 하나님의 경륜 안에서 계획된 것입니다. 그리고 때가 차매 하나님께서의 우리의 마음에 믿음의 씨앗을 뿌려서 자라게 하심으로 이 복음을 받아들이고 믿게 하셨습니다.

---

70) William Handriksen, 목회서신, p. 123.

우리에게 전하여진 이 복음으로 말미암아 우리는 그리스도 예수 안에 있는 믿음과 사랑과 함께 주의 은혜를 풍성하게 베풀어주시오니 감사를 드립니다. 이 복음을 따라 삶으로써 우리와 우리 자손 대대로 홀로 하나이신 하나님께 존귀와 영광을 올려드리는 성도들이 되게 하옵소서.

우리 주 예수 그리스도의 이름으로 기도합니다.

〈4〉

공중 기도의 중요성과 그 범위

디모데전서 2:1-7

그러므로 내가 첫째로 권하노니 모든 사람을 위하여 간구와 기도와 도고
와 감사를 하되 임금들과 높은 지위에 있는 모든 사람을 위하여 하라 이
는 우리가 모든 경건과 단정함으로 고요하고 평안한 생활을 하려 함이라
이것이 우리 구주 하나님 앞에 선하고 받으실 만한 것이니 하나님은 모
든 사람이 구원을 받으며 진리를 아는 데에 이르기를 원하시느니라
하나님은 한 분이시요 또 하나님과 사람 사이에 중보자도 한 분이시니
곧 사람이신 그리스도 예수라 그가 모든 사람을 위하여 자기를 대속물로
주셨으니 기약이 이르러 주신 증거니라 이를 위하여 내가 전파하는 자와
사도로 세움을 입은 것은 참말이요 거짓말이 아니니 믿음과 진리 안에서
내가 이방인의 스승이 되었노라

AD 62년경, 로마의 옥중에서 석방된 바울은 밀레도를 거쳐 소아시
아를 방문했다. 바울은 교회들을 더욱 복음 위에 든든하게 세우기 위해
계속해서 교회들을 찾아 여행을 해야 했다. 에베소에 이르렀을 때 디모
데는 마게도냐로 떠나는 바울과 동행하고자 했지만, 에베소 교회의 몇

몇 문제들을 원만하게 해결하기 위해 바울은 디모데를 에베소 교회에 남겨 두기로 했다(딤전 1:3, 4).

바울은 마게도냐 방문 후에 다시 디모데를 만나게 될 것이라고 기대했지만, 다른 일정으로 인해 에베소 방문이 어렵게 되어서 부득이 이 서신을 디모데에게 보내게 되었다. 이 서신을 기록하면서 바울은 디모데를 '아들'이라고 부르고 있는데 이것은 주 안에서 이루어진 복음의 상속으로 말미암는 특별한 관계를 시사하고 있다.[71]

디모데에게 보낸 편지에서 가장 먼저 바울이 관심을 기울이고 있는 문제는 에베소 교회 안에 들어와 있는 '다른 교훈'에 대한 문제였다. 이에 바울은 교회 안에서 다른 교훈을 가르치는 자들을 엄하게 경계할 것을 권하고 있다. 다른 교훈을 가르치는 자들에 대한 교회의 엄한 경계는 바른 교훈이 가져다주는 "청결한 마음과 선한 양심과 거짓이 없는 믿음에서 나오는 사랑"을 드러내기 위함이다(딤전 1:5).

이러한 바울의 지침은 장차 교회가 복음을 통해 올바르게 성장하도록 하기 위함이었다. 이에 바울은 ① 다른 교훈의 정체를 규명하고, ② 바울이 교회에게 전해준 '바른 교훈'이야말로 '복되신 하나님의 영광'에 근거하고 있으며, ③ 이것은 하나님께서 사도에게 주신 '하나님의 영광의 복음'으로서 오직 사도권의 정당성에 의해서만 보증된다는 사실을 밝히고 있다(딤전 1:12-17). 이때 '바른 교훈'의 핵심은 "미쁘다 모든 사람이 받을 만한 이 말이여 그리스도 예수께서 죄인을 구원하시려고 세상에 임하셨다 하였도다"(딤전 1:15)라는 말로 압축된다.

거짓 가르침을 물리치고 사도적 믿음에 충성할 것을 권면한 바울은, 이어서 교회가 사도로부터 받은 '바른 교훈'을 지키기 위한 선한 싸움에 동참할 것을 디모데에게 권면하고 있다. 이 선한 싸움은 사탄의 사

71) 이광호, 바울의 생애와 바울 서신, p. 257.

주를 받고 있는 거짓 교사들을 대적하는 것으로, 그들로 하여금 하나님께서 계시하신 진리를 더 이상 훼방하지 못하도록 하는 데 그 목적이 있음을 밝히고 있다(딤전 1:18-20).

이러한 바울의 교훈은 '하나님께서 모든 사람이 구원받기를 원하시며, 그리스도께서는 모든 사람을 위한 대속물로 자기 자신을 주셨다'라는 점에서 신화와 끝없는 족보에 착념하여 신자들의 삶을 망치는 논쟁에 빠져드는 '다른 교훈'과 구별된다. 따라서 바울은 교회와 성도들이 허탄한 논쟁에 말려들기보다는 모든 사람이 복음을 들을 수 있도록 하기 위해 교회와 성도들이 추구해야 할 구체적인 삶의 정황을 제시하고 있다.[72]

서론을 마치고 본론에 이르러서 바울은 ① 교회의 공예배와 관련된 질서(2:1-4:16)와, ② 교회 안에서 수행할 감독의 사역(5:1-25)에 대해 자세하게 언급하고 있다. 여기에서 다루고 있는 바울의 가르침은 하나님께서 교회와 성도들에게 원하시는 기본적인 삶의 질서가 무엇인가를 확실하게 보여주고 있다.

이러한 맥락 가운데 먼저 2장에서는 교회의 공예배와 관련해 두 가지 문제를 언급하고 있다. 첫째, 공예배에서의 기도 범위를 다루면서 '모든 사람'들을 위한 관심의 필요성을 강조한다(1-7절). 둘째, 예배에서의 행위를 다루면서 남자와 여자의 역할을 제시하고 있다(8-15절).

바울은 먼저 교회가 가진 책임의 우주적인 범위를 강조한다. 구원은 특별한 집단에 가입한 신자들만 누리는 특권이 아니기 때문이다. 이와 달리 하나님의 계획과 그 계획을 따르는 신자들의 의무는 모든 사람을 포함하기 위함임을 명심해야 한다. 바울은 이 사실을 네 번씩이나 강조하고 있다.

---

72) I. Howard Marshall, 신약성서신학, p. 493.

① 기도는 모든 사람을 위하여 드려져야 한다(1-2절). ② 하나님은 모든 사람이 구원받기를 원하신다(3-4절). ③ 그리스도 예수는 모든 사람을 위하여 자기를 속전으로 주셨다(5-6절). ④ 바울은 모든 사람을 위해 믿음과 진리 안에서 이방인의 스승이 되었음을 상기시키고 있다(7절). 이처럼 하나님의 원하심과 그리스도의 죽음이 모든 사람과 관련되어 있기에 교회의 기도와 선포 또한 모든 사람과 관련되어야 한다는 사실을 제시하고 있다.[73]

1. 모든 사람을 포함하는 공예배의 기도 (딤전 2:1-2)

예수님의 희생은 모든 이들을 위해 베풀어졌으므로 교회에서 드리는 기도들은 모든 이들을 위해 드려야 한다. 교회의 간구는 단지 교회공동체의 필요를 위해서만 아니라 세계와 인류의 모든 상황들을 위해 기도해야 한다는 당위성이 요청된다. 이에 바울은 "그러므로 내가 첫째로 권하노니 모든 사람을 위하여 간구와 기도와 도고와 감사를 하되"(딤전 2:1)라고 말하고 있다.

이러한 바울의 권면은 하나님에 대한 진지한 예배와 두려움을 유지하고 북돋아 주며, 앞서 바울이 언급한 선한 양심을 키워나가는 데 도움이 되기 위함이다. 이러한 의도에서 본문을 시작할 때 '그러므로'라는 단어가 여기에 아주 적합한 것은, 이 권면이 앞에서 나온 디모데에게 대한 권면으로부터 자연스럽게 귀결되기 때문이다.[74]

1) '모든 사람'의 범위

공예배에서 드려야 하는 기도는 ① 악을 피하기 위한 간구와, ② 선

---

73) John Stott, 디모데전서, p. 75.
74) J. Calvin, 디모데전서, p. 432.

을 얻기 위한 기도와, ③ 다른 이들을 위한 도고와, ④ 이미 받은 긍휼
에 대한 감사의 내용을 담고 있어야 한다. 그렇다고 '간구와 기도와 도
고와 감사'가 서로 다른 네 가지 종류의 기도로 구분되는 것은 아니다.

따라서 이 구절은 일반적인 기도의 형태를 지시하고 있다. 기도에 대
한 성경의 가르침이 있고 신자들에게 부어진 기도의 영이 있기에 바울
은 기도에 대한 일반적인 표제를 제시한 것뿐이다. 이것은 "모든 기도
와 간구로 하되 무시로 성령 안에서 기도하고 이를 위하여 깨어 구하기
를 항상 힘쓰며 여러 성도를 위하여 구하고"(엡 6:18)라는 말 속에서도
확인된다.

특별히 기도에 감사를 더하는 것은 감사가 기도의 근본 요소이기 때
문이다(빌 4:6; 골 4:2). 반면에 감사하지 않는 것은 이 세상 마지막 때의
분위기를 상징한다(딤후 3:2). 성도들은 자신들이 하나님께 얼마나 큰 빚
을 지고 있는가를 늘 기억하고 있어야 한다(살전 5:18).

여기에서 언급하고 있는 '모든 사람'은 인류 개개인 전체를 대상으
로 한다는 의미가 아니라 포괄적 의미를 가진 집단들을 가리키고 있다.
바울이 이처럼 한정된 사람들의 집단이나 계급들을 언급하고 있는 것
은 공적 예배의 기도에서 어떤 집단이라도 빠뜨리지 않도록 하기 위함
이다. 다시 말하면 개인적으로 하나하나 빠뜨리지 않은 모든 사람이 아
니라, 인종이나 국적이나 사회적 지위의 구별을 두지 않는 모든 사람을
의미한다. 이 모든 사람에는 통치자들과 관원들, 이방인과 유대인들,
자유인들과 종들도 포함된다.[75]

2) 국가의 위정자들을 위해 기도할 이유

교회가 기도해야 할 범위 가운데서 한 예를 들어 바울은 "임금들과

---

75) William Handriksen, 목회서신, p. 131.

높은 지위에 있는 모든 사람을 위하여 하라"(딤전 2:2상)고 지시한다. 바울이 이들을 위해 기도하라고 특별히 언급하고 있는 것은 그 당시 위정자들에 대한 성도들의 위화감 때문이었다. 당시에 위정자들은 교회와 성도들을 위협하는 대표적인 세력들이었다. 그들은 성도들과 교회의 원수들이었으며, 그리스도를 십자가에 처형할 정도로 반신국적인 성향을 가지고 있었다.

그럼에도 불구하고 바울은 위정자들을 위해 기도하라고 요청하고 있다. 왜냐하면 국가의 위정자들은 공익을 위해 존재하기 때문이다. 바울이 디모데에게 편지를 보내는 그 순간에도 교회에 대한 공포 분위기는 완전히 사라지지 않고 있었다. 그런 정치적 환경 가운데서 바울은 국가 제도에 대한 저항이 아니라 저들을 위한 기도를 요청하고 있다. 이것은 당시 유대인들이 로마 제국에 대해 펼치고 있었던 저항적 태도와는 완전히 반대되는 것이었다.

교회는 위정자들의 안녕과 그들이 통치하는 나라의 안녕을 위해 기도해야 한다. 왜냐하면 그들의 평화 속에서 교회가 평화를 누릴 수 있기 때문이다. 바벨론의 포로로 잡혀간 이스라엘은 자신들을 포로로 잡아간 그 나라의 평안을 구하고 그들을 위해 여호와께 기도하라는 명령을 받았다. 왜냐하면 그 성읍이 평안함으로써 이스라엘 백성들도 평안을 누릴 수 있었기 때문이다(렘 29:7).

이러한 외형적인 안정 가운데 교회는 자신들의 삶을 규정할 수 있는 공적 예배에 안정적으로 최선을 다할 수 있다. 이런 이유에서 바울은 "이는 우리가 모든 경건과 단정함으로 고요하고 평안한 생활을 하려 함이라"(딤전 2:2하)며 그 목적을 밝히고 있다.

'모든 경건과 단정함' 이라는 이 두 단어에 성도들의 의무가 요약되어 있다. 경건은 하나님에 대한 올바른 경배를, 단정함은 모든 사람에 대한 선한 행위를 지시한다. 이 둘은 함께 있어야 하는데 신자들이 경건하지 않고 하나님을 정당하게 공경하지 않는다면 결코 단정하거나 정직해지지 못할 것이다(벧전 3:10, 11). 신자들이 단정하지 못하고 정직해지지 않는다면 결코 하나님 앞에서 경건할 수도 없다.[76]

교회와 신자들이 '모든 경건과 단정함'을 지속해서 유지해야 할 이유는 복음의 가르침이 이것들을 요구하고 있기 때문이다. 복음은 '청결한 마음과 선한 양심과 거짓이 없는 믿음으로 나는 사랑'(딤전 1:5)을 열매로 요구한다. 이렇게 함으로써 교회는 "그 아들에게 입맞추라"(시 2:12)는 시편 기자의 권면과 같이, 모든 인류가 한 분 하나님께 충성을 바치는 나라를 역사의 현장에서 구현해 나가야 한다.

2. 모든 사람과 관련된 하나님의 소원 (딤전 2:3-4)

공예배에서 교회가 국가의 위정자들을 비롯해 모든 사람을 위해 기도하고, 성도들이 모든 경건과 단정함을 유지해야 하는 것은 결국 전체 인류에 대한 하나님의 사랑을 나타내기 위함이다. 이에 바울은 "이것이 우리 구주 하나님 앞에 선하고 받으실 만한 것이니 하나님은 모든 사람이 구원을 받으며 진리를 아는 데 이르기를 원하시느니라"(딤전 2:3-4)고 말하고 있다.

'선하다'는 말은 합법적이라는 의미를 포함하고 있는데, 하나님의 뜻이야말로 신자들의 모든 임무를 조정해야 할 원칙이며 그것만이 하나님으로부터 용납됨을 가리킨다. 이로써 신자들은 하나님의 선한 뜻을 바라보고 하나님께서 인준하시는 것만을 시도함으로써 하나님을 지도자로 삼고 하나님의 뜻과 명령에 따라 나아가도록 해야 한다. 이것이 바로 경건한 기도의 규범이기 때문이다.[77]

76) Matthew Henry, 디모데전서, p. 22.
77) J. Calvin, 디모데전서, p. 436.

따라서 모든 사람을 위해 기도해야 하는 이유는 하나님의 목적에 부합한 것으로 '우리 구주 하나님 앞에서 받으실 만한 것'이 된다. 본문의 '받는다'($\alpha\pi o\delta\epsilon\chi o\mu\alpha\iota$)는 말은 "미쁘다 모든 사람이 받을 만한 이 말이여"(딤전 1:15)에서도 나타난 것처럼, 여기에서는 모든 사람을 위한 기도가 하나님 자신의 성품에 일치되는 것으로 받아들이신다는 의미를 가진다. 이 단어는 '대면하다'는 의미도 가지는데 이것은 성도들이 기도 가운데 우리 구주 하나님으로 표현된 그 하나님의 역사를 깊이 인식하고 있는 상태를 보여주고 있다.[78]

하나님께서 친히 인류의 역사를 통해 나타내신 명백한 뜻에 대해 바울은 '하나님은 모든 사람이 구원을 받으며 진리를 아는 데 이르기를 원하시느니라'(4절)고 선언하고 있다. 계급이나 인종이나 국적의 차별없이 모든 사람이 진리, 곧 말씀 속에 명확하게 계시되어 있는 구원의 길을 아는 데 이르게 되는 것은 하나님의 선하신 뜻에 속한다.

그렇지만 사람이 구원에 이르게 되는 것은 오로지 하나님께서 정하신 길을 통해서만 가능하며 이 길 외에 다른 방법으로 되는 것이 아니다. 이런 점에서 우리 구주 예수 그리스도만이 유일한 길이며, 이 진리만이 구원에 이르는 유일한 길이다. 이 진리야말로 하나님 자신의 주권적인 최고의 희망과 부합된다.

3. 모든 사람과 관련된 그리스도의 중보 (딤전 2:5-6)

하나님께서 모든 사람이 구원의 길에 도달하기 위해 주신 유일한 길은 오직 하나뿐이다. 이에 바울은 "(왜냐하면) 하나님은 한 분이시요 또 하나님과 사람 사이에 중보자도 한 분이시니 곧 사람이신 그리스도 예수라"(딤전 2:5)고 밝히고 있다.

---

78) James Allen, 디모데전서, p. 72.

바울의 증언처럼 하나님의 구원은 오직 한 분 그리스도 예수로 말미암기 때문이다. 이 구절은 하나님의 유일성(신 6:4-9), 중보의 유일성(갈 3:19), 속전의 유일성(마 20:26; 눅 22:19; 요 6:51) 그리고 역사적인 시기의 유일성(롬 5:6; 갈 4:4)을 말하고 있다.

모든 사람, 즉 유대인이든 이방인이든, 문명인이든 야만인이든, 자유인이든 종이든, 통치자이든 백성이든 그들을 위한 하나님이 각각 따로 있는 것이 아니다. "할례자도 믿음으로 말미암아 또는 무할례자도 믿음으로 말미암아 의롭다 하실 하나님은 한 분이시니라"(롬 3:30)는 말씀과 같이 그들이 구원에 이르게 하시는 분은 하나님 한 분뿐이다.

또한 하나님이 한 분이신 것처럼 "우리가 유대인이나 헬라인이나 종이나 자유자나 다 한 성령으로 세례를 받아 한 몸이 되었고 또 다 한 성령을 마시게 하셨느니라"(고전 12:13)는 말씀처럼 성령 안에서 그의 백성들 역시 한 몸으로 부르셨다. 이로써 하나님은 창조의 세계뿐만 아니라 구속의 세계 역시 머리이신 그리스도 예수 아래에서 한 몸을 이루게 하셨다.

바울은 신자들에게 하나님의 하나됨(oneness)을 제시함으로써 그들로 하여금 그들과 모든 사람 사이에 하나님이 하나의 기반이 되어주신다는 점과, 이 동일한 하나님의 기반 위에 있는 사람들은 누구나 영원한 구원의 소망으로부터 제외되지 않고 있음을 밝히고 있다.[79]

하나님과 사람 사이에도 한 분 중보자만 계신다. '중보자'($\mu\epsilon\sigma\iota\tau\eta\varsigma$)라는 이 단어는 오직 구세주이신 예수 그리스도에게만 적용된다(히 8:6; 9:15; 12:24). 바울은 이 단어를 구약성경의 중보자였던 모세에게 적용한 바 있지만(갈 3:19-20), 이 역시 중보자이신 구세주 예수 그리스도의 역할을 설명하기 위해 사용되고 있다. 그런데 중보자이신 예수 그리스도

79) J. Calvin, 디모데전서, p. 438.

에 대해 바울은 '사람'($\alpha\nu\theta\rho\omega\pi\sigma\varsigma$)이라고 밝히고 있다.

여기에서 바울이 그리스도의 인성을 강조하고 있는 것은 그리스도께서 신자들을 하나님과 연결하는 끈이라는 사실을 드러내기 위함이다. 이렇게 함으로써 신성을 가지신 그리스도께서 지금 신자들과 함께하시기 때문에 더 이상 구름 저편에서 하나님을 찾을 필요가 없음을 말하고 있다(히 4:15).

예수 그리스도는 하나님의 아들이시지만 신자들에게 형제로서 손을 내밀고 계시며, 신자들의 본성을 예수님과 같이 지으심으로써 서로 연합되어 있음을 친히 증거하셨다. 따라서 하나님과 사람 사이에 유일한 끈이신 예수 그리스도를 통해서만 신자들은 하나님께 나아갈 수 있다(마 11:28).

여기에서 바울은 죄인을 구원하려고 세상에 임하신(딤전 2:5) 그리스도의 목적과 그의 고유한 결정을 보여주고 있다. 즉 그리스도께서 바로 인간이 되셨다는 사실이다. 성육신하신 그리스도는 하나님이자 사람이기 때문에 신자들을 위해 중보의 역할을 하실 수 있으시다. 특별히 그리스도의 중보는 십자가에서 죽으심으로써 이루셨다는 점에서 독특하다.

이에 바울은 "그가 모든 사람을 위하여 자기를 대속물로 주셨으니 기약이 이르러 주신 증거니라"(딤전 2:6)라고 기술한다. 바울은 예수님의 탄생, 즉 성육신에서 곧바로 그의 죽으심, 즉 자신을 속전으로 드렸다는 사실에 연결시키고 있다. 이것은 그리스도의 성육신이 바로 구속을 위함이며, 그의 죽으심은 죄인들을 위한 속전이었음(사 53:12; 요 10:11, 18)을 강조하기 위함이다.[80]

---

80) John Stott, 디모데전서, p. 89.

이 속전은 제한된 사람들을 위한 것이 아니라 모든 사람을 위한 것이다(마 20:28; 막 10:45). 이런 점에서 그리스도의 속죄는 보편적이다. 그러나 그 속죄는 그 가치를 알고 믿는 신자들의 경우에만 효력이 있다. 이런 점에서 구속을 받은 신자들은 '모든 사람'을 대신한다.

이들만이 교회가 기도하며(1절) 하나님의 구원 목적의 대상인 '모든 사람'으로 제한된다는 점에서 한정적이다. 그리고 그리스도께서 모든 사람을 위하여 자기를 속전으로 주신 그 위대한 희생은 하나님이 적합하다고 정하신 시간에 발생한다는 점에서 역시 제한적이다.

4. 모든 사람과 관련된 바울의 선포 (딤전 2:7)

"기약이 이르러 주신 증거니라"(딤전 2:6하)라는 구절은 그 내용이 압축되어 있지만 모든 사람이 구원받으며 진리를 아는 데 이르기를 소원하신다는 하나님의 의지가 적합한 때에 널리 알려질 것이며, 하나님의 공의를 만족시키기 위해 대속물로 바치신 그리스도의 죽음이 널리 전파되어야 한다는 사실을 보여주고 있다. 이 때는 하나님의 영원한 계획과 부합되기 때문에 적합한 때가 된다.

그 적합한 때가 시작될 때 대속물이 모든 사람을 위하여 나타났으며, 성령이 모든 육체 위에 부어졌다(요 7:6; 살전 5:1). 때문에 그 증거는 자기 눈으로 보았고 귀로 들었던 사람들에 의하여(요 1:7, 8) 전파되어야 한다.[81] 이런 점에서 그리스도의 속죄 사역은 하나님께서 갑작스럽게 명령하신 것이 아니라, 그의 경이적인 섭리의 정하심에 따라 이루어졌음을 알 수 있다.

죄인을 구원하시고자 하는 하나님의 소원은 이제 그리스도의 속죄 사역의 완성으로 그 사실을 증거하는 이들을 통해 널리 전파되어야 한

---

81) William Handriksen, 목회서신, p. 139.

다. 이에 바울은 "이를 위하여 내가 전파하는 자와 사도로 세움을 입은 것은 참말이요 거짓말이 아니니 믿음과 진리 안에서 내가 이방인의 스승이 되었노라"(딤전 2:7)라고 밝히고 있다.

바울이 이방인들의 스승이 된 것은 바로 모든 사람에게 이 사실을 증거하기 위함이다. 여기에서 바울은 자신을 가리켜 '전파하는 자, 사도, 스승' 등으로 소개하고 있다. 이 직분을 받은 사도들은 역사 안에서 실존하신 예수, 특별히 부활 사건의 목격자였다. 그리고 성령의 특별한 영감을 약속받았고, 그리스도의 이름으로 가르칠 수 있는 권위를 부여받았다.

이에 더하여 바울은 '이방인의 사도'로 임명되었다. 바울은 만유의 주이신 그리스도에 의해 온 세상에 보내졌다(행 9:15; 22:15, 21; 26:17, 18). 그것은 ① 이전에 하나님의 기업으로부터 제외되었던 이방인들이 죄사함을 받고, ② 그리스도를 믿는 믿음으로 거룩해짐으로써 유업을 받을 수 있도록 그들의 눈을 열게 하기 위함이다.

때로 바울은 하나님에 의해 사도로 택함을 받았다는 이 문제에 대해 대적자들에 의해 많은 도전을 받았었다(갈 1:1, 12). 아마 에베소에서도 거짓 교리를 가르치는 자들에 의해 바울의 사도권에 대하여 심각할 정도로 도전받았을 가능성도 있다.[82] 그러나 바울이 복음을 전파하는 자로서, 또는 사도로 복음을 증거하는 그 내용에 있어서 ① 복음의 능력으로 나타나는 '믿음'에 있어서나 ② 그 복음이 담고 있는 '진리'에 있어서 결코 거짓이 없었다.

따라서 어느 사람이라도 바울의 사도권에 대해 이의를 제기할지라도 이방인들의 스승으로서 아무런 하자가 없었다. 바울과 바울의 메시지는 복음의 진리를 믿는 산 믿음을 이방인들의 마음과 심령에 가져다주는 수단으로 하나님에 의해 사용되었기 때문이다. 이런 점에서 온 세상

---

82) Matthew Henry, 디모데전서, p. 115.

은 바울이 전한 복음을 기꺼이 받아들여야 한다. 이 복음은 곧 하나님께서 바울을 통해 모든 사람에게 선포하신 유일한 구원의 도리였다. 바울은 복음을 위한 사역의 초창기에 이 점에 관하여 명확하게 밝힌 바 있다.

> "그리스도의 은혜로 너희를 부르신 이를 이같이 속히 떠나 다른 복음을 따르는 것을 내가 이상하게 여기노라 다른 복음은 없나니 다만 어떤 사람들이 너희를 교란하여 그리스도의 복음을 변하게 하려 함이라 그러나 우리나 혹은 하늘로부터 온 천사라도 우리가 너희에게 전한 복음 외에 다른 복음을 전하면 저주를 받을지어다 우리가 전에 말하였거니와 내가 지금 다시 말하노니 만일 누구든지 너희가 받은 것 외에 다른 복음을 전하면 저주를 받을지어다
> 이제 내가 사람들에게 좋게 하랴 하나님께 좋게 하랴 사람들에게 기쁨을 구하랴 내가 지금까지 사람들의 기쁨을 구하였다면 그리스도의 종이 아니니라 형제들아 내가 너희에게 알게 하노니 내가 전한 복음은 사람의 뜻을 따라 된 것이 아니니라 이는 내가 사람에게서 받은 것도 아니요 배운 것도 아니요 오직 예수 그리스도의 계시로 말미암은 것이라"
> (갈 1:6-12).

우리가 지금 받아들이고 있는 이 복음은 하나님께서 세우신 사도 바울을 통해 주어진 것이다. 이것은 곧 바울의 복음이 아니라 하나님의 복음이라는 사실을 분명하게 밝히고 있다. 이 복음 앞에서 우리는 철저하게 하나님의 말씀으로 받아들이고 순종함이 마땅하다.

| 기 도 |

모든 사람에게 복된 복음을 선포하시고 그 복음 안에서 구원의 기쁨을 누리게 되기를 기뻐하시는 우리 주 예수 그리스도의 아버지이신 하나님.

하나님께서 우리를 구원의 자리로 이끌어 주시기 위해 친히 중보자이신 그리스도를 우리에게 보내주시니 감사를 드립니다.

하나님께서 친히 우리에게 보내신 이 그리스도 예수만이 하나님과 우리 사이에 유일한 중보자이십니다. 그리고 그리스도 예수께서 모든 사람을 위하여 자기를 대속물로 하나님께 드리셨습니다. 이 사실만이 참된 복음입니다.

이 복음이 온 세상에 널리 전파됨으로써 하나님의 사랑을 널리 알리기 위해 교회로 우리를 부르셨습니다. 우리가 이 복된 교회의 회원으로 부름을 받았다는 사실로 인하여 기뻐하고 즐거워하며 살게 해 주심에 감사를 드립니다.

그리스도의 몸된 교회의 지체로서 우리는 하나님을 향해서는 경건으로 사람들을 향해서는 단정함으로 살아야 하겠습니다. 무엇보다도 모든 사람에게 이 복된 복음이 전파되어 그들이 구원을 받으며 진리를 바르게 아는 일에 우리가 쓰임받게 되기를 원합니다.

이것을 교회의 사명으로 날마다 각성하며 살게 하옵소서. 우리와 우리 자손 대대로 홀로 한 분이신 하나님께 존귀와 영광을 올려드리는 성도들이 되게 하옵소서.

우리 주 예수 그리스도의 이름으로 기도합니다.

〈5〉

그리스도인의 신분과 그 품행

디모데전서 2:8-15

그러므로 각처에서 남자들이 분노와 다툼이 없이 거룩한 손을 들어 기도하기를 원하노라 또 이와 같이 여자들도 단정하게 옷을 입으며 소박함과 정절로써 자기를 단장하고 땋은 머리와 금이나 진주나 값진 옷으로 하지 말고 오직 선행으로 하기를 원하노라 이것이 하나님을 경외한다 하는 자들에게 마땅한 것이니라
여자는 일체 순종함으로 조용히 배우라 여자가 가르치는 것과 남자를 주관하는 것을 허락하지 아니하노니 오직 조용할지니라 이는 아담이 먼저 지음을 받고 하와가 그 후며 아담이 속은 것이 아니고 여자가 속아 죄에 빠졌음이라 그러나 여자들이 만일 정숙함으로써 믿음과 사랑과 거룩함에 거하면 그의 해산함으로 구원을 얻으리라

'교회의 공적인 예배와 그 질서에 관한 규례'(딤전 2:1-4:16)라고 하는 큰 주제 아래에서 바울은 먼저 지역 교회에서 드리는 공중 기도의 중요성과 그 범위의 영역에 대하여 언급하였다(딤전 2:1-7).
　하나님께서는 자신의 아들을 속죄 제물로 주심으로써 모든 사람을

구원하기를 원하는 것을 기뻐하시기 때문에 교회의 공중 기도는 모든 사람의 구원을 위해서 해야 한다. 특별히 바울은 교회의 속성과 관련해 이 내용을 다루고 있는데, 교회는 우주적이고 보편적인 특성을 가지고 있기에, 교회의 책임은 무한대이며 인류 전체를 향하고 있음을 보여주고 있다.

다시 말하면 교회는 어느 한 지역이나 민족이나 인종에 국한되지 않는다는 것이다. 따라서 교회는 인류의 역사가 시작한 이후부터 이 세상의 종말이 올 때까지 모든 인류의 구원을 향한 끊임없는 손길을 펼쳐야 한다. 이를 통해 우리가 알아야 할 것은 바울이 전한 복음은 거짓 교훈을 가르치는 사람들처럼 일부 특정한 사람들만이 구원을 받는다는 주장을 철저히 배격하고 있다는 사실이다.

지금도 어느 특별한 종파만이 구원을 가져다주는 것처럼 주장한다면, 그것은 참으로 위험한 생각이 아닐 수 없다. 특별히 이단이나 사이비들과 같은 불건전한 집단에서 그러한 경향을 볼 수 있다. 그들은 마치 자기들만이 구원의 복음을 가지고 있는 것처럼 주장한다.

심지어 자기들은 지금까지 보편적인 교회가 깨우치지 못했던 특별한 진리를 깨달았다고 주장하기도 한다. 그러면서 인류 역사에 존재하고 있는 모든 교회의 복음을 부정한다. 오로지 자기들에게서만 진리를 찾을 수 있고 새로운 구원의 세계에 들어갈 수 있다고 선전을 하고 있다.

그러나 바울 사도가 명확하게 밝힌 것처럼 그들만을 위해 존재하는 하나님은 없다(롬 3:30). 그리고 이미 역사를 통해 명백하게 밝혀진 것처럼 구원의 복음은 오직 하나이다. 바울은 이 복음을 가리켜 '하나님의 영광의 복음'(딤전 1:11)이라고 선포했다. 하나님 외에 복음 앞에서 영광을 누리거나 명예를 누릴 수 있는 사람이나 단체나 종파는 결코 있을 수 없다.

하나님은 홀로 한 분이시며, 그 하나님과 우리 사이에도 한 분 중보
자만 계신다. 그리고 이 '중보자'($\mu\epsilon\sigma\iota\tau\eta\varsigma$)라는 단어는 오직 구세주이
신 예수 그리스도에게만 적용된다(히 8:6; 9:15; 12:24). 이것이 바로 복음
이 선포하고 있는 메시지이다. 이 복음 외에 다른 복음은 있을 수 없다.

따라서 자기 자신이 마치 하나님과 사람들 사이에서 중보자나 되는
것처럼, 또는 자기만 하나님으로부터 특별한 계시를 받았다고 사람을
미혹하거나, 혹은 자기 자신만이 그동안 감추어져 있었던 하나님의 비
밀을 깨우치고 있다고 주장하거나, 심지어 자기 자신만 구원의 진리를
알고 있다고 주장하는 사람들은 모두 다 거짓 복음을 전하는 거짓 교사
일 뿐이다.

이런 부류의 사람들에 의해 만들어진 단체나 종파들도 마찬가지이
다. 그 단체나 종파가 겉으로는 소위 교회라는 이름을 내걸고 있다 할
지라도, 그것은 그리스도의 몸인 참된 교회에 결코 속할 수 없다. 심지
어 기성 교단에 소속이 되어 있다 할지라도 전통적으로 교회가 고백하
고 있는 신앙고백을 거부한다면 그 또한 참된 교회와 한 몸이라고 할
수 없다.

교회는 이런 거짓 교사나 거짓 복음을 향하여, 홀로 한 분이신 하나
님께서 인류에게 주신 유일한 복음으로 오직 예수 그리스도에 관한 것
만 주셨다는 사실을 명확하게 증거해야 한다. 또한 교회는 하나님께서
사도들을 통해 선포하신 이 복된 복음을 바르게 깨우치고 익혀서, 다음
세대의 성도들에게 가감 없이 전해야 한다.

참된 교회의 속성을 통해 복음의 보편적인 특성을 밝힌 바울은 이제
교회 회원들의 영적 신분과 그 품행에 관하여 독자들의 시선을 돌리고
있다. 여기에서 바울은 교회가 예배를 위해 모일 때마다 그 예배 행위
의 주체가 되는 남녀가 감당해야 할 각각의 역할과 합당한 품행이라는

주제를 다루고 있다.

바울은 먼저 공적인 예배에서의 기도와 관련된 남자의 역할과 자세에 대해 언급한다(8절). 그리고 공적인 예배에 참여하는 여성의 품행, 곧 의복과 머리 모양과 장식품 등과 관련된 마음의 자세를 언급하고 있다 (9-10절). 이어서 바울은 남녀의 역할과 의무 등에 대해 제시하고 있다 (11-15절).

1. 기도에 임하는 마음가짐과 자세 (딤전 2:8)

앞서 바울은 "그러므로 내가 첫째로 권하노니 모든 사람을 위하여 간구와 기도와 도고와 감사를 하되"(딤전 2:1)라고 시작하면서 교회에서 관심 가져야 할 첫 번째가 기도에 대한 것임을 언급한 바 있다. 이와 관련해 바울은 "그러므로 각처에서 남자들이 분노와 다툼이 없이 거룩한 손을 들어 기도하기를 원하노라"(Βούλομαι οὖν προσεύχεσθαι τοὺς ἄνδρας ἐν παντὶ τόπῳ, ἐπαίροντας ὁσίους χεῖρας, χωρὶς ὀργῆς καὶ διαλογισμοῦ. 딤전 2:8)라고 밝히고 있다.

이 문장에서 바울은 '내가 원하노라'(Βούλομαι) 혹은 '내가 원하는 대로 말한다면'이라는 말로 시작하고 있다. 그리고 나서 누가 어디에서 어떻게 기도해야 하는가를 제시하고 있다. 그 내용은 "각처에서 남자들이 거룩한 손을 들어 분노와 다툼이 없이 기도하라"(딤전 2:8)고 제시하고 있다.

① 기도는 모든 사람을 위해서 드려져야 하는데(1-7절) 이 기도는 공적 예배가 드려지는 '각처에서'(every where) 행해야 한다고 강조되어 있다. 본문의 '각처'는 '너희가 모이는 그곳'(행 19:9; 롬 16:5; 골 4:15; 몬 2절)을 가리킨다. 이때 '각처에서'라는 단어는 말라기 선지자가 예루살렘 성전의 문이 닫히는 때가 이를 것이라는 예언(말 1:10)과 관련이 있다.

말라기 선지자는 "만군의 여호와가 이르노라 해 뜨는 곳에서부터 해 지는 곳까지의 이방 민족 중에서 내 이름이 크게 될 것이라 각처에서(In every place) 내 이름을 위하여 분향하며 깨끗한 제물을 드리리니 이는 내 이름이 이방 민족 중에서 크게 될 것임이니라"(말 1:11)라고 예언한 바 있다. 바울은 이런 말라기 선지자가 선포한 예언을 바탕으로 이 말을 하고 있다.

바울은 말라기의 예언을 따라 하나님께서는 이방인과 유대인, 헬라인과 야만인, 할례자와 무할례자 모두에게서 경배를 받으시는 아버지가 되시며, 깨끗한 제사가 유대뿐 아니라 온 땅에서 하나님께 바쳐질 것이라는 예언이 그리스도 안에서 성취된 것으로 이해하고 있다. 따라서 이제는 예루살렘 성전과 같은 특정한 곳에서 기도해야 한다든지, 혹은 유대인들이 모이는 회당에서 기도해야 한다는 제한을 두어서는 안 된다는 의미를 여기에서 강조하고 있다.[83]

② 당시 시대적인 상황에서 회당 문화에 익숙해 있던 사람들에게는 남자들이 기도를 인도해야 한다는 점에 대해서는 아무런 이의가 없었다. 하지만 교회를 구성하고 있는 개종자들의 대다수가 이방인 세계로부터 왔기 때문에 이러한 지침이 필요했다. 또한 거짓 교훈들이 교회 안에서의 남성들과 여성들의 역할에 대해 그릇된 사상들을 펼쳤을 가능성도 배제할 수 없다.[84] 이런 이유에서 바울은 교회에서 여성들을 향하여 "속으로 말하매 입술만 동하고 음성은 들리지 아니했다"(삼상 1:13)라는 하나의 모범을 따르라고 권면하고 있다.

반면에 기도하는 신자들은 '거룩한 손을 들어 분노와 다툼이 없이 기도'해야 한다. 이것은 기도가 드러내야 할 세 가지 보편적 특징에 대한 것으로 죄와 분노와 다툼으로부터 벗어나 있어야 함을 제시하고 있

---

83) J. Calvin, 디모데전서, p. 444.

84) William Handriksen, 목회서신, p. 144.

다. 여기에서 '거룩한 손'은 청결한 마음을 대변한다. 이것은 "여호와의 산에 오를 자 누구며 그 거룩한 곳에 설 자가 누군고 곧 손이 깨끗하며 마음이 청결하며 뜻을 허탄한 데 두지 아니하며 거짓 맹세치 아니하는 자로다"(시 24:3-4)라는 말씀을 기억하게 한다.

신자들이 기도할 때 자기의 손을 들어 하나님을 향하여 편다고 해도 그 손이 죄로 더럽혀 있다면 아무 소용이 없다(사 1:15). 마찬가지로 하나님을 향하여 또는 다른 사람들을 향하여 분개하는 마음과 비통함을 품고 있다면 기도를 통해 하나님께 나아가는 행위 역시 있을 수 없다. 예수께서 지적하신 것처럼 예배에 앞서 예배에 임하는 사람은 모든 사람과 화목을 이루고 있어야 한다(마 5:23-24; 6:12-13; 막 11:25). 이런 점에서 청결함(거룩함)과 사랑과 화평은 기도에 앞서 없어서는 안 될 요소이다.[85]

기도하는 사람이 악의나 분개심에서 분노를 드러내거나, 공중 기도를 논쟁의 기회로 삼는다는 것은 하나님 앞에서 불경스러운 일이다. 그와 같이 거룩한 자리에서 성도들을 인도하는 자들은 동기와 품행에 있어 순결함을 갖추고 있어야 한다.

2. 기도하는 교회 공동체 의식 (딤전 2:9-10)

남성들의 경우 준비된 마음가짐을 가지되 악을 행하려던 마음을 버리고 기도를 인도해야 한다면, 마찬가지로 여성들의 경우에는 남자들과 같은 거룩함의 심령을 가지고 있다는 증거를 나타내 보여야 한다. 이에 바울은 "또 이와 같이 여자들도 아담한 옷을 입으며 염치와 정절로 자기를 단장하고 땋은 머리와 금이나 진주나 값진 옷으로 하지 말라"(딤전 2:9)고 경계시키고 있다.

---

85) John Stott, 디모데전서, p. 107.

이 구절은 당시 유대교 신자들의 성결 의식을 염두에 두면서 에베소
에서 성행하고 있었던 여성들의 외모에 대한 사치를 경계시키고 있다.
이 묘사들은 당시 에베소 여인들이 여신 다이아나(Diana, 그리스 여신
Artemis이며 행 19:23-41에서는 '아데미'로 번역했다) 신전에 고용된 수백 명
의 창기와 비슷한 옷차림을 하고 있는 모습을 엿보게 한다. 그리고 이
러한 여성들의 화려한 모습은 당시 부유층에서 유행하던 화려한 머리
장식을 연상케 한다.[86]

때문에 바울은 에베소 교회 여자 성도들을 향해 사려 깊고 정숙하게
옷을 입되 도발적이거나 유혹적인 옷이나 치장을 하지 않음으로써 주
변에 있는 우상을 섬기는 에베소 여인들과 구별되어야 할 것을 요청하
고 있다.

에베소 교회가 가진 문제의 일부는 분열을 야기하는 거짓 교훈의 영
향으로 성적 순결과 도덕적 순수성에 대해 일부 여성들 사이에서 명확
한 태도를 가지지 않았다는 점을 유추할 수 있다. 이들은 교회에서 방
종하였을 뿐 아니라(딤전 5:6) "저희가 게으름을 익혀 집집에 돌아다니
고 게으를 뿐 아니라 망령된 폄론을 하며 일을 만들며 마땅히 아니 할
말을 하나니"(딤전 5:13)라고 바울이 지적할 정도로 교회에서 분란을 일
으키고 있었다. 이에 바울은 "그러므로 젊은이는 시집가서 아이를 낳
고 집을 다스리고 대적에게 훼방할 기회를 조금도 주지 말기를 원하노
라"(딤전 5:14)고 당부하고 있다.

이러한 사정을 감안하여 바울은 여성들이 아담한 옷을 입으며 염치
와 정절로 자기를 단장할 것을 명령하고 있다. 특히 일부 여성들의 허
례허식은 가난한 자들에 대한 의무를 등한시하는 결과를 가져왔다. 그
들의 화려한 의복과 몸치장은 공동체 전체에 불필요한 불만을 일으켰
으며, 가난한 자들에게 소외감을 가중하는 결과를 가져왔다.

---

86) John Stott, 디모데전서, p. 109.

이에 대해 바울은 "오직 선행으로 하기를 원하라 이것이 하나님을 공경한다 하는 자들에게 마땅한 것이니라"(딤전 2:10)라고 덧붙이고 있다. 선행을 통해서 신자들의 인품, 즉 세상의 헛된 물질로 장식된 외모를 초월하는 매력을 발산할 때 여성은 더욱 아름답기 때문이다. 또한 하나님을 향해 경의와 경외의 태도를 보임으로써 그 입술과 삶이 일치될 때 그들의 선행 또한 진정한 가치를 가지게 된다.[87] 이것이야말로 기도하는 교회 공동체에 속한 성도들에게서 찾아야 할 기도의 응답이다.

3. 교회에서 남녀의 역할과 의무 (딤전 2:11-15)

이어서 바울은 교회의 예배와 관련해 지식을 얻는 것과 나누어주는 것, 즉 배우는 일과 가르치는 일에서 여성들의 의무에 대한 몇 가지 지침을 주고 있다. 바울은 "여자는 일체 순종함으로 조용히 배우라"(딤전 2:11)고 명령하고 있다. 이것은 영적인 성장과 더불어 누리게 될 복을 위해 귀담아듣고 실천하게 하려 함이다(고전 14:34). 이 점을 더욱 강조하기 위해 바울은 "여자가 가르치는 것과 남자를 주관하는 것을 허락하지 아니하노니 오직 조용할지니라"(딤전 2:12)고 강조하고 있다.

여기에 사용된 '조용히'($\eta\sigma\upsilon\chi\iota\alpha$)라는 단어는 '침묵하다' 또는 '잠잠하다'(kept silence)는 의미를 가진다. 이것은 마치 주님의 발아래 앉아서 말씀을 들었던 마리아의 태도를 묘사하고 있다(눅 10:39). 이때 잠잠함은 속으로 분노를 품고 있거나 억지로 붙잡혀 있는 상태를 포함하지 않는다.

여기에서 사도는 공적인 자리에서 여성들에게 가르치는 역할이 제한되었다는 사실을 받아들이는 것은 남성에 대한 굴복이 아니라, 진리에 대해 일절 순종함으로 받아들이는 것과 동일한 것으로 간주하고

87) James Allen, 디모데전서, p. 88.

있다.[88] 왜냐하면 여성은 남성을 지배하도록 지음을 받지 않았기 때문
이다.

하나님께서는 가르치는 직분을 남성에게 맡겨주셨다. 그것은 남성이
여성보다 우월하기 때문이 아니라 가르치는 일이 각각의 신분에 맞추
어 볼 때 남성에게 적합하기 때문이다. 이것은 보편적인 원칙이다. 때
로 구약에서 여성들이 선지자와 교사의 직무를 맡고 하나님의 영에 의
해서 이끌림을 받았다 할지라도 그것은 보편적인 원칙을 무너뜨리기
위함이 아니었다. 오히려 그 당시 시대의 속성이 얼마나 암담한 상황인
가를 보여주기 위함이었다. 하나님의 말씀을 가르치거나 인도할 남자
가 없다는 것은 그만큼 그 시대가 영적으로 암울한 상태임을 강조하고
있다.

이 사실을 입증하기 위해 바울은 창조 질서를 제시한다. "이는 아담
이 먼저 지음을 받고 하와가 그 후며 아담이 속은 것이 아니고 여자가
속아 죄에 **빠졌음이라**"(딤전 2:13-14). 여기에서 바울은 여성이 남성에게
순종해야 할 두 가지 이유를 제시하고 있다.

① 하나는 처음부터 하나님께서 남성을 여성의 머리로 창조하셨다는
점이다. 이 사실은 인류가 타락하지 않았다 할지라도 변함없는 보편적
원칙이기도 하다. 하와가 아담 다음에 지음을 받은 것은 하와가 누리는
복의 영역이 하나님이 정하신 질서, 즉 남성을 의존하게 지음 받았다(고
전 11:9)는 질서를 인정하고 순종하는 데 있기 때문이다.[89]

② 다른 하나는 형벌의 형식으로 여성에게 순종을 부과하셨다는 점
이다. 하와가 하나님께서 정한 질서를 거역하고 아담을 떠나 독자적으

---

88) James Allen, 디모데전서, p. 90.

89) J. Calvin, 디모데전서, P. 448.

로 행동했을 때 재앙이 따랐음을 기억해야 한다. 이때 인류 타락의 기원에 대한 이야기는 결코 풍유적인 이야기가 아니며 성경에 제시된 역사적인 사실이다. '아담이 꾀임을 보지 아니하고 여자가 꾀임을 보아 죄에 빠졌음이니라'라는 역사적 사실은 아담을 배제한 하와가 얼마나 철저하게 사탄에게 속았는지를 증거하고 있다.

이와 관련해 모세는 아주 간략하고 단호하게 이렇게 기록하고 있다. "여자가 그 나무를 본즉 먹음직도 하고 보암직도 하고 지혜롭게 할 만큼 탐스럽기도 한 나무인지라 여자가 그 열매를 따먹고 자기와 함께 있는 남편에게도 주매 그도 먹은지라"(창 3:6).

하와는 남편에게 순종해야 할 자기 위치를 벗어나 자기 자신의 의지를 앞세워 사탄을 상대했으며, 그 결과 하나님께서 세우신 질서를 무너뜨렸다. 아담은 자신의 지도력을 발휘하지 않았다. 오히려 '여자가 그 열매를 따먹고 자기와 함께 있는 남편에게도 주매 그도 먹은지라'에서 묘사하고 있는 것처럼 여자의 지도력을 받아들임으로써 범죄의 길에 빠져들었다.

이때 하와는 자신에게 합당한 권리가 없는 '권위' 또는 '지배력'을 소유하고 행함으로써 재난을 불러들였다. 비록 그 권위나 지배력을 앞세워 아담을 제압하는 힘으로 작용된 것은 아니었다 할지라도 결국 아담으로 하여금 헛된 욕망에 빠져 있는 하와를 따르게 만들었다는 점에서 권위나 지배력을 행사한 것과 다름이 아니다.

이러한 역사적인 사실을 밝힌 바울 사도는 남성과 여성 모두가 하나님께서 이제 새롭게 제정해주신 성경적인 남녀의 질서를 따를 것을 요청하고 있다. 이러한 하나님의 질서에 대한 순종은 두 가지 측면에서 나타난다.

① 남자의 경우에는 "수고하여야 그 소산을 먹으리라"(창 3:17)로 나타난다. 이제 남자에게서는 수고와 땀으로써 자신의 특권과 위엄을 드러낼 수 있게 되었다. 따라서 수고하지 않고 땀을 흘리지 않는 남자는 그 어떤 특권과 권위를 행사할 수 없게 되었다.

② 여자의 경우에는 "수고하고 자식을 낳을 것이며"(창 3:16)로 나타난다. 이 역시 여자의 위치와 관련된다. 해산은 여자들에게만 주어진 유일한 특권이다. 그리고 공통적인 의무이며 직무이고 은사이다.[90]
특히 하와에게 있어서 이 말씀은 각별한 의미를 가지게 되는데, 해산은 '여자의 후손'(창 3:15)에 대한 하나님의 언약 성취와 깊은 관련을 가지고 있기 때문이다. 바울 사도는 이 언약 성취와 관련하여 여성의 출산에 대한 의미를 풀어서 밝히고 있다.

때문에 바울은 "그러나 여자들이 만일 정절로써 믿음과 사랑과 거룩함에 거하면 그 해산함으로 구원을 얻으리라"(딤전 2:16)라고 강조하고 있다. 여기에서 바울은 극히 정숙한 품행을 동반하는 하나님에 대한 믿음과 사랑과 거룩함에 근거하여 여성들이 출산을 하나님께서 정해 놓으신 하나의 소명으로 여기며 거기에 순종하기를 촉구하고 있다.
하나님께서는 여성들이 어떠한 영웅적인 덕을 크게 과시할지라도 하나님께서 여성에게 주신 소명을 받아들이지 않고 거절하기보다는 그 소명에 순종하는 여성을 더 기뻐하시기 때문이다.[91] 이때 믿음과 사랑과 거룩은 여성들의 균형잡힌 마음의 상태를 반영하는 정절, 즉 정숙한 품행이 된다. 이러한 사실들을 통해 그들이 구원받은 위치에 있다는 사실과 그것으로 여성들은 남성들과 다른 지위에 있음을 확인하게 된다.

---

90) Thomas C. Oden, 디모데전후서, P. 159.
91) J. Calvin, 디모데전서, p. 450.

교회에서 어떤 역할은 여성들에게 열려있지 않았으며, 이로 인하여 여성들은 자신의 위치를 원망하고자 하는 시험을 받을 수 있다. 그러나 교회의 일에 있어서 해산하는 여성들의 역할이 남성들이 차지하고 있는 역할보다 결코 중요하지 않다고 주장할 수 없다. 이런 이유에서 바울은 교회에서 남성과 여성의 위치와 역할에 대한 관심을 새롭게 하고 있다.

사도 바울은 여기에서 성도들의 교회적 생활에 관한 중요한 교훈, 특히 여성들의 삶에 대해 새로운 가치관을 제시함으로써 교회 가운데서 차지하고 있는 여성들의 역할과 자세를 밝히고 있다. 바울은 교회 안에서는 남성과 여성이 아무런 차이가 없음을 강조한 바 있다(갈 3:28). 그럼에도 불구하고 이 교훈을 준 것은 교회에서의 질서와 직분에 관한 이유 때문이다.

바울은 이 가르침을 통해 교회가 세상과 달라야 함을 명백하게 밝히고 있다. 이는 결코 남성우월주의나 여성 비하를 말하고 있는 것이 아니다. 성경은 교회에서 여성이 가르치는 교사인 감독의 직분을 맡는 것을 허락하지 않고 있다.[92] 이는 결코 남성과 여성이 가지는 능력이나 인격적 차이 때문이 아님이 분명하다.

사도 바울은 그것이 아담과 하와를 순차적으로 지으신 하나님의 창조 질서 때문이며, 이 질서는 교회의 역할 분담에서도 여전히 지켜져야 할 질서여야 한다는 사실을 여기에서 강조하고 있다. 교회에서 여성의 정숙한 순종이야말로 최고의 미덕으로 여겨야 할 이유가 여기에 있다. 이때 남성들은 여성들이 남성들의 보살핌을 받는 대상이라는 사실을 명심해야 한다(빌 4:3).

---

92) 이광호, "여자목사 제도는 성경적인가: 김세윤 교수의 주장을 우려하며", 진리와 학문의 세계, 제11권, 달구벌기독학술연구회, 2004년, 가을, pp.7-17. 참조.

이 모든 내용들은 기도하는 교회 공동체가 구현해야 할 삶의 특성에 대한 것을 명확하게 제시하고 있다. 동시에 이러한 사도의 가르침은 명백한 하나님의 계시로 우리 시대의 교회에 주어졌다. 그렇다고 한다면, 교회는 바울로부터 계승해 온 이 하나님의 계시를 따라 어느 시대나 어느 곳이나 어떤 상황에서도 그 내용을 바꾸거나 변질시키지 않고 보존해야 한다.

바울 사도가 우리에게 경고한 말씀을 명심해야 한다. "형제들아 내가 너희에게 알게 하노니 내가 전한 복음은 사람의 뜻을 따라 된 것이 아니니라 이는 내가 사람에게서 받은 것도 아니요 배운 것도 아니요 오직 예수 그리스도의 계시로 말미암은 것이라"(갈 1:11-12). 기록된 성경은 오직 예수 그리스도의 계시이며, 이 성경 계시만이 유일한 복음으로 우리 앞에 주어졌다. 우리는 바로 이 일을 위해 교회로 부름을 받았음을 명심해야 한다.

시대적 상황에 따라 혹은 사회적 요구에 따라 한번 주어진 하나님의 계시를 바꿀 수 있는 권한을 그 누구도 가지고 있지 않다. 또는 몇몇 신학자들의 주장이나 신학적인 흐름의 경향을 따라 하나님께서 계시로 교회에 주신 성경의 말씀을 자의적으로 해석할 수 없다. 교회뿐 아니라 신학자들이라면 의당히 기록된 성경 계시를 있는 그대로 보존해야 하고, 이것을 위해 기꺼이 그 어떤 희생도 감수해야 할 것이다.

| 기 도 |

지금도 친히 우리에게 말씀하시고, 그 말씀으로 친히 우리에게 임재하시며 다스리시는 우리 주 예수 그리스도의 아버지이신 하나님.

성령과 말씀으로 말미암아 하나님과 하나님의 아들에 관하여 알도록 인도하시고, 하나님의 말씀이 우리들에게 선포되게 하심에 감사를 드립니다.

우리들이 그리스도 예수를 주로 영접한 만큼, 그리스도 안에서 살게 하시사, 우리가 가르침을 받은 그대로 그리스도 안에 뿌리를 내리고 세워지고, 터가 굳어져서 믿음으로 강건하게 하시며 감사가 넘치게 하시옵소서.

우리들이 무지하고 감사치 않고 불평하면서 마땅히 해야 할 바 주의 거룩한 말씀에 순종하지 않았다면, 우리를 불쌍히 여기시고 우리들이 지은 죄를 깨닫고 진정으로 회개함으로써 우리의 태도를 고치도록 은혜를 주옵소서.

우리에게 주의 거룩한 말씀을 선포할 교회의 사역자들을 강건하게 하시고, 신실하게 말씀을 연구하고 확고부동하게 주의 말씀을 선포하며 증거하게 하옵소서. 주의 말씀과 성령을 거역하는 자들로부터 주님의 몸된 교회가 훼방을 받지 않도록 그들의 모든 궤계를 좌절시키시옵소서.

주의 말씀과 성령을 의지하여 우리의 모든 고난과 역경 중에서도 굳건한 믿음과 인내로써 주의 교회를 든든하게 세워가게 하옵소서. 그 어떤 상황에서도 굴하지 않고 참된 복음을 보존하고 계승함으로써 우리와 우리 자손 대대로 홀로 한 분이신 하나님께 존귀와 영광을 올려드리게 하옵소서.

우리 주 예수 그리스도의 이름으로 기도합니다.

⟨6⟩
교회의 직분으로서 감독과 집사

디모데전서 3:1-13

미쁘다 이 말이여, 곧 사람이 감독의 직분을 얻으려 함은 선한 일을 사모하는 것이라 함이로다 그러므로 감독은 책망할 것이 없으며 한 아내의 남편이 되며 절제하며 신중하며 단정하며 나그네를 대접하며 가르치기를 잘하며 술을 즐기지 아니하며 구타하지 아니하며 오직 관용하며 다투지 아니하며 돈을 사랑하지 아니하며 자기 집을 잘 다스려 자녀들로 모든 공손함으로 복종하게 하는 자라야 할지며 (사람이 자기 집을 다스릴 줄 알지 못하면 어찌 하나님의 교회를 돌보리요) 새로 입교한 자도 말지니 교만하여져서 마귀를 정죄하는 그 정죄에 빠질까 함이요 또한 외인에게서도 선한 증거를 얻은 자라야 할지니 비방과 마귀의 올무에 빠질까 염려하라

이와 같이 집사들도 정중하고 일구이언을 하지 아니하고 술에 인박히지 아니하고 더러운 이를 탐하지 아니하고 깨끗한 양심에 믿음의 비밀을 가진 자라야 할지니 이에 이 사람들을 먼저 시험하여 보고 그 후에 책망할 것이 없으면 집사의 직분을 맡게 할 것이요 여자들도 이와 같이 정숙하고 모함하지 아니하며 절제하며 모든 일에 충성된 자라야 할지니라

집사들은 한 아내의 남편이 되어 자녀와 자기 집을 잘 다스리는 자일지니 집사의 직분을 잘한 자들은 아름다운 지위와 그리스도 예수 안에 있는 믿음에 큰 담력을 얻느니라

　에베소 교회 안에 들어온 '거짓 교훈'의 가르침과 관련해 사도적 교리의 중요성을 밝힌 바울은 사도가 전한 복음을 위해 교회가 선한 싸움에 동참할 것을 호소한다(엡 1장). 이와 관련해 바울은 교회가 사도로부터 받은 복음을 지켜나가기 위한 구체적으로 교회의 삶과 그 행실들에 대해 제시하는 것으로 서론을 마치고 있다.

　바울은 본론으로 들어가면서 ① 교회의 공예배와 그에 따른 교회의 질서(2:1-4:16)와, ② 교회 안에서 수행할 감독의 사역(5:1-25)에 관한 주제를 전개시키고, ③ 교회가 추구해야 할 윤리적인 실천을 위한 가르침(딤전 6:1-19)으로 나아가고 있다. 이러한 맥락에서 바울은 첫 번째 주제인 '교회의 공적 예배와 그 질서에 관한 규례'를 다루고 있다.

　그 첫 번째로 바울은 ① '공예배에서 기도의 범위'에 대해 언급한다(딤전 2:1-7).

　모든 사람을 구원에 이르게 하시는 하나님의 계획을 성취하신 그리스도의 대속에 근거하여 모든 사람을 위해 기도할 것을 명령한다. 특별히 구원은 계급, 국가, 인종, 민족과 관계없이 모든 사람을 위해 계획되었으며 그들을 위해 한 분 중보자가 있다는 것은 이 진리 외에 다른 길이 없음을 강조하고 있다.

　때문에 바울은 유대인들뿐 아니라 이방인들도 산 믿음으로 복음을 받아들이게 하려고 이 진리를 전파하는 이방인들의 사도가 되었음을 밝히고 있다. 따라서 에베소 교회 성도들 역시 사도로부터 복음을 받았다면 사도와 같은 고난에 동참함으로써 하나님의 구원 계획을 성취하기 위해 헌신해야 한다.

　이어 바울은 ② '공예배에 참여하는 이들의 마음 자세'에 대해 언급하고 있다(딤전 2:8-15).

　여기에서 바울은 아담과 하와를 순차적으로 지으신 하나님의 창조 질서에 근거하여 남녀가 각기 수행해야 하는 교회에서의 역할 분담과 그들에게 주어진 질서를 따라야 할 것을 명령한다. 여기에서 바울은 교회의 일에 있어서 여성의 지위를 분명하게 돌려주고 있다.[93] 교회가 이렇게 해야 하는 것은 이처럼 질서 있는 교회 공동체의 삶을 통해서 사도로부터 받은 복음을 온전하게 보전할 수 있기 때문이다.

3장에서 바울은 ③ 공예배에서 목회적 지도 체제와 지도자들이 갖추어야 할 자질(딤전 3:1-16)과 관련된 내용을 다루고 있다.

일반적으로 직분에 대한 제도보다 공예배가 앞서는 것은 자연스러운 논리의 흐름을 유도하고 있다. 여기에서 바울은 "육신으로 나타난 바 되시고 영으로 의롭다 하심을 입으시고 천사들에게 보이시고 만국에서 전파되시고 세상에서 믿은 바 되시고 영광 가운데서 올리우신"(딤전 3:16) 예수 그리스도의 교회에서 장로들과 집사들이 그들의 직무를 온전히 수행하기 위해 영적, 도덕적으로 갖추어야 할 내용들을 보여주고 있다.

먼저 바울은 감독의 직분과 관련해 이 직무의 영광스러운 성격과 자격 요건들을 제시하고(1-7절), 집사들에 대한 지침을 통해 그들에게 주어질 영광스러운 보상을 약속하고 있다(8-13절). 이 내용들은 교회에서 지도자를 세우는 일에 대한 지침으로 가득하다.

이어 바울은 진리의 보화, 즉 경건의 비밀로서 관계하시는 그리스도만이 유일한 소망임을 제시하고 이 진리의 보화가 교회에게 위탁되었음을 밝히고 있다(14-16절). 이로써 바울은 이 진리를 보전하는 일에 누구보다 교회 지도자들이 힘써야 할 사항임을 암시하고 있다.

---

93) William Handriksen, 목회서신, p. 157.

1. 교회 지도자로서 감독의 직분과 자질 (딤전 3:1-7)

바로 앞 문단에서 바울은 교회에서 가르치는 직분을 여성들에게 금했다(딤전 2:11-14). 때문에 바울은 이 가르치는 직분의 중대한 임무 수행으로부터 왜 여성들을 제외하였는가에 대한 분명한 이유를 제시할 필요가 있었다. 그렇다고 이 가르치는 직분은 여성을 제외한 모든 남성들에게 주어진 것도 아니었다. 오히려 바울은 이 가르치는 직분을 수행하는 감독을 선택함에 있어서 얼마나 주의를 기울여야 하는가를 밝힘으로써 여성들이 이 직분을 받는 것이 합당치 않음과 남성이라도 무분별하게 이 직분에 응해서는 안 된다는 사실을 밝히고 있다.[94]

1) 감독과 장로의 직분에 대한 이해(딤전 3:1)

감독 직분은 일반적인 일이 아니라 탁월한 일이며, 실제로도 이 일은 힘들고 어려움으로 가득 찬 직분이다. 이 직분은 ① 하나님의 나라를 세우고 확장하며 주님께서 친히 자신의 피로 값 주고 사신 영혼들의 구원을 보살피며(행 20:28), ② 하나님의 기업인 교회를 다스리는 중대한 사명에 있어서 하나님의 아들을 대표하는 일이다. 무엇보다도 감독의 직분은 ③ 거짓 복음으로부터 교회를 지키며 그리스도의 대의를 위해 수많은 고난들을 기쁨으로 감내할 정도로 자신의 시간과 열정을 쏟아 바쳐야 하기에 이 직분에 대한 각별한 열심을 필요로 한다.

이에 바울은 "미쁘다 이 말이여 사람이 감독의 직분을 얻으려 하면 선한 일을 사모한다 함이로다"(딤전 3:1)라고 하면서 감독의 직분에 대한 지망과 그 직분을 자원하여 맡고자 하는 이들에 대한 칭찬을 아끼지 않고 있다. 당시에는 유대인들과 이방인들이 합작하여 거듭거듭 교회를

---

94) J. Calvin, 디모데전서, p. 452.

핍박하던 때였다.

이 직무를 맡았던 많은 사람들이 박해와 죽음에 직면해 있었다. 그리고 각종 거짓 교훈과 이단들이 교회를 짓밟기 위해 발악하고 있었다. 이러한 상황에서 교회의 지도자들은 신변의 위협뿐만 아니라 교회를 위해 스스로 자신을 희생 제물로 바치는 것과 같은 위치에 서 있었다.[95] 이런 점에서 바울은 감독의 직분을 얻는 것을 가리켜 '선한 일'이라고 구별하고 있다.

'감독'($\epsilon\pi\iota\sigma\kappa o\pi o\varsigma$)은 교회를 돌아보고 다스리는 직분을 말하며(5절) 한 지역 교회 안에는 다수의 감독들이 사역하고 있었다(행 20:7, 28). 이들 감독들의 회합을 가리켜 장로회(board of presbyters)라고 하였다. 그 회원을 '장로'라 불렀으며 그 직분의 성격과 관련하여 그들을 감독이라 불렀다(딛 1:5, 7). 이런 점에서 '장로들'(presbyters)이라는 명칭은 교회의 감독으로 섬기는 자들을 집단으로 가리키는 용어라고 할 수 있다.

또한 이들을 '목자'라고 불렀는데(엡 4:11) 그것은 목자장으로 묘사되는 그리스도(벧전 5:4), 즉 양떼를 위해서 자신을 아낌없이 내어주신 그리스도를(요 1:11) 본받아야 하는 감독의 인격적 역량을 강조하기 위함이다.[96]

바울과 바나바는 제1차 전도여행 때 '각 교회에서 장로들을 택하여' 세웠다(행 14:23). 이러한 일들은 승천하신 그리스도께서 교회에 어떤 자들을 '목사와 교사'로 주셨으며(엡 4:11) 여전히 하나님의 양떼를 돌보도록 감독자를 세우는 분은 다름 아닌 성령이시기 때문이다(행 20:28).

이러한 정책에 대해서는 바울이 디도에게 준 지침에서 확인할 수 있다. 디도는 그레데에 남아서 각 성에 장로들을 세우도록 바울의 지시를

---

95) William Handriksen, 목회서신, p. 162.

96) James Allen, 디모데전서, p. 100.

받았다(딛 1:5). 그리고 디모데는 에베소의 교회들을 지도할 수 있는 지
도자의 자격에 대해서 지시를 받고 있다.

사도 시대의 교회에서는 감독과 장로를 구별하지 않았다. 바울은 에
베소 교회의 장로들을 감독이라고 불렀다(행 20:17, 28). 베드로 역시 장
로들을 양무리를 위한 감독으로 소개하고 있다(벧전 5:1-2). 또한 바울은
디도에게 '장로'를 세우라고 하면서 '감독'의 자질을 언급하고 있다
(딛 1:5-7)는 사실도 이 점을 증거하고 있다.[97]

2) 감독(장로)의 자질(딤전 3:2-7)

감독들, 즉 장로들에게는 지적할 것이 없는 인품과 책망할 것이 없는
품행을 요구받았는데 이는 하나님의 교회를 돌아보고 다스리는 일이
그들의 직무였기 때문이다. 또한 이 직분이 고상한 만큼 그 직무 또한
특별하기 때문에 그에 따른 특정한 자격도 갖추고 있어야 한다. 이에
바울은 "그러므로 감독은 책망할 것이 없으며"(딤전 3:2)라고 말한다.

여기에서 '책망할 것이 없으며'(ἀνεγκλητον)라는 표현은 이후에 언급
하고 있는 감독의 자질을 모두 포괄하는 서론적 의미를 가진다. 이 말
은 자신의 권위를 훼손할 아무런 치욕거리가 없어야 함을 의미한다. 일
반적으로 잘못이 전혀 없는 사람은 없다. 여기에서는 자신의 평판에 해
를 미치지 않는 일반적인 실수라기보다는 감독의 권위에 결핍될 어떤
요소들로부터 자신을 보호함으로써 모든 사람에게 선하고도 존귀한 평
판을 받아야 할 것을 지시한다.[98] 따라서 바울은 교회에서 가르치는 일
을 맡은 감독의 직분을 열망하는 모든 사람에게 자신의 생활을 세밀하
게 검토할 것을 아래와 같이 명령하고 있다.

---

97) John Stott, 디모데전서, p. 119.
98) J. Calvin, 디모데전서, p. 455.

"한 아내의 남편이 되며 절제하며 근신하며 아담하며 나그네를 대접하며 가르치기를 잘하며 술을 즐기지 아니하며 구타하지 아니하며 오직 관용하며 다투지 아니하며 돈을 사랑치 아니하며 자기 집을 잘 다스려 자녀들로 모든 단정함으로 복종케 하는 자라야 할지며 (사람이 자기 집을 다스릴 줄 알지 못하면 어찌 하나님의 교회를 돌아보리요) 새로 입교한 자도 말지니 교만하여져서 마귀를 정죄하는 그 정죄에 빠질까 함이요"(딤전 3:2-6).

일반적인 신자들의 도덕에 근거한 조건들로 감독은 책망할 것이 없으며, 혼인에 있어 순결하고, 절제하며, 근신하며, 덕이 있어야 한다. 또한 교회와 특정한 관련을 가진 조건으로 손대접을 잘하며, 가르치기를 잘해야 한다. 나아가 감독은 일상생활에서 술을 즐기지 않으며, 구타하지 않으며, 관용하고, 다투지 않고, 돈을 멀리해야 한다. 무엇보다도 자기 집을 잘 다스려야 하며 새로 입교한 회원들뿐 아니라 신앙 체험이 많은 회원들의 존경을 받는 사람이어야 한다.

뿐만 아니라 감독은 교회 외부의 평가에서도 책망을 받지 않아야 한다. "또한 외인에게서도 선한 증거를 얻은 자라야 할지니 비방과 마귀의 올무에 빠질까 염려하라"(딤전 3:7). 이것은 교회가 세상에 강력한 영향력을 행사함으로써 죄인들을 그리스도에게로 인도하기를 힘써야 할 위치에 서 있기 때문이다.

따라서 감독은 외부 사람들에게 도덕적으로 타락했다는 비난을 받지 않아야 한다. 이러한 선한 증거를 갖지 못한 사람이 교회의 감독으로 택함을 받게 되면 그를 알고 있는 사람들이 교회를 조롱하게 되기 때문이다. 이것이야말로 교회가 마귀의 올무에 빠지는 것과 다를 바 없다(딤후 2:26; 딤전 6:9; 눅 21:35; 롬 11:9).

감독의 직분은 하나님의 백성들로 하여금 날마다 성장하도록 하기 위한 하나님의 계획의 일부분이다. 하나님께서는 그분의 진리를 알리시기 위해 날마다 성도들에게 천사들을 보내지 않고 대신에 감독들을 임명하셨다. 따라서 감독, 즉 교회의 지도자들은 자신의 전 생애를 통하여 많은 사람들을 양육하기 위한 하나님의 계획을 늘 마음에 새겨두어야 한다.[99]

2. 집사의 직분과 자질 (딤전 3:8-13)

감독들은 교회를 다스리고 말씀을 선포하고 성례를 집행하며 회중들의 기도를 인도하는 직무를 수행했다. 이와 더불어 집사들은 가난한 사람들과 궁핍한 사람들을 돌보는 일에 집중되었다. 특히 ① 하나님의 백성들이 감사함으로 주님께 드린 헌물을 수납하여, ② 궁핍한 모든 사람에게 이 연보를 같은 정신으로 분배해 주고, 가난을 예방하며, ③ 기도와 성경 말씀에 근거한 위로를 통해서 슬픔을 당한 사람들을 권면하고 돌보는 사역을 하였다. 이처럼 귀중한 직무를 수행하기 위해서 집사들 역시 감독들처럼 믿음과 성령이 충만한 사람이어야 한다(행 6:5).

1) 집사의 직분에 대한 이해(딤전 3:8)

바울은 '이와 같이 집사들도'(딤전 3:8)라고 본문을 시작하고 있다. 이것은 집사의 직무를 수행함에 있어 앞선 감독의 자질과 크게 다르지 않아야 함을 전제하고 있다. 이것은 집사의 직분이 감독직에 비해 보다 덜 중요한 것으로 여겨질 수 없음을 의미한다.

집사직은 그리스도의 자기 백성에 대한 사랑스러운 관심에 근거하고 있다. 이 자애로운 배려가 그리스도의 마음에 가득 차 있기 때문에 그리스도는 형제 중 가장 작은 자에게 베풀어진 것을 마치 자신에게 베풀

---

99) Thomas C. Oden, 디모데전후서, p. 220.

어진 것으로(마 25:31-46) 간주하신다.[100]

집사($\delta\iota\sigma\kappa o\nu o\varsigma$)는 세 곳을 제외하고(빌 1:1; 딤전 3:8, 12) 항상 '종' 혹은 '사역자'로 옮겨졌다. 상대적으로 주인과의 관계에서 노예를 표시할 때는 둘로스($\delta o\upsilon\lambda o\varsigma$)가 사용된다. 때로 '디아코노스'는 그리스도의 백성에 대한 그분의 위치(롬 13:15)와 하나님을 위해 역할을 수행하는 정부 관리(롬 13:4)에 대해 사용되었다. 교회와 관련해 '집사'의 직무는 실제적인 행정과 사역을 전문으로 하는 직분으로 이해된다(행 6:1-7). 본문의 '집사' 역시 가난한 자들을 보살피는 임무를 부여받은 간사(officers)로 이해된다.

집사는 회중에 의해 뽑히고, 회중에게 책임을 지고, 회중의 유익을 위해 수행되는 물질적, 행정적 측면의 사역을 주장하게 된다(행 6:5; 12:26; 롬 15:31; 고후 8:4, 9, 12). 지역 교회의 유익을 위해 수행되는 모든 행정적인 의무들이 이에 포함된다. 집회소를 관리하고 찬송가를 배부하고 연보를 관리하는 일들은 모두 지역 교회의 안녕을 위한 일들이다.

또한 집사는 주님에 의해 부름을 받고, 지역 교회 안에서 또는 지역 교회를 통해 수행되는 성도들과 죄인들을 대상으로 하는 영적인 측면의 사역을 수행한다. 바울은 복음을 전하고 성도들을 섬기는 자신과 여러 사람들에 대해 이 단어를 사용했다(고후 3:6; 6:4; 엡 3:7; 6:21; 골 1:7, 23, 25; 4:7; 살전 3:2). 이 서신에서도 디모데를 가리켜 '예수 그리스도의 선한 종($\delta\iota\sigma\kappa o\nu o\varsigma$)'으로 묘사할 때도 이 단어가 사용된다(딤전 4:6).

이런 점에서 집사는 주님께로부터 은사를 받고 주님께 책임을 지는 가운데 성도들의 유익을 위해 지역 교회 안에서 직무를 수행하는 것으로 이해된다.[101] 그들이 갖추어야 할 자격(딤전 3:11-13) 역시 감독들

---

100) William Handriksen, 목회서신, p. 178.

101) James Allen, 디모데전서, p. 119.

에게 요구된 자격과 비교해 볼 때 집사의 직무 역시 감독의 직무와 크게 다르지 않다는 점을 알 수 있다. 이런 관점에서 집사는 전적으로 교회를 위해 생애를 바치는 감독들을 보조하는 위치에 있었던 것으로 보인다.

2) 집사의 자격과 자질(딤전 3:8-9)

바울 사도가 집사의 자격에 대해 언급한 내용은 감독직과 크게 다를 바 없다. "이와 같이 집사들도 단정하고 일구이언을 하지 아니하고 술에 인박이지 아니하고 더러운 이를 탐하지 아니하고 깨끗한 양심에 믿음의 비밀을 가진 자라야 할지니"(딤전 3:8-9). 여기에서 중요한 것은 하나님께서 교회를 대표하고 인도하는 지도자들에 대해 어떤 견해를 가지고 계시는가 하는 점이다. 교회의 지도자로서 책임을 지고 있는 사람들은 하나님께서 중요하게 여기시는 자질들을 갖추어야 한다.

집사는 단정해야 한다. '단정하다'는 말은 '명예로운'(honourable)으로 번역되며 존경할 만한, 또는 남자로서 위엄을 갖춤으로써 행위와 품행에 의하여 존경을 받는 사람을 의미한다. 이것은 단지 진지한 품행을 말하지 않고 사려 깊음과 이웃에 대한 실제적인 필요와 외부의 도전에 대해 담대하게 돌보는 시각을 겸비함을 요구한다. 이처럼 고결한 행동은 다음에 등장하는 세 가지 부정적인 요소로 지적된 행동들과 대조를 이룬다.

① 집사는 '일구이언을 하지 않아야 한다'. 이것은 청중의 구미에 맞게 메시지의 내용을 바꾸는 것을 의미한다. 교회의 유용한 섬김의 사역을 의도적으로 시작하고 착수하기 위해 명석하고 결단력 있는 사람이 필요하다. 따라서 말하는 것과 생각하는 것이 다르지 않아야 한다. 이것은 신뢰의 근거가 된다. 왜냐하면 부정직이야말로 교회 내에서 치

명적인 요소이기 때문이다.[102]

② 집사는 '술에 인박이지 않아야 한다'. 이 말은 묵인하거나 집착하지 않는다는 말로 술에 탐닉하는 것만큼 신자의 고결함을 빨리 잃게 하기 때문이다. 또한 '더러운 이를 탐하지 않아야 한다'. 집사는 봉사의 동기가 개인적인 이득이 아니어야 한다. 부자가 되기를 바라면서 영적인 일에 관여하는 것만큼 수치스러운 것은 없다.

③ 집사들은 그 봉사를 가치 있게 하기 위해 영적으로 깨어 있어야 한다. 이 본문에서 강조점은 '깨끗한 양심'으로 이는 건전한 신앙과 흠이나 자책할 것이 없는 양심은 바로 '깨끗한 양심'과 다를 바 없다. 특히 섬기는 사역은 사회 이론들에 대한 정치적인 행위자 또는 이념적인 대변자로 전락해서는 안 된다. 때문에 집사들은 '믿음의 비밀'을 가지고 기독교의 교훈에 깊이 토대를 두어야 한다.

바울에게 있어 '믿음의 비밀'은 전에 감추어졌으나 지금은 성령에 의해 계시된 진리, 즉 드러난 진리를 말한다. 즉 자연적으로는 인간 이해의 영역 밖에 있지만, 그리스도 안에서 성령에 의해 그분의 백성에게 알려진 것을 가리킨다(고전 2:7-10). 이 계시가 믿음에 의해 구현되었는데 이 믿음은 그 비밀이 어떤 것인지를 설명하는 수식으로 가르침의 대상을 지시한다.

이것은 조명을 받지 못한 사람의 이성으로 가까이할 수 없으나 하나님의 계시로 알려진 진리의 총체와 같다. 때문에 이 진리는 집사의 도덕성을 가름하는 핵심적 요소인 '깨끗한 양심'에 담겨 있어야 한다.[103] 이런 이유에서 바울은 집사를 가리켜 '깨끗한 양심에 믿음의 비밀을 가진 자'라고 밝히고 있다.

선악을 구별하는 그 능력이 계시로 말미암아 조명을 받고 그리스도

---

102) Thomas C. Oden, 디모데전후서, p. 221.

103) James Allen, 디모데전서, p. 112.

의 피로 깨끗함으로 입었다면(히 9:22) 그 목적은 믿는 것, 즉 믿음과 행하는 것의 일치를 증거하는 데 두어야 한다. 집사는 입술로 전하는 것을 삶에서 실천할 때 비로소 깨끗한 양심을 소유할 수 있다. 신학적인 이론들은 반드시 삶의 순결로 나타나야 할 이유가 여기에 있다.

3) 교회의 봉사자들이 갖추어야 할 요건들(딤전 3:10-11)

무엇보다도 그리스도 안에 있는 믿음은 사랑의 역사에 대한 근거이다. 따라서 성도들을 위해 가난하게 되신 그리스도 안에 있는 믿음은 가난한 성도들을 위한 사역을 필요로 하게 된다. 이런 이유에서 가난한 자들에 대한 교회의 사역은 인증을 받고 세움을 입으며 섬기도록 보냄을 받은 자들에게 위탁되어야 한다. 그들의 인격과 예수 그리스도께 대한 헌신의 깊이를 분별하기 위해 그들은 통합된 믿음과 소망과 사랑을 가지고 있는가, 그리고 이웃에 대한 그리스도의 섬김의 사명을 이해하고 있는가를 먼저 시험해 보아야 한다.

바울이 "이에 이 사람들을 먼저 시험하여 보고 그 후에 책망할 것이 없으면 집사의 직분을 하게 할 것이요"(딤전 3:10)라고 단서를 단 이유도 여기에 있다. 그들이 임명을 받기 전에 철저히 준비되어 있다는 사실을 확인해야 한다. 이러한 준비와 시험 그리고 승인 절차를 따를 때 집사들은 도덕적인 자기기만 가운데 넘어지지 않기 때문이다.[104]

본문에서 '시험하다'($\delta o \kappa \iota \mu \alpha \zeta \omega$)는 말은 금속을 정련할 때 사용되는 단어로 비유적으로 사도 바울 자신에 대해서도 이 말을 사용한 바 있다(살전 2:4). 이것은 복음 전할 허락을 받는 것이 아니라 시험해 본 후에 하나님의 인정을 받는 것을 의미한다. 이 말은 그가 하는 일을 계속해서 관찰하고 살피는 것을 지시하며 지속적인 시험이 인정 여부를 결정

---

104) Thomas C. Oden, 디모데전후서, p. 222.

해야 함을 가리키고 있다. 이로써 교회는 집사의 직분에 알맞은 사람으로 하나님께서 그 일에 적합하게 준비시키고 있는 사람인지 지속해서 그 여부를 살펴야 한다.

'책망할 것이 없다'는 말은 송사를 당할 아무것도 없는 상태를 의미하며 장로의 직분에 대해서도 같은 말을 사용한 바 있다(2절). 본문에서 '집사의 직분을 하게 할 것이요'라는 번역은 '그들로 봉사하게 할 것이요'가 더 적절하다.[105] 그 인물됨과 일을 시험하고 검증한 후에 집사는 그 직무를 위해 봉사하도록 격려해야 한다. 교회는 집사들의 봉사를 통해 그리스도의 이름을 선포하면서 그리스도의 이름으로 가난하고 필요에 처한 사람들에 대한 사랑과 섬김의 구체적인 행동을 통해 사랑 안에서 역사하는 믿음의 실제를 경험하게 된다.

교회에서의 봉사와 관련해 바울은 "여자들도 이와 같이 단정하고 참소하지 말며 절제하며 모든 일에 충성된 자라야 할지니라"(딤전 3:11)라고 덧붙이고 있다. 본문의 '여자들'이 집사들의 아내들을 가리키는가, 앞서 논의된 감독들과 집사들의 아내들을 가리키는가, 여자 집사들을 가리키기 위함인가에 대한 의견들에 대해서는 일치하지 않는다.

문맥의 자연스러운 흐름을 참고할 때 이 문장이 앞 절에서 언급하고 있는 교회에서의 봉사와 관련되어 있다는 점에서 이 '여자들'은 감독이나 집사의 경우처럼 교회에서 특별한 직분을 받아 봉사하는 사람들로 보는 것이 좋을 듯하다. 아마 이들은 집사들의 경우와 동등한 권위를 부여받은 하나의 그룹을 이루고 있었으며 복음의 대의를 위해 봉사하는 자들로 집사들의 보조 역할을 한 것으로 보인다.[106]

이들 여자 봉사자들에게도 역시 '단정하고 참소하지 말며 절제하며

105) James Allen, 디모데전서, p. 113.
106) William Handriksen, 목회서신, p. 182.

모든 일에 충성된 자라야 할지니라' 라는 자격이 요구되었다. 이 자격 요건들은 집사들에 대한 요건들과 평행을 이루고 있다(빌 4:3; 롬 16:1). 초대교회에서는 여성들도 교회에서 섬기는 일을 맡고 있었음이 분명하다. 그들 가운데는 겐그레아의 뵈베(롬 16:1), 유오디아와 순두게(빌 4:2), 다비다(행 9:36-41) 등을 예로 들 수 있다. 하지만 이들이 교회로부터 집사의 직분을 받았는지는 확실치 않다.

아무튼 교회에서 섬기는 일을 맡은 여성들은 무책임한 말에 의해 사람들에게 가해질 잠재적인 손상을 인식하고 있어야 한다. 집사들이 일구이언에 대해 경고를 받은 것처럼 여성들 역시 악의 있는 험담에 대해 경고를 받고 있다. 본문의 '참소하지 말며'(μη διαβολους)는 마귀의 특성인 비방과 중상모략을 염두에 두고 있다. 마귀의 이름이 바로 '참소하는 자' 이다.107)

특히 교회에서 봉사하는 이 여성들은 물질을 나누어주는 일과, 교회에서 세례받기를 원하는 여성들을 가르치는 일에 관여한 것으로 보인다. 때문에 그들에게는 모든 일들에서 자제와 정직함이 요구되어야 했다. 본문의 '모든 일에 충성된 자' 는 '모든 면에서 믿을 만한 사람' 을 의미한다. 이 구절은 잠언의 현숙한 여인(잠 30:10-11)을 기억하게 한다.

4) 집사들(봉사자들)이 얻게 될 유익(딤전 3:12-13)

집사들에게 요구되는 도덕적 표준은 감독들에게 요구되는 것과 동일하다. 바울은 "집사들은 한 아내의 남편이 되어 자녀와 자기 집을 잘 다스리는 자일지니"(딤전 3:12)라고 단서를 붙이고 있다. 이것은 지역 교회에서 책임 있는 위치에 있는 지도자들이 혼인 관계에서 송사할 만한 어떤 흠도 없어야 할 것을 요구하고 있다. 집사들은 혼인 관계에서 자기의 하나뿐인 유일한 아내에게 충실하여 다른 사람들에게 본이 되어야

---

107) William Hendriksen, 목회서신, p. 183.

한다. 뿐만 아니라 감독과 같이 집사들도 가정 안에서 자신들의 인품과
자질을 보여주어야 한다.

끝으로 바울은 "집사의 직분을 잘한 자들은 아름다운 지위와 그리스
도 예수 안에 있는 믿음에 큰 담력을 얻느니라"(딤전 3:13)는 말로 섬김
의 직분에 따른 유익을 제시하고 있다. 본문의 '집사의 직분' 은 '봉사
의 직분' 또는 '섬김의 직분' 을 염두에 두고, '봉사(혹은 섬김)의 직분을
잘한 자들은' 으로 번역할 때 그 의미가 더 분명해진다.[108]
    따라서 이 구절은 8-12절에서 언급하고 있는 섬김의 직분을 염두에
두고 있는 것으로 볼 수 있다. 1절에서 이미 바울은 감독의 직분이 영광
스럽다고 언급하였다는 점을 감안할 때 섬김의 직분에 대해 '아름다운
지위' 를 얻는다고 함으로써 집사 직분의 영광스러운 성격을 강조하는
것은 조금도 이상하지 않다.

이때 아름다운 지위는 지역 교회 안에서 탁월한 직무를 수행함으로
써 얻게 되는 위치를 의미한다. 집사들은 자신의 충성된 봉사를 통해
아름다운 지위를 얻게 되기 때문이다. 특별히 섬김의 직분을 수행함으
로써 얻는 유익은 '믿음에 큰 담력' 을 얻는 것으로 나타난다. 여기에서
'담력' (παρρησιαν)은 예수 그리스도의 복음을 전하는 데 특별히 적용되
는 단어로(행 4:13, 29, 31; 엡 6:19; 빌 1:20) 집사들의 임무 중 하나가 말씀
전파와 관련되어 있음을 보여주고 있다.[109]
    이런 점에서 집사들은 자신이 분명하게 증거하는 '믿음' 에 대한 가
르침에 있어 하나님 앞(엡 3:12)에서나 사람들 앞(고후 7:4; 빌 1:20; 살전 2:2)
에서 확신을 가지는 유익을 얻게 된다. 이로써 집사들은 그 직무가 지
역 교회 안에서 인정을 받을 때 확신을 갖고 가르침으로써 자신이 '믿

---

108) William Handriksen, 목회서신, p. 185.

109) A. C. Hrevey, 디모데전서, p. 157.

음의 비밀을 가진 자'(9절)라는 사실을 드러내게 된다.[110]

| 기 도 |

지금도 친히 우리에게 말씀하시고, 그 말씀으로 친히 우리에게 임재하시며 다스리시는 우리 주 예수 그리스도의 아버지이신 하나님.

오늘도 주께서 성령을 통하여 말씀하시어, 그리스도의 몸된 교회의 직분자들에게 요구되는 자질과 성품들에 대해서 깨닫게 하시오니 감사를 드립니다.

무엇보다도 먼저 교회의 직분자들은 자신이 봉사하고 있는 교회의 본질에 대해 확고한 자세를 취해야 할 것입니다. 이 교회의 주인이신 그리스도는 "육신으로 나타난 바 되시고 영으로 의롭다 하심을 받으시고 천사들에게 보이시고 만국에서 전파되시고 세상에서 믿은 바 되시고 영광 가운데서 올려지신 분"(딤 3:16)입니다.

이 교회의 직분자들은 복되시고, 영광의 하나님이시며, 높이 올리우신 그리스도의 몸된 교회의 봉사자라고 하는 명예로운 위치에 부름을 받았다는 사실을 마음에 새겨야 할 것입니다.

가장 영광스럽고 영예로우신 그리스도의 몸된 교회의 회원으로서, 그리고 그 회원들의 신앙의 성장을 위해 주이신 그리스도의 부름을 받았다는 명예를 가슴에 달고 그리스도 안에 있는 믿음에 더 큰 담력을 얻는 복을 누리게 하옵소서.

주의 말씀과 성령을 의지하여 우리의 모든 고난과 역경 중에서도 굳건한 믿음과 인내로써 주의 교회를 든든하게 세워가게 하옵소서. 그 어떤 상황에서도 굴하지 않고 참된 복음을 보존하고 계승함으로써 우리와 우리 자손 대대로 홀로 한 분이신 하나님께 존귀와 영광을 올려드리게 하옵소서.

우리 주 예수 그리스도의 이름으로 기도합니다.

---

110) James Allen, 디모데전서, p. 117.

〈 7 〉

교회의 직분과 복음의 사명

디모데전서 3:14-16

내가 속히 네게 가기를 바라나 이것을 네게 쓰는 것은 만일 내가 지체하
면 너로 하여금 하나님의 집에서 어떻게 행하여야 할지를 알게 하려 함
이니 이 집은 살아 계신 하나님의 교회요 진리의 기둥과 터니라 크도다
경건의 비밀이여, 그렇지 않다 하는 이 없도다 그는 육신으로 나타난 바
되시고 영으로 의롭다 하심을 받으시고 천사들에게 보이시고 만국에서
전파되시고 세상에서 믿은 바 되시고 영광 가운데서 올려지셨느니라

AD 63년경에 로마에서 풀려난 바울은 그레데를 거쳐 소아시아의 에
베소에 도착했다. 에베소에서 디모데를 만난 바울은 디모데에게 에베
소 교회를 맡기고, 로마에서 계획했던 빌립보 교회 방문을 위해 마게도
냐로 출발했다(빌 2:24; 딤전 1:3). 그러나 바울은 다시 에베소를 방문한다
는 것이 쉽지 않았기 때문에 부득이 디모데에게 편지를 보내게 되었다.
바울이 소아시아를 거쳐 마게도냐로 여행하고 있는 그즈음, 유대주
의자들이 그 어느 때보다 활발하게 활동하고 있었다. 이들은 스스로 율
법 교사라고 자처하며 끝없는 족보 이야기와 허탄하고 망령된 신화와

같은 것들을 강조하면서 바울이 세운 교회를 찾아다니며 잘못된 교훈들을 전파하고 있었다(딤전 1:4, 7; 4:7).

이들 거짓 율법 교사들은 혼인 생활을 반대하거나(딤전 4:3), 금욕주의를 강요하거나(딤전 4:3-4), 물질을 천박하게 여기라고 주장했다(딛 1:15). 이런 주장들을 펼치고 있는 그들은 초기 영지주의 요소들과 후기 유대주의에 입각한 율법관을 혼합한 혼합주의에 빠져 있었다. 그들 중 일부는 육체의 부활을 부정하였고(딤후 2:18), 뻔뻔하게도 부도덕한 행위를 서슴지 않는 방종주의에 빠져 있었다(딤전 6:5; 딤후 3:6). 이들 거짓 교사들은 한마디로 교회를 파괴하려는 적그리스도와 다름이 없었다.

이들의 거센 도전이 곳곳에 세워진 교회를 향해 밀려들고 있을 때, 그리스도께서 세우신 사도들은 순교와 함께 하나둘씩 세상을 떠나고 있었다. 바울 사도 역시 자신의 시간이 얼마 남지 않음을 의식하지 않을 수 없었다. 이제 시간은 사도들의 시대에서 교회 직분자들의 시대로 흐르고 있었다.

이런 이유에서 먼저 바울은 복음 위에 그리스도의 몸인 교회를 확고하게 세워야 했다. 그리고 이를 위해 사도들을 대신하여 교회를 지키고 그리스도의 지상 명령을 수행해야 할 교회의 직분관을 보다 명확하게 제시해야 했다.

무엇보다도 그리스도의 몸인 교회를 위해 봉사하는 지도자와 봉사자로서 직분자들은 복음에 합당한 삶을 살아야 했다(딤전 6:11-14). 더불어 직분자들은 '복음'을 순전하게 지키고 보존해야 한다는 사명의식에 투철해야 했다(딤전 6:20).

앞서 바울은 디모데전서 3장 1-7절을 통해 감독(장로)의 직분을 정의한 바 있다. 감독은 ① 하나님의 나라를 세우고 확장하며 주님께서 친히 자신의 피로 값 주고 사신 영혼들의 구원을 보살펴야 한다(행 20:28).

② 하나님의 기업인 교회를 다스리는 중대한 사명에 있어서 하나님의 아들을 대표하는 일을 수행해야 한다. ③ 거짓 복음으로부터 교회를 지키며 그리스도의 대의를 위해 수많은 고난들을 기쁨으로 감내할 정도로 자신의 시간과 열정을 쏟아야 한다. ④ 하나님의 백성들로 하여금 날마다 성장하도록 하기 위한 하나님의 계획을 수행해야 한다.

이어 바울은 디모데전서 3장 8-13절을 통해 집사의 직분을 정의한 바 있다. 집사는 ① 하나님의 백성들이 감사함으로 주님께 드린 헌물을 수납한다. ② 궁핍한 모든 사람에게 이 연보를 같은 정신으로 분배해 주고, 가난을 예방한다. ③ 기도와 성경 말씀에 근거하여 고난과 슬픔을 당한 사람들을 권면하고 위로함으로써 자비의 사역을 수행해야 한다.

이러한 교회의 직분관은 그리스도의 삼중직을 기반으로 하고 있으며, 교회의 항존직으로 점차 목사(교사)직과 장로직과 집사직으로 정착되었다. 이러한 교회의 세 직분에 대한 내용을 보다 관심 있게 살펴보고자 한다.

1. 그리스도의 삼중직과 교회의 항존직에 대한 이해

교회의 세 직분의 기원은 그리스도의 삼중직에서 그 근거를 찾을 수 있다. 그리스도의 삼중직과 관련해 하이델베르크 요리문답(1563년)은 이렇게 가르치고 있다.

제31문 _ 왜 예수님이 그리스도 곧 기름부음을 받은 자라고 불려집니까?
답 _ 왜냐하면 예수님은 ① 하나님 아버지로부터 임명을 받으셨고 성령으로 기름부음을 받으시어 우리의 구속에 관한 하나님의 비밀스러운 경륜과 뜻을 우리에게 완전히 계시해 주시는 우리의 대 선지자이시며 교사이시고, ② 당신의 몸을 단번에 희생제사로 드려서 우리를 구

속하시고 계속해서 아버지 앞에서 중보하시는 우리의 유일하신 대제
사장이 되시고, ③ 말씀과 성령으로 우리를 통치하시며 우리를 위해
얻은 구속 안에서 우리를 보호하고 보존하시는 우리의 영원한 왕이
되시기 때문입니다.

〈하이델베르크요리문답 제31문〉

이러한 그리스도의 삼중직에 대한 보다 자세한 내용을 웨스트민스터
대요리문답 제42-45문답에서 확인할 수 있다.

문42 _ 우리의 중보자를 왜 그리스도라 합니까?

답 _ 우리의 중보자를 그리스도라 하는 것은, 그 분이 성령으로 한량없이
　　기름 부음을 받으셨기 때문입니다(요 3:34; 시 45:7). 그렇게 성별되
　　시고 모든 권세와 능력을 충만히 부여받으셔서(요 6:27; 마 28:18-20)
　　자신의 낮아지심과 높이 들리심의 상태에서 자기 교회의 선지자(행
　　3:21, 22; 눅 4:18, 21)와 제사장(행 3:21, 22; 눅 4:18, 21)과 왕(계
　　19:16; 시 2:6; 마 21:5; 사 9:6, 7; 빌 2:8-11)의 직무를 수행하십니다.

문43 _ 그리스도께서는 선지자직을 어떻게 수행하십니까?

답 _ 그리스도께서는 교회의 건덕과 구원에 관한 모든 일과 관련하여(엡
　　4:11-13; 요 20:31; 행 20:23) 하나님의 완전하신 뜻(요 15:15)을 자기
　　성령과 말씀으로 말미암아(후 2:9, 10; 벧전 1:10-12; 벧후 1:21) 여러
　　가지 시행 방식으로(히 1:1, 2) 모든 세 대의 교회에 계시하심으로(요
　　1:1, 4, 18) 선지자직을 수행하십니다.

문44 _ 그리스도께서는 제사장직을 어떻게 수행하십니까?

답 _ 그리스도께서는 자기 백성의 죄를 위한 화목 제물이 되시려고(히
　　2:7) 자신을 흠 없는 희생 제물로 하나님께 단번에 드리심으로(히
　　9:14, 28), 그리고 자기 백성을 위하여 끊임없이 중보하심으로(히
　　7:25) 자기의 제사장직을 수행하십니다.

문45 _ 그리스도께서는 왕직을 어떻게 수행하십니까?

답 _ 그리스도께서는 왕직을 다음과 같이 수행하십니다. 세상에서 한 백
성을 자기에게로 불러내시고(요 10:16, 17; 사 55:5; 창 49:10), 그들에
게 직분들(고전 12:28; 엡 4:11, 12)과 율법(사 33:22; 요 15:14; 마
28:19, 20)과 권징을 부여하심으로 그들을 가견적으로 통치하십니다
(마 18:17, 18; 고전 5:4, 5). 자신이 택하신 자들에게 구원의 은혜를
부여하시되(행 5:31; 시 68:18), 그들의 순종에 대하여는 상을 주시고
(계 22:12; 마 25:34-36; 롬 2:7), 그들이 범한 죄에 대하여는 징계하시
며(계 3:19; 히 12:6, 7), 그들이 당하는 모든 시험과 고난 중에 그들을
보존하시고 도우시며(사 63:9), 그들의 모든 원수들을 제압하시고 정
복하십니다(고전 15:25; 행 12:17; 18:9, 10). 그리고 자기 자신의 영광
(롬 14:10, 11)과 백성들의 유익(롬 8:28)을 위하여 모든 것을 능력으
로 주관하시며, 하나님을 알지 못하고 복음에 순종하지 않는 나머지
사람들에 대해서는 원수를 갚으십니다(살후 1:8; 시 2:8, 9).

**마찬가지로 일찍부터 교회는 이러한 그리스도의 삼중직에 따라 교회
의 직분 제도를 도입했다.**

1) 목사직 : 사도들은 자신을 돕는 자들과 함께 복음 설교를 했다. 나중에
   교회가 확장되기 시작했을 때 장로의 직분은 다스리는 직분만 아니라
   가르치는 직분이 되었다. 그후 바울은 가르치는 장로를 다스리는 장로
   와 분명하게 구별하고 있다(딤전 5:17-18). 이 가르치는 장로가 목사이
   다. 이때 그리스도는 직분자인 목사를 사용하여 교회를 인도하시는 선
   지자가 되신다.

2) 집사직 : 사도들이 복음을 설교하는 일에 전념하기 원하였기에 예루살
   렘 교회는 교중 가운데서 일곱 집사를 선택했다. 교회의 주인이신 그리
   스도께서는 일곱 집사들을 통하여 교회 안에 있는 가난한 자들을 돌보
   게 하셨다. 이때 그리스도는 직분자인 집사들을 사용하여 가난한 자들
   을 구제하시는 자비로우신 대제사장이 되신다.

3) 장로직 : 또한 그 초대교회 시대부터 장로들이 있었다. 바울은 이미 첫

번째 복음전도 여행 중에 장로들을 세웠다. 이 장로의 직분은 신자들을 다스리는 일을 위해 세워졌다. 이때 그리스도는 직분자인 장로들을 사용하여 교회를 통치하시는 왕이 되신다.

이처럼 직분자들은 교회를 다스리고 유지하시는 그리스도의 손에 있는 도구들이다. 즉 그 직분자에게 권위가 있는 것이 아니라 그 직분자들을 사용하시는 그리스도의 권위로 말미암아 그들은 교회를 위해 봉사하는 사역자들이 되는 것이다. 그리고 이 직분으로 말미암아 각각의 신자들이 연합하여 그리스도와 한 몸을 이루게 되는 것이다. 이처럼 교회의 세 직분은 그리스도의 몸된 교회를 바르게 세우고 자라게 하는 일에 봉사하기 위해 제정되었다(그리스도의 삼중직에 대한 칼빈의 이해는 기독교강요 제2권 제15장을 참고하라).

2. 교회의 표지와 직분에 대한 이해

개혁교회는 무엇이 참 교회인가를 밝히는 기준으로 교회의 표지를 표방했다. 그것이 곧 참 교회의 표지로 말씀선포, 성례, 권징이다. 벨직신앙고백서(1561년)는 제29장, '참 교회의 특징 및 거짓 교회와의 차이점' 을 이렇게 고백하고 있다.

① 복음의 순수한 교리가 전파되고, ② 그리스도에 의해 세워진 성례가 순수하게 이행되며, ③ 교회의 가르침으로 인해 죄를 징벌(권징)하는 일이 일어난다면 이는 참 교회에 속한다. 요컨대, 모든 일이 참된 하나님의 말씀에 따라 이뤄지며 동시에 말씀에 어긋나는 모든 일이 제거될 때, 그리고 예수 그리스도께서 교회의 유일한 머리되신 분으로 인정됨으로 그 누구도 이 분에게서 벗어날 권리가 없다는 사실을 인정할 때에야 참 교회로 분명히 알 수 있다.
〈벨직신앙고백 제29장〉

그렇다면 참 교회의 표지로서 말씀선포, 성례, 권징만으로 참된 교회를 규명할 수 있는가? 이 질문에 대해 벨직신앙고백서는 제30장, '교회 행정과 그 직무에 대해서'에서 다음과 같이 답변하고 있다.

> 우리는 참 교회가 주님께서 말씀 가운데에서 가르쳐 주신 그 영적인 형태에 의해 다스려져야만 한다는 것을 믿는다. 다시 말해서, ① 목사에 의해 하나님의 말씀이 강론되며 성례가 이뤄지고, ② 목사와 더불어 장로들과 집사가 교회 회의를 구성하며, 이렇게 됨으로써 참 종교가 보존되어 모든 곳에서 진실한 가르침이 전파되고, 영적인 방법에 의하여 범죄자들이 징벌을 받으며 구속받게 되는 것이다. ③ 또한 가난한 자와 억눌린 자가 그들의 필요에 따라 구제 받고 안위를 얻게 되는 것이다. 따라서 마치 사도 바울이 디모데전서(딤전 3:1-16)에서 기록한 바와 같이 믿음 있는 성도들이 뽑히게 될 때 교회 안에서는 모든 일이 선한 순서와 질서를 따라 이루어져 가는 것이다.
> 〈벨직신앙고백 제30장〉

여기에서 고백하고 있는 것처럼 교회의 직분, 곧 목사직분과 장로직분과 집사직분은 말씀선포와 성례와 권징을 구현하는 구체적인 교회의 기관이다. 특별히 벨직신앙고백서는 교회 행정과 그 직무를 규정함에 있어 집사의 직분을 통해 구현되는 구제 및 자비의 사역이 교회의 표지와 함께 교회의 중요한 직무 중 하나임을 명백하게 밝히고 있다.

이러한 세 가지 교회의 표지와 함께 빠뜨릴 수 없는 것이 있는데 바로 권징의 시행이 그것이다. 교회의 직분자들에 의해 행사되는 말씀선포와 성례는 언약적 복과 저주라고 하는 고유한 성격을 가지고 있다는 점에서 '권징'은 교회를 보존하고 유지하는 말씀선포와 성례 안에 언제나 함께 동반되었다는 점에서 이론이 없다. 이것은 말씀 곧 복음이 가지고 있는 고유한 언약적 성격으로부터 이미 확인되고 있다.

따라서 참 교회는 교회의 표지와 직분이 정당하고 정상적으로 행사됨으로써 비로소 존재하게 된다. 여기에서 교회의 세 표지인 말씀선포와 성례와 권징은 교회의 내형적 특성을 드러내며, 교회의 세 직분인 목사직분과 장로직분과 집사집분은 교회의 외형적 특성을 나타낸다.

3. 교회의 표지와 직분의 완성으로서 교회의 예배

지금까지 살펴본 것처럼 참 교회는 말씀선포와 성례와 권징으로 표시된다. 그리고 이 참 교회의 표지를 위해 봉사하는 직분으로 목사(및 교사), 장로, 집사의 직분을 필요로 한다.

그런데 교회의 본질적 특성을 규명하는 교회의 세 표지와 세 직분이 온전하게 구현되는 형태만으로는 교회의 본질적인 특성을 온전하게 드러내는 것은 아니다. 왜냐하면 어느 시대, 어느 특정한 장소에 교회가 존재한다는 것은 교회의 표지나 직분을 구현하는 신자들의 모임만으로는 교회의 본질을 규명할 수 없기 때문이다.

따라서 교회의 외형이나 조직 혹은 숫자의 많고 적음으로 교회가 교회로서 존재하는 것으로 드러나지 않는다. 나아가 교회가 시행하는 어떤 활동이나 사업과 같은 것으로도 교회로서 드러나지 않는다.

교회가 교회로서 그 정체성을 확인할 수 있는 것은 오로지 교회의 예배를 통해서만 구현될 뿐이다. 모름지기 교회가 교회로 존재하는 바로 그곳에는 오직 예배를 통해서만 나타날 따름인 것이다. 그리고 이 교회의 세 표지들과 세 직분이 전적으로 온전하게 상호 유기적인 관계를 이루어 완성된 것이 바로 '교회의 예배'이다.

이와 관련해 '개혁교회의 예배예전'에서는 다음과 같이 밝히고 있다.

특별히 개혁교회의 예배가 교회의 표지와 직분이 가장 완전한 형태로 구성되었다는 점에서 모든 직분자가 자기 직분을 따라 그분의 말씀의 방식으로 예배를 추구하여야 한다.

개혁주의 교회들은 목사만 섬기는 것이 아니다. 장로, 집사들이 받은 직분에 따라 능동적으로 봉사에 임했다. ① 목사는 말씀을 수종들고, ② 장로는 교회예배를 감독하며 살피고, ③ 집사는 구제헌금을 거두어 섬겼다. 이처럼 직분자들은 능동적으로 예배에 참여한다.

로마교회는 회중 없이도 사제만으로 예배가 성립되며, 회중교회는 목사나 장로가 없이도 신자들이 예배를 인도한다. 그러나 개혁교회는 이 둘을 엄히 경계한다.

하나님께서는 그의 백성에게 그분의 방식으로만 섬길 것을 가르치셨다. "너를 위하여 새긴 우상을 만들지 말고 또 위로 하늘에 있는 것이나 아래로 땅에 있는 것이나 땅 아래 물속에 있는 것의 아무 형상이든지 만들지 말며 그것들에게 절하지 말며 그것들을 섬기지 말라 나 여호와 너의 하나님은 질투하는 하나님인즉 나를 미워하는 자의 죄를 갚되 아비로부터 아들에게로 삼사 대까지 이르게 하거니와 나를 사랑하고 내 계명을 지키는 자에게는 천대까지 은혜를 베푸느니라"(출 20:4-6). 때문에 누구든지 자의적인 형태의 예배는 하나님께 가증스러운 것이 된다.

그리고 하나님은 제4계명에서 사람이 인위적으로 드리는 예배와 인위적인 의식주의를 철저하게 금하심으로써 자신과 그의 백성과의 교제를 보존하신다. 그 예로 아론의 자녀들이 하나님 앞에 이상한 불을 가져왔을 때 즉각 그들을 죽이셨다(레 10:1-2). 또한 엘리의 자녀들이 하나님께 속한 고기 조각을 취하였을 때에도 그들을 죽이셨다(삼상 2:12-17, 25, 34). 인간적인 의식주의는 이처럼 하나님을 진노하게 만든다.

이처럼 교회의 예배는 말씀선포, 성례, 권징이 동시에 동반되어야 하며 아울러 이 세 표지를 위해 봉사하는 세 직분, 즉 목사와 장로들과 집사들이 협동함으로써 완성되는 것이다. 그러므로 참된 교회의 예배는 오직 교회의 세 표지와 세 직분의 봉사만으로 구현이 가능하다. 이 중 어느 한 요소가 빠지거나 어느 한 직분이 참여하지 않는다면 이것은 결코 온전한 예배라 할 수 없다.

교회의 왕이신 그리스도께서는 자신의 말씀으로 자신의 왕국을 다스리신다. 이때 그 말씀은 그리스도의 왕권을 상징하는 '왕의 홀'이다. 이런 이유에서 교회는 결코 하나님 말씀의 범위를 이탈하여 새로운 법을 제정하거나 종교적 외관을 가진 새로운 제도를 만들 수 없음을 분명히 밝히고 있다. 이러한 사상은 오래전 모세가 출애굽한 이스라엘 백성들을 향해 "내가 너희에게 명하는 이 모든 말을 너희는 지켜 행하고 그것에 가감하지 말지니라"(신 12:32)고 한 명령에서 이미 확증하고 있다.

따라서 교회는 인간들이 생각해서 고안해 낸 예식들로 하나님을 예배해서는 안 된다. 하나님은 이러한 것들을 가증하게 여기신다. 사무엘이 "여호와께서 번제와 다른 제사를 그 목소리 순종하는 것을 좋아하심 같이 좋아하시겠나이까 순종이 제사보다 낫고 듣는 것이 숫양의 기름보다 나으니 이는 거역하는 것은 사술(邪術)의 죄와 같고 완고한 것은 사신 우상에게 절하는 죄와 같음이라"(삼상 15:22-23)고 경고한 것처럼 인위적인 예배는 하나님을 노엽게 하는 패역일 따름이다.

4. 복음에 대한 교회의 사명 (딤전 3:14-16)

바울은 본 서신의 본론에 들어와서 '교회의 예배와 그에 따른 교회의 질서'(2:1-4:16)라는 주제를 다루고 있다. 먼저 바울은 ① 공예배에서 기도의 범위(딤전 2:1-7), ② 공예배에 참여하는 이들의 마음 자세(딤전 2:8-15), ③ 공예배에서 목회적 지도 체제와 지도자들이 갖추어야 할 자질(딤전 3:1-16)과 관련된 내용을 다루었다. 그리고 이제 ④ 하나님의 집,

진리의 기둥, 진리의 터로서 복음에 대한 교회의 사명(딤전 3:14-16)을 제시하고 있다.

바울은 속히 에베소에 돌아가서 디모데에게 더 많은 도움을 주기를 희망하고 있었다. 그렇지만 에게해 주변의 상황으로 바울은 에베소로 돌아가는 것을 지체할 수밖에 없었다. 바울은 이 서신을 디모데에게 보낼 즈음 디도에게 "내가 아데마나 두기고를 네게 보내리니 그 때에 네가 급히 니고볼리로 내게 오라 내가 거기서 과동하기로 작정하였노라"(딛 3:12)고 편지를 보내야 했다. 때문에 바울은 디모데에게 에베소에 돌아갈 수 없는 정황을 밝히고 성령의 인도를 받아 이 서신을 기록하여 에베소 교회의 지침으로 삼게 하였다.

바울이 다급하게 이 서신을 보낸 목적은 "너로 하나님의 집에서 어떻게 행하여야 할 것을 알게 하려 함이니"(딤전 3:15)에서 충분히 나타나고 있다. 바울은 분명히 에베소 교회와 그 성도들에게 요구되는 품행과 관련된 문제들을 제시하고 있다. 따라서 디모데는 이 문제들을 성도들에게 알리고 깨우칠 책임을 가지고 있었다. 그리고 남자나 여자나, 감독이나 집사나, 젊은이나 늙은이 등 어느 부류에 속했다 할지라도 교회가 증거하는 합당한 삶의 방식을 함께 추구해야 했다. 이 삶의 방식은 '하나님의 집'이라는 표현으로 묘사되는 교회의 고결한 삶과 일치를 이뤄야 한다.[111]

1) 언약 공동체로서 부름받은 교회

이 사실을 분명히 하기 위해 바울은 "내가 속히 네게 가기를 바라나 이것을 네게 쓰는 것은 만일 내가 지체하면 너로 하나님의 집에서 어떻게 행하여야 할 것을 알게 하려 함이니 이 집은 살아 계신 하나님의 교

---

111) James Allen, 디모데전서, p. 121.

회요 진리의 기둥과 터이니라"(딤전 3:14-15)라고 밝히고 있다.

여기에서 '하나님의 집'은 '하나님의 가정'을 의미한다. 가정은 각각의 책임을 짊어지고 있는 가족들로 구성되는 것처럼 하나님의 '집' 역시 마찬가지이다. 이 표현은 교회가 성경의 가르침에 순종하여 주 예수 그리스도의 이름으로 모이는 하나의 집합체임을 강조하고 있다. 때문에 하나님의 집에서 일하는 사람들은 하나님의 집인 교회가 비난을 받거나 송사를 당할 정도로 흠이 있어서는 안 된다.

특히 감독들과 집사들은 자신들의 직분을 수행함에 있어 성령께서 새롭게 태어나게 하심으로 모든 회원들이 하나님을 아버지로 한 가족을 이루게 되었으며 그 안에서 서로 동등한 존엄성을 가지고 있다는 사실을 명심해야 한다(갈 3:26-27). 이로써 교회 회원들은 형제와 자매로서 서로 사랑하고 용납하고 도와주어야 하며 교제라는 풍성한 관계를 누리기 위해 부르심을 받았음을 잊지 않아야 한다.[112]

이 '하나님의 집'을 가리켜 '살아 계신 하나님의 교회'라고 하는 것은 살아 계신 하나님의 임재를 강조하기 위함이다. 이때 하나님은 하나님의 집에서 가장이 되신다. 이 사상은 하나님의 언약과 깊은 관련이 있다. '나는 너희 가운데 거할 것이요 너희의 하나님 될 것이며 너희는 내 백성이 되리라'(출 25:8; 29:45-46; 레 26:12; 시 114:2; 겔 37:27; 고후 6:16)는 언약 사상은 교회 공동체가 살아가는 삶의 핵심이며 그 가운데에는 어떤 부정도 용납하지 않는다는 교회의 거룩성을 보존하는 원동력이다. 이로써 교회는 살아 계신 하나님의 임재를 증거해야 한다.

2) 교회가 보존하고 파수해야 할 복음의 내용

교회 공동체는 하나님이 함께 계신다는 것을 아는 지식으로 말미암

---

112) John Stott, 디모데전서, p. 138.

아 더욱 풍성해진다(마 18:20). 그것은 살아 계신 하나님을 예배함으로써
확고하게 증거된다. 교회는 하나님의 말씀을 선포하고 그 말씀을 들으
며 성만찬의 상에서 하나님의 임재를 경험하고 만나게 된다. 그리고 성
도의 교제를 통해 하나님이 성도들을 사랑하신 것처럼 서로를 사랑하
게 된다(고전 14:25). 이렇게 함으로써 성도들은 세상에서 그들을 불러 모
으신 하나님으로부터 지속적인 돌봄과 다함이 없는 생명의 공급을 받
게 된다.

이런 점에서 바울은 언약 공동체로 부름받은 이 교회를 가리켜 '진
리의 기둥과 터'라고 부른다. 진리는 교회를 유지하고 지지하는 기둥
이며 터이다. 이것은 동시에 교회만이 복음과 구원을 전파하는 유일한
기관임을 증거한다. "이제 교회로 말미암아 하늘에서 정사와 권세들에
게 하나님의 각종 지혜를 알게 하려 하심이니"(엡 3:10)라는 바울의 선언
처럼 교회는 그리스도의 진리를 주장하고 지지하며 전하는 것을 그 사
명으로 존재한다.113)

이 '진리'는 그리스도 안에서 계시되었으며 그리스도에 대한 증거
안에 보존된다. 이 진리는 ① '복음'으로서 그리스도의 인격과 사역에
대한 것이며, ② 교회를 통해 어느 시대든지 그리스도께서 오신 목적과
그가 이루신 사역을 증거하며, ③ 그리스도께서 약속하신 재림과 새로
운 왕국에 대한 종말론적인 소망을 그 내용으로 담고 있다.

따라서 교회는 이 진리를 보존하는 일에 조심스러워 해야 한다. 교회
가 진리의 기둥과 터 위에 서 있지 못할 때 더 이상 진리가 보존되거나
지지받을 수 없기 때문이다. 교회는 이 '진리'를 모든 왜곡과 허위로부
터 지켜야 하고 두려움이나 타협 없이 세상에 널리 선포해야 한다.

이에 바울은 교회가 선포할 '진리'의 내용에 대해 일종의 찬송시를
통해 진리의 내용이신 그리스도를 찬양하고 있다. "크도다 경건의 비

113) Matthew Henry, 디모데전서, p. 37.

밀이여, 그렇지 않다 하는 이 없도다 그는 육신으로 나타난 바 되시고 영으로 의롭다 하심을 입으시고 천사들에게 보이시고 만국에서 전파되시고 세상에서 믿은 바 되시고 영광 가운데서 올리우셨음이니라"(딤전 3:16).

진리를 가리켜 '비밀'이라고 한 것은 오직 하나님이 이 진리를 나타내 보이기를 기뻐하심으로써 이제 알려지게 되었음을 강조하기 위함이다(엡 1:9). 이 비밀을 '경건의 비밀'이라 한 것은 모든 진리가 그러하듯이 이 진리가 하나님을 경배하고 경외하는 믿음을 자극하기 때문이다. 이러한 경건을 함양시키는 신적인 계시는 모든 질문을 초월할 만큼 크고 위대하며 모든 사람이 동의하는 것이며 부인할 수 없이 위대하다.[114]

따라서 교회는 이 진리의 기둥과 터로서 모든 인간의 질서를 초월하는 '경건의 비밀'을 선포해야 한다. 그 선포의 내용은 예수 그리스도의 인격과 사역에 대한 것이며, '그(그리스도)는 육신으로 나타난 바 되시고 영으로 의롭다 하심을 입으시고 천사들에게 보이시고 만국에서 전파되시고 세상에서 믿은 바 되시고 영광 가운데서 올리우셨음이니라'로 요약된다(딤전 3:16). 이것은 교회가 보존하고 선포해야 할 복음의 핵심 내용이다.

| 기 도 |

진리의 기둥과 터인 교회를 통하여 천하 만민들에게 구원의 복음인 예수 그리스도가 전파되기를 기뻐하시는 하나님 아버지.

하나님께서는 모든 사람이 구원을 받으며 진리를 아는 데에 이르게 하시

---

114) John Stott, 디모데전서, p. 141.

려고(딤전 2:4) 구원의 복음을 널리 전파하기 위해 교회를 세우셨습니다. 이러한 교회의 존재 이유를 바탕으로 순수한 말씀의 선포와 성례의 시행과 정당한 권징을 참된 교회의 표지로 표방하게 되었습니다.

또한 하나님께서는 그리스도의 몸인 교회를 다스리며 봉사하기 위해 교회에 직분자들을 부르셨습니다. 이에 교회는 그리스도의 삼중직을 기본으로 목사(교사)와 장로와 집사의 직분을 세우게 되었습니다.

이처럼 참된 교회의 표지를 표방하기 위한 교회의 직분자들은 높이 올리우신 그리스도의 몸된 교회의 봉사자로 부름을 받았음을 명심해야 할 것입니다. 그리고 가장 먼저 삼위일체 하나님을 예배하는 일에서 교회 표지가 가장 잘 나타날 수 있도록 교회의 직분자들이 봉사해야 할 것입니다.

이 놀라운 '경건의 비밀'(딤전 3:16)을 통해서 진리의 기둥과 터로서 교회가 온 세상에 참된 복음을 전파하게 하시오니 감사를 드립니다. 이 복된 자리에 우리를 부르셨사오니 하나님을 올바르게 예배하고 참된 복음을 보존하며 계승해야 하는 우리의 사명을 그리스도께서 다시 오실 때까지 행할 수 있도록 은혜를 더하여 주옵소서.

우리 주 예수 그리스도의 이름으로 기도합니다.

〈8〉

교회 지도자의 역할과 사명

디모데전서 4:1-10

그러나 성령이 밝히 말씀하시기를 후일에 어떤 사람들이 믿음에서 떠나 미혹하는 영과 귀신의 가르침을 따르리라 하셨으니 자기 양심이 화인을 맞아서 외식함으로 거짓말하는 자들이라

혼인을 금하고 어떤 음식물은 먹지 말라고 할 터이나 음식물은 하나님이 지으신 바니 믿는 자들과 진리를 아는 자들이 감사함으로 받을 것이니라 하나님께서 지으신 모든 것이 선하매 감사함으로 받으면 버릴 것이 없나니 하나님의 말씀과 기도로 거룩하여짐이라

네가 이것으로 형제를 깨우치면 그리스도 예수의 좋은 일꾼이 되어 믿음의 말씀과 네가 따르는 좋은 교훈으로 양육을 받으리라 망령되고 허탄한 신화를 버리고 경건에 이르도록 네 자신을 연단하라 육체의 연단은 약간의 유익이 있으나 경건은 범사에 유익하니 금생과 내생에 약속이 있느니라

미쁘다 이 말이여 모든 사람이 받을 만하도다 이를 위하여 우리가 수고하고 힘쓰는 것은 우리 소망을 살아 계신 하나님께 둠이니 곧 모든 사람 특히 믿는 자들의 구주시라

놀랍게도 목회서신을 제외하고 신약성서에서는 교회의 사역과 관련된 내용에 대해서 거의 언급하지 않는다. 간혹 언급한다 해도 이제는 존재하지 않는 사도직이나 선지자직의 형태에 대한 언급이 대부분이다. 이와 달리 디모데전서가 교회의 사역과 그 직분에 대해 조명하고 있다는 점에서 중요한 의미를 가지고 있다. 특별히 사도 시대 이후에 존재하고 있는 교회의 체제와 지도자들에 대한 가르침은 바야흐로 조직된 교회의 시대를 예고하고 있다.

그럼에도 불구하고 바울은 교회 안의 조직과 활동 또는 직분에 대한 관심보다는 그 직분자들의 인품에 대해 더 많은 관심을 보이고 있다. 안타깝게도 교회에서는 종종 이 둘의 우선 순위를 바꾸어 왔던 시기가 있었다. 이와 달리 바울은 기독교적인 삶의 질을 통해 교회 안에서의 직무에 합당한 지도자들을 분별하는 일이 무엇보다도 중요하다는 점을 누누이 강조하고 있다.[115]

교회의 지도자인 감독과 장로는 동일한 직분이었으며 적극적으로 교회 업무를 감독했다. 그들은 행정적인 임무와 특별히 설교하고 가르치는 일에 전념했다. 이런 점에서 이들을 관리자(overseer)로 부르는 것은 조금도 이상한 일이 아니다. 특별히 감독은 장로회에서 안수받는 것으로 임직되었으며, 이들의 모임을 장로회로 불렀다(딤전 4:14). 이들은 자신들의 수고에 대한 합당한 생활비를 받도록 규정되었으며(딤전 5:18), 성도들은 이들을 경솔하게 비난해서는 안 된다는 교훈을 받았다(딤전 5:19).

또 다른 직분으로 세워진 집사는 그들의 인품(딤전 3:8-10)과 가정 생활의 중요성(딤전 3:12)에서 감독과 큰 차이를 보이지 않고 있다. 하지만 바울은 집사들도 감독들과 같이 가르치기를 잘 해야 한다(딤전 3:2)고 단정하지는 않는다. 그럼에도 불구하고 집사들의 자질은 교회의 지도자

---

115) D. A. Caeson, 신약개론, p. 653.

로서 합당한 품행을 유지하도록 권면하고 있다.

　품행과 관련된 이 내용들은 교회의 지도자들뿐 아니라 모든 회원들
에게도 동일하게 요구되는 사항이기도 했다. 바울은 그들 모두에게 기
도의 중요성을 강조한다(딤전 2:8). 그리고 여성들(딤전 2:9-15), 일반 신자
들(딤전 3:14-15), 젊은이와 노인들(딤전 5:1-2), 과부들(딤전 5:3-16), 하인들
(딤전 6:1-2), 부자들(딤전 6:17-19) 등을 포함하여 모든 신자들의 행동 방
식도 동일하게 강조하고 있다.

　그들에게는 각기 신분에 따라 다른 임무가 주어졌지만, 그리스도인
이라고 고백하는 모든 성도들은 자기의 삶에서 기독교의 교리를 반영
하기 위해 노력해야 했다. 이런 점에서 바울은 계속해서 신자로서 살아
가는 고결한 삶의 중요성을 상기시키고 있다.[116] 모름지기 성도들은 자
신들의 삶을 통해 그들이 고백하고 신앙하는 믿음의 실체를 증거해야
하기 때문이다.

　이런 점에서 교회는 그 안에 있는 조직이나 구성 성분에 의해 규명되
는 것이 아니라, 그들이 고백하는 신앙의 내용에 의해 규명되어야 한다
는 사실을 알 수 있다. 교회가 허탄한 신화를 주장하는 거짓 교훈을 대
적하고, 기도에 힘쓰며, 직분자들을 세우고, 품행을 단정하게 해야 한
다는 교훈들은 결국 진리를 떠받치기 위한 버팀목이 되어야 할 회중 속
에서의 삶에 대한 것임을 알 수 있다.

　바울은 보편교회가 자신들의 삶을 통해 고백하고 증거해야 할 내용
에 대해 여섯 마디의 짧은 말로 정의를 내린 바 있다. 곧 "크도다 경건
의 비밀이여, 그렇지 않다 하는 이 없도다 그는 ① 육신으로 나타난 바
되시고 ② 영으로 의롭다 하심을 입으시고 ③ 천사들에게 보이시고 ④
만국에서 전파되시고 ⑤ 세상에서 믿은 바 되시고 ⑥ 영광 가운데서 올

116) D. A. Caeson, 신약개론, p. 654.

리우셨음이니라"(딤전 3:16).

교회 공동체가 붙잡고 있어야 할 진리에 대한 이 짧은 진술은 이제 교회가 보존하고 선포하도록 위임된 '비밀'이 되었다. 따라서 교회가 이 진리를 견고하게 붙잡고서 신실하게 증거하며, 이단에 맞섬으로써 교회의 사명을 수행한다는 것은 교회 존재의 본질적 요소가 된다.

지금까지 바울은 '교회의 예배와 그에 따른 교회의 질서'(2:1-4:16)라는 주제 아래 ① 공예배에서 기도의 범위(딤전 2:1-7), ② 공예배에 참여하는 이들의 마음 자세(딤전 2:8-15), ③ 공예배에서 목회적 지도 체제와 지도자들이 갖추어야 할 자질(딤전 3:1-16), ④ 복음에 대한 교회의 사명(딤전 3:14-16)을 다루었다. 이와 관련하여 바울은 진리를 파수하고 선포해야 할 교회가 구체적으로 수행해야 하는 실천적인 내용으로서 ⑤ 교회의 안전을 위협하는 세력들에 대한 대처(딤전 4:1-16)에 대해 자세하게 제시하고 있다.

여기에서는 ① 이미 드러나 있는 거짓 가르침 및 그들의 행위에 대하여, 그리고 ② 혼인 및 금욕주의에 대한 거짓 가르침을 반박하고 있다. 이러한 ③ 바울의 반박은 거짓 가르침이 전파되고 있는 상황 속에서 디모데를 향한 권면으로 주어지고 있다. 곧 교회는 경건하게 행하고, 진리에 주의하며, 진리를 가르침으로써 잘못된 가르침에 대항하라고 격려하고 있다.[117]

예수께서 육체로 나타나셔서 그 후에 영화롭게 되신 놀라운 일(딤전 3:16)에 대한 '비밀'을 간직하고 선포하는 교회는 이 진리를 거부하고 부인하는 거짓 교사들을 상대해야 한다. 이즈음 에베소 교회에서는 믿음을 저버리고 거짓된 가르침을 좇는 일단의 무리와, 다른 한쪽에서는 디모데가 비교적 젊다는 이유로 그가 가르치는 진리를 폄하하고 의문

---

117) I. Howard Marshall, 신약성서신학, p. 495.

을 제기하는 사람들이 있었던 것으로 보인다.

이런 이유에서 바울은 이 반론을 통해 ① 그럴듯하게 들리는 거짓 가르침을 어떻게 간파하고 드러낼 것인가(1-10절), ② 디모데의 연소함에도 불구하고 어떻게 참된 가르침을 밝히고 권할 수 있는가(11-16절)에 대한 내용을 소상하게 밝히고 있다.[118]

1. 거짓 영의 지배를 받는 거짓 가르침의 정체 (딤전 4:1-2)

보편교회에 속해 있지만, 각 지역을 배경으로 설립된 지(역)교회는 언제나 교회가 전파해야 할 '진리'에 대한 도전에 노출되어 있기 마련이다. 왜냐하면 교회야말로 진리와 거짓 사이의 끊임없는 투쟁이 나타나는 무대가 되기 때문이다. 따라서 교회의 지도자들은 거짓 가르침을 드러내는 일과 진리를 밝히는 일에 깊은 관심을 가져야 한다.

교회의 지도자들은 언제나 진리의 증인으로서 사도들로부터 지교회에게 위임된 '진리'를 파수할 준비를 갖추고 있어야 한다. 이에 바울은 "그러나 성령이 밝히 말씀하시기를 후일에 어떤 사람들이 믿음에서 떠나 미혹하는 영과 귀신의 가르침을 따르리라 하셨으니"(딤전 4:1)라고 하면서 복음을 떠나 배도하는 사람들이 있다는 사실을 경계시키고 있다.

본문은 '그러나'라는 접속사로 시작되는데, 앞 절(딤전 3:16)에서 제시한 복음의 핵심적 내용에 대한 대조를 강조하기 위함이다. 이 문단의 중심은 '진리'를 수호하는 교회의 역할에도 불구하고 '어떤 사람들이 믿음에서 떠나'게 될 것이라는 점에 있다.

'떠나다'(αποστησονται)라는 단어는 여호와 하나님에 대한 이스라엘의 불성실을 묘사할 때 사용되었던 단어로 '배도' 혹은 '배교'를 의미한다(살후 2:3; 히 3:12). 바울은 성령께서 '후일에' 복음에 근거하고 있는

---

118) John Stott, 디모데전서, p. 147.

믿음을 떠나는 일이 발생케 될 것을 경계하셨음을 밝히고 있는데, 곧바로 3-5절에서 그 현상을 언급하고 있다.

　여기에서 바울은 이미 배도 혹은 배교가 시작되었음을 묘사함으로써 '후일'의 때가 벌써 시작되었음을 밝히고 있다. 따라서 이 '후일'의 때는 '말세'와 마찬가지로 그리스도께서 초림으로 그 막을 여셨고 재림으로 완성하실 시대(행 2:17; 고전 10:11; 히 1:2)인 말세의 기간을 가리키고 있다.[119]

　이 배도의 현상은 사람들이 믿음에서 떨어져 나갈 것이라고 예수께서 경고하신 것과 같으며(마 24:10-11; 막 13:22), 성령께서 여러 번 말씀하신 예언의 내용과 관련된다(계 2-3장, 성령께서 교회들에게 하신 말씀). 바울 역시 교회에서 발생할 거짓 교사들에 대해 이미 경고한 바 있다(행 20:29-30). 그들은 흉악한 이리처럼 교회에 들어와서 제자들을 끌어 자기들을 좇게 하는 자들이었다.

　바울은 이 거짓 가르침의 정체를 정확하게 지적하고 있다. 그것은 '미혹케 하는 영과 귀신의 가르침'을 좇는 것이다. 여기에서 바울은 거짓 교사들의 활동 뒤에 '미혹케 하는 영'(πνευμασι πλανοις)이 작용하고 있음을 분명하게 지적하고 있다. 거짓 교사들은 자기들이 마치 성령을 소유하고 있는 것처럼 떠들어대면서 성도들을 속이고 있지만, 바울은 그들의 배후에서 작용하고 있는 실체를 가리켜 '미혹하는 영'이라고 분명하게 밝히고 있다.[120] 이것은 바울 자신이 진리의 영이신 성령의 영향 아래 있다는 점과 극적인 대조를 이룬다.

　이 '악한 영'은 아합을 꾀어 파멸케 만들었던 '거짓말하는 영'(왕상 22:22)을 가리킨다. 요한은 이 악령을 '속이는 영'(요일 4:1-6, '미혹의 영')

---

119) John Stott, 디모데전서, p. 148.
120) J. Calvin, 디모데전서, p. 473.

이라고 밝히고 있다. 바울이 이 거짓 가르침을 가리켜 '귀신의 가르침'이라고 지적한 것도 거짓 교사들과 그들의 악의적인 가르침에 주의를 강화시키기 위함이다. 이때 사탄은 거짓말쟁이들의 위선을 통해 사람들을 속이는 주체가 된다는 점에서 거짓 교사들의 가르침은 '귀신의 가르침'일 따름이다.

이 사실을 분명히 하기 위해 바울은 거짓 교사들에 대해 "자기 양심이 화인(火印) 맞아서 외식함으로 거짓말하는 자들이라"(딤전 4:2)고 선언하고 있다. 거짓 교사들은 외식, 즉 위선으로 하나님을 속이는 자들이다. 그들이 비록 미혹하는 영에게 유혹을 받았다 할지라도 그들의 학문과 경건은 결국 의도적으로 속이는 것이기 때문이다. 이들은 거짓의 아비인 사탄을 추종하면서 사람들을 꼬드겨 거짓 가르침에 빠지게 만드는 사기꾼들이다.

거짓 교사들이 외식함으로 거짓말을 하는 이유는 그들의 '양심'이 화인을 맞았기 때문이다. '화인 맞다'(κεκαυτηπιασμενων)라는 말은 죄수나 노예의 이마에 찍혀진 낙인을 의미한다. 이것은 그들의 양심에 찍혀진 불명예스러운 낙인을 암시한다. 여기에서는 마음의 완악함(막 3:5; 6:52; 요 12:40)과 같이 그들의 양심이 마비되었다는 의미로 사용되었다.

이들은 사람들을 속일 뿐 아니라 '자기 양심'마저 속이는 자들이다.[121] 양심의 마비는 결과적으로 도덕적 불감증으로 나타난다(엡 4:19). 앞서 바울은 후메네오와 알렉산더를 그 예로 제시한 바 있다. 그들은 양심을 거부함으로써 '믿음에 관하여 파선하게' 되고 말았다(딤전 1:19).

2. 거짓 가르침과 참된 가르침에 대한 분별 (딤전 4:3-10)

에베소에 번지고 있던 거짓 가르침은 유대교에 그 뿌리를 둔 거짓된

---

121) A. C. Hrevey, 디모데전서, p. 189.

금욕주의를 포함하고 있었음이 분명하다. 이들은 혼인과 식물에 대한 금욕과 관련해 그것들을 부정한 욕구라고 전제하고 몸 자체를 불편한 방해물로 여기면서 '사람들이 거룩에 이르는 길은 절제뿐이다' 라고 주장했다. 이러한 주장은 물질을 악으로 여기는 헬라철학의 이원론으로부터 영향을 받은 것이다. 이들의 극단적인 금욕주의는 ① 하나님께서 지으신 창조 질서(3-5절)와 ② 윤리적 판단 기준인 경건의 질서(6-8절)를 거역하는 데서 그 문제점을 확인할 수 있다.

1) 창조 질서의 우선성

바울은 이들 거짓 주장에 대해 "혼인을 금하고 어떤 음식물은 먹지 말라고 할 터이나 음식물은 하나님이 지으신 바니 믿는 자들과 진리를 아는 자들이 감사함으로 받을 것이니라"(딤전 4:3)고 반박하고 있다. 혼인과 음식물은 하나님이 지으신 것으로, 믿는 신자들은 그것들을 감사함으로 받는 것이 창조 질서에 속하는 원리이다. 여기에서 바울은 하나님의 '신성한 창조 질서'와 관련하여 인간편에서 '감사의 수용'을 강조하고 있다.

나아가 이 원리는 보편적 적용을 그 목적으로 하고 있다. 이에 바울은 "하나님께서 지으신 모든 것이 선하매 감사함으로 받으면 버릴 것이 없나니"(딤전 4:4)라고 선언하고 있다. 하나님의 창조가 선하다면 그 어떤 것도 금기시되어야 할 이유가 없다. 이것은 '하나님이 보시기에 좋았더라' 는 창조 기사(창 1:31)를 염두에 두고 있음이 분명하다.

이 두 문장을 통해 바울은 하나님께서 창조하신 바로 그 이유 때문에, 그리고 하나님께서 그 모든 것을 거룩하게 구별하셨기 때문에 하나님의 모든 피조물은 선하다는 사실을 강조하고 있다. 이런 이유에서 바울은 하나님께서 지으신 것을 감사함으로 받아들이는 것을 가리켜 "하나님의 말씀과 기도로 거룩하여짐이니라"(딤전 4:5)고 규정하고 있다.

거룩한 것과 속된 것은 서로 반대되는 개념이다. '거룩하다'는 것은 하나님께서 친히 그의 입의 영으로 모든 것을 거룩하게 하신 것에 그 근거를 두고 있다. 이런 이유에서 신자들은 이 복된 말씀을 감사함으로 받아들임이 마땅하다. 여기에서 바울이 '기도'를 언급하고 있는 것은 하나님께서 주신 복에 대한 믿음으로 수용한 결과로써 하나님께 드리는 감사(기도)를 의미하고 있다.

이것은 "날을 중히 여기는 자도 주를 위하여 중히 여기고 먹는 자도 주를 위하여 먹으니 이는 하나님께 감사함이요 먹지 않는 자도 주를 위하여 먹지 아니하며 하나님께 감사하느니라"(롬 14:6)는 말씀에서 보다 정확한 의미를 찾을 수 있다. 우리 주님 역시 최후의 만찬에서 음식을 차려놓고 하나님께 감사했다(눅 22:17, 19).

바울의 가르침은 아무리 좋은 것이라 할지라도 그것이 정당하게 우리의 소유라는 명확한 양심의 증거가 따르지 않는다면 그것에 대한 합법적인 소유가 불가능하다는 원칙에 입각하고 있다. 곧 이 땅과 이 땅 안에 있는 모든 것이 우리의 기업이라는 사실을 하나님의 말씀에 근거하여 확신하고 있지 않다면, 그 어떤 것도 자신의 것으로 주장해서는 안 된다는 것이다. 이러한 확신이 없이 이 땅에 있는 것을 자신의 것이라고 주장한다는 것은 곧 자신의 양심을 속이는 일이기도 하다.

안타깝게도 이미 이 세계에 대한 우리의 지배권은 아담의 범죄로 말미암아 박탈되었다. 그러므로 ① 하나님께서 은혜롭게 우리를 도우시고 그의 아들의 몸 안으로 우리를 병합해 주심으로써 우리를 새롭게 지상의 주인공으로 만들어 주시기 전까지는, ② 그리고 우리들이 하나님께서 공급하시는 모든 재물을 합법적으로 우리 자신의 것으로 누릴 수 있게 되기 전까지는 우리가 만지는 모든 하나님의 선물들은 우리 자신의 오염으로 말미암아 더럽혀져 있으며, 그 재물은 우리에게 불결한 상태로 남아 있게 되는 것이다.

그러므로 아담 안에서 상실되었던 것을 되찾게 함에 있어서 유일한 방편이 되는 이 말씀과 관련해 우리는 먼저 하나님의 상속자들이 되어야 한다. 그러려면 ① 먼저 하나님을 우리의 아버지로 시인해야 하며, ② 모든 그리스도의 것들이 우리의 것이 될 수 있게 하시는 그리스도를 우리의 머리로 시인해야 하며, ③ 하나님께서 주시는 모든 선물의 사용은 먼저 거기에 하나님의 이름에 대한 참된 지식과 감사가 뒤따라야 한다. 그렇게 하지 않는다면 이 땅에서 그 어느 것을 취한다고 할지라도 그 행위는 부정한 일이며, 한마디의 감사도 없이 하나님의 선물을 취한다는 것은 야만인과 다를 바 없다.[122]

이런 점에서 하나님께서 우주 만물을 창조하셨다는 말씀과, 더불어 그에 대한 감사 기도는 모든 물질을 거룩하게 성별했다는 의미를 가지며 이로써 신자들은 하나님의 선물로 받아들이고 소유할 수 있게 된다. 이런 이유에서 "하나님의 말씀은 사람으로 하여금 창조의 선물을 사용할 수 있는 근거를 주고, 사람의 말(감사 기도)은 그 선물을 인정하고 그 위에 하나님의 복을 주시기를 기원하는 역할을 한다"[123]고 말할 수 있다.

하나님의 창조와 관련된 그 모든 것들을 거부하는 것은 결국 창조주에 대한 반항이며 그것은 곧 믿음에서 떠나는 행위가 된다. 이것들을 감사함으로 받고 기쁨으로 즐거워하는 것이야말로 하나님을 영화롭게 하는 것이 된다.

2) 경건 질서의 우선성

창조 질서에 대한 교훈은 신자들로 하여금 삶에 대한 긍정적인 태도

---

122) J. Calvin, 디모데전서, p. 478.

123) John Stott, 디모데전서, p. 154.

와 세상을 향해 나아갈 때 감사하는 마음을 가지게 한다. 또한 선하신 창조주의 좋은 선물들을 기뻐할 수 있도록 신자들을 자유롭게 해주는 강한 양심을 가져다준다. 때문에 바울은 디모데에게 "네가 이것으로 형제를 깨우치면 그리스도 예수의 좋은 일꾼이 되어 믿음의 말씀과 네가 따르는 좋은 교훈으로 양육을 받으리라"(딤전 4:6)고 권면하고 있다. '이것으로'라는 말은 앞서 1-5절에서 다루어진 내용을 가리킨다. 디모데는 이것들을 교회의 형제들에게 가르침으로써 그들에게 올바른 깨우침을 주어야 한다.

본문의 '깨우치다'(υποτιθεμενος)라는 단어는 '밑에 내려놓다'라는 말로 '원리를 제시하다, 원리를 설정하다'라는 의미를 가진다. 바울은 디모데에게 형제들의 믿음을 위해 기초를 놓듯이 바울에게서 받은 교훈을 다른 형제들에게 가르치라고 권면하고 있다. 이때 디모데는 진리를 깔아 놓는 터 위에 건물을 짓는 건축가처럼 형제들의 발 아래에 확실한 진리의 기초를 놓아야 한다. 그 결과 디모데의 수고를 통해 형제들은 진리 위에 든든하게 서 있게 된다. 이처럼 형제들이 진리 위에 서서 깨우치게 되는 열매를 보게 될 때 비로소 디모데는 그리스도 예수의 선한 일꾼으로 인정을 받게 되는 것이다.

선한 일꾼이라면 형제들을 진리 위에 굳게 세우는 일에 봉사해야 한다. 그러기 위해 무엇보다도 '믿음의 말씀'과 그가 따르고 있는 '선한 교훈'을 통해 자기 자신부터 먼저 양육을 받아야 한다. 이러한 일꾼이야말로 그리스도 예수를 대표하는 일꾼이며 그리스도 예수께 속한 사람이다. '믿음의 말씀(들)'은 참된 기독교 교리를 구체적으로 나타내 보여주는 '선한 교훈'으로 확정된 진리 혹은 공식적인 교리를 의미한다. 이때 '선한 교훈'은 '미혹케 하는 영과 귀신의 가르침'(1절)과 대조를 이룬다.

교회의 지도자로서 디모데는 자기 자신을 양육하는 일에 매진하며, 누구보다 진리에 대한 연단을 받아야 한다. 바울은 디모데가 어떻게 진리로 양육받게 되었는지를 돌아보게 이끌고 있다. 이에 바울은 디모데에게 '네가 어릴 적부터 올바르게 신앙을 배워왔으며, 네 어머니의 젖을 통해서 건전한 교의를 먹고 자랐으며, 지금까지 거기에 진전으로 보고 있으므로 네가 아직도 그렇다는 점을 신실한 사역으로 입증하는 일에 힘쓰라'고 격려하는 것과 다름없다.[124]

이에 바울은 "망령되고 허탄한 신화를 버리고 경건에 이르도록 네 자신을 연단하라"(딤전 4:7)고 디모데에게 권면하고 있다. 여기에서 '망령되고 허탄한 신화'는 '신화와 끝없는 족보'(딤전 1:4)에 갇혀 선한 교훈을 버리고 거짓 교훈을 전하는 거짓 교사들의 가르침을 지시하고 있다. 그러한 거짓 교훈들은 망령된 것이다. 그런 교훈은 발로 짓밟아 버려야 하기에, 거기에 마음을 쏟아 붓는 어리석음을 거부해야 한다.

바울은 디모데가 '믿음의 말씀과 선한 교훈'으로 양육을 받아 충분한 영양분을 섭취해야 할 것과, 망령되고 허탄한 신화를 버림으로써 영적으로 건강한 상태를 유지하고 그것들을 밝히 드러내라고 권면하고 있다. 나아가 바울은 디모데가 어린아이와 같은 양육의 단계를 넘어 이제 운동선수가 시합을 위해 단련하는 모습으로 '경건에 이르도록 네 자신을 연단하라'고 당부하고 있다.

그 이유에 대해 바울은 "육체의 연단은 약간의 유익이 있으나 경건은 범사에 유익하니 금생과 내생에 약속이 있느니라"(딤전 4:8)고 말한다. 경건이 때로는 형식적인 종교 행습을 뜻하는 것처럼 오해될 수도 있지만, 바울이 말하는 경건이란 하나님을 향한 인간의 경외심과 사랑이 합쳐진 것을 의미한다. 이런 점에서 '경건'이란 순결한 양심에서만 찾아볼 수 있는 것으로 하나님께 드리는 영적인, 곧 이성에 합당한 예

---

124) J. Calvin, 디모데전서, p. 480.

배(롬 12:1-2)를 의미한다.[125] 이 사실은 경건을 육체적 단련과 대비시킴
으로써 더 분명하게 나타나고 있다.

'믿음의 말씀과 선한 교훈'으로 영적인 영양분을 공급받는 것처럼 경
건을 증진하기 위한 훈련 역시 하나님의 말씀으로 학습해야 한다. 육체의
훈련이 주는 혜택이 아무리 크다 할지라도, 경건한 삶이 약속하는 보상에
비한다면 결코 비교할 정도로 대수롭지는 않다. 육체의 훈련이 건강, 힘,
육체미를 가져다 줄지라도 결코 영생을 가져다 주지는 않기 때문이다. 육
체의 훈련은 '여기 그리고 지금'(the here and now)에 유익을 주지만, 경
건의 훈련은 '지금 여기뿐 아니라 영생에까지'(not only here now, but
also in eternal life) 유익을 준다. 이런 점에서 바울은 '경건이야말로 범
사에 유익하니 금생과 내생에 약속이 있느니라'고 선언하고 있다.

여기에서 말하는 '약속'의 본질과 내용은 곧 '생명'에 관한 것이다.
이것은 ① 그리스도 안에서 하나님과 나누는 교제이며, ② 마음속에 흘
러넘치는 하나님의 사랑이며, ③ 모든 지각을 뛰어넘는 하나님의 평강
이다. 이런 이유에서 온전한 헌신으로서 경건은 그 자체가 하나님께서
주시는 은혜의 열매이며, 그 보상은 계속해서 풍성하게 베풀어진다(신
4:29; 28:1-3; 요일 1:6-7; 계 2:10, 17). 하나님은 이것을 약속하셨고 언제나
그 약속을 성취하신다. 이 생명은 현재와 미래 모두를 위한 것이며 현
세와 내세를 위한 것이다.[126]

3) 참된 가르침과 거짓 가르침에 대한 구별

경건의 유익에 대한 이 진술이야말로 모든 사람이 받을 만한 믿음

---

125) J. Calvin, 디모데전서, p. 480.
126) William Hendriksen, 목회서신, p. 206.

직한 약속이다. "미쁘다 이 말이여 모든 사람이 받을 만하도다"(딤전 4:9). 교회는 영적 연습이 주는 무한히 우월한 가치에 대한 신앙을 고백해야 한다. 이 경건의 훈련은 역사로부터 결코 분리되어 있지 않으며, 현재의 역사 속에 펼쳐진 하나님의 구원하시는 목적과 언제나 연결되어 있다.

왜냐하면 경건에 대한 현재의 수고와 애씀은 ① 현실 속에서 의미심장한 목표를 향해 움직이게 하며, ② 장차 도래하는 희망 위에 강렬한 마음을 쏟게 하고, ③ 모든 이에게 구원을 주시되 그 약속을 믿음으로 응답하는 자들을 구원하시는 살아 계신 하나님 안에 그 기초를 두고 있기 때문이다.

때문에 바울은 "이를 위하여 우리가 수고하고 힘쓰는 것은 우리 소망을 살아 계신 하나님께 둠이니 곧 모든 사람 특히 믿는 자들의 구주시라"(딤전 4:10)고 힘주어 강조하고 있다. 금생과 내생에서 경건한 삶을 사는 모든 사람이 누리고 있는 생명에 대한 약속을 믿지 않는다면, 바울과 디모데는 그처럼 열심히 수고하고 진력할 이유가 없다. 때문에 바울과 디모데는 그들이 누구든 모든 사람이 구원의 복음을 들을 수 있게 하려고 이처럼 수고를 마다하지 않고 있다.

이들이 이처럼 어려운 사명을 수행하는 까닭은 어두움의 세력들에 대항하여 투쟁함으로써 모든 사람을 어두움에서 빛 가운데로 이끌어 내기 위함이다. 그리고 이들이 그처럼 수고하는 것 역시 모든 '믿는 자들'의 구주이시며, 그 구원을 친히 이루시는 살아 계신 하나님께 소망을 두고 있기 때문이다. 이때 하나님은 믿음으로 하나님과 하나님의 약속을 받아들이는 모든 자들의 구주가 되신다(딤전 1:15). 왜냐하면 하나님은 약속하신 것처럼 그들에게 구원과 영원한 생명을 주시기 때문이다.[127]

---

127) William Hendriksen, 목회서신, p. 212.

이상의 논제를 통해 바울은 '자기 양심이 화인(火印) 맞아서 외식함으로 거짓말하는 자들'의 거짓 가르침을 반박하고, 참된 가르침이 가져다주는 유익에 대해 제시하고 있다. 참된 가르침은 ① 하나님을 창조주와 모든 좋을 것을 주시는 분으로 여기면서 하나님께 영광을 돌리게 하며, ② 경건의 훈련을 통해 영원한 생명에 이르게 한다는 사실을 확고하게 밝히고 있다.

| 기 도 |

순수한 말씀의 선포와 성례의 시행과 정당한 권징을 참된 교회의 표지로 삼고서, 온 세상에 그리스도의 몸된 교회를 세워가는 것을 즐거워하시는 우리의 하나님.

하나님께서는 이 땅에 세우신 교회들로 하여금 온 우주를 말씀으로 창조하신 하나님을 기뻐하고 즐거워하게 하심에 감사와 영광을 올립니다. 교회로 부름을 받은 우리는 하나님 외에 그 어떤 것으로도 기쁨과 즐거움을 얻을 수 없음을 고백합니다.

이제 이 교회를 통하여 친히 이루고자 하시는 하나님의 뜻을 이루어가기 위해 우리는 전적으로 창조주 하나님만을 바라보고, 주께서 만세 전에 택하신 주의 자녀들과 더불어 삼위일체 하나님만을 경배하고, 이를 통하여 온 세상 만민들에게 복된 복음을 친히 증거하는 삶을 살게 하심에 감사를 드립니다.

오늘 선포된 사도 바울의 말씀을 통하여 '하나님께서 지으신 모든 것이 선하매 감사함으로 받으면 버릴 것이 없다'(딤전 4:4)는 사실을 깨닫게 하셨습니다. 또한 '망령되고 허탄한 신화를 버리고 경건에 이르도록 네 자신을 연단하라'(딤전 4:7)는 권면을 받았습니다.

영원한 생명에 관한 약속이 담겨 있는 이 경건의 삶을 살아감에 있어 우리가 어떤 고난과 어려움을 당한다 할지라도 흐트러짐 없이 굳건한 믿음과 소망을 가지고 이 길을 갈 수 있도록 은혜를 더하여 주옵소서.

우리 주 예수 그리스도의 이름으로 기도합니다.

〈 9 〉

교회 지도자의 위치와 사명

디모데전서 4:11-16

너는 이것들을 명하고 가르치라

누구든지 네 연소함을 업신여기지 못하게 하고 오직 말과 행실과 사랑과
믿음과 정절에 있어서 믿는 자에게 본이 되어 내가 이를 때까지 읽는 것
과 권하는 것과 가르치는 것에 전념하라

네 속에 있는 은사 곧 장로의 회에서 안수 받을 때에 예언을 통하여 받은
것을 가볍게 여기지 말며 이 모든 일에 전심전력하여 너의 성숙함을 모
든 사람에게 나타나게 하라

네가 네 자신과 가르침을 살펴 이 일을 계속하라 이것을 행함으로 네 자
신과 네게 듣는 자를 구원하리라

앞서 바울은 거짓 가르침의 정체를 밝혔다(딤전 4:1-3). 거짓 가르침을
전하는 거짓 교사들은 이미 믿음으로부터 떠나 있었다. 그들은 '미혹
하는 영' 곧 거짓말하는 영의 지배를 받고 있었다. 이것은 그들이 거짓
의 아비 사탄의 하수인인 귀신들에게 지배를 당하고 있음을 의미한다.

이들을 가리켜 바울은 '자기 양심이 화인을 맞아서 외식함으로 거짓

말하는 자들이라'(딤전 4:2)고 밝히고 있다. 바울은 그들을 가리켜 위선을 앞세워 하나님을 속이는 자들이라고 냉철하게 비판하였다. 그들은 마치 자기들이 하나님을 위하는 사자들이나 되는 것처럼 위선을 피웠지만, 정작 그들은 오로지 자기 자신의 이익만을 추구하는 탐욕의 화신들이었다. 자기 스스로 양심을 속이는 자들이며, 도덕적인 불감증에 빠져 있는 자들을 가리켜 양심에 화인을 맞은 자들이라고 부르는 것은 조금도 이상한 일이 아니다.

그들이 주장하는 거짓 가르침의 특징은 ① 하나님께서 지으신 창조 질서(3-5절)를 부정하는 것에서, 그리고 ② 윤리적 판단 기준인 경건의 질서(6-8절)를 거역하는 것에서 명확하게 드러나고 있다.

반면에 참된 가르침은 ① 하나님께서 지으신 모든 것이 선하므로 감사함으로 받아들이는 것으로(4절), ② 망령되고 허탄한 신화를 버리고 경건에 이르도록 자기 자신을 연단하는 것으로(7절) 확실하게 분별된다.

나아가 참된 가르침을 통하여 ① 하나님을 창조주이시며 모든 좋을 것을 주시는 분으로 여기며 이 모든 것을 통하여 하나님께 영광을 돌리게 한다. 그리고 ② 경건의 훈련을 통해 영원한 생명에 이르게 하는 열매를 거두게 한다.

이처럼 거짓 가르침과 참된 가르침을 비교하여 각각의 성격을 규명한 바울은 "너는 이것들을 명하고 가르치라"($\Pi\alpha\rho\acute{\alpha}\gamma\gamma\epsilon\lambda\lambda\epsilon$ $\tau\alpha\hat{\upsilon}\tau\alpha$ $\kappa\alpha\grave{\iota}$ $\delta\acute{\iota}\delta\alpha\sigma\kappa\epsilon$. 딤전 4:11)고 디모데에게 당부하고 있다. '이것들'($\tau\alpha\hat{\upsilon}\tau\alpha$)은 본 서신에서 8차례나 강조하고 있는 표현으로(딤전 3:14; 4:6, 11,15, 5:7, 21; 6:2, 17) 바울이 디모데에게 주었고, 또 디모데가 에베소에 있는 교회들에게 전해 주어야 하는 '지침'과 '명령'을 가리킨다. 이것은 사도가 주께로부터 받은 교훈을 디모데를 통해 교회에게 위임하고 있음을 시사해 주고 있다.

1. 교회 지도자에게 요구되는 모범 (딤전 4:12)

디모데는 에베소에서 사도 바울을 대신해 막중한 책임을 감당해야 하는 위치에 있었다. 디모데는 바울이 제1차 전도여행(AD 46-48년)을 통해 만났던 믿음이 성숙한 청년이었다. 당시에는 디모데의 나이가 어려서 바울은 디모데를 동반할 수 없었다. 그러나 제2차 전도여행(AD 50-52년)에서는 그처럼 어려운 직무를 수행하는 일에 디모데의 동행을 허락했다. 이로 보아 당시 디모데는 대략 20대 초, 중반의 나이였을 것으로 여겨진다.

이러한 정황을 살펴보면 바울이 이 편지를 보낼 당시(AD 63년경) 디모데는 대략 30대 중, 후반의 비교적 안정된 나이였음을 알 수 있다. 하지만 막중한 교회의 직무를 수행함에 있어서 아직은 젊은 나이라 할 수 있었다. 이에 바울은 "누구든지 네 연소함을 업신여기지 못하게 하고 오직 말과 행실과 사랑과 믿음과 정절에 대하여 믿는 자에게 본이 되어"(딤전 4:12)야 한다고 디모데를 격려하고 있다.

본문의 '연소함'이라는 단어는 당시 로마 제국에서 통상적인 군 복부 연령대인 40대 이하의 사람들에게 사용되었다. 사도행전의 저자인 누가(Luke) 역시 한때 연소한 바울에 대하여 이 용어(행 7:58, 청년)를 사용했다. 당시 바울은 30대였음이 확실하다.[128] 이것은 디모데의 연소함과 그의 소극적인 성격(고전 16:11)으로 인해 에베소 지방의 일부 모난 사람들에 의해 업신여김을 받을 수 있는 처지였음을 암시하고 있다.

때문에 바울은 디모데의 연소함을 업신여기는 사람들을 상대로 ① 자기를 주장하거나 항변하지 말 것, ② 모든 적대적인 반응을 잠재울 만한 모범적인 삶을 살 것, ③ 남다른 인격과 행실을 통해 난관들을 극복할 것을 권하고 있다. 이러한 바울의 충고에 따라 디모데는 믿는 자

---

128) James Allen, 디모데전서, p. 145.

들의 본이 되어야 했다.

특히 디모데는 신자들이 어떤 존재인가를 가늠하는 말과 행실과 사랑과 믿음과 정절에 있어서 다른 사람들에게 본이 되는 일에 힘을 써야 했다. 이로써 자기 자신이 스스로 신자들의 모델이 되는 지도자임을 확고하게 나타내어야 했다. 이러한 바울의 가르침은 웨스트민스터 예배모범(1645년)에서도 그대로 계승하여 교회의 지도자에게는 말씀에 근거한 명확한 모범을 보여야 할 것을 요구하고 있다.

> "하나님에 관하여 배운 대로 그리고 자기가 마음으로 믿는 대로 그리스도의 진리를 가르쳐야 한다. 그리고 그의 양떼를 앞서 걸으면서 저희의 본이 되어야 하며, 간절하게 개인적으로나 공중 앞에서나 자기의 수고를 하나님의 복주심에 부탁하며, 자신을 조심하여 살피며 주께서 자기를 세워 목자로 삼으신 바 그 양떼들을 돌아보아야 하며, 이와 같이 하면 진리의 교리가 타락하지 않고 보전되어 많은 심령이 예수를 믿게 되고 몸을 세우게 되며, 자신도 그 수고로 이 세상에서도 많은 위로를 받고 후에 장차 올 세계에서 자기를 위하여 예배된 영광의 면류관을 받을 것이다."

2. 교회 지도자가 갖는 권위의 근거 (딤전 4:13)

신자로서 갖추어야 할 품행뿐 아니라 교회의 지도자에게는 본질적인 임무가 주어져 있었다. 이 점에 대해 바울은 디모데에게 각인을 시키고 있다. "내가 이를 때까지 읽는 것과 권하는 것과 가르치는 것에 전념하라"(Ἕως ἔρχομαι, πρόσεχε τῇ ἀναγνώσει, τῇ παρακλήσει, τῇ διδασκαλίᾳ. 딤전 4:13).

바울은 에베소에 가기를 기대하고 있었으며(딤전 3:14) 디모데와 협력하여 에베소 교회를 더욱 견고하게 세워가기를 바라고 있었다. 특별히 신화와 허탄한 족보를 가지고 성도들을 미혹하는 거짓 가르침을 상대로 몸과 마음을 다해 교회를 든든히 지키려는 열망을 가지고 있었다.

이러한 바울의 심정은 디모데를 향해 '읽는 것과 권하는 것과 가르치는 것에 전념하라'라고 권면하는 말 속에서도 확인된다.

본문에서 '읽는 것'(τῇ ἀναγνώσει : public reading of Scripture)은 '공중 성경 낭독'을 가리킨다. 당시 회당에서는 구약성경을 읽는 관습이 있었다(행 13:15; 고후 3:14). 이러한 전통과 연결해서 교회에서도 성경을 낭독하는 일이 예배에서 주요한 공식 순서로 자리하고 있었다. "이 예언의 말씀을 읽는 자와 듣는 자들과 그 가운데 기록한 것을 지키는 자들이 복이 있나니 때가 가까움이라"(계 1:3)에서도 이 사실을 강조하고 있는데, 이러한 공적인 성경 낭독은 진리를 널리 전하는 중요한 통로가 되었다.

바울은 "내가 주를 힘입어 너희를 명하노니 모든 형제에게 이 편지를 읽어 들리라"(살전 5:27)고 데살로니가 교회에 당부한 바 있다. 또한 골로새 교회에게도 "이 편지를 너희에게서 읽은 후에 라오디게아인의 교회에서도 읽게 하고 또 라오디게아로서 오는 편지를 너희도 읽으라"(골 4:16)고 당부한 바 있다. 이처럼 각 지역에 있는 교회에서는 사도들로부터 온 서신들을 회중 앞에서 공적으로 읽게 되었고, 이러한 관습이 공적인 예배 형식의 한 부분으로 자리잡게 되었다.

웨스트민스터 예배모범에서도 이러한 교회의 역사적인 전통을 계승하여 공예배에서의 '성경 낭독의 중요성'을 다음과 같이 밝히고 있다.

> "교회 안에서 말씀을 읽는 것은 우리가 하나님께 의존하여 있는 것을 승인하는 것으로 하나님의 공중 예배의 일부분이며, 주님께서 그의 백성을 세우기 위하여 거룩하게 하시는 방편이요, 목사와 교사들이 행해야 할 것이다 ... 신구약성경 전부를 자국어로 회중 앞에서 읽되 본문을 정확하고 분명하게 읽어 모든 사람이 듣고 이해하게 해야 한다."

'읽는 것'에 이어지는 '권하는 것과 가르치는 것'($τῇ$ $παρακλήσει,$ $τῇ$ $διδασκαλίᾳ$: to exhortation, to teaching)은 공적으로 성경을 읽은 내용에 대해서 강해하는 것을 의미한다. 당시 회당에서도 이러한 관습이 이어져 오고 있었다. 이것은 후에 공중 예배에서 설교의 기원이 되었다.[129]

이처럼 회중 앞에서 성경을 읽고 강해를 통해서 권면하고 가르치는 사역은 지도자의 주요 임무였다. 이를 통해 교회가 진리를 적용하고 이해하는 일에 중요한 역할을 할 수 있었다. 이것은 교회 지도자의 권위가 어디로부터 나오는가를 명확하게 밝혀주고 있다.

이러한 가르침에 따라 웨스트민스터 예배모범에서도 "말씀의 설교는 구원에 이르게 하는 하나님의 능력이요, 복음의 직분에 속하는 가장 위대하고 가장 탁월한 역사에 속하므로, 일하는 자가 부끄러움을 당하지 않고 자기도 구원하고, 그 말씀을 듣는 자들을 구원하도록 수행되어야 한다"고 밝히고 있다.

그리고 말씀 설교를 봉사함에 있어 "충성되게 그리스도의 존귀를 바라보며, 사람들이 예수 그리스도를 믿고 덕을 세우며 구원에 이르게 하되, 자기의 유익이나 영광을 구치 않아야 하며, 거룩한 목적을 이룰 것이면 아무 것도 꺼림이 없이 각 사람에게 전할 바를 전하고 가장 미천한 자라도 멸시하지 않고 위대한 자라도 그 죄를 아끼지 않고 모든 사람을 균등하게 대해야 한다"고 명시하고 있다.

이상에서 보는 것처럼 말씀 설교를 수행하는 교회 지도자의 권위는 전적으로 "사랑하는 마음을 가지고 사람들로 하여금 모든 것이 그의 신앙의 열심과 저희에게 유익하게 하려는 간절한 소원에서 나오는 것임을 볼 수 있도록 하는 것"에 근거하고 있음이 확실하다.[130]

---

129) John Stott, 디모데전서, p. 165.

130) 웨스트민스터 예배모범(1645년), '말씀의 설교에 대하여.'

3. 교회 지도자에게 요구되는 은사의 활용 (딤전 4:14)

교회 지도자가 주요 임무를 수행함에는 그에 따른 특별한 은사가 필요했다. 이에 바울은 "네 속에 있는 은사 곧 장로의 회에서 안수 받을 때에 예언을 통하여 받은 것을 가볍게 여기지 말며 이 모든 일에 전심전력하여 너의 성숙함을 모든 사람에게 나타나게 하라"(딤전 4:14-15)고 디모데에게 권면하고 있다.

디모데는 참과 거짓 가르침을 분별할 뿐만 아니라, 권하는 것과 가르치는 것과 지도하는 것을 행사할 그 분별력의 은사를 최대한 발휘해야 한다. 특별히 하나님의 말씀을 전하고 다른 사람들에게 가르칠 때 이 은사를 발휘해야 한다. 교회 지도자는 이 은사를 무심하게 다루거나 등한시해서는 안 된다. 이 은사는 성령으로 말미암아 교회 지도자들에게 주어진 하나님의 은혜이기 때문이다.

이런 이유에서 바울은 이 은사에 대해 "곧 장로의 회에서 안수 받을 때에 예언을 통하여 받은 것"(14절)이라고 지적하고 있다. 디모데가 장로의 회에서 안수 받았던 일은 제2차 전도여행 중 루스드라에서 있었던 것으로 보인다. 바울 역시 이 안수와 관련이 있었다(딤후 1:6).

본문의 '장로의 회'($\tau o\hat{u}$ $\pi\rho\epsilon\sigma\beta\upsilon\tau\epsilon\rho\acute{\iota}o\upsilon$)는 유대교의 산헤드린을 지칭하는 단어이기도 하지만(눅 22:66; 행 22:5), 여기에서는 감독들의 단체 혹은 오늘날 교회의 회의체인 노회와 같은 기관에서 주관하는 안수와 관련되어 있다. 디모데는 성령의 역사로 말미암아 이 은사를 충만하게 받았으며, 안수할 때 참여했던 사람들로부터 받은 예언의 말씀을 통하여 그의 은사가 확인되었을 것이다.[131]

은사는 정적이고 영구적인 선물이 아니다. 은사는 그것을 사용하고

---

131) William Hendriksen, 목회서신, p. 216.

개발해야 하는 유기적이며 유동적인 선물이다. 교회의 지도자들은 예언의 말씀을 통해 하나님이 그를 부르셨다는 사실과, 하늘의 은사를 주심으로써 그를 준비시키셨다는 사실과, 장로회의 안수를 통해 그 직분을 위임받았다는 사실을 모든 회원들에게 상기시키기 위해 그리고 그 사실을 기억하게 하기 위해 자신에게 주어진 은사를 사용해야 한다.

이와 관련해 웨스트민스터 예배모범에서 교회 지도자들이 갖추어야 할 은사의 성격을 보다 잘 규명해 주고 있다.

> "그리스도의 사역자는 합법적인 안수의 규칙에 따라서 그런 중대한 봉사를 할 수 있도록 원어들과 신학에 부종된 인문과학에 능통하고, 신학 전반에 대한 지식과 무엇보다도 거룩한 성경에 대한 지식으로 그의 감각과 마음이 일반 신자들보다 뛰어나야 하며, 하나님의 성령의 조명과 그 외 다른 건덕의 은사들로 말미암아 어느 정도 상당한 은사를 받은 사람이어야 하고, 하나님의 말씀을 읽고 연구함과 동시에 하나님께서 그에게 알게 하시고자 하시면 어느 때고 아직까지 이르지 못한 진리를 승인하고 받을 결심을 하고 기도와 겸손한 마음으로 성령의 조명과 건덕의 은사를 간구해야 한다. 이 모든 것을 그는 그가 준비한 것을 대중 앞에 전달하기 전, 개인적인 준비 가운데 사용하고 개선할 것이다."

교회의 지도자는 전적으로 자신의 삶을 하나님 나라와 교회의 건덕을 위해 헌신하고 희생할 각오를 가지고 있어야 한다. 구약에서도 보는 것처럼 하나님의 부름을 받은 선지자들은 자신의 모든 것을 아낌없이 하나님 나라의 진전을 위해 헌신했던 삶을 살았다. 마찬가지로 교회의 지도자라면 자신의 목숨까지도 기꺼이 교회의 진보를 위해 희생할 각오로 임해야 한다.

4. 교회의 지도자가 보여야 할 성숙의 내용 (딤전 4:15)

바울은 또한 디모데에게 '이 모든 일에 전심전력하여 너의 성숙함을 모든 사람에게 나타나게 하라'(15절)고 권하고 있다. 성도들 가운데 한 사람인 지도자는 다른 성도들과의 삶에서 모범을 보여야 하며, 성경의 권위 아래에서 가르쳐야 하며, 신성한 부르심에 합당한 은사를 발휘해야 한다. 그리고 이 모든 일에서 자신의 진보를 나타내 보여야 한다.

'이 모든 일에 전심전력하라'(Be diligent in these matters)는 말은 '그 일에 자기 자신을 푹 담근다' 혹은 '마음과 영혼을 다해서 자기 자신을 헌신한다'는 의미를 가진다. 지도자는 이 모든 일을 자신의 직무로 여기고 거기에 몰두해야 한다. 이렇게 그 일에 헌신하는 이유는 이로써 자신의 성숙함을 모든 사람에게 나타내게 하는 데 있다. 즉 앞서 언급한 본과 가르침과 은사 부분에서 디모데는 자신이 의무에 충실할 뿐만 아니라, 계속해서 성장하고 있다는 점을 교회의 형제들에게 보여주어야 한다.[132]

이렇게 함으로써 형제들은 지도자의 영적 그리고 직분상의 진보를 주목하게 되어 하나님께 영광을 돌리게 된다. 그것은 다른 것이 아니다. 바울 사도가 "형제들아 내가 당한 일이 도리어 복음 전파에 진전이 된 줄을 너희가 알기를 원하노라"(빌 1:12)고 한 말에서 확실하게 보여주고 있다. 곧 교회 지도자는 자신의 헌신을 통해 복음이 널리 전하여지고 있다는 사실을 분명히 보여주어야 한다.

교회 안에서는 누구나 은혜 가운데서 성장해 감으로써 때가 되면 그 열매들이 모든 사람이 볼 수 있도록 나타나야 한다(롬 7:4). 이 사실은 교회의 지도자들조차 형제들의 도움을 받아야 할 필요를 보여주고 있다. 교회 지도자는 자기 혼자서 주어지는 직무를 수행하는 것이 아니다. 그

---

132) John Stott, 디모데전서, p. 168.

의 곁에 언제나 지도자로서 과연 좋은 열매를 맺고 있는가를 확인하고 격려하는 형제들이 있어야 하는 이유가 여기에 있다.

따라서 교회의 회원들은 교회의 지도자에게 가장 든든한 후원자가 되어야 한다. 특별히 복음의 진보를 위한 일에 있어서 교회의 회원들과 교회의 지도자는 서로 동반자이며 동역자라는 사실을 바탕으로 상호 믿음을 견고하게 구축하고 있어야 한다. 이러한 동반자이며 동역자의 관계를 바울과 빌립보 교회 성도들 사이에서 확인할 수 있다.

바울은 빌립보 교회 성도들에게 편지할 때 "내가 살 것과 너희 믿음의 진보와 기쁨을 위하여 너희 무리와 함께 거할 이것을 확실히 아노니 내가 다시 너희와 같이 있음으로 그리스도 예수 안에서 너희 자랑이 나로 말미암아 풍성하게 하려 함이라"(빌 1:25-26)고 밝히 증언하고 있다.

빌립보 교회 성도들은 바울에게 있어 일종의 면류관과 같았다. 동시에 빌립보 교회 성도들은 자신들이 복음의 진보를 위해 희생해야 할 그 일을 바울이 대신 희생하여 이루어지고 있다는 사실을 인식함으로써 바울에게 늘 빚을 지고 있다고 여기고 힘써 바울을 후원했었다. 이처럼 빌립보 교회 성도들이 바울을 후원함으로써 복음의 진보를 위해 바울은 더욱 더 큰일을 할 수 있었다. 사실 이 일은 모든 성도들이 감당하고 헌신해야 할 일이었다.

5. 회중의 구원을 위해 힘써야 할 교회 지도자 (딤전 4:16)

교회 지도자가 복의 근원이 되기 위해서는 거룩한 생활과 건전한 가르침을 병행해야 한다. 이런 이유에서 바울은 "네가 네 자신과 가르침을 살펴 이 일을 계속하라"(딤전 4:16상)고 권면하고 있다. 디모데는 자기 자신의 직책과, 은사와, 하나님의 약속의 깊은 것까지를 터득하는 특권과, 특별히 가르치는 일에 주의를 집중하고 있어야 한다. 그리고 이 일에 꾸준하게 힘써야 한다. 그러기 위해 지도자는 먼저 자기 자신과 자기의 가르침, 즉 자신의 교리(doctrine)를 나타냄에 있어 신중해야 한다.

교회의 지도자는 자신을 소홀히 하면서 다른 사람을 가르치는 일에 몰두해서도 안 되며, 자신의 영혼을 풍성하게 하기 위해 나머지 다른 사람을 위한 사역을 소홀히 해서도 안 된다. 이것은 바울이 에베소 장로들에게 "너희는 자기를 위하여 또는 온 양 떼를 위하여 삼가라 성령이 저들 가운데 너희로 감독자를 삼고 하나님이 자기 피로 사신 교회를 치게 하셨느니라"(행 20:28)고 한 말씀에서도 확인된다. 이렇게 함으로써 지도자는 자신을 위해, 그리고 회중들을 위해 모두의 진보를 이루는 일에 균형을 잃지 않고 더불어 훈련에 주의를 기울이게 된다.

교회 지도자는 자신의 거룩한 생활과 더불어 계속해서 열심히 가르치는 일에 힘써야 한다. 교회 지도자는 모든 영예로운 것으로 자신의 생활을 바로잡아야 한다. 단지 성도들에게 나쁜 본을 보여주지 않는 것으로 만족해서는 안 된다. 또한 가르침 역시 거기에 일치하는 생활의 정직성과 성결성이 뒤따라야 한다. 그렇지 않다면 가르침 그 자체만으로는 아무런 가치가 없기 때문이다.[133]

지도자의 열심이 증대되는 것은 자신의 구원과 회중의 구원이 자기의 임무에 대한 진지하고 적극적인 헌신에 달려 있다는 점을 지적받을 때이다. 이런 이유에서 바울은 "이것을 행함으로 네 자신과 네게 듣는 자를 구원하리라"(딤전 4:16하)고 선언하고 있다.

물론 구원은 언제나 어디에서나 하나님의 은혜와 자비에서만 발견된다. 그럼에도 불구하고 구원의 실재는 사랑의 선행을 동반해서 나타나야 한다. 바울이 "두렵고 떨림으로 너희의 구원을 이루라"고 강조한 이유도 여기에 있다(빌 2:12). 이런 점에서 사랑의 선행은 구원의 원인이 아

133) J. Calvin, 디모데전서, p. 487.

니라 구원의 궁극적인 증거가 된다(히 3:14).

'듣는 자를 구원하리라' 는 의미도 마찬가지이다. 오직 예수 그리스
도에 관한 복음을 통해서만 그들을 구원할 수 있다. 그러나 성경은 구
원을 복음 전파와 연관시키고 있다는 점에서, 이 말씀은 하나님께서 전
파자들이 전한 복음의 메시지를 통해 믿는 자들을 구원하신다는 사실
을 강조하고 있다.

때문에 승천하신 그리스도께서는 바울을 이방인들에게 보내실 때
"그 눈을 뜨게 하여 어두움에서 빛으로, 사단의 권세에서 하나님께로
돌아가게 하고 죄사함과 나를 믿어 거룩케 된 무리 가운데서 기업을 얻
게 하리라"(행 26:18)고 말씀하셨다.

이 극적인 표현은 하나님께서 복음 전도자들을 통하여 선포하는 복
음으로 구원을 이루어 가시는 그 영광스러운 일에 친히 복음 전도자들
에게 그 놀라운 영광을 돌리고 있다. 이것은 하나님마저도 복음 전도자
들을 통하지 않고서는 아무도 구원하시지 않는다는 사실을 보여주고
있다.

놀랍게도 구원을 이루어가는 일에 있어서 우리는 하나님의 영광을
함께 누리는 일에 참여하고 있음을 알 수 있다. 이런 점에서 많은 사람
의 구원을 위해 쓰임받고 있다는 것은 이 세상에서 누릴 수 있는 가장
영광스러운 일이 아닐 수 없다.[134]

| 기 도 |

그리스도의 몸된 교회를 통해 세상 만민에게 복된 복음을 선포하기 위해
교회의 직분자를 친히 부르시어 온 땅에 구원의 손길을 펼치시는 우리 주 예
수 그리스도의 아버지이신 하나님.

134) John Stott, 디모데전서, p. 170.

하나님께서 이 복된 교회를 세우시어 만민들이 복음을 듣고, 창조주이신 하나님을 기뻐하며 즐거워하게 하시고, 모든 영광을 하나님께 돌려드리게 하셨습니다. 이로써 하나님의 창조 질서를 온 우주에 펼치시고, 인류는 그 질서 안에서 인생의 본분을 행하게 하시오니 감사와 영광을 올립니다.

또한 이 땅에 세우신 교회를 그리스도께서 다시 오시는 날까지 보전하시고 마침내 승리의 영광을 얻기까지 이끌어 주시기 위해, 교회의 지도자와 봉사자로 목사의 직분과 장로의 직분과 집사의 직분을 세우셨습니다.

이에 교회의 지도자는 하나님 나라를 위해 부름을 받은 봉사자이며, 자신의 삶을 하나님의 나라와 교회의 건덕을 위해 헌신하고 희생하여야 할 것입니다. 또한 우리 주께서 다시 오시는 날까지 복음의 진보를 위해 기꺼이 봉사하고 충성해야 할 것입니다.

바라옵기는 교회의 직분자들로 하여금 자기 자신의 성숙을 위해, 그리고 회중들의 성숙을 위해 경건의 삶에서 모범을 보이며, 성령의 조명과 그에 따른 모든 건덕의 은사들을 온전히 발휘할 수 있도록 은혜를 내려주옵소서.

교회의 직분자들이 맡은 바 사명을 온전히 수행함으로써 복된 주님의 교회가 누릴 최후 승리에 참여하며, 하나님께서 누릴 그 영광의 기업을 누릴 수 있는 은혜를 더하여 주옵소서.

우리 주 예수 그리스도의 이름으로 기도합니다.

〈 10 〉

교회 회원들 사이의 책임과 의무 1

디모데전서 5:1-16

늙은이를 꾸짖지 말고 권하되 아버지에게 하듯 하며 젊은이에게는 형제에게 하듯 하고 늙은 여자에게는 어머니에게 하듯 하며 젊은 여자에게는 온전히 깨끗함으로 자매에게 하듯 하라

참 과부인 과부를 존대하라 만일 어떤 과부에게 자녀나 손자들이 있거든 그들로 먼저 자기 집에서 효를 행하여 부모에게 보답하기를 배우게 하라 이것이 하나님 앞에 받으실 만한 것이니라

참 과부로서 외로운 자는 하나님께 소망을 두어 주야로 항상 간구와 기도를 하거니와 향락을 좋아하는 자는 살았으나 죽었느니라 네가 또한 이것을 명하여 그들로 책망 받을 것이 없게 하라 누구든지 자기 친족 특히 자기 가족을 돌보지 아니하면 믿음을 배반한 자요 불신자보다 더 악한 자니라

과부로 명부에 올릴 자는 나이가 육십이 덜 되지 아니하고 한 남편의 아내였던 자로서 선한 행실의 증거가 있어 혹은 자녀를 양육하며 혹은 나그네를 대접하며 혹은 성도들의 발을 씻으며 혹은 환난 당한 자들을 구제하며 혹은 모든 선한 일을 행한 자라야 할 것이요 젊은 과부는 올리지 말지니 이는 정욕으로 그리스도를 배반할 때에 시집 가고자 함이니 처음 믿음을 저버렸으므로 정죄를 받느니라

또 그들은 게으름을 익혀 집집으로 돌아 다니고 게으를 뿐 아니라 쓸데

없는 말을 하며 일을 만들며 마땅히 아니할 말을 하나니 그러므로 젊은
이는 시집 가서 아이를 낳고 집을 다스리고 대적에게 비방할 기회를 조
금도 주지 말기를 원하노라 이미 사탄에게 돌아간 자들도 있도다
만일 믿는 여자에게 과부 친척이 있거든 자기가 도와 주고 교회가 짐지
지 않게 하라 이는 참 과부를 도와 주게 하려 함이라

교회가 사도로부터 받은 복음을 보존하고 선포해야 할 내용은 교회
의 신앙고백으로 정착되었다. "그는 육신으로 나타난 바 되시고 영으
로 의롭다 하심을 입으시고 천사들에게 보이시고 만국에서 전파되시고
세상에서 믿은 바 되시고 영광 가운데서 올리우셨음이니라"(딤전 3:16).
이 복음은 구약 경륜에서는 숨겨진 '비밀'이었지만, 신약 경륜에서는 실
현된 '진리'이며 동시에 교회가 이 땅에 존재하는 기반을 이루고 있다.
이 진리를 보존하고 선포하기 위해 교회는 체제를 갖추게 되었으며,
자연스럽게 '감독'(곧 목사와 장로)과 '집사'의 직분을 가지게 되었다.
이 직분들은 그들이 고백하는 신앙의 내용에 의해 규정되어야 했다. 왜
냐하면 교회가 허탄한 신화를 주장하고 있는 대적자들을 상대하고, 기
도에 힘쓰며, 직분자들을 세우고, 품행을 단정하게 하기 위해서는 이
직분들이 진리를 떠받치기 위한 버팀목이 되어야 하기 때문이다. 이와
관련해 진리를 파수하고 선포하는 교회가 수행해야 할 실천적인 내용
들에 대해 바울은 디모데전서 4-6장에 걸쳐 자세하게 제시하고 있다.

4장에서는 거짓 가르침에 대한 반박을 통해 '비밀'을 간직하고 선포
하는 교회는 진리를 거부하고 부인하는 거짓 교사들을 대적해야 할 것
과, 적합한 지도자를 양성하고 훈련시켜야 할 것을 제시한다. 이에 근

거하여 바울은 그리스도께서 승천하셔서 지금도 하늘 보좌에 계신다는 사실을 드러내고, 그리스도와 함께 영광 가운데 있는 교회를 위해서 봉사하는 지도자들에게 실천적인 교훈을 함으로써 주님의 몸된 교회를 든든히 세워가도록 격려하고 있다.

이러한 바울의 가르침은 장로교 헌법의 정신에 그대로 반영되어 나타나고 있다. 대한예수교장로회(합신) 헌법 제1부 총론, 제1장 '교회의 왕'에서는 다음과 같이 선언하고 있다.

> 성경은 말씀하기를, 그리스도께서 "그 어깨에는 정사를 메었고 그 이름은 기묘자라 모사라 전능하신 하나님이라 영존하시는 아버지라 평강의 왕이라 할 것임이라 그 정사와 평강의 더함이 무궁하며 또 다윗의 위에 앉아서 그 나라를 굳게 세우고 지금 이후 영원토록 공평과 정의로 그것을 보존하실 것이라"고 한다(사 9:6-7).
> 그리스도는 천지의 모든 권세를 아버지께로부터 받으신(마 28:18) 왕으로서 그의 교회를 치리하시되 그의 말씀과 성령으로 말미암아 직접 하시고, 또 사람들의 사역을 통하여 간접적으로도 하신다. 그리고 그에 필요한 교회의 직분들과 규례들을 신약에 계시해 주셨다. 교회는 이 계시된 제도를 따라야 하며, 그 규례들을 지켜야 한다.

지금까지 바울은 '교회의 공적인 예배와 그 질서에 관한 규례'(딤전 2:1-4:16)라고 하는 큰 주제 아래 ① 공예배에서 기도의 범위(딤전 2:1-7), ② 공예배에 참여하는 이들의 마음 자세(딤전 2:8-15), ③ 공예배에서 목회적 지도 체제와 지도자들이 갖추어야 할 자질(딤전 3:1-16), ④ 복음에 대한 교회의 사명(딤전 3:14-16), ⑤ 교회의 안전을 위협하는 세력들에 대한 대처(딤전 4:1-16) 등의 내용을 다뤘다.

이어 두 번째 주제인 '교회 안에서 수행할 감독의 사역에 관한 규례'(딤전 5:1-25)라고 하는 주제로 나아가고 있다. 이러한 맥락에서 바울은

교회를 구성하고 있는 회원들 상호간에 대한 책임과 의무를 제시하고
있다. 그 가운데서 교회 공동체를 구성하고 있는 회원들 가운데 특수한
위치에 있는 사람들에 대해 교회가 어떻게 봉사해야 할 것인가를 다루
고 있다. 감독은 이러한 교회의 봉사가 원만하게 진행되기 위해 자신에
게 주어진 모든 권위와 지혜와 열심을 다 쏟아부어야 한다.

특별히 연로한 계층과 연소한 계층(1-2절)을 비롯해 과부들(3-16절),
그리고 교회를 위해 세움을 받은 장로들(17-25절)에 대한 감독의 사역을
제시하고, 이를 통해 교회 공동체를 이루고 있는 회원들이 각별하게 관
심을 가질 수 있도록 노력하기를 권면하고 있다.

1. 연로한 회원들과 연소한 회원들에 대한 권면 (딤전 5:1-2)

교회 공동체의 회원을 구성하는 계층들 사이에는 특수한 성격으로
인해 서로 다른 견해를 가질 수 있다. 이로 인하여 계층간의 갈등이나
분열도 야기될 수 있다. 이제 새롭게 시작하는 에베소에 있는 교회 공
동체들 안에서도 이러한 문제는 결코 예외일 수 없다. 따라서 지도자는
여러 가지 상황 가운데서 신중하게 대처할 필요가 있다.

이에 바울은 각 계층을 상대하는 지도자는 돌보고 책임져야 할 가족
처럼 교회 공동체를 양육해야 한다고 권면하고 있다. 감독들은 직책상
권면하는 업무를 수행해야 한다. 교회에서 감독의 역할은 말씀을 전파
하고 경책하고 경계하는 일이기 때문이다(딤후 4:2). 따라서 그 대상의
나이와 성격과 여타 상황들에 맞춰 각기 적합하게 처신해야 한다.

먼저 바울은 "늙은이를 꾸짖지 말고 권하되 아버지에게 하듯 하며
젊은이에게는 형제에게 하듯 하고 늙은 여자에게는 어머니에게 하듯
하며 젊은 여자에게는 온전히 깨끗함으로 자매에게 하듯 하라"(딤전
5:1-2)고 말한다. 여기에서 몇 가지 원리들을 발견할 수 있다.

　연로한 사람들을 경책할 때는 아주 부드럽게 해야 한다. 그들을 공손하게 대하는 이유는 그들이 가지고 있는 지위와 권위를 존중하기 위함이다. 따라서 감독들은 나이든 연장자들을 대할 때 마치 아버지처럼 대해야 한다(레 19:32; 딛 2:2).

　본문에서 '꾸짖다'(ἐπιπλήξης)라는 단어는 문자적으로 '구타하다'는 뜻이다. 이것은 마치 말로 상대방을 구타하거나 귀에 거슬리게 말하는 행위를 의미한다. 대신에 바울은 그들을 '권하라'고 한다. '권하다'(παρακαλει)라는 단어는 '옆으로 따로 부르다'는 뜻을 가지고 있다. 이것은 그들을 격려하고 위로하며 훈계하고 간청하며 호소하기 위함이다.

　그렇다고 연로한 사람들의 과실에 대해 그냥 지나치라는 뜻은 아니다. 단지 과실이 있는 연로한 사람들을 대할 때 겸양과 사랑과 부드러움을 가지고 대하라는 의미이다. 이것은 교회 공동체가 가장 영광스러운 한 가족이어야 하기 때문이다(마 12:49-50). 이런 점에서 교회의 지도자들과 회원들은 연로한 사람들을 서로 존중하며, 마치 자신의 아버지를 대하듯 섬겨야 한다.[135]

　반면에 연소한 사람들이라고 해서 쉽게 상대해서는 안 된다. 그들 역시 한 가족을 구성하고 있는 형제들이기 때문이다. 연소한 사람들을 대할 때에도 평등의 정신을 잃어서는 안 된다. 젊은이들을 형제 대하듯이 사랑과 온유함으로 경책해야 할 이유는 그들의 잘못을 찾아내어 말다툼 거리를 만들지 않고, 그들이 잘 되게 하기 위함이다.

　마찬가지로 나이 든 여자를 경책하게 될 경우, 때로는 미묘하여 다루기 힘들 수도 있지만 그렇다고 회피해서는 안 된다. 이때 지도자는 착하고 사랑스러운 아들이 과실이 있는 어머니를 대하는 것처럼 상대해야 한다. 어머니의 허물을 바로잡는 데는 참된 겸손과 순수한 양심과

---

135) William Hendriksen, 목회서신, p. 224.

가책, 그리고 간절한 기도와 지혜가 요구된다.

특별히 젊은 여성을 경책할 때는 자신의 자매를 도와 어떤 성격상의 결함을 시정할 수 있게 하기 위해 결코 불순한 언행이 첨가되지 않아야 한다. 왜냐하면 그들은 주 안에서 참으로 자매가 되었기 때문이다. 본 문에서 '일절 깨끗함으로'라는 구절은 "말과 행실과 사랑과 믿음과 정절에 있어서 믿는 자에게 본이 되라"(딤전 4:12)는 권면처럼, 하나님의 도덕법과 언행 심사가 서로 일치하는 것을 의미한다. 이것은 악의적인 사람들에게 비평의 구실을 잡히는 일이 없도록 하기 위함이다.[136]

이러한 정신은 교회가 행하는 권징의 의미에서도 확인할 수 있다. 총회헌법 제30장 제3조 '권징의 필요와 목적'에서는 다음과 같이 규정하고 있다.

> 1) 범죄한 형제를 교정시켜 회복하기 위함, 2) 다른 형제들로 하여금 동일한 죄에 빠지지 않도록 하기 위함, 3) 온 교회에 퍼질 것으로 우려되는 누룩을 제거하기 위함, 4) 그리스도의 영광과 복음의 거룩함을 옹호하기 위함, 5) 하나님의 진노가 멈추어지도록 하기 위함 등이다.
> 교회 안의 패역한 범죄 사건은 하나님의 언약과 그 말씀의 영예를 더럽힐 수 있다. 그럼에도 불구하고 교회가 그 사건을 치리하지 않고 그대로 방임하는 경우에 하나님의 진노가 그 교회 전체에 임할까 우려된다(마 7:9; 고전 5장; 11:27; 딤전 1:20; 5:20; 유 1:23).

교회의 질서를 유지하고 과실을 제어하게 하려는 가장 큰 목적은 ① 공평과 정의로 구현되는 그리스도의 통치를 이루어가기 위함이다. 그 다음 목적은 ② 하나님의 진노로부터 교회를 보존하기 위함이다. 이러한 큰 그림을 가지고 우리는 교회의 회원들 사이에 화평을 이루어가기 위해 서로 힘써야 한다.

---

136) J. Calvin, 디모데전서, p. 490.

2. 과부들을 위한 교회의 사역과 원리 (딤전 5:3-16)

교회 공동체가 특별히 관심을 가져야 할 대상 중에 가장 먼저 과부를
들 수 있다. 성경은 과부들을 세속 문화권과 다른 방법으로 존중할 것
을 요구하고 있다. 흔히 혼인한 여자는 남편과의 관계로만 규정되기 때
문에, 남편과 사별하게 된 후에는 배우자뿐 아니라 사회적인 위치까지
도 아울러 잃어버리게 된다. 그러나 성경은 과부, 고아, 나그네 등 남편
이나 부모나 가정이 없는 사람들에게도 그들 자체로서 각각의 가치를
가지고 있음을 인정해 줄 것과, 그들에게도 합당한 영예와 보호와 돌봄
을 받아야 할 자격이 있음을 강조하고 있다.[137]

성경은 사회적 약자들을 위한 정의와 사랑을 요구하고 있다. 하나님
은 고아의 아버지시며 과부의 재판장으로 묘사된다(시 68:5). 하나님은
또한 고아와 과부들의 억울함을 풀어주시는 분으로 묘사된다(신 10:18;
시 146:9; 잠 15:25). 따라서 하나님의 백성들도 이와 같은 태도를 보여야
한다.

과부에게 정의를 행하지 않는 관리들은 하나님의 심판을 받아야 했
다(신 27:19). 그리고 농부는 자신의 소출에서 고아와 과부를 위한 십일
조를 남겨 두어야 했으며, 추수한 이후에 밭이나 과수원에 이삭들과 과
실들을 남겨 두어야 했다(신 14:28-29; 26:12-13). 이런 이유에서 선지자
들은 국가가 과부를 보호하고 그들의 필요를 공급하지 않고 오히려 그
들을 탈취하고 억압하는 것에 대해 신랄하게 비판하기도 했다(사 1:17,
23; 렘 7:5; 22:3; 겔 22:7; 슥 7:10; 말 3:5).

우리 주님께서도 과부들을 위해 일관되게 인자함을 보여주셨다. 나
인 성 과부의 아들을 살려주셨으며(눅 7:11-12), 불의한 재판관을 졸라 행

---

137) John Stott, 디모데전서, p. 174.

동하게 만든 과부의 끈질김과(눅 18:1-5), 성전의 연보궤에 동전 두 닢을
넣은 가난한 과부를 칭찬하셨다(막 12:41-42). 또한 주님은 종교적인 허
세를 부리면서 과부의 가산을 삼키는 서기관을 경계하라고 지적하셨다
(막 12:38).

초대교회는 이러한 가르침을 본받아 일찍부터 예루살렘 교회에서
는 과부들을 구제하는 일을 돕도록 일곱 명의 재능 있는 집사들을 선
출하기도 했다(행 6:1-6). 야고보는 "하나님 아버지 앞에서 정결하고
더러움이 없는 경건은 곧 고아와 과부를 그 환난 중에 돌아보고 또 자
기를 지켜 세속에 물들지 아니하는 이것이니라"(약 1:27)라고 단언하고
있다.[138]

바울은 과부와 관련해 먼저 경제적으로 도움을 받아야 할 대상으로
① 경건하고 가난한 과부들과(3-8절), 이어서 ② 교회의 사역을 위해 명
부에 올릴 대상으로 신실함을 보이고 선한 일에 힘쓴 과부들(9-16절)에
대한 자격을 규정하고 있다. 이 두 계층은 엄밀하게 구별되기보다는 교
회의 판단에 따라 행할 것이며 때로는 서로 겹치는 경우도 있다.[139]

1) 경제적인 도움을 받아야 할 대상

이스라엘의 과부는 하나님의 돌봄과 언약공동체의 책임에 대한 특별
한 대상이었다. 초대교회에서도 과부들은 그들의 공동체에 대한 중요
한 영적 은사들로 인해 공식적으로 인정되었다(행 9:36, 39, 41). 그중 교
회로부터 경제적인 도움을 받아야 할 대상으로 바울은 "참 과부인 과
부를 존대하라"(딤전 5:3)고 규정하고 있다. 여기에서 '참 과부'는 4-8
절에서 언급하고 있듯이 부양할 가족이 없으며, 하나님께 소망을 두고,

---

138) William Hendriksen, 목회서신, p. 227.
139) John Stott, 디모데전서, p. 176.

항상 간구와 기도에 힘쓰는 경건한 과부를 가리킨다.

그들을 '존대하라'($\tau\iota\mu\alpha$)는 말은 단순히 존경을 하라는 것만이 아니라 필수적인 모든 것을 지원하라는 의미를 포함한다.[140] 이것은 단지 돈을 지불하는 것 이상을 암시하는 것으로 참된 관심과 동정, 그리고 정말로 가난하고 경건하여서 그들에 대한 섬김과 개인적인 존엄성을 인정하는 것 등을 포함한다.

반면에 과부라 할지라도 자녀나 손자들이 있어 그들의 부양이 가능하다면 교회는 그들을 가르쳐 부모에게 효도하게 함으로써 교회가 부담해야 할 짐을 덜도록 했다. 가족 중에서 연로한 이들을 돌보지 않는 것은 '믿음을 배반한 것'으로 간주되었다. 자기의 부양 가족에게 당연한 보답을 무시하는 자들은 자신의 행동으로 기독인의 삶을 부인한 것과 같기 때문이다. 이러한 자들은 "하나님을 시인하나 행위로는 부인하니 가증한 자요 복종치 아니하는 자요 모든 선한 일을 버리는 자"(딛 1:16)와 다를 바 없다.

대신에 교회가 경제적인 도움을 주는 과부들에게는 하나님께 소망을 두도록 하며, 일상생활의 즐거움을 추구하지 않도록 경계시키고 있다. 과부들이 하나님께 소망을 두어야 할 이유는 자신뿐 아니라 모든 인류를 위해 하나님께 간구하는 일에 자신을 헌신하는 게 옳기 때문이다. 이것은 교회로부터 재정적인 공급을 받고 있으면서 그들이 자신의 일락을 즐김으로써 다른 사람들의 책망을 받지 않도록 하기 위함이다.[141]

2) 교회의 섬김을 위해 명부에 올릴 대상

초대교회에는 교회를 섬기는 사역을 하고 심방이나 기도하는 일에

---

140) Thomas C. Oden, 디모데전후서, p. 229.
141) J. Calvin, 디모데전서, p. 494.

관여하도록 승인된 과부들의 명부가 있었던 것으로 보인다. 이들에게는 좀더 엄격한 자격이 요구되었는데 ① 교회의 섬김에 헌신하기 위해 독신으로 계속 남아 있겠다는 서약(12절)과 ② 이 명단에 젊은 과부들을 받아들이지 않는 원칙(11-15절) 등으로 규정되어 있었다.

특별히 바울은 이들의 자격에 대해 "과부로 명부에 올릴 자는 나이가 육십이 덜 되지 아니하고 한 남편의 아내였던 자로서 선한 행실의 증거가 있어 혹은 자녀를 양육하며 혹은 나그네를 대접하며 혹은 성도들의 발을 씻으며 혹은 환난 당한 자들을 구제하며 혹은 모든 선한 일을 행한 자라야 할 것이요"(딤전 5:9-10)라는 조건을 요구하고 있다. 교회의 명부에 올린 과부들에게는 다음과 같은 봉사의 일들이 주어졌다.

① 자녀를 양육하는 일에 봉사했다. 이때 '자녀'는 교회에서 돌보아야 할 고아를 포함하는 것으로 보인다. 이들은 신체적으로, 영적으로 교회의 자녀들을 돌아보는 일에 봉사했다. 특별히 여성들에게 세례를 준비시키는 일도 여기에 포함되었다.

② 나그네를 대접하는 일에 봉사했다. 아마도 복음 전도자들이나 교회의 지도자들에게 필요한 섬김으로 보인다. 아울러 성찬에 참여할 여성들을 위한 준비를 담당하는 것도 여기에 포함된다.

③ 환난 당한 자들을 구제하는 일에 봉사했다. 이것은 핍박을 포함해서 모든 종류의 어려움이나 곤란을 당한 이들과 병든 자들을 돌보는 일이다.

이처럼 교회는 겸손과 비이기적이고 고귀한 봉사의 사역을 위해 선발한 과부들을 명부에 올림으로써, 그들로 하여금 교회의 일꾼으로 인정을 받게 하였다.[142]

---

142) John Stott, 디모데전서, p. 182.

3) 서로 나누어 짊어져야 할 교회의 짐

바울은 교회를 봉사하기 위한 과부들을 나이가 많고 경험이 풍부하며 시간 여유가 많은 이들로 제한했다. 반면에 젊은 과부들을 명부에서 제외하도록 조처하였다. 교회를 위한 봉사는 전폭적인 헌신을 필요로 한다는 사실을 염두에 둔 것으로 보인다. 오히려 바울은 젊은 과부들을 위해 "젊은이는 시집가서 아이를 낳고 집을 다스리고 대적에게 비방할 기회를 조금도 주지 말기를 원하노라"(딤전 5:14)고 권면하고 있다.

바울은 금욕주의를 반대한다. 특히 젊은 과부들이 재혼하지 않고 수절하는 것을 원치 않는다. 이것은 독신주의를 교회의 미덕으로 간주하지 않는다는 사실을 의미한다. 바울은 젊은 과부라 할지라도 기회가 주어진다면 하나님께서 여성에게 주신 기본적인 위치와 역할에 충실하기를 바라고 있다. 자신의 삶을 더욱 비참하게 만들 수 있는 정절 서약에 매이는 것보다 주 안에서 재혼하라고 제시하고 있다. 이로써 바울은 여성이 가정의 영역에서 합법적인 권위를 부여받아야 한다는 점을 강조하고 있다.143)

거짓 가르침을 거부하는 참된 교회는 무엇보다 먼저 창조 질서 안에서 존재해야 한다. 또한 교회는 마땅히 경건의 질서도 보존해야 한다. 젊은 과부들이 험담으로 시간을 허비하기보다는 그들의 신앙고백을 통해 하나님의 이름을 빛내는 생활을 하도록 독려해야 할 이유가 여기에 있다.144) 이렇게 함으로써 교회는 젊은 과부들로 인하여 대적에게 훼방할 기회를 주지 않도록 해야 한다.

이어서 바울은 그리스도인 가정들에게 가족의 의무에 속한 과부 친척들을 돌보아야 할 것을 제시한다. "만일 믿는 여자에게 과부 친척이

143) Thomas C. Oden, 디모데전후서, p. 235.
144) William Handriksen, 목회서신, p. 240.

있거든 자기가 도와 주고 교회가 짐지지 않게 하라 이는 참 과부를 도
와 주게 하려 함이라"(딤전 5:16).

과부들에 대한 교회의 의무는 먼저 재산이 없는 과부들을 돌보는 일
이다. 그들의 가족과 친척들이 돌보아야 할 사람들까지 교회가 짐을 지
게 된다면, 정작 어려운 형편에 처한 과부들에 대한 지원에 부담을 가
지게 될 것이다. 그리스도인 가정들은 보다 덜 빈궁한 사람들을 돌보는
불필요한 일들로 말미암아 교회가 과중한 부담을 떠맡지 않게 함으로
써 가난한 자들에 대한 교회의 사역에 함께 참여해야 한다.[145]

여기에서 바울은 교회로부터 부양을 받지 않거나 봉사를 위한 명부
에서 제외되는 과부들이나, 젊은 과부들, 혹은 자신들을 부양할 가족이
나 친족이 있어서 스스로를 돌볼 수 있는 과부들은 교회 공동체를 위해
교회로 하여금 짐을 지는 일을 경감케 하는 일에 봉사함으로써 더불어
교회를 함께 세워가는 길을 열어놓고 있다.

이런 일은 재정적인 도움뿐 아니라 자기보다 어려운 과부들에게 일
자리를 제공한다든지 생활을 보살펴 줌으로써 교회의 짐을 서로 나누
는 역할을 통해 하나님께서 주시는 평화를 더불어 나누는 것으로도 나
타낼 수 있다.

이러한 바울의 권면을 통해 '연보의 정신'을 가름할 수 있다. 성경
이 가르치는 것처럼 모든 사람과 물건의 소유주는 하나님이시다. 우리
는 자신의 생명이나 재산을 관리하는 관리인에 불과하며, 그 소유권은
하나님에게 있다.

이 사실을 인정하는 성도들이라면 예수 그리스도의 몸된 교회를 통
해 주께서 다스리시는 교회의 사업이 널리, 올바로 성취될 수 있도록
자신의 수입 중 얼마를 연보로 내어놓아야 한다. 이 연보 역시 하나님

---

145) Thomas C. Oden, 디모데전후서, p. 235.

을 경배하는 방법 중 하나이다. 그리고 연보를 하고 난 나머지는 그리
스도의 신자답게 올바로 사용해야 한다(고후 9:5-7).

국내외에 복음을 전파하는 선교 사업을 위하여, 또한 어렵고 힘든 형
제들의 구제를 위하여 규칙적으로 자신의 분수에 맞는 연보를 하는 것
은 성경이 분명히 명령하는 의무인 동시에 신자의 특권이기도 하다(고전
16:1-2). 이 연보를 교회의 공예배 시간에 모으게 한다는 것은 매우 중요
한 의미를 가지고 있다.

앞서 우리가 살펴본 것처럼 바울은 디모데전서 3장 1-7절을 통해 감
독(장로)의 직분을 정의한 바 있다. 감독은 ① 하나님의 나라를 세우고
확장하며 주님께서 친히 자신의 피로 값 주고 사신 영혼들의 구원을 보
살펴야 한다(행 20:28). ② 하나님의 기업인 교회를 다스리는 중대한 사
명에 있어서 하나님의 아들을 대표하는 일을 수행해야 한다. ③ 거짓
복음으로부터 교회를 지키며 그리스도의 대의를 위해 수많은 고난들을
기쁨으로 감내할 정도로 자신의 시간과 열정을 쏟아야 한다. ④ 하나님
의 백성들로 하여금 날마다 성장하도록 하기 위한 하나님의 계획을 수
행해야 한다.

바울은 가르치는 장로를 다스리는 장로와 분명하게 구별하고 있다(딤
전 5:17-18). 이 가르치는 장로가 목사이다. 이때 그리스도는 직분자인
목사를 사용하여 교회를 인도하시는 선지자가 되신다. 아울러 장로의
직분은 신자들을 다스리는 일을 위해 세워졌다. 이때 그리스도는 직분
자인 장로들을 사용하여 교회를 통치하시는 왕이 되신다.

바울은 디모데전서 3장 8-13절을 통해 집사의 직분을 정의한 바 있
다. 집사는 ① 하나님의 백성들이 감사함으로 주님께 드린 헌물을 수납
한다. ② 궁핍한 모든 사람에게 이 연보를 같은 정신으로 분배해 주고,
가난을 예방한다. ③ 기도와 성경 말씀에 근거하여 고난과 슬픔을 당한

사람들을 권면하고 위로함으로써 자비의 사역을 수행해야 한다. 이때 그리스도는 직분자인 집사들을 사용하여 가난한 자들을 구제하시는 자비로우신 대제사장이 되신다.

이러한 그리스도의 삼중직(선지자직, 제사장직, 왕직)에 근거한 교회의 직분자들이 각각 고유한 직책을 수행하는 유일한 자리가 곧 교회의 공적인 예배이다. 이 공예배 시간에 ① 목사는 말씀 선포에 봉사하고, ② 장로는 교회의 예배를 감독하며 살피고, ③ 집사는 연보를 거두어 구제하는 일을 섬겼다. 이처럼 그리스도의 삼중직에 따른 세 직분자들이 각각 능동적으로 함께 참여하는 그 자리가 교회의 공예배이다. 공예배 시간에 선포되는 목사의 설교와, 예배의 질서를 유지하는 장로의 감독과, 연보를 모아 구제하는 집사의 사역은 교회의 왕이신 그리스도께서 그의 나라를 이끌어 가시는 방법이기도 하다.

따라서 우리가 공예배 시간에 연보를 드리는 것은 우리의 왕이신 그리스도를 향한 충성의 표시이며, 동시에 그리스도의 통치 사역에 동참하고 있다는 의미를 가지게 된다. 나아가 우리가 드리는 연보는 우리가 이 세상에서 제사장 나라의 백성으로 살고 있다는 가장 영예로운 헌상의 증표가 되는 것이다.

| 기 도 |

창조의 질서와 경건의 질서를 따라 복되신 그리스도의 몸된 교회를 세워 나가시는 우리 주 예수 그리스도의 아버지이신 하나님.

우리를 아름답고 복된 교회의 회원으로 부르시고 그 안에서 은혜를 누리며 살아갈 수 있도록 하나님께서는 독생자이신 성자까지도 아낌없이 내어 놓으심으로써 우리를 향한 자신의 사랑을 나타내셨습니다. 또한 성자께서는 자신을 하나님과 동등됨을 취할 것으로 여기지 아니하시고 철저하게 성부의 뜻에 순종하심으로써 하나님께 순종하는 모범을 우리에게 보이셨습니다.

우리가 복되신 그리스도의 몸인 교회로 접붙임을 받았고, 살아있는 새로운 생명을 얻게 된 것은 전적으로 하나님의 사랑에 따른 것입니다. 또한 그리스도께서 철저하게 하나님께 순종하심으로써 얻으신 의를 우리에게 전가해 주심으로써 되어진 것입니다.

이러한 교회의 특성을 따라 우리는 하나님께서 친히 사랑하시고 그리스도께서 자신의 핏값으로 사신 형제들입니다. 우리는 서로를 사랑하고, 그리스도께 복종하듯이 서로 섬겨야 할 것입니다. 자기 자신만을 위하는 이기적인 욕심을 버리고 함께 사랑하고 섬김으로써 그리스도의 몸인 교회를 세워나가는 일에 함께 참여하는 복을 누리게 하옵소서.

우리 주 예수 그리스도의 이름으로 기도합니다.

〈 11 〉
교회 회원들에 대한 책임과 의무 2

디모데전서 5:17-25

잘 다스리는 장로들은 배나 존경할 자로 알되 말씀과 가르침에 수고하는 이들에게는 더욱 그리할 것이니라 성경에 일렀으되 곡식을 밟아 떠는 소의 입에 망을 씌우지 말라 하였고 또 일꾼이 그 삯을 받는 것은 마땅하다 하였느니라

장로에 대한 고발은 두세 증인이 없으면 받지 말 것이요 범죄한 자들을 모든 사람 앞에서 꾸짖어 나머지 사람들로 두려워하게 하라

하나님과 그리스도 예수와 택하심을 받은 천사들 앞에서 내가 엄히 명하노니 너는 편견이 없이 이것들을 지켜 아무 일도 불공평하게 하지 말며 아무에게나 경솔히 안수하지 말고 다른 사람의 죄에 간섭하지 말며 네 자신을 지켜 정결하게 하라

이제부터는 물만 마시지 말고 네 위장과 자주 나는 병을 위하여는 포도주를 조금씩 쓰라

어떤 사람들의 죄는 밝히 드러나 먼저 심판에 나아가고 어떤 사람들의 죄는 그 뒤를 따르나니 이와 같이 선행도 밝히 드러나고 그렇지 아니한 것도 숨길 수 없느니라

사도는 교회 공동체가 과부들을 돌보는 문제에서 장로들을 대하는 문제로 주제를 옮기고 있다. 바울은 앞서 목회를 담당하는 지도자의 역할을 '선한 일'(딤전 3:1)이라고 밝힌 바 있다. 그리고 이 일에 필요한 자격을 열거하였다(딤전 3:2-7).

> "미쁘다 이 말이여, 곧 사람이 감독의 직분을 얻으려 함은 선한 일을 사모하는 것이라 함이로다. 그러므로 감독은 책망할 것이 없으며, 한 아내의 남편이 되며, 절제하며, 신중하며, 단정하며, 나그네를 대접하며, 가르치기를 잘하며, 술을 즐기지 아니하며, 구타하지 아니하며, 오직 관용하며, 다투지 아니하며, 돈을 사랑하지 아니하며, 자기 집을 잘 다스려 자녀들로 모든 공손함으로 복종하게 하는 자라야 할지며, (사람이 자기 집을 다스릴 줄 알지 못하면 어찌 하나님의 교회를 돌보리요) 새로 입교한 자도 말지니 교만하여져서 마귀를 정죄하는 그 정죄에 빠질까 함이요, 또한 외인에게서도 선한 증거를 얻은 자라야 할지니 비방과 마귀의 올무에 빠질까 염려하라" (딤전 3:1-7)

우리가 잘 알고 있는 것처럼 당시 교회의 지도자들은 그들이 살고 있는 사회로부터 언제나 신변의 위협을 당할 수 있었다. 때문에 교회의 지도자들은 교회를 위해 스스로 자신을 헌신하고 자신을 희생 제물로 바치는 것과 같았다.146) 이런 이유에서 바울은 감독의 직분을 행하는 것을 가리켜 '선한 일'이라고 구별하고 있다.

이처럼 선한 일을 위해 구별된 교회의 지도자들을 가리켜 '목자'(shepherds)라고 불렀다(벧전 5:2). 이것은 양떼를 위해서 자신을 아낌없이 내어주신 목자장(the Chief Shepherd, 벧전 5:4)이신 그리스도(요 1:11)를 본받아 교회를 위해 기꺼이 희생할 각오를 가지고 있었기 때문이다.147)

---

146) William Handriksen, 목회서신, p. 162.
147) James Allen, 디모데전서, p. 100.

이에 바울 사도는 이처럼 선한 일을 행하는 감독의 직분과 관련해 교회가 교회의 지도자들에게 마땅히 제공해야 할 생활비, 그들에 대한 징계의 원리 및 그들을 세우기 위한 안수 등에 대한 구체적인 지침들을 디모데에게 제시하고 있다. 이 단락에서 사도는 교회 지도자들에 대한 존경의 표시(17-18절), 교회 지도자들에 대한 책망의 방법(19-21절), 교회 지도자들을 세우는 일(22-25절)에 대해 언급하고 있다.

이 단락에서 언급하고 있는 교회 지도자들은 오늘날 교회의 직분인 목사를 가리키고 있다는 점을 감안해, 본문에 나오는 장로를 목사로 호칭한다면 보다 쉽게 접할 수 있을 것이다. 이런 이유에서 본문의 '장로'를 '목사'로 이해하는 것이 바람직하다.

1. 영예로운 목사의 직분 (딤전 5:17-18)

목사들은 그들에게 주어진 직무상의 업무(딤전 4장)로 말미암아 교회 공동체 안에서 누구보다 존경을 받아야 한다. 바울은 이 점을 강조하면서 "잘 다스리는 장로들을 배나 존경할 자로 알되 말씀과 가르침에 수고하는 이들을 더할 것이니라"(딤전 5:17)고 말한다. 여기에서 '배나 존경할 자'라는 말은 바로 앞에서 언급한 교회를 위해 봉사하는 과부들이나 교회의 유익을 위해 서로 짐을 나누는 성도들을 염두에 두고 비교한 것으로 보인다.[148]

앞서 감독이라고 지칭한 것과 달리 본문에서 '장로들'($\pi\rho\epsilon\sigma\beta\upsilon\tau\epsilon\rho\omicron\iota$)이라고 부르고 있는 것은 감독들로 구성된 장로회(presbyters, 오늘날 장로교에서는 이 조직을 '노회'〈presbytery〉로 칭하고 있다)를 가리키기 위함이다. 초대 교회에서 장로회는 모든 교회의 치리기관이었다(행 14:23; 20:2, 4, 6, 22). 이 장로회는 유대교의 장로회인 산헤드린과 같은 의미를 가지고 있다.

---

148) J. Calvin, 디모데전서, p. 504.

이들 장로회의 회원들은 교회를 다스리는 직분자들이었다(롬 12:8; 살전 5:12; 딤전 3:4-5). 그들은 모두 가르치거나 설교를 하지는 않았으며 그 가운데서 특별히 말씀을 가르치거나 강설을 맡은 장로회원인 목사들이 있었던 것으로 보인다.[149]

칼빈은 이 구절을 '치리하는 장로'와 '가르치는 장로'로 구별할 수 있는 것으로 해석하고 있다. 이것은 오늘날 일반적인 목회와 행정적인 기능을 담당하고 치리하는 직분을 가진 '장로'와, 말씀과 가르침에 수고하는 가르치는 직분을 가진 '목사'로 구분하는 장로교의 정치 체제의 근거가 되었다.

그러나 칼빈이 이 제도를 적극적으로 추구한 것은 아니었다. 오히려 칼빈은 이 구절에서 말씀과 가르침에 수고하는 장로들이 그 직분에 따라 수행하는 일에 영예를 돌려야 한다는 의미로 가르치는 직분을 가진 목사의 역할과 위치를 강조하고 있다.[150]

앞서 바울은 감독들에 대해 언급하면서 그들은 가르칠 수 있어야 하고(딤전 3:2) 하나님의 교회를 돌볼 줄 알아야 한다고 규정한 바 있다(딤전 3:5). 이런 점에서 이 구절은 장로들의 직분이 무엇인가를 밝히고 그들이 누구인가를 알게 하는 데 더 관심을 가지고 있음을 알 수 있다. 따라서 이 구절은 "잘 다스리는 장로들, 즉 말씀과 가르침에 수고하는 장로들"로 이해하는 것이 무난하다.

바울이 이들 가르치는 장로들에게 배나 존경하라고 요청하고 있는 것은 "성경에 일렀으되 곡식을 밟아 떠는 소의 입에 망을 씌우지 말라 하였고 또 일꾼이 그 삯을 받는 것이 마땅하다 하였느니라"(딤전 5:18)는 구절에 비추어 볼 때 그들의 생활을 지지하기 위한 생활비를 교회가 공

---

149) A. C. Hrevey, 디모데전서, p. 252.
150) J. Calvin, 디모데전서, p. 504.

급해야 할 것을 말하기 위함이다.

본문에서 '존경'($\tau\mu\eta$)은 "참 과부인 과부를 존대하라"(3절)는 말과 같은 단어로, 여기에서는 존경(honor)과 그에 따른 보상(honorarium)을 받아야 함을 의미한다.[151] 이런 의미에서 목사는 '배나 존경할 자'로 여기라고 바울은 강조하고 있다. 이것은 무엇보다도 그리스도의 몸인 교회의 유익과 깊은 관련이 있다. 이와 관련해 칼빈이 '하나의 몸인 교회의 질서'와 관련해 '가르치는 장로'인 목사를 회원들이 존경해야 할 것에 대해 다음과 같이 피력한 바 있다.

> 만약 어떤 사람이 자기 교회에 대한 순종을 하지 않겠다고 말한다면, 그것은 마치 몸의 근육을 끊어버리는 것이나 마찬가지입니다. 그는 아마도 몸을 사랑하는 척하지만, 실제로는 모든 몸의 근육을 끊어버리는 자이며, 그렇게 함으로써 해체되고 분해된 몸 전체는 기절해 버리고 마침내는 썩어 없어지게 됩니다. 왜냐하면 교인들은 서로 연결되어 있어야만 하기 때문입니다. 그리고 그렇게 될 때 하나님께서는 그런 교회를 잘 부양해 주십니다. 선지자, 교사, 목사, 전도인들을 보내주심을 통해서 말입니다. 그러나 이를 만일 거부한다면 우리들이 우리 주님께서 우리 중에 있어야 한다고 명령하신 연합을 산산이 부수려 하는 것입니다. 또한 가르치는 직책에 존경을 바치지 않는 모든 자들은 하나님의 백성들의 치명적인 적이며, 혼란만을 추구하는 자들이다. 그들은 교회의 파멸을 불러오고, 하나님을 조롱하며 모든 선한 것들의 완전함을 저버리는 것입니다.[152]

바울은 목회 사역이 유급 봉사직이라는 사실을 당연하게 제시한다. 구약 시대의 제사장들이 여호와의 율법에 온전히 헌신할 수 있도록 그들의 필요를 공급했던 것처럼(대하 31:4), 신약 시대의 목회자들 역시 자신을 복음 사역에 온전히 드릴 수 있도록 교회가 그들의 필요를 공급해야 하기 때문이다.

---

151) John Stott, 디모데전서, p. 186.
152) John Calvin, 존 칼빈 에베소서 설교(하), 김동현 역, 솔로몬, 1995, p. 30.

갈라디아서에서도 바울은 "가르침을 받는 자는 말씀을 가르치는 자와 모든 좋은 것을 함께 하라"(갈 6:6)고 권면하면서, 교회의 회중들이 가르치는 장로들에게 물질적으로 공급할 의무가 있음을 분명하게 밝힌 바 있다. 바울은 이 사실을 입증하기 위해 "곡식 떠는 소의 입에 망을 씌우지 말지니라"(신 25:4)는 구절을 인용하고 있다. 여기에서 바울은 더 확실한 근거로 "일꾼이 그 삯을 얻는 것이 마땅하니라"(눅 10:7)고 하신 주님의 말씀을 더하고 있다.

바울이 이 구절들은 인용하고 있는 것은 가르침에 봉사하는 장로들의 수고가 매우 힘든 일이며, 따라서 그 힘든 일을 성실히 감당한다면 보상받는 것이 당연함을 강조하기 위함이다. 이때 목사들은 돈을 사랑치 아니해야 하며(딤전 3:3), 무엇보다도 목사의 본질적인 직무인 '선한 일'(딤전 3:1)을 합당하게 수행하고 있어야 한다.

2. 신중해야 할 목사에 대한 송사 (딤전 5:19-20)

교회의 지도자로서 목사들은 다스리는 일과 말씀 전하는 일에 충성해야 하지만 자신의 삶을 통해 성도들에게 모범을 보여야 한다. 뿐만 아니라 "또한 외인에게서도 선한 증거를 얻은 자라야 할지니 비방과 마귀의 올무에 빠질까 염려하라"(딤전 3:7)는 사도의 권면에 따라, 누구에게든지 비방을 받지 않아야 한다.

그렇다 할지라도 목사들에게는 언제나 존경만 주어지는 것은 아니다. 때로는 목사들도 모략을 당하거나 이 일로 공격을 받을 수 있다. 때로는 근거도 없이 황당무계한 일로 많은 비난을 받을 수도 있다. 이러한 일이 발생할 때 교회 공동체는 편견을 피하기 위해 적어도 '두, 세 사람의 증인들'의 입으로 확증케 한 후에야 판단을 내려야 한다(신 17:6; 마 18:16).

이에 사도는 "장로에 대한 송사는 두세 증인이 없으면 받지 말 것이

요 범죄한 자들을 모든 사람 앞에 꾸짖어 나머지 사람으로 두려워하게
하라"(딤전 5:19-20)고 제시하고 있다. 목사에 대한 험담은 그것이 심각
한 내용의 송사라 할지라도 책임 있는 몇 사람이 함께 주장하지 않는
한 어떤 송사도 듣지 말아야 한다.

또한 송사를 받은 목사는 공정한 심리를 받을 권리를 가지고 있다.
만일 송사가 제시되면 확증적인 증거를 찾아야 하고, 주의 깊고 편견
없이 그리고 편애함 없이 조사되어야 한다. 이렇게 하는 이유는 정직한
사람들의 평판이 공연히 상처를 입게 되거나, 하나님의 거룩한 가르침
의 권위를 감소시키는 일을 방지하기 위함이다.[153]

반면에 목사에 대한 송사가 두세 증인에 의해 확정되었을 뿐 아니라
사실로 드러난다면, 또한 당사자가 개인적인 훈계를 받아들이지 않고
회개하기를 거부하며 계속해서 범죄를 한다면 이 문제를 공중 앞에 드
러내는 슬픔과 수치를 피할 수 없다. 이때는 그의 범죄로 인하여 모든
사람 앞에서 꾸짖음으로써 나머지 사람들로 두려워하게 해야 한다. 그
러나 이러한 공적인 훈계와 책망은 가급적 최후까지 보류되어야 한다.

이와 더불어 개인적인 죄는 개인적으로 처리하고 공적인 죄는 공적
으로 처리하는 것이 원칙이다. 공적인 책망은 다른 사람들의 유익을 위
함이다. 그것은 책망받는 당사자뿐 아니라 다른 사람들도 이러한 일을
두려워할 수 있게 만들기 때문이다.[154]

3. 공평을 추구해야 할 교회 공동체 (딤전 5:21-22)

목사의 송사와 관련된 일들과 관련해 바울은 재판관들에게 공평하게
자신의 권위를 행사하라고 권면하고 있다. 이와 관련해 바울은 ① 외모

---

153) Thomas C. Oden, 디모데전후서, p. 226.
154) Matthew Henry, 디모데전서, p. 61.

로 사람을 취하지 아니하시는 하나님과, ② 지상의 모든 재판관들을 장
래에 심판하실 심판자이신 그리스도 예수와, ③ 타락한 천사들과는 달
리 충성스러운 택하심을 받은 천사들 앞에서 엄하게 명령을 하고 있다.
"하나님과 그리스도 예수와 택하심을 받은 천사들 앞에서 내가 엄히
명하노니 너는 편견이 없이 이것들을 지켜 아무 일도 편벽되이 하지 말
라"(딤전 5:21).

　이 공평의 원리는 첫째, 편견이 없어야 한다. 이 말은 미리 판단하지
말라는 뜻으로 유죄인지 무죄인지 미리 결론부터 내려서는 안 된다는
점을 강조하고 있다. 둘째, 편벽되이 하지 않아야 한다. 이 말은 어느
한 편에 서서 판단하지 말 것을 강조하고 있다. 재판관들은 이런저런
이유로 다른 사람에게 특혜를 베풀어서는 안 되기 때문이다.[155]

　목사의 송사와 관련해 바울은 "아무에게나 경솔히 안수하지 말고 다
른 사람의 죄에 간섭지 말고 네 자신을 지켜 정결케 하라"(딤전 5:22)고
부언하고 있다. 사실 경솔하게, 즉 서둘러 목사를 세우는 일은 그 사람
의 됨됨이를 충분한 시간을 가지고 알아보지 않았기 때문에 그에게서
교리적인 과오나 도덕적인 결함이 밝혀지게 된다면 교회 공동체가 그
책임을 져야 한다.

　안수는 어떤 사람을 인정하고 그 사람과 동일하다는 것을 의미한다
(민 8:10; 27:18, 23). 누군가에게 하나님께서 소명과 자격을 부여하셨으
며, 그 사실이 그에게 손을 얹는 행위를 통해 공적으로 인정되었음을
표시하는 것이 '안수'이다. 따라서 부적합한 사람을 목사로 안수했을
때 그 안수는 오히려 그에게 범죄할 기회를 부여한 것과 다를 바 없다.
이런 점에서 그를 책임 있는 위치에 세운 사람들이 그 일에 책임이 있
으며 그의 잘못에 참여하게 되는 것과 같다.[156]

155) John Stott, 디모데전서, p. 193.
156) James Allen, 디모데전서, p. 186.

따라서 교회의 지도자들과 교회 공동체는 다른 사람의 죄악에 참여하지 않아야 하며, 혹 다른 사람들이 졸속하게 목사를 세우는 일에 뛰어드는 일이 있다 할지라도, 진정한 지도자는 그 일에 참여해서는 안 된다. 이런 이유에서 바울은 만약 다른 사람들이 무슨 잘못을 저지르거든 거기에 동조하고 인정함으로써 그 잘못된 죄악에 감염되는 일이 없도록 하라고 경계시키고 있다. 설령 그 사람을 목사로 세우는 일을 막을 수는 없다 할지라도 그 일에서 벗어나 있어야 하며, 그 결과 자기 자신을 정결케 지키도록 해야 한다.[157]

이러한 권면은 목사에 대한 송사를 통해 그의 범죄가 밝혀지는 일들이 발생함으로써 교회가 그 책임을 짊어져야 하기에, 교회는 최대한 그 사람을 목사로 세우기 전에 시험하고 관찰해야 할 의무가 있음을 강조하고 있다. 아울러 회중들이 누군가를 섣불리 목사로 세우고자 한다면 그 일에 동참하지 말아야 할 것을 경계시키고 있다. 그만큼 목사를 세우는 일과 안수하는 일에 대해서는 신중해야 하기 때문이다.

4. 신중해야 할 교회 공동체의 판단 (딤전 5:23-25)

목사를 안수하는 일을 서둘지 말라고 당부한 바울은 목사를 세우는 일과 관련해 "네 자신을 지켜 정결케 하라"(22절)는 권면을 디모데가 너무 심각하게 받아들일 수 있음을 염두에 두고 있다. 이를 의식한 듯 디모데에게 "이제부터는 물만 마시지 말고 네 비위와 자주 나는 병을 인하여 포도주를 조금씩 쓰라"(딤전 5:23)고 권하고 있다. 이것은 필요 이상의 소심함이나 절제로 인해 발생하게 될 부작용을 미리 방지하기 위함이다.

바울은 디모데가 에베소의 쾌락적인 문화 속에서 자신을 정결하게 지키기 위해 더욱 금욕적인 생활을 추구할지 모른다는 염려를 하고 있

---

157) J. Calvin, 디모데전서, p. 510.

다. 사실 교회의 직분자들인 목사와 장로를 비롯해 집사들이 술을 즐기는 것은 금해야 할 덕목이었다(딤전 3:3, 8).

디모데는 술을 즐기지 않는 정도가 아니라 아예 포도주조차 마시지 않고 있었다. 이러한 디모데의 습성은 자칫 지나친 금욕주의로 보일 수도 있었다. 때문에 바울은 디모데의 건강을 위해 포도주를 적당하게 사용할 것을 권함으로써 지나친 신중함으로 인하여 건강을 해하는 일이 없도록 당부하고 있다. 이것은 디모데의 사람됨을 잘 알고 있는 바울의 배려였다.158)

23절의 개인적인 조언에 이어 바울은 목사들을 인정하는 주제로 다시 돌아와 이 주제를 마감하고 있다. 여기에서 23절의 '병'과 24절의 '죄' 그리고 25절의 '선행'은 서로 대조를 이루고 있는 것으로 보인다. "어떤 사람들의 죄는 밝히 드러나 먼저 심판에 나아가고 어떤 사람들의 죄는 그 뒤를 좇나니 이와 같이 선행도 밝히 드러나고 그렇지 아니한 것도 숨길 수 없느니라"(딤전 5:24-25).

목사의 자격을 고려할 때 죄에는 드러난 것과 숨겨진 것의 두 종류가 있음을 염두에 두어야 한다. 드러난 죄는 밝히 드러나며 그 행동이나 활동을 평가받게 된다. 따라서 그 사람의 행동을 통해 그가 어떤 사람인지를 판단할 수 있다.

그러나 어떤 사람들의 경우에는 죄가 분명하게 드러나지 않고 '그 뒤를 좇는다'. 즉 곧바로 나타나지 않는 경우에는 모든 증거를 갖추지 못한 채 판단이 행해지게 된다. 이것은 반대 증거가 없다고 해서 항상 그 사람이 죄가 없다고 인정하는 일이 때로는 충분하지 않을 수 있다는 사실을 지적하고 있다.

반대로 어떤 선행들 역시 밝히 드러나지만, 두드러지지 않은 선행도

158) William Handriksen, 목회서신, p. 251.

있기 마련이다. 하지만 즉시 나타나지 않는 선행이라 할지라도 영원히 숨겨질 수는 없다(마 5:14-16). 이것은 목사를 세움에 있어 그 직분에 합당한 몇몇 지원자들을 인정하는 시기가 지체됨으로써 제대로 교회 공동체의 평가를 받지 못하게 될 것을 염려하는 디모데를 격려하기 위함이다.

어떤 죄는 빨리 나타나지만 어떤 죄는 숨겨져 있어서 쉽게 목사를 세우는 잘못을 범하지 않도록 주의를 요하고 있다. 아울러 사람의 선행이 언제든지 밝히 드러나는 것처럼 숨겨진 죄 역시 반드시 밝혀질 것이기 때문에 바울은 디모데에게 목사를 세우는 일에 있어서 그만큼 신중해야 한다는 점을 강조하고 있다.[159]

따라서 디모데에게는 분별력이 필요하다. 이것은 빙산의 원리와 같아서 사람의 속성은 대부분이 감추어져 있기 때문이다. 이에 디모데는 사람들의 품성을 정확하게 살펴보기 위해 시간을 두고 그 사람을 지켜보아야 한다. 이것은 호감이 가는 사람이든 호감이 없는 사람이든 보이는 것과 보이지 않는 것, 표면과 깊이, 그리고 겉으로 드러난 것과 실제가 어떻게 다른지를 분별하는 지혜와 인내가 필요함을 강조한다.

이상의 교훈에서 볼 때 지도자가 책임져야 할 사람들을 대할 때 갖추어야 할 몇 가지 자질이 뒤따른다. 즉 ① 뛰어난 업적을 확증해 주는 인정이 요구되며, ② 근거 없는 소송을 듣지 않는 공정함이 요구되며, ③ 편벽되이 행하지 않는 공평함이 요구되며, ④ 성급히 결론을 내리지 않는 신중함, 그리고 ⑤ 겉으로 드러난 것을 넘어서 중심을 보는 분별력 등이 그것이다.

이러한 가르침을 따라 장로교에서는 목사를 세우는 일에 보다 엄격하게 규칙을 제정해서 운용해 오고 있다. 그 내용을 웨스트민스터 정치모범(1645년)에서 읽을 수 있다.

---

159) James Allen, 디모데전서, p. 190.

목사 안수 규칙서

합법적으로 부르심을 받고 안수 받을 때까지는 누구도 복음 봉사자의 직분을 스스로 취할 수 없다는 것이 하나님의 말씀에 분명히 나타났으므로, 목사 안수의 일은 필요한 모든 조심과 지혜와 진실함과 엄숙함을 가지고 수행할 것이니, 우리는 반드시 지켜야 할 것으로 이 규칙을 겸손히 제출한다.

1. 안수 받을 자는 교인들로 말미암아 지명을 받았든지, 혹은 어떤 자리를 위하여 노회의 추천을 받았든지, 반드시 노회에 자신이 청원을 하고, 청빙할 교회와 맺은 계약을 수락하는 증거를 가지고 오고, 그의 공부에 있어서 부지런함과 능란함과 대학에서 무슨 학위를 했으며 얼마나 수련했으며 연령은 몇 세이며(24세 이상) 특별히 그의 생활과 교제에 관한 증거를 가지고 와야 한다.

2. 이 모든 것을 노회가 고려한 후에, 노회원들은 그 안에서 일어난 하나님의 은혜에 관하여 문의하며, 복음의 봉사자로서 필요한 생활의 성화가 이루어졌는지를 검토하고, 그의 학문과 능력을 검토하며, 거룩한 성역에 부르심을 받은 증거에 관하여, 또한 특별히 그 자리에 그가 공평무사한 부르심을 받았는가의 여부를 시험한다.

이러한 작업을 통해 교회 공동체는 목사를 세우는 일에서 실수를 피할 수 있으며, 교회 공동체를 사랑 안에 보존할 수 있으며, 하나님의 영광을 가리는 일을 하지 않게 된다.[160]

| 기 도 |

만물을 충만케 하시는 자의 충만이신 그리스도의 몸된 교회를 위하여 직분자들을 통해 온전하게 자신의 교회를 세우시는 우리 주 예수 그리스도의

---

160) John Stott, 디모데전서, p. 193.

아버지이신 하나님.

그리스도와 한 몸인 교회에서는 오직 주께서 다스리시고 통치하셔야 하고, 권위와 최고의 자리를 차지하셔야 하며, 이 권위는 오직 주의 말씀으로만 시행되고 운용되어야 합니다.

이런 이유에서 우리의 주께서는 사람들의 사역을 사용하셔서 일종의 대리자로서 자신의 뜻을 입으로 교회 회원들에게 공개적으로 선포하시려고 직분자로서 목사를 세우셨습니다(고후 5:20). 주께서는 자신의 은밀하신 뜻을 해명하는 자로, 주님 자신을 대변하는 자로 목사를 세우시고, 이들을 통해서 주의 백성을 돌아보십니다.

뿐만 아니라 이러한 방법이 우리들에게 겸손을 실천하고 훈련하는 유용한 방법으로 삼으셨습니다. 우리와 똑같은 사람들을 통해서, 때로는 우리보다 비천한 사람들을 통해서 주의 말씀이 전해진다 할지라도, 우리로 하여금 그 말씀을 순종하는 데 익숙하도록 만드시기 때문입니다.

연약한 사람이 티끌 중에서 일어나 하나님의 이름으로 말씀을 전할 때, 그 사람이 우리보다 나을 것이 없음에도 불구하고 우리가 그의 가르침을 순전하게 받는다면, 바로 여기에서 하나님을 향한 우리의 경건과 순종이 가장 적나라하게 드러나게 될 것입니다.

이로써 주께서는 구원과 영생에 대한 가르침을 연약한 사람인 목사를 통해서 모든 사람에게 전달하게 함으로써 서로 연합하여서 온전한 사랑으로 장성할 수 있도록 이끌어 주심에 감사를 드립니다.

우리 주 예수 그리스도의 이름으로 기도합니다.

〈 12 〉

복음에 관한 사도의 믿음과 교회의 계승

디모데전서 6:1-10

무릇 멍에 아래에 있는 종들은 자기 상전들을 범사에 마땅히 공경할 자로 알지니 이는 하나님의 이름과 교훈으로 비방을 받지 않게 하려 함이라 믿는 상전이 있는 자들은 그 상전을 형제라고 가볍게 여기지 말고 더 잘 섬기게 하라 이는 유익을 받는 자들이 믿는 자요 사랑을 받는 자임이라 너는 이것들을 가르치고 권하라

누구든지 다른 교훈을 하며 바른 말 곧 우리 주 예수 그리스도의 말씀과 경건에 관한 교훈을 따르지 아니하면 그는 교만하여 아무 것도 알지 못하고 변론과 언쟁을 좋아하는 자니 이로써 투기와 분쟁과 비방과 악한 생각이 나며 마음이 부패하여지고 진리를 잃어 버려 경건을 이익의 방도로 생각하는 자들의 다툼이 일어나느니라 그러나 자족하는 마음이 있으면 경건은 큰 이익이 되느니라

우리가 세상에 아무 것도 가지고 온 것이 없으매 또한 아무 것도 가지고 가지 못하리니 우리가 먹을 것과 입을 것이 있은즉 족한 줄로 알 것이니라 부하려 하는 자들은 시험과 올무와 여러 가지 어리석고 해로운 욕심에 떨어지나니 곧 사람으로 파멸과 멸망에 빠지게 하는 것이라 돈을 사랑함이 일만 악의 뿌리가 되나니 이것을 탐내는 자들은 미혹을 받아 믿음에서 떠나 많은 근심으로써 자기를 찔렀도다

디모데는 바울로부터 거짓 교훈을 교회로부터 근절시키고 굳건하게 교회를 세워 가는 사역을 위임받았다. 이로써 디모데는 바울과 함께 영적 전쟁에 참여하는 영광스러운 자리에 서게 되었다(딤전 1:3-20).

바울은 교회에게 위임된 복음을 보전하고 선포하는 것을 교회의 사명으로 제시하였다(딤전 2:1-4:16). 이러한 가르침을 바탕으로 바울은 에베소 지역에 있는 교회들이 거짓 교훈으로부터 자신들의 정체성을 확립하고 "그는 육신으로 나타난 바 되시고 영으로 의롭다 하심을 입으시고 천사들에게 보이시고 만국에서 전파되시고 세상에서 믿은 바 되시고 영광 가운데서 올리우셨음이니라"(딤전 3:16)로 압축되는 교회의 신앙고백을 굳건하게 지켜나가도록 권면하였다.161)

'교회의 공적인 예배와 그 질서에 관한 규례'(2:1-4:16)라고 하는 주제 아래, ① 공예배에서 기도의 범위(딤전 2:1-7), ② 공예배에 참여하는 이들의 마음 자세(딤전 2:8-15), ③ 공예배에서 목회적 지도 체제와 지도자들이 갖추어야 할 자질(딤전 3:1-16), ④ 복음에 대한 교회의 사명(딤전 3:14-16), ⑤ 교회의 안전을 위협하는 세력들에 대한 대처(딤전 4:1-16) 등의 내용을 다뤘다.

이어 두 번째 주제인 '교회 안에서 수행할 감독의 사역에 관한 규례'(5:1-25)라고 하는 주제 아래, ① 연로한 계층과 연소한 계층과 관련된 사역(딤전 5:1-2), ② 과부들과 관련된 사역(딤전 5:3-16), ③ 교회를 위해 세움을 받은 장로들에 관련된 사역(딤전 5:17-25) 등의 내용을 다뤘다.

6장에 와서 바울은 본 서신을 마치기 전에 '교회가 추구해야 할 윤리적인 실천을 위한 가르침'(딤전 6:1-19)을 주고 있다. 여기에서 바울은 교회 공동체를 구성하고 있는 회원 상호간의 관계와 관련된 내용들을 다루고 있다. ① 종과 상전과의 관계(1-2절), ② 교회의 가르침을 대적하며 말뿐인 종교적 논쟁만을 일삼는 거짓 교사들에 대한 교회의 대처(3-5

---

161) Donald Guthrie, 신약 서론, p. 589.

절), ③ 거짓 가르침에 미혹되어 현실적인 부만을 추구하는 이들에 대한 교회의 대처(6-10절) 등을 제시하고 있다.

1. 사회 제도를 보존해야 하는 교회 (딤전 6:1-2)

당시 로마 세계는 엄청난 수의 노예들로 가득했다. 한때 로마 거주민들의 삼분의 일이 노예일 정도였다. 다른 도시들은 이보다 더 많은 비율을 차지하고 있었다.[162] 노예가 되는 경로도 다양했다. 전쟁의 포로가 됨으로써, 유죄 판결을 받음으로써, 채무로 인하여서, 자신들의 부모가 노예로 팔아버림으로써, 심지어 유괴를 당함으로써, 그리고 노예의 자녀로 태어남으로써 원치 않는 노예라는 멍에를 지게 되었다. 이들 가운데는 상당한 수준의 교육을 받은 이들도 있었으며 때로는 아주 높은 문화 수준에 도달한 이들도 있었다.[163]

1) 사회의 구조를 유지했던 노예제도

그리스-로마 세계에서 노예제도는 사회 구조에 깊이 뿌리 박혀 있었기 때문에 부유한 사람들은 누구나 노예를 소유하고 있었다. 아주 부유한 사람들에게는 수백 명의 노예가 있었으며, 이 노예들은 집안일을 돌보는 종이나 농장에서 일하는 일꾼으로 또는 청지기나 장인, 교사, 군사 등의 역할을 함으로써 없어서는 안 될 존재로 여겨지고 있었다.[164]

노예제도를 폐지한다는 것은 곧 그 사회의 붕괴를 가져오는 것과 같았다. 때문에 노예들에 의해 발생한 반란은 가차 없이 진압되고 말았다. 심지어 노예제도를 개혁하거나 폐지하고자 하는 사람들은 끔찍한

---

162) Thomas C. Oden, 디모데전후서, p. 167.
163) William Handriksen, 목회서신, p. 260.
164) John Stott, 디모데전서, p. 195.

학살을 피할 수 없을 정도였다. 따라서 고대 그리스-로마 세계에서 노예제도는 사람들의 마음이 점진적인 변화 과정을 통하지 않고서는 폐지되거나 개혁될 여지조차 없었다.

이러한 분위기 가운데 기독교가 로마 세계에 전파되면서 적지 않은 노예들이 회심을 통해 교회 안으로 유입되었다. 이것은 결국 교회 안에서도 쉽지 않은 문제들을 야기할 수 있는 요소가 되었다. 비록 교회는 노예들을 형제로 받아들였다 할지라도 그들로 하여금 자신들의 목을 구부려 기꺼운 마음으로 힘든 멍에를 메게 한다는 사실을 모른 체 한다는 것은 결코 쉬운 일이 아니었다.

필연을 피할 수 없는 사람들은 자기를 억압하는 사람들에게 마지못해 순종하였지만, 내면에서는 자신들이 착취를 당하고 있다는 의식 때문에 투덜대면서도 분노를 참을 수밖에 없었기 때문이다.[165]

2) 믿지 않는 주인에게 복종해야 할 이유

바울 역시 노예 제도의 불합리성을 인정하고 있었지만 멍에 아래 있는 모든 사람에게 자발적인 복종을 요청함으로써 이런 종류의 논쟁에 대해 종지부를 찍고 있다. 이에 바울은 "무릇 멍에 아래에 있는 종들은 자기 상전들을 범사에 마땅히 공경할 자로 알지니 이는 하나님의 이름과 교훈으로 비방을 받지 않게 하려 함이라"(딤전 6:1)고 권하고 있다.

이 권면을 통해 그들이 충실하고 근면하게 자신의 임무를 수행할 뿐아니라, 자신들의 상전을 자기보다 더 높은 지위에 서 있는 사람으로 알고 진심으로 존경할 것을 요청하고 있다. 왜냐하면 경우에 따라 높은 지위에 있는 그들이 마땅한 공경을 받지 못한다 할지라도 하나님께서 그들에게 부여하신 권세가 그들에게 항상 존경을 돌릴 것을 요구하기

---

165) J. Calvin, 디모데전서, p. 514.

때문이다.

이러한 권면은 노예가 자신의 주인을 개인적으로 어떻게 생각하든 간에 주인의 지위와 권위를 존중하게 함으로써, 자신에게 주어지는 복이 주인에게 기꺼이 순종하는 데 달려 있음을 강조하고 있다. '범사에 마땅히 공경하라' 는 말은 모든 영역에서 최고의 존경을 표하라는 의미이다. 반면에 노예들은 주인에게 무례를 범하거나 불순종한다면 당연히 형벌을 받게 되었다. 따라서 그리스도인 노예들의 경우에도 형벌을 받게 됨으로써 '하나님의 이름과 교훈' 에 누를 끼치는 결과를 야기할 수 있었다.

본문에서 '하나님의 이름' 은 하나님 자신을 가리키는 히브리 어법이다(사 52:5). 이 문구는 "기록된 바와 같이 하나님의 이름이 너희로 인하여 이방인 중에서 모독을 받는 도다"(롬 2:24)를 기억하게 한다. 결국 주인에게 순종치 않고 거스르는 그리스도인 노예는 하나님과 그들이 고백하는 교훈을 실추시키는 것과 다를 바 없다. 왜냐하면 그와 같은 태도는 복음과 사회 질서를 무너뜨린다는 비난을 받기 때문이다.[166] 이런 이유에서 바울은 하나님의 이름과 복음의 가르침이 믿지 않는 사람들로부터 비난을 받지 않기 위해 주인들에게 복종해야 할 것을 요구하고 있다.

3) 교회 회원인 주인을 섬겨야 할 이유

교회 안에서는 주인도 없고 종도 없으며 누구나 형제라는 명칭을 통해 평등을 확립하고 그 어떤 주도권도 인정하지 않는다. 그러나 바울은 교회 안에서라 할지라도 종들은 그들의 주인들이 하나님의 자녀라는 점을 알고, 형제애라는 끈으로 그들과 묶여 있으며, 그들과 동일한 은

---

166) James Allen, 디모데전서, p. 192.

혜를 누리고 있기 때문에 더욱더 자발적으로 주인들에게 복종할 것을
요구하고 있다.

　종들이 자신들을 가족처럼 대우해 주는 공동체에 속했다는 사실은
커다란 위로의 원천이 되었음에 틀림없다. 기독교 공동체 내에서 종들
은 하나님의 자녀가 된 영광스러운 자유를 누리면서 자유로운 남자요
여자들이 될 수 있었다. "이제부터는 너희를 종이라 하지 아니하리니
종은 주인의 하는 것을 알지 못함이라 너희를 친구라 하였노니 내가 내
아버지께 들은 것을 다 너희에게 알게 하였음이니라"(요 15:15)고 주님께
서 말씀하신 것처럼 이 급진적인 새로운 평등 정신은 예수님과 그의 제
자들의 관계 안에서 이미 소개된 바 있다.

　성도들의 가정에서 종들은 상전들과 좀더 복잡한 관계를 가지고 있
었다. 교회에서는 그리스도 안에 있는 형제들이었으나 정치적, 경제적
인 영역에서 그들은 상전(super ordinate)과 종(sub ordinate)의 위치를 계
속 유지해야 했다. 때문에 교회 안에서 서로 형제라고 하는 평등성 자
체가 본의 아닌 남용으로부터 보호되어야 했다. 기독교의 교훈과 노예
제도는 분명히 상반되지만 그러나 바울은 상전들에게 반항하지 말고
오히려 더 잘 섬기라고 권면하고 있다.[167]

　이에 바울은 "믿는 상전이 있는 자들은 그 상전을 형제라고 가볍게
여기지 말고 더 잘 섬기게 하라 이는 유익을 받는 자들이 믿는 자요 사
랑을 받는 자임이라"(딤전 6:2)고 권면하고 있다. 사실 교회의 형제들은
그들이 주인이 되었든 종이 되었든 하나님의 자녀로 동일하게 입양되
었다는 점에서 누구나 똑같은 영예를 누리고 있었다.

　이런 점에서 종들은 자신들이 종살이를 함에 있어 참을성 있게 견디
는 자극제가 될 수 있었다. 나아가 그리스도인 상전들이 종들을 대할
때 형제로 대우하고 사랑을 베풀 때 종살이는 더욱 잘 견딜 수 있게 된

---

167) Thomas C. Oden, 디모데전후서, p. 170.

다. 이렇게 함으로써 신앙의 기반으로 서로가 다른 지위와 신분의 사람들을 화해시키며 평등의 원리 아래에서 형제로 대할 수 있었다.[168]

그렇지만 그리스도 안에서 세상적인 책임들을 회피하기 위한 수단으로 평등을 이용해서는 안 된다. 계층적인 질서와 계급의 차이는 존중되어야 하며 아무리 부조리한 정치적, 경제적 권위의 계급적 구조와 사회적 기능이라 할지라도 질서는 유지되어야 한다. 특히 성도들은 예속 상태나 억압 그리고 도덕적인 모호성과 같은 불합리한 여건 속에서도 보다 열심히, 유익하게, 신실하게, 인내심 있게 상전들을 섬겨야 한다.

왜냐하면 이것들은 바로 육체를 입으신 주님께서 섬기시기 위해 자발적으로 행하신 모범이었기 때문이다. 종들은 모든 사람을 위해 스스로 종이 되신 그리스도의 본을 따라 상전을 섬긴다는 의식을 가져야 한다. 이로써 복음과 그 교훈을 따르는 성도의 증거가 형성되어야 한다.

2. 거짓 가르침에 대한 교회의 경계 (딤전 6:3-5)

에베소의 거짓 교사들은 바울에 의해 ① '신화와 족보'에 빠져서 율법을 훼손하였으며(딤전 1:3-11), ② 거짓 영의 지배를 받아 창조 질서의 우선성과 경건 질서의 우선성을 거부하는 것(딤전 4:1-10)으로 규명되었다.

이제 바울은 거짓 교사들로부터 나온 교묘하고 파괴적인 가르침의 또 다른 국면을 지적하고 있다. 사실 이 거짓 교사들이 주장하는 율법주의나 금욕주의 이면에는 물질숭배라는 탐욕이 숨겨져 있었다. 그들은 ③ 그리스도 안의 복음과 믿음을 이 땅의 물질적인 이익을 얻는 수단으로 여기고 있었다.[169]

바울은 이 거짓 교사들에 대해 교회가 어떻게 대처해야 할 것인가를

---

168) J. Calvin, 디모데전서, p. 516.

169) James Allen, 디모데전서, p. 199.

제시하기 위해 ① 진리에 대한 그들의 잘못된 가르침의 내용, ② 교회의 하나됨을 고의로 분열시키는 그들의 궤변, ③ 경건을 자신들의 이익을 위한 재료로 여기는 그들의 탐욕을 지적하고 있다. 거짓 교사들은 건전한 교리에서 벗어나 교회를 분열시키고 탐욕으로 행하는 자들이었다(3-5절). 바울이 탐욕과 자족에 대해(6-10절) 그리고 부와 관대함에 대해(17-19절) 언급하고 있는 것도 이 거짓 교사들의 탐욕과 관련된다.[170]

1) 사도로부터 교회에게 전승된 복음

바울의 건전하고 실제적인 교훈(doctrine)과 거짓 교사들의 공허한 논쟁 사이에는 뛰어넘을 수 없는 간격이 있었다. 그들이 주장하는 다른 교훈은 허탄한 족보 이야기와 같이 모세의 율법을 지루한 말로 옮기는 것에 불과했다. 이와 관련해 바울은 "누구든지 다른 교훈을 하며 바른 말 곧 우리 주 예수 그리스도의 말씀과 경건에 관한 교훈을 따르지 아니하면"(딤전 6:3)이라고 단서를 붙이고 있다. 이들이 주장하는 '다른 교훈'($\epsilon\tau\epsilon\rho o\delta\iota\delta\alpha\sigma\kappa\alpha\lambda\epsilon\iota$, 딤전 1:3)이란 교리적인 내용과 관련되며, 사도들로부터 전승받은 것과 달리 '새로운 주장'이라는 의미를 담고 있다.

그들은 '바른 말'에 대해서는 고집스럽게 거부하고 있었다. '바른 말'($\upsilon\gamma\iota\alpha\iota\nu o\upsilon\sigma\iota$)은 곧 바른 교훈(딤전 1:10)으로 영적인 건강을 증진시킨다는 의미를 포함한다. 이것을 거절한다는 것은 그들의 영혼이 병들었음을 암시한다. 왜냐하면 이 바른 말은 그 근원이 바르고 그것이 가져오는 결과 역시 바르기 때문이다.[171] 바울은 이 '바른 말'의 특성을 두 가지로 제시하고 있다.

첫째, '바른 말'은 '주 예수 그리스도의 말씀'으로 그 말씀의 근원

---

170) John Stott, 디모데전서, p. 200.

171) James Allen, 디모데전서, p. 200.

을 '주 예수 그리스도'에게 두고 있다. 이 '주의 말씀'(살전 1:8)은 주 예수께서 이 땅에서 가르치시고 사도들의 가르침의 표준이 된 것(행 2:42)을 지시한다. 바울은 이 말씀을 디모데에게 건네주었으며 디모데는 이 말씀을 '충성된 사람들에게 부탁해야 할'(딤후 2:2) 임무를 지고 있었다.

이 가르침은 복음서 및 사도행전(요 14:26), 서신서들과 계시록(요 15:13)의 영감 안에서 성령의 사역을 통해 교회에 위탁되었다. 바울은 이 가르침을 가리켜 진리(5절), 믿음(10, 12, 21절), 명령(14절), 네게 부탁한 것(20절) 등으로 다양하게 묘사하고 있다. 반면에 거짓 교사들은 이 표준들로부터 벗어나 있었다.[172]

둘째, '바른 말'은 경건에 관한 교훈으로 경건과 일치하는 가르침(딛 1:1)이며, 경건을 증진시키는 결과를 가져온다. 이 경건의 가르침은 하나님 경외와 예배를 확립시켜 주고, 신자들의 신앙을 세워주며, 인내와 겸손과 사랑의 모든 임무를 단련시키는 열매를 낳게 한다.[173] 이 가르침은 또한 하나님께 대한 온전한 헌신의 내면적인 태도를 낳게 한다.

이 가르침을 따르지 않는다면 자신의 맹목적인 자만과 완고한 반대 의견으로 인하여 자신이 만든 정신적, 도덕적, 영적 세계에 빠지게 됨으로써 경건의 실재와 결코 접촉할 수 없게 된다.[174]

따라서 누구든지 바울의 복음에 동의하지 않고 다른 복음을 전한다면 그들은 주 예수 그리스도의 완전한 말씀으로부터 떨어져 나가게 된다. 왜냐하면 바울에게 동의하지 않는다는 것은 곧 그리스도께 동의하지 않는 것이기 때문이다. 그 결과 스스로 마음이 강퍅하게 되어 목을 곧게 하면서 복음을 거절하게 되는 것이다. 바울은 복음 전도의 전승과

172) John Stott, 디모데전서, p. 201.
173) J. Calvin, 디모데전서, p. 517.
174) William Handriksen, 목회서신, p. 265.

다르거나 반대되는 이 새로운 교훈을 '다른 교훈'이라고 지적하였으며, 이 '다른 교훈'이 바로 이단과 사이비의 주장에 해당한다.

2) 교회를 훼손하는 '다른 교훈'

바울은 바른 교훈을 거절하고 '다른 교훈'만을 고집하는 이들을 가리켜 '교만하여 아무 것도 알지 못하는 자들'이라고 지적하고 있다. "그는 교만하여 아무 것도 알지 못하고 변론과 언쟁을 좋아하는 자니"(딤전 6:4) 이로써 '투기와 분쟁과 훼방과 악한 생각'이 나게 되었음을 밝히고 있다. '교만하여 아무 것도 알지 못하고'라는 구절은 일종의 언어유희로 '그들은 교만한 바보이거나 잘난 체하는 무식쟁이들'이라는 의미를 강조하는 표현이다.[175]

이들 거짓 교사들은 거만하고 무지하기 때문에 오히려 변론과 언쟁을 좋아할 뿐이다. 본문의 '좋아하는'($\nu o \sigma \omega \nu$)이란 단어는 건전치 못한 상태의 몸과 마음에 적용되는 단어로 '병적으로 좋아한다' 또는 '미친 듯이 좋아한다'는 의미를 포함한다.[176] 결국 그들은 쓸데없는 변론과 궤변에 병적으로 열광하는 부류에 불과할 따름이다. 이러한 표현은 사도적인 가르침을 건전함 혹은 건강함으로 수식되는 '바른 말'로 표현한 것과 극적인 대조를 이루고 있다.

거짓 교사들이 아무 유익이 없는 논쟁에 흥미를 느끼는 것은 확실히 병적이라고 하지 않을 수 없다. 그리고 이런 종류의 하찮은 궤변과 말싸움은 인간관계를 철저히 파괴하는 일에 악용될 뿐이다. 그 결과 ① 다른 사람의 재능에 대한 불평에서 나오는 투기, ② 다른 사람과 경쟁하고 다투려는 마음에서 나오는 분쟁, ③ 자신들의 경쟁 상대인 참된

---

175) John Stott, 디모데전서, p. 202.

176) A. C. Hrevey, 디모데전서, p. 295.

교사들에 대한 부당한 행동으로 나오는 훼방, ④ 신뢰를 바탕으로 이루어지는 교제를 의심하는 악한 생각(4절) 그리고 ⑤ 성급한 마음에서 나오는 다툼(5절) 등으로 나타나게 된다.

여기에서 언급하고 있는 '투기와 분쟁과 훼방과 악한 생각과 다툼'은 앞서 바울이 말한 바른 교훈이 가져다주는 열매인 '경건'(3절)과 정반대의 현상이다. 이러한 병적 증후군들은 교회의 하나됨을 무너뜨리는 악한 것으로 모든 인간관계를 뒤틀리게 할 뿐이다. 이들은 전혀 교회에 관심이 없으며 하나님의 말씀을 하찮은 말장난거리와 기발한 토론의 재료로 바꿔버리고 말았다.

이것은 결국 구원의 가르침을 무력하게 만들게 된다. 이는 그 자체만으로도 하나님의 말씀에 대한 용납할 수 없는 모독이며, 그러한 궤변이 하나님의 교회에서는 치명적인 독소로 작용한다는 점에서 바울은 그들을 혹독하게 비평하고 있다.[177]

3) '바른 교훈'과 '다른 교훈'의 차이점

거짓 교사들이 주장하는 '다른 교훈'이 가져오는 병든 열매들은 '마음이 부패하여지고 진리를 잃어버린' 자들의 특징이기도 하다. 이것은 그들이 하나님의 진리로 조명받은 양심을 잃어버리고, 추악한 인간의 본성적인 사고방식으로 돌아갔음을 지적하고 있다. 그들은 한때 진리를 가까이 접할 수 있었으나 결국 그 진리를 훼방하고 말았다. 그 이유는 진리가 그 속에 없으므로 진리에 서지 못했기 때문이다(요 8:44). 그리고 마침내 '마음이 부패해진' 상태로 돌입하고 말았다.

부패해진 마음은 진리를 반대하고 거짓을 추앙한다. 그리하여 마침내 부패해진 마음을 가진 사람들은 하나님의 말씀에 계시된 객관적인 진리로부터 완전히 그리고 영원히 떠나게 된다. 이들에게는 하나님과

---

177) J. Calvin, 디모데전서, p. 518.

그의 계시된 진리가 자리잡을 여지가 없는 영적 황무지 같아서 자신들
과 자신들의 이해관계만이 그 자리를 채우게 된다.[178]

　여기에서 바울은 거짓 가르침과 그것을 가르치는 거짓 교사들의 배
후에 도사리고 있는 음흉한 동기를 밝히고 있다. "마음이 부패하여지
고 진리를 잃어버려 경건을 이익의 방도로 생각하는 자들의 다툼이 일
어나느니라"(딤전 6:5). 그들은 외람되게도 '경건'을 이익의 수단으로
여기고 있었다. 그들에게 있어서 경건이란 단순한 외양, 즉 부를 얻는
수단에 불과했다.
　거짓 기독교 영역에서는 그들의 이론이 장황하고, 수사(修辭)가 번듯
하고, 용어가 세련되고, 다듬어질수록 그러한 수고의 대가로 보다 많은
보수를 받을 수 있었다. 그리고 그들의 청중들에 의해 높이 평가받는다
는 자부심으로 가득 차 있었다.[179] 바울은 결코 자신의 이익을 위해 하
나님의 말씀을 혼잡케 하지 않았다(고후 2:17). 그리고 그 누구의 의복이
나 은이나 금을 탐하지 않았다(행 20:33). 뿐만 아니라 자신의 탐심을 채
우는 방편으로 종교를 이용하지도 않았다(살전 2:5).

　이상의 논증을 통해 바울은 '바른 교훈'과 '다른 교훈'의 차이점을
분명히 밝히고 모든 가르침이 과연 올바른가를 판단할 수 있는 근거를
다음과 같이 제시하고 있다.
　첫째, 그들의 가르침은 사도적 믿음, 즉 성경의 가르침과 일치하는
가? 둘째, 그들의 가르침은 교회를 연합시키는가 아니면 분열시키는
가? 셋째, 그들의 가르침은 자족하는 마음과 더불어 경건을 증진시키는
가 아니면 탐심을 부추기는가? 이 세 가지의 잣대는 모든 가르침의 옳
고 그름을 판가름하는 척도로 교회에 주어졌다.

---

178) William Hendriksen, 목회서신, p. 267.
179) James Allen, 디모데전서, p. 204.

3. 탐심의 위험과 교회의 자세 (딤전 6:6-10)

복음의 계시를 건전하게 가르친 결과로 나타나는 경건이 어떤 사람들에게는 이익의 재료가 된다는 생각은 그 자체로 모순이 아닐 수 없다. 하지만 바울은 실제로 그렇게 사는 사람들이 있음을 밝힘으로써 '경건'은 거짓 기독교에서 큰 이익이 된다는 점을 강조하고 있다.

반면에 바울은 이 '이익'을 경제적이 아닌 영적인 의미에서 말한다면, 그리고 그 이익을 '자족'이라는 말로 바꾸어 말한다면, 그리고 "경건은 범사에 유익하니 금생과 내생에 약속이 있느니라"(딤전 4:8)는 차원에서 말한다면 '경건'은 다른 어느 것과 비교할 수 없는 큰 '유익'을 가져온다는 점을 재차 강조하고 있다.[180]

이에 바울은 "그러나 자족하는 마음이 있으면 경건이 큰 이익이 되느니라"(딤전 6:6)고 선언한다. 여기에서 '자족'(αυταρκεια)이란 말은 '족함, 만족'(content)으로 외부의 도움을 필요로 하지 않고 스스로 만족해 한다는 의미이다. 이때 이 단어는 자족하는 사람의 마음 상태를 가리킨다.[181]

바울에게 있어서 이 단어는 외부적인 조건에 의존하지 않는다는 제한적인 의미를 담고 있다. 바울은 "내가 비천에 처할 줄도 알고 풍부에 처할 줄도 알아 모든 일에 배부르며 배고픔과 풍부와 궁핍에도 일체의 비결을 배웠노라 내게 능력 주시는 자 안에서 내가 모든 것을 할 수 있느니라"(빌 4:12-13)고 말한다.

참으로 경건한 성도는 하나님과 화평을 누리며 영적 기쁨과 구원의 확신을 가지게 된다. 또한 "우리가 알거니와 하나님을 사랑하는 자 곧

---

180) John Stott, 디모데전서, p. 205.
181) A. C. Hrevey, 디모데전서, p. 296.

그 뜻대로 부르심을 입은 자들에게는 모든 것이 합력하여 선을 이루느
니라"(롬 8:28)는 확신을 가진다.

따라서 진정한 자족(soul-sufficiency)은 '스스로 충분한 것'(self-
sufficiency)이 아니라 '그리스도로 충족한 것'(Christ-sufficiency)을 의미
한다. 이것이야말로 자족을 동반하는 경건이 영적으로 큰 이익이 되는
이유이다. 여기에서 바울은 자족의 덕을 찬양하고(7-8절) 탐심의 어리석
음(9-10절)을 비교하고 있다.

1) 성도들이 자족할 수 있는 이유

바울은 "우리가 세상에 아무 것도 가지고 온 것이 없으매 또한 아무
것도 가지고 가지 못하리니 우리가 먹을 것과 입을 것이 있은즉 족한
줄로 알 것이니라"(딤전 6:7-8)고 말한다. 곧 자족하는 사람이 누리는 복
된 상태를 언급하고 있다. 자족하는 마음과 연관된 경건에서 발생하는
영적 유익은 물질에 대한 이해로부터 시작된다.

물질은 일시적이며, 출생으로부터 시작해 죽음으로 끝마친다는 제한
적인 속성을 가지고 있다. 그러나 그 누구도 태어날 때 물질적인 것 중
에서 어느 하나도 세상에 가져오지 못하며 또 죽을 때에도 그 중 어느
하나도 가져가지 못한다(욥 1:21; 시 49:17; 전 5:15). 따라서 일시적인 물질
의 획득과 사용은 신자들에게 영원히 영향을 미칠 수 있는 더 높은 목
적에 예속되어야 한다. 이때 비로소 신자들은 물질에 대한 올바른 위치
에 서게 된다.182)

바울은 앞서 하나님을 선하신 창조주로 묘사한 바 있다(딤전 4:3-4).
따라서 성도들은 하나님이 베푸시는 선물들을 감사하게 받아야 한다.
이와 관련해 바울은 "우리에게 모든 것을 후히 주사 누리게 하시는 하

---

182) James Allen, 디모데전서, p. 205.

나님께"(딤전 6:17) 소망을 두라고 권면하고 있다. 이것은 내핍이나 궁핍
또는 금욕을 권장하는 말이 아니라 물질주의와 탐욕을 버리고 자족하
는 마음을 가져야 할 이유를 제시하고 있다.

때문에 신자들은 먹을 것과 입을 것, 즉 먹고 사는 일상적인 필요에
대해 족한 줄로 알아야 한다. 이 말은 하나님께 대한 신뢰를 보여주는
만족스런 마음 상태를 유지하라는 강력한 권고로 이해되어야 한다.

이러한 신뢰는 전적으로 "그러므로 내가 너희에게 이르노니 목숨을
위하여 무엇을 먹을까 무엇을 마실까 몸을 위하여 무엇을 입을까 염려
하지 말라 목숨이 음식보다 중하지 아니하며 몸이 의복보다 중하지 아
니하냐 공중의 새를 보라 심지도 않고 거두지도 않고 창고에 모아들이
지도 아니하되 너희 하늘 아버지께서 기르시나니 너희는 이것들보다
귀하지 아니하냐"(마 6:25-26)라고 하신 주님의 말씀에 기초하고 있어야
한다.

이러한 물질관을 가질 때 신자들은 물질에 대한 게으름이나(살후 2:10)
무관심(딤전 5:8)의 변명을 하지 않으며, 동시에 물질에 과도하게 사로잡
히는 일에서 자유롭게 된다.[183]

2) 성도들이 탐심을 버려야 할 이유

부는 그 자체가 악한 것이 아니라 부에 대한 열렬한 갈망이 결국 사
람들에게 모든 것을 주시고 또 취하시는 하나님으로부터 멀어지게 하
는 또 다른 욕망으로 빠지게 하기 때문에 악한 것이라고 바울은 강조하
고 있다.

이에 바울은 "부하려 하는 자들은 시험과 올무와 여러 가지 어리석
고 해로운 욕심에 떨어지나니 곧 사람으로 파멸과 멸망에 빠지게 하는

---

183) James Allen, 디모데전서, p. 206.

것이라"(딤전 6:9)고 경고하고 있다. 본문에서 '시험과 올무'를 함께 사용한 것으로 보아 바울은 이것들 뒤에 사탄이 도사리고 있음을 암시하고 있다.184)

여기에서 '부하려 하는'이라는 말은 의도적인 선택에 근거한 결단으로, 어떤 대가를 치러서라도 부자가 되어야겠다는 굳은 결심을 암시하고 있다. 이 굳은 결심으로 사람들은 시험에 들게 된다. 이 시험은 그 자신이 스스로 불러온 것이다.

이 시험으로 말미암아 부를 얻기 위한 부정직과 속임으로 인해 도덕적 감각이 무뎌지게 된다. 그리고 올무가 짐승을 얽매어 놓듯이 마침내 재물에 대한 억제할 수 없는 욕망으로 가난한 자의 머리에 있는 티끌을 탐낼 정도로(암 2:7) 추락하게 되고 만다.

부를 추구함으로써 시험과 올무에 빠진 사람들은 고삐가 풀린 영혼처럼 사탄이 마음대로 노략하는 상태로 전락하고 만다. 이 상태를 가리켜 바울은 '파멸과 멸망'으로 표현하고 있다. 이 두 단어는 이사일의(異詞一意) 용법으로 몸과 영혼의 완전한 파멸을 가리킨다.185) 이 상태가 되면 사람들은 허영심 많고 탐욕스럽고 파렴치하게 된다. 이런 것들은 그들의 삶 가운데 은혜가 역사하지 못하도록 방해하는 성품들이다.

결국 물질적인 부에 사로잡힌 사람은 '멸망으로 들어갈 자'(계 17:8)와 같이 이 세상과 영원에서 완전히 안전을 상실하게 되는 파괴적인 결과를 맞이하고 만다. 마치 배가 물 속에 잠기는 것처럼 욕망에 사로잡힌 사람들은 다시 빠져 나올 수 없는 깊은 구덩이 속으로 잠기고 만다.186)

---

184) A. C. Hrevey, 디모데전서, p. 297.

185) A. C. Hrevey, 디모데전서, p. 297.

186) William Handriksen, 목회서신, p. 271.

이에 바울은 "돈을 사랑함이 일만 악의 뿌리가 되나니 이것을 탐내
는 자들은 미혹을 받아 믿음에서 떠나 많은 근심으로써 자기를 찔렀도
다"(딤전 6:10)라고 경계하고 있다. 이 구절은 바울이 사랑하는 신자들
을 염두에 두고 그들을 향해 경계시키고 있음이 분명하다. 바울이 '탐
심'을 일만 악의 뿌리로 규정하고 있는 것은 열 번째 계명에서 경계하
고 있는 탐심으로부터 시작된 범죄가 제1계명까지 거슬러 올라가기 때
문이다.

결국 탐심은 더 큰 악, 즉 신앙으로부터 벗어나 배도에 이르게 하는
가장 근본적인 요소가 된다. 때문에 돈을 향해 손을 뻗는 신자들은 결
국 미혹을 받아 믿음에서 떠나게 되며, 마침내 신앙을 완전히 포기하게
된다. 여기에서 '미혹하다'는 말은 압박한다는 의미로 사용되었다.

이렇게 교회가 고백한 진리인 '믿음'에서 떠나 신앙을 포기하게 될
때 그것은 마치 길을 잃고 헤매는 것과 같은 고통을 가져오게 된다. 이
것은 정해진 궤도를 벗어난 떠돌이별처럼 방랑자가 되었음을 암시하고
있다. 그 고통의 상태를 가리켜 바울은 '많은 근심으로써 자기를 찔렀
도다'라고 묘사하고 있다.

결국 돈을 사랑하는 탐심은 더 많은 근심이라는 대가를 지불하게 만
든다. 하지만 무엇보다도 슬픈 사실은 이 고통스런 대가란 사실 그들이
경건한 신자들이었다면 지불하지 않아도 될 불필요한 대가였다는 점에
있다. 이것이 그들에게는 더 큰 고통으로 작용한다는 점에서 바울은 오
히려 탐심에 빠진 사람들에게 동정어린 시선을 보이고 있다.[187]

---

187) James Allen, 디모데전서, p. 210.

| 기 도 |

주의 자녀들에게 모든 것을 충족하게 선물로 주시는 우리 주 예수 그리스도의 아버지이신 하나님.

이 복된 성도의 삶을 지지하고 유지해 나갈 수 있도록 하나님께서는 주의 자녀들을 그리스도의 몸인 교회의 회원으로 부르셨습니다. 그리고 이 교회의 가르침을 따라 경건한 삶을 살아가는 기쁨을 누리게 하셨습니다.

안타깝게도 어떤 사람들은 이 복된 자리에 초청을 받았음에도 불구하고, 자기 자신의 부귀와 영달을 추구하려는 유혹으로 인해, 결국 그리스도의 가르침을 거부하고 돌이킬 수 없는 파멸과 멸망에 빠지고 말았습니다.

비록 우리 자신에게 막대한 손해가 될 것처럼 보인다 할지라도, 하나님께서 세우신 창조의 질서를 따라 살게 하옵소서. 우리의 삶이 각박하고 힘들고 고통스런 모습으로 다가온다 할지라도 경건의 삶을 떠나지 않게 하옵소서.

우리에게 약속된 영원한 생명보다 더 값진 것은 세상 어디에도 없습니다. 우리를 자녀로 부르신 하나님 아버지의 명예보다 더 소중한 것은 있을 수 없습니다. 우리가 그리스도의 몸인 교회의 회원이 되었다는 명예를 대신할 수 있는 영광은 그 어디에서도 주어지지 않습니다.

이처럼 복되고 명예롭고 아름다운 삶을 살 수 있도록 우리에게 풍성한 은혜를 주시오니 감사를 드립니다. 살아서나 죽어서나 그리스도 예수만이 우리의 유일한 위로가 되게 하옵소서.

우리 주 예수 그리스도의 이름으로 기도합니다.

〈 13 〉

복음에 관한 믿음의 보존과 계승

디모데전서 6:11-21

오직 너 하나님의 사람아 이것들을 피하고 의와 경건과 믿음과 사랑과 인내와 온유를 따르며 믿음의 선한 싸움을 싸우라 영생을 취하라 이를 위하여 네가 부르심을 받았고 많은 증인 앞에서 선한 증언을 하였도다 만물을 살게 하신 하나님 앞과 본디오 빌라도를 향하여 선한 증언을 하신 그리스도 예수 앞에서 내가 너를 명하노니 우리 주 예수 그리스도께서 나타나실 때까지 흠도 없고 책망 받을 것도 없이 이 명령을 지키라 기약이 이르면 하나님이 그의 나타나심을 보이시리니 하나님은 복되시고 유일하신 주권자이시며 만왕의 왕이시며 만주의 주시요 오직 그에게만 죽지 아니함이 있고 가까이 가지 못할 빛에 거하시고 어떤 사람도 보지 못하였고 또 볼 수 없는 이시니 그에게 존귀와 영원한 권능을 돌릴지어다 아멘
네가 이 세대에서 부한 자들을 명하여 마음을 높이지 말고 정함이 없는 재물에 소망을 두지 말고 오직 우리에게 모든 것을 후히 주사 누리게 하시는 하나님께 두며 선을 행하고 선한 사업을 많이 하고 나누어 주기를 좋아하며 너그러운 자가 되게 하라 이것이 장래에 자기를 위하여 좋은 터를 쌓아 참된 생명을 취하는 것이니라
디모데야 망령되고 헛된 말과 거짓된 지식의 반론을 피함으로 네게 부탁한 것을 지키라 이것을 따르는 사람들이 있어 믿음에서 벗어났느니라 은혜가 너희와 함께 있을지어다

앞서 바울은 '교회가 추구해야 할 윤리적인 실천을 위한 가르침'(딤
전 6:1-19)을 주제로 ① 종과 상전과의 관계(1-2절), ② 거짓 교사들에 대
한 교회의 대처(3-5절), ③ 거짓 가르침에 미혹되어 현실적인 부만을 추
구하는 이들에 대한 교회의 대처(6-10절) 등을 제시하였다.

이제 바울은 이 서신을 마무리함에 있어 거짓 가르침 안에 본래 들어
있는 요소로 밝혀진 탐심과 대조해서 '하나님의 집'(딤전 3:15)에 사는
'하나님의 사람'이 추구할 내용에 대해 진술하고(딤전 6:11-16), 탐욕에
빠지지 말고 하늘의 소망을 추구하라고 권면하고 있다(딤전 6:17-19). 이
어서 복음에 관한 위탁과 계승을 당부함으로써 대단원의 막을 내리고
있다(딤전 6:20-21).

바울은 이 진술을 시작하면서 '오직 너 하나님의 사람아'라고 함으
로써 앞서 언급했던 '돈을 사랑하는 사람'(돈을 사랑함이 일만 악의 뿌리가
되나니 이것을 탐내는 자들은 미혹을 받아 믿음에서 떠나 많은 근심으로써 자기를 찔
렀도다. 딤전 3:10)과 극적인 반전을 보여주고 있다. 이로써 돈을 사랑하
는 사람은 하나님의 사람이 아님을 강조하고, 동시에 거짓 가르침을
전파하는 거짓 교사와는 다른 정반대의 길을 가야 할 것을 열망케 하
고 있다.

특히 '하나님의 사람'은 3절에서 지적하고 있는 '누구든지'로 표현
된 거짓 교사들과 대조를 이룸으로써 3-10절에 대한 대조 관계를 부각
시키고 있다. 뿐만 아니라 하나님의 사람은 마치 '만물을 살게 하신 하
나님 앞'(13절)에 서 있는 것처럼 종말론적인 마지막 심판을 그 배경으
로 묘사함으로써 이제 시작하는 바울의 진술에 대한 감동적인 강렬함
을 부여하고 있다.[188]

---

188) Thomas C. Oden, 디모데전후서, p. 135.

1. 하나님의 사람 (딤전 6:11-16)

하나님의 사람으로서 디모데는 거짓 교사들과 철저하게 달라야 한다. 그들은 교만하며, 다투기를 좋아하고, 탐욕스러우며, 하나님보다는 세상에 속한 사람들이다. 그러나 하나님의 사람은 경건에 대한 자신의 입장을 분명히 해야 한다. 이에 바울은 "오직 너 하나님의 사람아 이것들을 피하고 의와 경건과 믿음과 사랑과 인내와 온유를 좇으며"(딤전 6:11)라고 권면하고 있다.

1) 거짓 교사와 차별되는 하나님의 사람

'하나님의 사람'은 구약에서 이스라엘의 지도자들에게 부여된 칭호였다. 모세(신 33:1; 수 14:6; 대상 23:14), 사무엘(삼상 9:6), 다윗(느 12:24, 36), 선지자 스마야(왕상 12:22), 엘리야(왕상 17:18; 왕하 1:9), 엘리사(왕하 4:7), 레갑 사람 익다랴(렘 35:4), 익명의 선지자들(삼상 2:27; 왕상 13:1-2; 대하 25:7-8)에게 주어진 영예로운 호칭이었다. 디모데후서에서 바울은 '모든 선한 일을 행하기에 온전케'(딤후 3:17) 된 모든 성숙한 성도들을 가리켜 '하나님의 사람'이라고 부르고 있다.[189]

특히 '하나님의 사람'은 하나님의 영에 반응하여 하나님과 동행하면서 하나님으로부터 온 메시지를 전한 구약의 인물들을 연상시키고 있다. 이것은 오늘날 하나님의 집(딤전 3:15), 곧 교회에 속한 신자들에 대한 가장 적절한 묘사이기도 하다. 따라서 하나님의 사람은 하나님의 온전하신 뜻과 일치하지 않는 모든 것들을 피해야 한다.

이런 점에서 바울은 하나님의 사람으로서 지속적이고 끊임없이 반복되어야 할 행동으로 세 가지 현재형 명령을 제시하고 있다. ① 이것들

---

189) John Stott, 디모데전서, p. 212.

을 계속해서 피하라(이것들이 너를 붙잡지 못 하게 하여라). ② 의와 경건과 믿음과 사랑과 인내와 온유를 계속해서 좇으라(그것들이 사라지지 않게 하라). ③ 믿음의 선한 싸움을 계속 싸우라.[190]

피한다는 것은 소극적인 행동을 묘사한다. 반면에 적극적인 행동으로 바울은 '좇으라'(διωκε)라고 명령하고 있다. 이 말은 경주에서 앞사람을 따라잡기 위해 있는 힘을 다해 달리는 모습을 묘사한다. 이 모습은 "악인의 길은 여호와께서 미워하셔도 의를 따라가는 자는 그가 사랑하시느니라"(잠 15:9)는 구절에서 가장 적절하게 나타나고 있다. 이어 바울은 하나님의 사람이 추구해야 할 덕목에 대해 세 가지 측면에서 제시하고 있다.

첫째, 하나님을 향해 나타내어야 할 태도로써 '의와 경건'을 추구해야 한다. '의'는 하나님의 율법과 일치하며 경건한 삶과 행동을 할 수 있게 해 주는 심령과 마음의 상태를 가리킨다. 따라서 '의'는 이미 소유한 의로운 신분의 결과로 나타나는 하나님의 표준에 합당한 행동이며(롬 8:4), 법적인 의로움의 결과로 나타난 실제적인 의로움을 말한다. 경건은 '의'로부터 나오며 하나님을 향한 합당한 태도, 즉 행동 이면에 있는 경외심과 공경심을 가리킨다.

둘째, 신자의 내면과 관련해 '믿음과 사랑'을 취해야 한다. 이때 '믿음과 사랑'은 '소망'을 담고 있으며(골 1:4, 5; 고전 13:13) 이들은 하나의 동체를 형성하며 분리되지 않는다. '믿음과 사랑과 소망'은 성령 안에서 복음을 받아들인 성도들에게서 나타나는 '성령의 열매'이며 그리스도 안에서 하나님이 주신 생명의 본질이다.

'믿음'은 하나님이 그리스도 안에서 자기 백성의 구원을 위해 역사하셨다는 확신에 기초하며 하나님에 대한 신뢰와 의존을 낳는 원리이다. '사랑'은 하나님께서 신자들의 마음속에 부어주신 것으로(롬 5:5)

---

190) James Allen, 디모데전서, p. 211.

그리스도로 말미암아 하나님과 그의 백성 사이에 존재하는 현재의 그리고 계속되는 관계이다. '소망'은 성도들 안에 착한 일을 시작하신 이가 그리스도 예수의 날까지 이루실 줄을(빌 1:6) 확신하는 신뢰이다.[191]

셋째, 신자의 외면과 관련해 '인내와 온유'를 추구해야 한다. '인내'는 삶의 모든 상황에서 지속적인 견실함을 보여주는 신자의 인격적인 측면으로 이것은 환난을 극복함으로써 형성된다(롬 5:3-4). 이때 인내는 소망의 열매(살전 1:3)가 된다.[192] '온유'는 인내와 달리 그리스도의 멍에를 받아들이는 신자들 안에서 발생하는 성품이다(마 11:29).

이 여섯 가지 덕목들은 소극적인 면과 적극적인 면을 동시에 취하고 있으며 상호 보완적인 성격을 가지고 있다. 즉 소극적으로 악을 피해야 하며 그것도 가능한 한 빨리 그것으로부터 멀리 떠나야 한다. 반면에 적극적으로 열심히 선을 추구해야 한다. 이것은 "아무든지 나를 따라오려거든 자기를 부인하고 자기 십자가를 지고 나를 좇을 것이니라"(막 8:34)고 하신 주님의 말씀과 연결된다. 이러한 삶은 옛 사람을 벗어버리고 새 사람을 입는 그리스도의 새 창조 사역에 속한 모습으로 나타나게 된다.

2) 하나님의 사람이 추구할 균형

하나님의 사람은 그리스도의 새 창조 사역으로 특징되는 새 사람이다. 이 새 사람을 가리켜 바울은 '(그) 믿음의 선한 싸움을 싸우는 사람'으로 부르고 있다. 왜냐하면 그 믿음이야말로 앞에서 제시한 '의와 경건과 믿음과 사랑과 인내와 온유를 좇으며'(11절) 살아가는 것으로써 그 자신의 고유한 품성을 나타내기 때문이다. 이에 바울은 "믿음의 선한 싸움을 싸우라 영생을 취하라 이를 위하여 네가 부르심을 입었고 많은

---

191) F. F. Bruce, 데살로니가전후서, p. 69.
192) William Handriksen, 목회서신, p. 274.

증인 앞에서 선한 증거를 증거하였도다"(딤전 6:12)라고 말한다.

본문의 '믿음'은 바울이 거짓 교사들을 향하여 그들이 믿음에서 떠났다는 점을 지적한 것(10, 21절) 대조를 이루고 있다. 이때의 믿음은 사도적 믿음으로 '진리'(딤전 2:4; 3:15; 4:3), 또는 '가르침'(딤전 4:6; 6:1; 딛 1:9; 2:1), 그리고 '부탁한 것'(딤전 6:20; 딤후 1:12, 14) 등으로 부르는 교리의 체계를 지시하고 있다. 어떤 사람들, 즉 거짓 교사들이 이 교리를 떠났기 때문에 바울은 디모데와 에베소 교회가 이 교리를 위해 싸워야 할 것을 강조하고 있다.[193] 이것은 거짓 교사들이 신화와 족보에 얽힌 비생산적인 논쟁에 열중하는 것과 상대적인 대조를 이루고 있다.

'싸우다'는 용어는 운동선수들이 경기에 임하기 위한 훈련과 신념과 집중과 노력하는 모든 행위를 가리킨다. 이 단어는 하나님의 성령에 의해 모든 신자가 구원받는 순간부터 참여하게 되는 영적인 싸움을 묘사하는 데 사용되었다(빌 1:30; 골 2:1; 살전 2:2; 딤후 4:7). 특별히 여기에서는 믿음의 중요한 교리를 대적하는 사탄과 그 사탄의 추종자들을 상대하는 싸움을 가리키고 있다.

신자들은 하나님께로부터 부르심을 받았으며, 그 부르심에 합당한 믿음을 고백한 바 있다. 따라서 신자들은 악을 피하고 선을 좇으며 믿음의 선한 싸움을 통해 영생의 모든 생명력과 능력을 누리게 된다. 이때 신자들은 하나님이 은혜로 자신을 부르신 영생을 위해 믿음의 선한 싸움에 참여하고 있어야 한다.

이에 대해 바울은 구체적으로 바로 그 일을 위해 하나님의 부르심을 받았다고 말한다. 이것은 하나님께서 이제까지 신자들에게 하신 일과 그것을 하나의 행동으로 보여주고 있다. 또한 신자들은 이 하나님의 부르심에 반응하여 자신들이 살아가는 삶으로써 그 사실을 증명해야 한다. 이때 신자들은 자신의 삶을 지켜보는 많은 사람 앞에서 그들이 주

---

193) John Stott, 디모데전서, p. 215.

님을 섬기면서 고백한 선한 증거들을 친히 내보임으로써 그 내용을 보고 들은 사람들을 자신의 증인으로 삼게 된다.[194]

바울은 디모데에게 ① 윤리적으로는 악을 피하고 선을 추구할 것과, ② 교리적으로는 거짓 가르침에서 돌이키고 진리를 위해 싸울 것과, ③ 경험적으로는 그가 이미 받은 영생을 붙잡아 계속해서 그 증거를 드러내라고 요구하고 있다. 이 세 가지 요소들은 어느 하나라도 소홀히 해서는 안 되며 서로 균형을 이루고 있어야 한다. 이 중 어느 하나에 집중해도 안 되며 하나님의 사람은 이 셋을 하나로 결합할 때 비로소 새 창조의 사역을 효과적으로 수행할 수 있게 된다.

3) 하나님의 사람이 나타내어야 할 믿음의 증거

바울이 디모데에게 명령하는 내용의 근거는 하나님의 임재(13절)와 그리스도의 재림(14절)으로 보강된다. "만물을 살게 하신 하나님 앞과 본디오 빌라도를 향하여 선한 증거로 증거하신 그리스도 예수 앞에서 내가 너를 명하노니 우리 주 예수 그리스도께서 나타나실 때까지 점도 없고 책망 받을 것도 없이 이 명령을 지키라"(딤전 6:13-14).

① 하나님의 임재 의식
바울은 항상 하나님의 임재 의식 가운데 살아왔었다. 이 점을 분명히 하기 위해 바울은 '하나님 앞'과 '그리스도 예수 앞'에서라고 강조하고 있다. 여기에서 바울이 묘사하는 하나님은 만물을 살게 하신 분이시다(행 14:15; 17:28-29). 하나님은 모든 살아 있는 것에 생명을 주고 보존하시는 분이며 그들의 일에 깊숙이 관여하신다.[195]

---

194) James Allen, 디모데전서, p. 215.
195) John Stott, 디모데전서, p. 218.

한편 그리스도는 본디오 빌라도를 향하여 선한 증거로 자신을 증거하신 분이시다. 그리스도는 빌라도에게 자신이 참으로 왕이라는 사실을 증거하셨다(요 18:33-34; 막 15:2). 제자들은 그리스도께서 보이신 담대한 증거의 역사적 선례를 결코 잊지 않고 있었다. 이처럼 그리스도는 모든 비교를 초월한 충성되고 참되신 증인이시다(딤전 1:5; 계 3:14).

이런 이유에서 바울은 '점도 없고 책망받을 것도 없이 이 명령을 지키라'고 권고하고 있다. 이제 디모데는 자신이 바울로부터 받은 명령을 지키고 보호하고 보존해야 한다. 이 명령은 복음의 사역과 교회의 행정에 대하여 그에게 주어진 모든 내용을 포함한다.[196]

② 그리스도의 재림에 대한 의식

디모데의 경우와 같이 교회에서 책임을 부여받은 모든 사람은 그가 죽는 날까지 그가 받은 명령을 더럽히지 않아야 한다. 만일 그가 죽기 전에 종말이 온다면 우리 주 예수 그리스도께서 나타나실 때까지 그리 해야 한다. 이 나타나심, 곧 현현은 신자들이 간절히 기대하며 바라는 그리스도의 재림이어야 한다.

이에 바울은 그리스도의 재림과 관련해 "기약이 이르면 하나님이 그의 나타나심을 보이시리니 하나님은 복되시고 홀로 한 분이신 능하신 자이며 만왕의 왕이시며 만주의 주시요 오직 그에게만 죽지 아니함이 있고 가까이 가지 못할 빛에 거하시고 아무 사람도 보지 못하였고 또 볼 수 없는 자시니 그에게 존귀와 영원한 능력을 돌릴지어다 아멘"(딤전 6:15-16)이라고 찬양을 드리고 있다.

그리스도의 나타나심(Epiphany)은 하나님께서 정하신 때가 이르면 성취될 것이다. 그날에 하나님은 그리스도의 나타나심을 친히 모든 사람 앞에 보이실 것이다. 보이지 않는 하나님께서 우리 주 예수 그리스도의

---

196) William Handriksen, 목회서신, p. 277.

현현을 나타낼 것이라는 이 표현은 경이로움으로 가득 차 있다. 세상에 밝히 드러나게 될 그 경이로움은 바로 예수 그리스도께서 영광중에 나타나시는 그 모습을 묘사하고 있다.[197] 하나님께서 가장 적합한 때에 그 일을 이루실 것이라는 신뢰와, 모든 것을 하나님의 손에 기꺼이 맡기는 것은 하나님께서 가지고 계신 속성 때문이다.

여기에서 우리는 앞서 바울이 "만세의 왕 곧 썩지 아니하고 보이지 아니하고 홀로 하나이신 하나님께 존귀와 영광이 세세토록 있을지어다 아멘"(딤전 1:17)이라고 찬양함으로써 본 서신을 시작했음을 돌이켜 보아야 한다. 그리고 이제 본 서신을 마침에 있어 영광의 찬양을 통해 하나님의 주권적 권능, 즉 인간의 간섭과 조작을 완전히 초월해 계시는 하나님의 네 가지 면을 증거하고 있다.

첫째, 하나님은 이 세상에서 행할 수 있는 모든 힘의 방해를 뛰어넘는 초월자이시다. 둘째, 하나님은 시간, 죽음, 소멸 등으로 말미암은 변화에 아무런 제약을 받지 않는 불멸의 하나님이시다. 셋째, 하나님은 죄인인 인간이 접근할 수 없는 분이시다. 넷째, 하나님은 인간의 시야와 이해를 뛰어넘는 보이지 않는 분이시다.

인간의 눈으로 볼 수 있게 허락되었던 모든 것은 그분의 영광이며(출 24:9-10; 사 6:1-1; 겔 1:28), 신의 현현으로 나타나신 모습이며(창 16:7; 18:1; 32:24), 성육신 하신 아들 안에 있는 그분의 형상이었다(요 1:18; 14:6; 골 1:15). 따라서 인간은 하나님께서 자신을 알리기 원하시는 만큼만 그분을 알 수 있다. 그 외에 하나님은 언제나 인간을 초월해 계신다.[198]

이 위대하신 하나님, 무적이며 불멸이며 가까이 갈 수 없고 보이지 않는 하나님께 교회는 존귀와 무한한 영광을 드려야 함이 마땅하다. 바울은 이 송영을 통해 하나님 앞에서 그리고 그 하나님께서 그리스도의

---

197) A. C. Hrevey, 디모데전서, p. 301.

198) John Stott, 디모데전서, p. 220.

나타나심을 보이시리라는 기대 가운데 디모데에게 이 엄중한 명령을 주고 있다.

그렇게 함으로써 바울은 생명의 수여자 되신 창조주 하나님(13절)과 본디오 빌라도에게 자신을 왕으로 증거하신 역사적 사실과(13절) 그리스도의 나타나심으로 성취될 종말의 완성을(14절) 통해 신자들은 자신들의 믿음을 위해 싸우는 신실함을 고백하게 하고 있다.

2. 오는 세대를 위한 교회의 준비 (딤전 6:17-19)

오는 세대에서 신자들은 참으로 부유함을 누리게 된다. 그 세대는 그리스도의 영광스러운 나타나심으로 도래될 것이다. 이로써 오는 세대에서 부유한 자들과 지금 현 세대에서만 부유한 자들은 절묘한 대조를 이루게 된다. 따라서 바울은 신자들이 현 세대에서만 부유하지 않게 되도록 삼가야 할 것을 지적하고 있다. 바울은 이 세대의 부유한 그들이 누리는 부가 이 세상에서만 한정되는 것으로 끝나는 것이 아니라 오는 세상에서도 진정한 부요를 누릴 수 있어야 할 것을 경계시키고 있다.[199]

이에 바울은 "네가 이 세대에 부한 자들을 명하여 마음을 높이지 말고 정함이 없는 재물에 소망을 두지 말고 오직 우리에게 모든 것을 후히 주사 누리게 하시는 하나님께 두며"(딤전 6:17)라고 권면하고 있다. '이 세대'에 속한 모든 것들은 동일한 본질을 가지고 있으며 순식간에 사라지고 만다. 이 사실은 재물을 포함해 사람들이 소유하고 있는 모든 것들에 대한 확신은 거짓이며 허무하다는 사실을 정확하게 지적하고 있다. 그러한 것들에 소망을 두고 있는 것은 자신의 어리석음 때문이다.

그 결과 부자들은 교만할 뿐만 아니라 거짓된 것에 속아 넘어가 스스

---

199) William Hendriksen, 목회서신, p. 283.

로 거짓 평안에 빠져들기 쉽다. 그 이유는 자기들만이 최고의 복을 누리고 있다고 오해하고 있기 때문이다. 그 결과 그들은 오만불손하게도 남들을 멸시하는 것을 마냥 즐거워하며 허세를 부리게 된다. 그것은 헛된 확신에서 나오는 판단에 불과하다.[200] 때문에 바울은 재물로 상징되고 있는 이 세상의 것들에게 더 이상 소망을 두지 않도록 경계시키고 있다. 이렇게 함으로써 부에 대한 과도한 욕망에서 벗어나 소멸하지 않으며 모든 것을 후히 주사 누리게 하시는 하나님께 소망을 두게 한다.

확실히 재물은 정함이 없다. 따라서 물질은 그것이 어떤 형태를 가지고 있더라도 신뢰의 대상이 될 수 없다(마 6:19; 잠 23:5). 신뢰의 대상은 오직 하나님 한 분뿐이시다. 그렇다고 물질주의를 금욕주의로 바꾸어서는 안 된다. 하나님은 후히 주시는 창조주이시며 신자들로 하여금 창조의 선한 선물들을 즐기기를 원하시는 분이시다. 혹 신자들이 좀더 낮은 수준의 생활 방식을 취하는 것은 물질적 소유 자체가 악해서가 아니라 가난한 자들과 하나가 되기 위함이어야 한다.

이로 볼 때 부자들이 직면하게 되는 두 가지 위험은 ① 자기보다 넉넉하지 못한 사람들을 무시하는 거짓된 교만과, ② 선물을 주신 하나님보다 선물 자체를 신뢰하고자 하는 거짓된 안정감이다. 따라서 부자들은 하나님께서 자신들에게 부요함을 주신 것은 가난한 자들에 대한 자비로운 봉사를 통해 자기들이 하나님께 더 가까이 나아가도록 재산을 올바르게 사용해야 한다는 점을 명심해야 한다.[201] 여기에서 바울은 부에 대한 소극적인 지침을 통해 부자들을 경고한 데 이어 이제 적극적인 지침으로 부자들의 책임과 의무를 제시하고 있다.

첫째, 바울은 부자들이 선한 일에 부함으로써 자신들이 가지고 있는 부에 한 종류의 부를 더 첨가하라고 명령하고 있다. "선한 일을 행하고

---

200) J. Calvin, 디모데전서, p. 530.

201) Thomas C. Oden, 디모데전후서, p. 165.

선한 사업에 부하고 나눠주기를 좋아하며 동정하는 자가 되게 하라"(딤전 6:18). 부자들은 이미 원하는 모든 것을 가지고 있어서 보다 나은 생활을 위해 더 이상 노력할 필요를 느끼지 못한다.

하지만 디모데는 교회의 궁핍을 물리치고 선한 사업을 확장하기 위해 부자들의 소유를 사용함으로써 부하실 뿐 아니라 자신의 풍성함으로부터 신자들의 모든 필요를 후히 채워주시는 하나님을 본받게 해야 한다. 하나님이 후하게 베푸시는 분이기 때문에 그 백성들 역시 후하게 나누어야 한다. 이것은 하나님의 후하심을 본받기 위해서만이 아니라 교회를 둘러싸고 있는 이 세상의 필요들 때문에라도 그리해야 한다. 이렇게 함으로써 바울은 부자들이 관대함을 통해 '평균케 하시는 하나님'을 증거하도록 명령하고 있다.

둘째, 바울은 부자들이 장래에 자기를 위하여 좋은 터를 쌓아 참된 생명을 지킬 것을 권면하고 있다. "이것이 장래에 자기를 위하여 좋은 터를 쌓아 참된 생명을 취하는 것이니라"(딤전 6:19). 부자들이 관대함을 통해 평균케 하는 일의 목적은 물질적인 것이 아님이 분명하다(마 6:19-20). 그 목적은 장래에 좋은 터인 영적인 것으로 이를 통해 지금 이 세상에서 시작해 하늘에서 끝맺게 되는 진정한 삶을 붙들게 하는 데 있다(막 10:21; 눅 12:33-34). 이 점에 있어 부자들은 ① '이 세대에서 부할 것인가 아니면 오는 세대에서 부할 것인가?' 또는 ② '보물을 땅에 쌓아둘 것인가 아니면 하늘에 쌓아둘 것인가?' 나아가 ③ '물질을 취할 것인가 아니면 참 생명을 취할 것인가?'에 대해서 심각하게 고려해야 한다.

이렇게 함으로써 바울은 ① 물질의 소유에 집착하는 물질주의에 반대하여 검소한 생활 방식을 제시하고, ② 물질의 소유를 거부하는 금욕주의에 반대하여 하나님의 창조 질서를 따라 감사하게 하며, ③ 더 많이 소유하고자 하는 탐심에 반대하여 자신이 이미 가지고 있는 것으로 자족을 누리게 하며, ④ 자신을 위하여 재화를 축적하는 이기심에 반대하여 하나님을 본받는 관대함을 추구하게 하고 있다. 이처럼 검소함, 감사, 자족, 관대함은 하나님의 사람이 살아가는 삶의 방식이어야 한다.

3. 복음에 관한 믿음의 보존과 계승을 위탁받은 교회 (딤전 6:20-21)

바울은 본 서신의 내용을 요약하는 감동어린 호소로 본 서신의 대단원의 막을 내리고 있다. "디모데야 네게 부탁한 것을 지키고 거짓되이 일컫는 지식의 망령되고 허한 말과 변론을 피하라 이것을 좇는 사람들이 있어 믿음에서 벗어났느니라 은혜가 너희와 함께 있을지어다"(딤전 6:20-21). 본문에서 바울은 영적인 보물을 상기시키고 보물을 맡은 교회의 책임을 강조하며 위험 상황에 대한 경고와 더불어 하나님의 복을 기원하고 있다.

여기에서 바울은 두 가지 가르침, 즉 바울의 가르침과 거짓 가르침을 대하는 두 가지의 태도와 관련해 경계시키고 있다. 이렇게 함으로써 바울의 가르침을 지키고 거짓 가르침을 피하는 상대적인 대조를 통해 디모데에게 부탁한 바를 지켜나갈 것을 명령하고 있다. 바울은 자신의 가르침을 '네게 부탁한 것'($\tau\eta\nu$ $\pi\alpha\rho\alpha\theta\eta\kappa\eta\nu$)이라고 부르고 있다. 이 단어는 법적인 전문 용어로 '기탁물'(deposit) 또는 '담보물'(guarantee)을 의미한다. 이것은 안전을 위해 다른 사람에게 맡겨놓은 돈이나 귀중품을 가리키는 데 사용되었다.

바울이 자신의 가르침을 '담보물'로 부른 이유는 자신의 가르침이 디모데에게 위탁되었음을 강조하기 위함이다. 따라서 디모데는 바울의 가르침을 보존해야 할 의무를 지니게 된다. 이때 바울의 '담보물'은 전해 받은 사도적 전승과 예수님의 말씀에 대한 믿음(21절)이다. 디모데는 이 믿음을 보존해야 하며 희석하거나 왜곡함 없이 신자들에게 전달함으로써 그 믿음을 지켜내야 한다. 여기에서 '지키다'($\phi\upsilon\lambda\alpha\tau\tau\omega$)는 말은 방호하다, 망보다는 뜻으로 외부의 해를 받지 않고 안전히 보전한다(시 127:1; 창 28:15)는 의미를 가진다.202)

다른 한편으로 디모데는 거짓 가르침을 피해야 한다. 이 거짓 가르침 은 '지식의 망령되고 허한 말과 변론'으로 이것을 좇는 사람들은 바울 의 가르침을 벗어나게 되기 때문이다. '벗어났다'(ηστοχησαν, 딤전 1:6) 는 말은 표적을 빗나간 것으로 여기에서는 진리로부터 벗어났음을 묘 사하고 있다. 이 거짓 가르침은 마치 '믿음'을 겨냥하고 있는 것처럼 보이지만, 결국 과녁으로부터 이탈하고 말았다. 그들의 가르침은 성경 의 위엄, 성령의 능력, 선지자들의 진실성, 사도들의 성실성과 아무런 상관도 없으며, 그들의 신학은 헛되고 속된 궤변만 늘어놓고 있다는 점 에서 순수한 신학을 모독하고 있었다.203)

그들은 처음부터 바른 목표를 겨냥하지도 않고 있었으며, 고의로 곁 길로 빠져들고 있었다. 그럼에도 불구하고 신비한 비밀을 소유했다고 주장하는 사람들에게 미혹될 수 있는 사람들은 언제나 존재하기 마련 이다. 따라서 바울은 하나님의 선물로 주어진 복음에 대한 믿음, 즉 사 도가 전해준 이 믿음을 교회가 소홀히 하거나 의도된 목적대로 사용되 지 않을 때 그에 대한 책임을 짊어져야 한다는 사실을 여기에서 분명하 게 경고하고 있다. 이제 교회는 사도들로부터 전해 받은 복음에 대한 믿음을 보존하고 훼손되지 않게 지켜야 하며, 오염되지 않게 후손들에 게 전해야 한다는 시대적 사명을 의식하지 않으면 안 된다.

이제 바울은 "은혜가 너희 모두와 함께 있을지어다"라는 축도로 본 서신을 마무리하고 있다. 은혜는 하나님이 분에 넘치는 호의로 허락하 는 모든 것을 포함한다. 마치 '믿음'이 극히 적대적인 상황 아래에서도

---

202) A. C. Hrevey, 디모데전서, p. 303.

203) J. Calvin, 디모데전서, p. 533.

주어진 것과 같다. 이 축도는 이 서신의 교훈이 디모데에게 국한되지
않으며 회중 모두에게 주어졌음을 반영하고 있다. 디모데를 비롯해 신
자들은 자신의 힘만으로는 거짓 가르침을 거부하고 진리를 위해 싸우
며, 악을 피하고 선을 좇으며, 탐심을 버리고 자족과 관대한 마음을 기
르며, 이러한 신자의 책임을 끝까지 신실하게 지킬 수 없다. 오직 하나
님의 은혜만이 그들을 '하나님의 사람들' 로 보존하며 그들에게 주어진
복음에 대한 믿음을 지킬 수 있게 한다.[204]

디모데전서를 비롯해 목회서신들은 초기 교회의 체제와 조직 그리
고 목회적 돌봄에 대해 풍성한 교훈을 담고 있다. 비록 오늘날 교회가
사도적 전승에 대한 개념을 충분하고도 정교하게 발전시켜 오지 않았
다 할지라도 목회서신들은 어떻게 사도적 증거가 전달되었으며, 어떻
게 목회의 역사적인 계승이 보장될 것인가에 깊은 관심을 기울이게
한다.

이 점에 있어 교회의 역사는 그 자체로서 사도 바울의 전달 계획과
방법의 유용성에 대한 뚜렷한 증거로 남아 있다. 진리의 말씀을 담은
거룩한 '담보물' 인 사도의 믿음은 디모데를 거쳐서 이후 모든 교회의
성도들에게 계속해서 전달되었고 마침내 오늘날 교회의 성도들에게도
계승되었다.

이런 점에서 교회의 역사는 사도가 전해준 믿음을 훼손하지 않고 보
존하여 계승해 오며, 계속해서 계승시켜야 한다는 필연적 사명을 제시
하고 있다. 그 중심에는 교회가 세운 직분자들이 있음을 기억해야 한다.

---

204) John Stott, 디모데전서, p. 226.

| 기 도 |

존귀와 영광을 세세무궁토록 받으시는 우리 주 예수 그리스도의 아버지이신 하나님.

하나님의 존귀와 영광은 너무도 크고 아름다워서 이 세상에 있는 그 어떤 존재라 할지라도 감히 비교할 수도 없습니다. 이처럼 크신 하나님께서 만세 전에 선택하신 주의 백성들을 이제 때를 따라 그리스도의 몸된 교회로 불러 주심에 감사를 드립니다.

이제 우리는 온전히 의와 경건과 믿음과 사랑과 인내와 온유를 따라 삶으로써 온전한 그리스도의 군사가 되어 믿음의 선한 싸움에 참여하게 하셨나이다. 이 세상에서 우리의 주이시며 교회의 머리이신 그리스도께서 친히 모범을 보이신 이 선한 싸움을 행할 때 우리가 지치지 않고 그리스도께서 다시 오시는 그날까지 우리의 믿음을 지킬 수 있도록 은혜를 주옵소서.

무엇보다 그리스도의 몸된 교회에게 주어진 바른 믿음을 온전하게 지킴으로써, 오고 오는 모든 세대들과 더불어 이 복된 복음 안에서 함께 승리의 기쁨을 누릴 수 있게 하옵소서. 우리가 이 일에 있어 모범이 되게 하옵소서.

우리 주 예수 그리스도의 이름으로 기도합니다.

〈참고문헌〉

송영찬, 시내산 언약과 십계명, 서울 도서출판 깔뱅, 2006.

이광호, 바울의 생애와 바울 서신, 서울 도서출판 깔뱅, 2007.

A. C. Hrevey, 디모데전서, 풀핏 성경주석 23권, 풀핏주석번역위원회 역, 보문출판사, 1983.

Alan Richardson, 신약신학개론, 이한수 역, 고양, 크리스챤다이제스트, 1994.

Chester K. Lehman, 성경신학 II, 김인환 역, 고양, 크리스챤다이제스트, 1994.

D. A. Caeson, 신약개론, 엄성옥 역, 서울, 은성출판사, 2006.

Donald Guthrie, 신약 서론, 김병국, 정광욱 공역, 고양, 크리스챤다이제스트, 1996.

F. F. Bruce, 바울, 박문제 역, 고양, 크리스챤다이제스트, 1992.

I. Howard Marshall, 신약성서신학, 박문재, 정용신 역, 고양, 크리스챤다이제스트, 2006.

James Allen, 디모데전서, 정병은 역, 고양, 전도출판사, 2006.

James D. G. Dunn, 바울신학, 박문제 역, 고양, 크리스챤다이제스트, 2003.

J. Calvin, 디모데전서, 존 칼빈성경주석출판위원회 역, 서울, 성서교재간행사, 1990.

J. Christian Beker, 사도 바울, 장상 역, 서울, 한국신학연구소, 1998.

John Stott, 디모데전서, 디도서 강해, 김현회 역, 서울, IVP, 1998.

Matthew Henry, 디모데전서, 메튜헨리주석전집 vol 21, 김영배 역, 고양, 크리스챤다이제스트, 2007.

Paul F. Barackman, 디모데전후서, 디도서, 원광연 역, 고양, 고양, 크리스챤다이제스트, 2007.

Ralph P. Martin, 신약의 초석 II, 원광연 역, 고양, 크리스챤다이제스트, 1993.

Robert H. Gundry, 신약개관, 이홍성 역, 서울, 크리스챤서적, 1994.

Robert L. Reymond, 바울의 생애와 신학, 원광연 역, 고양, 그리스챤다이제스트, 2003.

Thomas C. Oden, 디모데전후서, 디도서, 김도일 역, 서울, 장로교출판사, 2002.

William Handrikson, 목회서신, 나용화 역, 서울, 아가페출판사, 1983. 3.

디도서

〈디도서 서론〉

사도적 복음 계승과 교회 중심의 생활

디도서 1:1-4

하나님의 종이요 예수 그리스도의 사도인 나 바울이 사도 된 것은 하나
님이 택하신 자들의 믿음과 경건함에 속한 진리의 지식과 영생의 소망을
위함이라 이 영생은 거짓이 없으신 하나님이 영원 전부터 약속하신 것인
데 자기 때에 자기의 말씀을 전도로 나타내셨으니 이 전도는 우리 구주
하나님이 명하신 대로 내게 맡기신 것이라 같은 믿음을 따라 나의 참 아
들 된 디도에게 편지하노니 하나님 아버지와 그리스도 예수 우리 구주로
부터 은혜와 평강이 네게 있을지어다

목회서신은 교회의 건강, 즉 ① 기도 생활, ② 공중예배의 의미, ③
거룩한 삶을 위한 기초로서의 철저한 가르침, 그리고 ④ 성도들 상호
간의 돌봄 등의 중요한 문제들을 언급하고 있다.[205]

특히 목회서신은 교회의 형성기에 있어서 교회의 면모를 보여주고
있다. 곧 교회는 ① 사도로부터 받은 말씀을 보존하고 선포하며, ② 올
바른 세례와 성찬을 거행하고, ③ 교회 안에서 발생하는 교리의 왜곡

---

205) Thomas C. Oden, 디모데전후서, 디도서, 김도일 역, 서울, 장로교출판사,
2002, p. 23.

문제들에 대처하고 있다. 이 요소들은 후에 종교개혁자들에 의해 교회의 세 가지 표지인 말씀 선포, 성례, 권징으로 재확인된다.

1. 목회서신의 역사적 위치

교회의 표지와 관련해 디모데전,후서와 디도서는 개인에게 보낸 사적인 성격의 서신이라기보다는 교회를 어떻게 돌볼 것인가를 제시하는 목회 활동과 깊은 관련이 있다. 이 서신들이 특정 교회들을 돌보고 있는 특정 목회자들에게 말하고 있으면서도 전반적인 목회 활동을 다루고 있는 이유도 여기에 있다.

특별히 사도적 전승의 승계와 보존, 교회의 직분자들이 갖추어야 할 자격과 직분자들의 선출, 회원들 사이의 돌봄, 거짓 교훈에 대한 경계와 배도로 특징되는 말세 교회가 추구해야 할 말씀 선포 등은 모두 교회의 승인 아래 시행된다는 점에서(딤후 2:1-2) 교회를 세우는 일과 직접 관련되어 있음을 알 수 있다.

처음부터 바울은 늘어나는 회중들을 위해 교회의 지도자들이 필요하다는 사실을 알고 있었다. 이런 점에서 바울은 교회의 안정을 위한 영구적인 조직을 위한 체계를 세워나갔다. 이미 첫 번째 전도여행 때 바울은 선교지 교회에 장로들을 임명하였다(행 14:23). 빌립보서에는 감독들과 집사들이 세워졌음을 기록하고 있다(빌 1:1).

시간이 흐르면서 교회마다 그리스도의 임박한 재림에 대한 기대가 느슨해지거나 아니면 재림에 대한 오해들이 깊어지고 있었다. 이것은 교회와 세상 안에 계속되는 그리스도의 현존에 대한 의식이 갈수록 강화되어야 할 필요성을 보여주고 있다. 뿐만 아니라 사회 속에서 살아가는 성도들의 생활 문제들에 대한 관심이 고조되는 것 역시 교회의 조직이 필요함을 반영하고 있었다. 이런 점에서 바울은 교회 구조의 연속성

258 · 목회서신 _ 디도서

이 어느 때보다 더 절실하다는 점을 인식하고 있었다.206) 목회서신들이 이와 같은 주제들에 깊은 관심을 보이는 이유가 여기에 있다.

목회서신의 수신자들은 사도행전과 바울이 교회에 보내는 서신들을 통해 익히 알려진 디모데와 디도이다. 이들은 바울의 신실한 동역자들로서 그들에게는 각기 특별한 사역의 영역이 배당되어 있었다. 초기에 디모데는 주로 마게도냐 교회들에서 사역을 맡았고(빌 2:19), 디도는 고린도 교회의 사역을 맡았다. 후에 디모데는 에베소 지역에 있는 교회들을, 디도는 그레데 지역에 있는 교회들을 돌보는 지도자의 위치에 있었다.

이들은 사도가 세운 교회들에 물을 주고 부족한 질서를 세우는 일에서 사도처럼 주의 일을 힘쓰는 목회자였으며, 사도에 버금가는 위치에 있었다. 이들 목회자는 전제적이거나 마음대로 목회 사역을 하지 않았고, 바울 사도의 분별과 판단에 따른 지시를 받고 사역하였다.207)

때문에 바울이 그들에게 교회 지도자로서 필요한 사항들을 일러주기 위해 편지를 보냈다는 것은 결코 놀라운 일이 아니다. 바울은 이들 교회 지도자들이 교회에서 목회하는 데 필요한 여러 가지 사항들, 즉 교회의 회원들을 통제하고 인도하며 교훈하는 일들에 대한 지침을 주고 있다. 특히 거짓 교훈들이 위협의 요소로 작용하고 있었기 때문에 그것들을 경계하고 물리칠 것을 요청하고 있다.208)

이와 관련해 디도서와 디모데전서는 교회 안에서 규범과 질서를 갖추고 있는 조직을 세워나가야 하는 목회자의 임무에 대해 자세하게 교

---

206) Thomas C. Oden, 디도서, 김도일 역, 서울, 장로교출판사, 2002, p. 38.

207) Matthew Henry, 디도서, 메튜헨리주석전집 vol 21, 김영배 역, 고양, 크리스챤다이제스트, 2007, p. 145.

208) Ralph P. Martin, 신약의 초석 II, 원광연 역, 고양, 크리스챤다이제스트, 1993, p. 449.

훈하고 있다. 그리고 교회의 직분들은 복음을 위한 봉사를 위함이라는 사실을 강조하고 있다. 따라서 바울은 손을 굳게 하고 복음을 부끄럽게 여기지 않도록 하기 위한 격려와 동시에 도덕적인 교훈을 주고 있다.[209] 이것은 거짓 교훈들로부터 교회를 굳건히 지켜 세워나가기 위함이다.

당시 디도와 디모데는 아주 긴장된 상황에서 발생한 여러 가지 문제들을 안고 있었다. 이미 거짓 교훈들이 등장해 있었고 이로 인하여 교회 안에서도 갈등이 나타나고 있었다(딤전 1:19-20; 딛 3:10-11). 교회가 이러한 이질적인 가르침과 행실들(딤전 1:4-5; 딛 3:8, 14)을 접하고 있는 상황에서 바울의 가르침은 반드시 지켜야 할 바를 알려주는 시금석이었다. 이렇게 함으로써 바울은 교회가 제도적 안정과 조직적 확립을 통해 거짓 교훈을 물리치며 신앙의 유산을 보존하게 될 것을 확신하고 있었다.[210]

반면에 디모데후서는 전혀 다른 상황에서 기록되었다. 여기에서 바울은 교회의 조직에 관한 관심보다는 자신이 성취해 온 일들을 뒤돌아보면서 어떻게 사도의 전승이 디모데에게 전수되었는가를 밝히고, 디모데에게 맡겨진 임무에 관해 관심이 집중되어 있다. 이것은 자신의 죽음을 앞두고 있는 바울이 사도의 복음을 계승해야 할 말세의 교회에게 주어진 역사적인 사명을 일깨우기 위함이다. 바울은 이 교회를 통해 이후 시대의 신자들은 과거와의 계속성을 유지하고 그들 이후 시대의 신자들과도 연속성을 계속 유지할 수 있을 것으로 의심치 않았다.

그때까지만 해도 교회는 가정들에서 모이는 신자들의 작은 공동체였으며, 안정된 재정과 위세를 가진 설립된 단체가 아니었다. 수많은 적

---

209) Donald Guthrie, 신약 서론, 김병국, 정광욱 공역, 고양, 크리스챤다이제스트, 1996, p. 586.
210) Ralph P. Martin, 신약의 초석 II, p. 458.

대 세력들이 아직은 미약한 교회 공동체의 존립을 계속 위협하고 있었다. 하지만 오히려 바울은 이 교회를 통해 오고 오는 수많은 사람들이 그리스도의 오심에 대한 복된 소식을 듣게 될 것을 확신하였다.[211] 그동안 많은 박해 속에서도 교회가 세워지고 오늘날까지 존재하고 있기까지에는 이처럼 교회를 굳건히 세우기 위해 헌신한 바울 사도의 노고가 밑받침되었다.

2. 디도서의 저작 연대

본 서신은 바울이 어디에서 서신을 썼는지 어떤 암시도 나오지 않는다. "내가 아데마나 두기고를 네게 보내리니 그 때에 네가 급히 니고볼리로 내게 오라 내가 거기서 겨울을 지내기로 작정하였노라"(딛 3:12)는 기록을 볼 때, 바울은 아직 니고볼리에 가지 않았음을 보여주고 있다. 바울이 니고볼리에서 겨울을 보낼 계획을 밝힌 것은 그가 이 서신을 기록할 당시 자유의 몸이었음을 암시하고 있다. 이즈음 바울은 그레데(딛 1:5)와 에베소(딤전 1:3) 그리고 마게도냐(딤전 1:3)를 거쳐 니고볼리로 여행하던 중이었다.

이후에 바울은 밀레도(딤후 4:20), 드로아(딤후 4:13), 고린도(딤후 4:20)를 차례로 방문한 것으로 나타난다. 바울은 이 마지막 여행을 마치고 나서 로마에 두 번째 투옥되었다(딤후 1:8; 4:6). 이런 점에서 디도서(딛 3:12)의 겨울과 디모데후서(딤후 4:12)의 겨울은 동일한 겨울이 아님을 알 수 있다. 디도서에서는 자유의 몸으로 니고볼리에서 겨울을 보낼 계획을 세울 수 있었지만, 디모데후서에서는 이미 죄수로 갇혀 있었기 때문에 겨울을 보낸 장소에 대한 언급이 필요 없었다(딤후 4:21).

이상의 정황을 살펴볼 때 바울의 행적은 좀 더 쉽게 정리가 된다. 바

---

211) Thomas C. Oden, 디도서, p. 26.

울은 첫 번째 로마 구금 이후 석방되어 그가 계획했던 마게도냐 여행을 시작했다(빌 2:24; 딤전 1:3). 이때는 63년경으로 추정된다. 이것은 64년 7월 19일에 발생한 로마 대화재 사건 이후로는 석방이 어려웠기 때문이다.

바울은 석방되자 디모데를 빌립보로 보내어 이 소식을 전하게 하였으며, 자신은 선편으로 소아시아를 향해 가던 중 그레데에 도착했다. 그곳에 세워졌던 교회들의 조직을 완료시키기 위해 그레데에 디도를 남겨두었다. 이후 바울은 에베소에 도착했고 골로새를 방문한 후 다시 에베소로 귀환했다.[212]

마침 빌립보에 갔던 디모데가 에베소에 와서 바울과 합류하게 되었다. 그러자 바울은 에베소에 디모데를 남도록 조치했다(딤전 1:3-4). 그리고 자신의 계획을 진행하기 위해 마게도냐로 향했다. 이 여행에서 바울은 이고니아 바다 동쪽 해안에 있는 니고볼리에서 디도와 합류하고 겨울을 보낼 계획을 세웠다(딛 3:12). 따라서 바울이 디도에게 니고볼리로 오라고 보낸 본 서신은 AD 63년경에 기록된 것으로 볼 수 있다.

3. 바울에게 있어서 디도의 위치

디도의 이름은 바울 서신 중에서 갈라디아서(갈 2:1, 3), 고린도후서(고후 2:13; 7:6, 13, 14; 8:6, 16, 23; 12:18), 디도서(딛 1:4), 디모데후서(딤후 5:10) 등에서 찾아볼 수 있다. 디도에 대한 기록을 추적해 보면 지리적으로는 수리아의 안디옥, 예루살렘, 고린도, 그레데, 달마디아 등의 지역과 관련이 있음을 알 수 있다. 반면에 사도행전에서는 그의 이름이 등장하지 않는다.

1) 디도에 대한 첫 번째 암시적인 언급은 사도행전에 나와 있다. 이방

---

212) William Handriksen, 목회서신, 나용화 역, 서울, 아가페출판사, 1983, p. 56.

인 출신 기독교인들이 할례를 받아야 하는가에 대한 문제에 대하여 안
디옥 교회가 바울과 바나바를 예루살렘 교회로 파송할 때 '그 중에 몇
사람'(행 15:2)이 동행했다. 이 기사는 "십사 년 후에 내가 바나바와 함
께 디도를 데리고 다시 예루살렘에 올라갔노니"(갈 2:1)라는 바울의 자
서전적 기록과 비교해 볼 때, 당시 바울의 일행 중에 디도가 참여하고
있었음을 암시하고 있다.[213]

　　당시 안디옥 교회는 예루살렘에서 온 어떤 사람들이 "너희가 모세의
법대로 할례를 받지 아니하면 능히 구원을 얻지 못하리라"(행 15:1)는 주
장에 대해 이 문제를 근본적으로 해결하고자 바울 일행을 예루살렘 공
의회로 파송했다(AD 50년).

　　이때 바울은 디도를 동반했는데, 당시 디도는 헬라인이었으며, 할례
를 받지 않았기 때문이다(갈 2:3). 이런 점에서 디도는 이방인 신자가 할
례를 받아야 하는가 또는 모세의 율법을 지켜야 하는가를 가름하는 잣
대가 되었다. 예루살렘의 유대인편에 속한 자들은 디도가 할례를 받아
야 한다고 주장했음이 분명하다. 그러나 바울은 결코 그들의 주장에 굴
복하지 않았다.

　　이 논란은 유대인의 율법을 지킬 필요 없이 그리스도를 믿는 믿음만
을 근거로 이방인들을 교회의 회원으로 받아들이는 쪽으로 결정되었
다. 이런 점에서 예루살렘의 사도들과 장로들은 디도에게 할례를 강요
하지 않았다(갈 2:5). 이 일은 예루살렘의 사도들과 장로들로부터 바울의
사도권을 확증받는 계기가 되었다.[214]

　　2) 바울을 따라 예루살렘에 동행한 이후 디도는 기독교 신앙의 발전
을 위한 중요한 역할을 하게 되었다. 바울의 세 번째 전도여행(AD 52-57
년)에 참여한 디도는 바울의 명을 받고 에베소에서 고린도로 파송되었

213) William Hendriksen, 목회서신, p. 52.
214) David West, 디도서, 정병은 역, 고양, 전도출판사, 2006, p. 393.

다. 바울은 당파 분쟁과 행음 등 고린도 교회에서 발생한 사태(고전 1:11;
5:6; 16:17) 등에 대해 상당히 고심하던 중이었다.

이에 바울은 이 문제를 수습하는 어려운 임무를 디도에게 맡기고 고
린도 교회를 향해 '많은 눈물로' 편지를 썼다. '준엄한 편지'(고후 2:4,
9)라 부르는 이 편지는 유실되었는데 거짓 사도들을 따르는 고린도 교
회의 어리석음과 바울에 대한 고린도 교회의 적대적인 태도를 극심하
게 책망하는 내용을 담고 있었다.

이후 바울은 에베소 사역을 마치고 마게도냐로 향하였다. 바울은 마
게도냐를 향해서 가는 도중 드로아에서 디도를 만날 수 있을 것으로 생
각했다. 그러나 디도를 만나지 못한 바울은 마게도냐로 건너가(고후
2:13) 비로소 디도를 만날 수 있었다. 디도는 고린도 교회 문제에 대해
대체로 만족할 만한 보고를 바울에게 하였다. 이에 바울은 새 힘을 얻
게 되었고 기쁨으로 충만하게 되었다(고후 7:6, 13, 14).

디도가 고린도 교회에 파송된 또 하나의 이유는 바울이 예루살렘의
가난한 성도들을 위한 연보를 모금하는 일에 고린도 교회가 참여할 것
을 독려하기 위함이었다(고후 8:6). 그러나 이 일과 관련해 오히려 바울은
고린도 교회 일부 성도들로부터 오해를 사게 되었다(고후 1:15-24). 때문
에 바울은 마게도냐(혹, 빌립보)에서 다시 서신을 기록해 디도편으로 고린
도 교회에 전달하게 했다. 디도는 이 일을 순조롭게 해낼 수 있는 인물
이었으며(고후 8:16-24) 자신에게 주어진 소임을 완수했다(고후 12:18).

3) 이후 디도의 행적은 바울이 로마에서 첫 번째 구금(AD 57-59년)으
로부터 석방되어 소아시아로 여행하던 중에 그레데에 디도를 남겨둔
기록에서 발견된다(딛 1:5). 바울은 디도에게 그레데에 있는 교회 사역
을 맡기고, 교회의 형성과 조직에 필요한 내용들(딛 2:15)을 계속해 수행
하고 완수하게 하였다.[215] 그리고 바울은 에베소에서 디모데와 만난

---

215) Thomas C. Oden, 디도서, p. 29.

후에 니고볼리로 가는 도중에 '급히 니고볼리로 내게 오라'(딛 3:12)고
당부했다.

본 서신과 관련된 그레데 섬에서 디도의 사명은 가난한 자들, 재산을
잃은 자들, 사회로부터 소외된 이들에 대한 사역과 밀접한 관련이 있
다. 디도가 있었던 그레데 섬은 지중해 세계에서 가장 경멸당하고 압제
받는 전형적인 곳이었다. 특별히 그레데 섬의 흑인들은 야만인 취급을
받는 등 부당하게 취급을 받고 있었다.[216]

디도가 이처럼 특수한 상황에서 목회를 할 수 있었던 것은 디도에
대한 바울의 전적인 신임 때문이었다. 바울은 디도를 내 아들(딛 1:4),
내 형제(고후 2:13), 나의 동료와 동역자(고후 2:13), 바울 자신과 같은 심
령으로 같은 길을 가는 사람(고후 12:18)이라고 불렀다. 디도는 바울이
주님의 일을 하는 데 있어 가장 소중히 여기고 신뢰했던 동료 중 하나
였다.

이처럼 두터운 신임을 받았던 디도에게 바울은 교회의 장로를 엄선
해서 임명하는 일(딛 1:5-9), 그릇된 가르침이 끼치는 파괴적인 영향(딛
2:1-10), 그리스도의 초림과 재림이 가져다주는 변화의 능력(딛 2:11-
15), 하나님의 백성이 이 세상의 시민으로서 감당해야 할 사회적인 책
임(딛 3:1-2), 하나님의 구원이 가지는 실제적인 선행이 갖는 의미(딛
3:3-8) 등에 관한 권면을 통해 그레데 교회를 든든히 세우도록 독려하
고 있다.

4) 디도에 대한 마지막 언급은 바울의 마지막 서신에서 "디도는 달마
디아로 갔다"(딤후 4:10)라고 간단하게 언급되었다. 달마디아는 일로리
곤(롬 15:19)일 것으로 추측되며 바울은 복음의 진보를 위해 디도를 달마
디아로 파송했던 것으로 보인다.[217]

216) Thomas C. Oden, 디도서, p. 29.
217) David West, 디도서, p. 397.

4. 디도서의 특징과 저작 목적

디도는 몇 가지 어려움에 봉착해 있었다. 그것은 개인적인 야망을 앞세운 몇몇 사람들이 교회의 지도자가 되고자 하는 데서 발생했다. 디도가 그들의 요구를 들어주지 않자 그들은 디도를 악평하고 다녔다. 다른 한편에서는 모세의 율법을 구실로 삼고 시시한 규례와 규정을 수없이 내세우면서 자신들의 요구를 받아들여야 한다고 주장하는 유대인들도 있었다.

이에 바울은 디도로 하여금 자기에게 주어진 막중한 임무를 감당할 수 있게 하기 위해서 디도를 사도의 권위로 무장시킬 필요가 있었다. 아울러 바울의 전통성을 계승한 디도의 가르침만이 교회에서 유일한 권위를 가지고 있으며, 그밖에 다른 가르침을 용납하지 않도록 해야 할 필요도 있었다.[218]

때문에 바울은 그레데 교회에서 누구를 교회의 지도자로 세우는 것이 마땅한가에 대해 제시하고 있다. 특히 교회의 지도자는 대적들을 물리칠 수 있는 건전한 교의에 정통하고 있어야 함을 필수조건으로 내세우고 있다. 그리고 음식물과 기타 외형적인 의식 문제로 거룩한 삶을 추구하는 것처럼 주장하는 유대인들의 주장을 질타하고 있다. 대신에 진정한 경건과 성도의 삶을 살아야 할 것을 제시하고 있다. 또한 이러한 가르침만이 그리스도를 통해 성취된 구속과 구원의 목적임을 강조하고 있다.

디도가 있었던 그레데는 지중해의 가장 큰 섬 중 하나이다. 대부분 산으로 이뤄진 이 섬은 에게해 남단, 수리아와 메르테(말타) 사이 중간에 위치하고 있다. 이 섬은 유럽과 아시아와 아프리카 중간 지점에 있었기

---

218) J. Calvin, 디모데전서, 존 칼빈성경주석출판위원회 역, 서울, 성서교재간행사, 1990, p. 379.

때문에 지중해 교역에 있어서 중심 역할을 하고 있었다.

하지만 그레데 섬 사람들의 평판은 그리 좋지 않았다. 아마도 그레데 섬에서는 인종간의 갈등이 다른 곳보다 심각한 상태였던 것으로 보인다. 이런 점에서 교회를 중심으로 하는 개인, 가족, 사회생활에서 성화의 필요성, 즉 성도들이 더욱 구별된 삶을 살아야 할 것이 강조되어 있다.[219] 그 내용은 대략 다음과 같다.

① 교회의 지도자로 세움을 받는 장로들은 '책망할 것이 없어야' 한다(딛 1:5-6). ② 교회는 무법한 사람들, 즉 헛된 말을 하며 속이는 자들의 입을 막아야 한다(딛 1:10). ③ 특히 성도들은 세속적인 정욕을 버리고 근심과 의로움과 경건으로 이 세상에서 살고 구주의 영광스러운 나타나심을 기다리도록 교육받아야 한다(딛 2:11-14). ④ 사회생활에서 성도들은 권세자들에게 복종하며, 모든 사람에게 온유함을 나타내어야 한다(딛 3:1-2). ⑤ 개선의 정이 없는 문제 인물들은 징계되어야 한다(딛 3:10). ⑥ 교회 지도자들은 생활에 궁핍함이 없도록 교회가 지지해야 한다(딛 3:13).

이러한 내용은 다른 서신서들에서도 공통된 주제였지만 유독 디도서에 집중적으로 나타나고 있다는 점에서 다른 서신서들과 구별된다. 디도서의 내용 대부분이 교회의 회중들에 대해, 개인의 삶에 대해, 가족으로 사는 삶에 대해 그리고 사회관계에 대해 집중된 이유도 여기에 있다.

이러한 점에서 바울은 디도를 격려하고, 교회의 건강을 위협하는 거짓 교훈과 싸우도록 그를 도우며, 교회를 조직하고 세우는 임무와 관련해 그에게 조언을 하며, 디도의 사역에 바울 자신의 사도적 권위로 완전한 승인을 주기 위해 이 서신을 기록했다.[220]

---

219) William Handriksen, 목회서신, p. 56.
220) Robert L. Reymond, 바울의 생애와 신학, 원광연 역, 고양, 그리스챤다이제스트, 2003, p. 316.

5. 디도서의 내용과 개요

본 서신에서는 거짓 교사들과 대조되는 장로들(딛 1장), 그리스도의 초
림과 재림에 대한 확신을 두고 가정에서 서로를 향한 의무를 다하는 일
(딛 2장), 구원의 직접적인 열매로 나타나는 공적인 삶(딛 3장)에 대한 가
르침이 주된 뼈대를 이루고 있다. 이러한 상황들, 즉 교회와 가정과 사
회의 구성원으로 살아가는 성도들이 '교리'와 '의무' 사이에서 어떻
게 살아가야 하는가를 제시하고 있다.[221] 본서의 내용 및 개요는 다음
과 같다.

I. 인사말(Salutation)

문안(1:1-4) : 다른 서신서들에 비해 상당히 긴 인사말을 통해 바울은 자신
에게 위탁된 진리에 대해 선언하고 이 진리가 믿음 안에 있는 참된 자녀인
디도에게 유업으로 주어지고 있다. 이례적으로 감사(Thanksgiving)가 생략
된 본 서신은 인사말로 서론을 대신하고 있다.

II. 본문(Body of the Letter)

1) 교회 생활에 대한 바울의 가르침(1:5-16)
① 교회 직분자들의 자격(1:5-9) : 디도가 그레데에 남겨진 목적은 장로들
을 임명하고 그 일들을 질서 있게 처리하기 위함이었다. 특히 그레데에
는 교회의 지도가 필요한 질이 좋지 않은 사람들이 많았었다. 이런 점
에서 장로는 책망할 것이 없고, 건전한 교리에 든든히 뿌리를 내리고,
신실한 자들을 가르칠 수 있으며, 거스르는 자들을 책망할 수 있는 자
격들을 갖추어야 할 것을 권하고 있다.
② 거짓 교사들과 그들에 대한 논박의 필요성(1:10-16) : 그레데는 도덕적
타락과 물질주의가 만연되어 있었다. 특히 유대적 성격이 강한 거짓 교

---

221) John Stott, 디도서 강해, 김현회 역, 서울, IVP, 1998, p. 230.

사들은 '가증한 자요, 복종치 아니하는 자요, 모든 선한 일을 버리는 자'로 묘사되고 있다. 교회 지도자들은 이들의 주장을 논박함으로써 교회를 든든히 세워야 한다.

2) 가정생활에 대한 바울의 가르침(2:1-15)

노년층(1-3절)에게는 마음의 진실함과 행동의 경건함을, 청년층(4-8절)에게는 가정을 돌보고 사랑하며 부부간에 복종하고 절제하는 모범을 보임으로써 교회를 대적하는 이들에게 빌미를 주지 말아야 함을, 노예층(9-10)에게는 상전들에게 정직과 충성이 곁들인 순종을 권면한 바울은 그리스도 안에서 모든 사람에게 드러난 하나님의 은혜로 말미암아 가능하게 된 고상한 삶의 행실을 갖도록 권면하고 있다(11-15절). 이로써 모든 사람에게 하나님의 은혜가 나타나서 성결케 하시고 우리의 크신 하나님과 구주 예수 그리스도의 영광이 나타나도록 하기 위함이다.

3) 사회생활에 대한 바울의 가르침(3:1-7)

사회에서 성도들의 행동은 충성스러운 시민 정신과 정직한 노동 그리고 예절바른 대인 관계로 특징지어져야 한다(1-2절). 과거 성도들의 삶은 눈먼 욕망의 노예였음을 기억해야 한다(3절). 그러나 그리스도께서 오심으로써 혁신적인 변화가 발생했으며 성도들을 영원한 구원의 상속자로 만드셨다. 여기에 기독교 구원의 능력이 나타난다(4-7절). 이런 점에서 성도들은 권세잡은 자들에게 순종함으로써 모든 사람에게 선해야 함을 행동으로 보여야 한다.

III. 도덕적이고 윤리적인 가르침(Moral and Ethical Instruction)

이상에서 언급한 신학적인 가르침을 바탕으로 바울은 두 가지의 권면으로 이 서신을 마치고 있다.

① 선한 일에 힘쓰라(3:8) : 기독교인의 중생한 삶은 적절한 행위를 통해 나타나야 한다. 이것은 가리켜 '선한 일'이라고 한다. 이 '선한 일'은

신자의 구원이 자신의 행위가 아닌 구주 하나님의 자비로 말미암아 주
어졌기 때문에 힘써야 한다.
② 거짓 교훈을 피하라(3:9-11) : 거짓 교사들은 단지 논쟁만을 일으킬 뿐
이다. 따라서 그들과 어리석은 다툼을 피하고 훈계받지 않는 이단에 속
한 사람들을 경책함으로써 교회에서 단절시킬 것을 권면하고 있다.

IV. 맺는 말(Closing)

1. 격려와 안부(3:12-15) : 바울은 디도에게 겨울이 이르기 전에 자신과 합
   류할 것과 세나와 아볼로의 여행을 도울 것을 당부하고 일반적인 문안
   인사로 본 서신을 마감하고 있다.
2. 축도(3:15) : "은혜가 너희 무리에게 있을지어다"라는 축도로 서신을
   마친다.

| 기 도 |

  사랑하는 자녀들을 위해 만세 전부터 친히 은혜 주시기를 기뻐하시는 우
리 주 예수 그리스도의 아버지이신 하나님.
  그리스도 안에서 하늘에 속한 모든 신령한 복을 주시고, 창세 전에 그리스
도 안에서 우리를 택하시어 우리로 사랑 안에서 거룩하고 흠이 없게 하시려
고 친히 우리를 자녀로 삼아주심에 감사를 드립니다(엡 1:3-5). 하나님께서
주시는 복을 누리고 있는 주의 자녀들이라면 의당히 하나님을 기뻐하고 즐
거워하며, 모든 영광을 하나님께 올려드려야 함이 마땅합니다.
  무엇보다도 우리를 거룩한 그리스도의 몸인 교회로 부르셨사오니, 창세
이후 한 몸이 된 모든 주의 자녀들을 위해 주께서 친히 예비하신 복과 은혜
를 누리게 하옵소서. 이 복과 은혜 안에서 거룩한 교회를 아름답게 보전하
고, 우리의 신명을 다하여 우리에게 주어진 복음을 따라 살게 하옵소서.
  선한 일에 힘쓰며, 거짓 교훈에 빠지지 않음으로써, 우리가 살아가는 삶의
현장인 교회생활과 가정생활과 사회생활에서 그리스도인다운 삶의 모습과

자태를 나타나게 하옵소서.

　　진정 어둡고 불의함으로 가득한 이 땅에서 복된 주님의 교회가 참된 빛이 되게 하옵소서.

　　우리 주 예수 그리스도의 이름으로 기도합니다.

〈 1 〉

사도의 복음과 교회의 계승

디도서 1:1-4

하나님의 종이요 예수 그리스도의 사도인 나 바울이 사도 된 것은 하나님이 택하신 자들의 믿음과 경건함에 속한 진리의 지식과 영생의 소망을 위함이라 이 영생은 거짓이 없으신 하나님이 영원 전부터 약속하신 것인데 자기 때에 자기의 말씀을 전도로 나타내셨으니 이 전도는 우리 구주 하나님이 명하신 대로 내게 맡기신 것이라 같은 믿음을 따라 나의 참 아들 된 디도에게 편지하노니 하나님 아버지와 그리스도 예수 우리 구주로부터 은혜와 평강이 네게 있을지어다

디모데가 섬기고 있던 에베소 교회는 바울의 제3차 전도여행 기간 (AD 52-57년) 중에서 AD 52-55년에 바울이 교회를 세우고 목회를 했던 곳이다. 이런 점에서 에베소 교회는 나름대로 규모를 갖추고 있었기 때문에 회심한 지 얼마 되지 않은 사람을 감독이나 직분자로 세우지 않았다(딤전 3:6). 반면에 바울이 로마 옥중에서 풀려난 AD 62년 무렵, 그레데 섬에서 목회를 해야 했던 디도는 장래가 매우 불확실한 상황에서 교회를 조직하는 어려운 일을 감당해야 했다.

당시 그레데 교회는 아직 어린아이와 같은 교회였기에 디도는 지도자인 장로를 세우는 일에 신중해야 했다. 심지어 그레데 교회의 장로 후보자로 이름을 오르내리는 사람 중에는 회심하지 않은 자녀를 두었거나, 거칠고 불순종한 언행을 일삼는 자녀들도 있었다(딛 1:6). 때문에 디도는 그레데 교회가 장로를 선임하는 문제에 있어 보다 더 신중한 자세를 가질 필요가 있었다.

뿐만 아니라 그레데는 지중해의 교통 요지였던 만큼 유럽과 아프리카와 아시아에서 온 다양한 계층의 사람들이 모여들었기에, 그레데 사람들은 거짓말을 잘하고 배만 위하는 게으름쟁이라고 비난을 받을 정도로 거친 성품을 가지고 있다고 소문이 나 있었다(딛 1:12). 이런 여건 속에서도 교회의 직분자인 장로들은 교회의 기능을 정상적으로 발휘하기 위해 만반의 준비가 되어 있어야 했다.

이 사실은 교회가 지도자들을 선출함에 있어 세속적인 기준보다는 복음의 가르침에 그 기준을 두고 있어야 한다는 사실을 잘 보여주고 있다. 일반적으로 세속 사회에서는 사람들로부터 존경받는 부유하거나 교육을 잘 받은 유력한 환경에 있는 사람을 지도자로 선출하는 경향이 있기 마련이다.

반면에 교회는 사회적 영향력이나 부요함 또는 교육의 정도를 고려하지 않고, 실천적으로 복음 전도의 진보와 계승에 적합한 인물을 지도자로 세워야 한다. 이것은 지금 당장에 미래가 보장되어 있지 않은 것처럼 보이는 가난한 사람이거나 사회적 지위가 보장되어 있지 않은 사람일지라도 교회는 그들이 처한 경제적 또는 사회적 배경이나 위치보다는 복음의 진보에 적합한 사람을 직분자로 세워야 한다는 사실을 보여주고 있다.[222]

이런 이유에서 교회의 막중한 업무를 주관해야 하는 장로 직분자를

---

222) D. A. Caeson, 신약개론, p. 664.

세움에 있어 디도는 후보자들을 교리 위에 굳건하게 세우는 일에 많은
힘을 기울여야 했다. 더욱이 그레데는 예전부터 유대인들이 많이 있어
서 여전히 할례 등을 주장하며 교회를 공격하는 이들이 있었다. 때문에
디도는 더욱더 교리를 확고하게 하는 일에 힘을 기울이고 있었다.

　교회 지도자를 세움에 있어 이처럼 신중히 처리하고 있었던 디도는
그레데 사람들로부터 오히려 오해의 대상이 되고 있었다. 더욱이 자신
의 개인적인 욕망이 앞선 어떤 사람들은 이러한 디도의 신중함에 대해
디도가 교회에서 필요 이상의 권력을 행사하고 있다는 불평을 나타내
보이기도 했다. 그런 사람들 가운데는 디도를 여타의 다른 장로들과 다
를 바 없는 장로 중 하나라고 폄하하기도 했다.
　이런저런 이유로 바울은 디도가 성급하게 무자격자를 교회의 지도자
로 세우는 일이 없도록 권면해야 했다. 또한 그 누구도 신중한 디도의
판단에 대해 비난을 하지 않게 하려고 장로의 임명과 교회의 전반적인
통치 문제와 관련해 디도는 바울의 절대적인 지지를 받고 있다는 사실
을 분명히 밝힐 필요가 있었다. 따라서 본 서신은 디도에게 보내는 사
적인 서신이라기보다는 그레데 교회에 보내는 공적 서신의 성격을 강
하게 가지고 있다.[223]

1. 사도직에 대한 바울의 이해 (딛 1:1-3)

　바울은 독특한 신적 계시와 임명에 의해 사도로 부름을 받았다(고전
9:16). 그의 사도직은 하나님께서 택하신 성도들의 믿음과 경건과 일치
하는 진리의 지식을 위하여 행사되었다. 이렇게 한 것은 하나님을 향한
택하신 자들의 신뢰와 하나님 안에 있는 구속의 진리에 대한 즐거운 인
식과 고백을 촉진시키거나 불러일으키기 위함이었다. 사도가 전한 진

223) J. Calvin, 디도서, p. 379.

리는 거짓 교사들의 생각과는 예리하게 대조되며 신자들의 덕스러운 생활과 참으로 성별된 마음인 경건과 일치하는 진리였다(딤전 1:1; 살전 1:4; 딤후 3:5).

아울러 하나님께서 택하신 자들의 믿음을 위하고 경건과 일치하는 진리의 지식을 위하는 바울의 임무와 사도직은 영생의 소망에 그 근거를 두고 있다. 이 영생은 거짓이 없으신 하나님이 영원한 때 전부터 약속하신 것으로 그리스도 안에서 성도들에게 주어졌다. 따라서 성도들은 최종적으로 완성된 구원에 대한 소망(요 17:24; 롬 8:25)을 얻게 되며 이로써 확신에 찬 기대를 가지고 참을성 있게 기다릴 수 있게 된다.[224]

바울은 이 사실을 "하나님의 종이요 예수 그리스도의 사도인 나 바울이 사도 된 것은 하나님이 택하신 자들의 믿음과 경건함에 속한 진리의 지식과 영생의 소망을 위함이라 이 영생은 거짓이 없으신 하나님이 영원 전부터 약속하신 것인데 자기 때에 자기의 말씀을 전도로 나타내셨으니 이 전도는 우리 구주 하나님이 명하신 대로 내게 맡기신 것이라"(딛 1:1-3)고 본 서신의 인사말에서 분명하게 밝히고 있다.

비교적 긴 이 인사말은 로마서의 인사말과 많이 닮아 있다. 로마서에서처럼 바울은 자신을 '종'과 '사도'라고 부르고 있으며, 이제 성취된 '약속'에 대해 언급하고 있다. 인사말로 서신의 서론을 대신했던 다른 서신서들과 마찬가지로 이 인사말 역시 본 서신의 성격 및 목적과 일치를 이루고 있다.

본 서신이 건전한 교훈은 성결한 생활과 선한 일을 행하는 것에 있음을 그 주제로 한다는 점에서 본 인사말에서 '경건과 일치하는 진리'와, 거짓말 잘하는 그레데 사람들의 성격과 대조하여 '거짓이 없으신 하나님'을 언급하고 있는 것은 전혀 놀라운 일이 아니다.

---

224) William Hendriksen, 목회서신, p. 454.

사도는 자신을 가리켜 '하나님의 종'과 '그리스도의 사도'라고 하는 언뜻 보기에 서로 상반되는 신분으로 표현하고 있다. '종'의 역할은 자기중심적이고 자기 본위(本位 : 판단이나 행동에서 중심이 되는 기준)적인 행동으로부터 철저하게 제외된다. 이때 '하나님의 종'은 어떤 특정한 직무가 부여된 일꾼을 지시한다.

이런 의미에서 구약의 선지자들은 '하나님의 종'으로 불렸으며 그리스도께서는 이 선지자들 중에 으뜸이 되셨다. 이와 관련해 이사야 선지자는 '보라, 나의 종, 나의 택한 사람'(사 42:1)이라고 묘사한 바 있다. 다윗 역시 자신의 왕적 위엄을 두고 자신을 가리켜 '하나님의 종'이라고 부르고 있다(대상 17:18, 19, 23, 24, 25, 26).

여기에서 바울이 자신을 가리켜 '하나님의 종'이라고 부르고 있는 것은 그리스도의 본을 본받는 자신의 위치를 명백히 밝히기 위함으로 보인다. 동시에 바울은 자신이 '그리스도의 사도'이기 때문에 자연스럽게 '하나님의 종'이 되었다는 영예로운 사실을 강조하고 있다. 이렇게 함으로써 바울은 이 두 명칭이 서로 일관될 뿐 아니라 불가분의 관계로 맺어지고 있음을 보여주고 있다.

이 명칭은 율법의 권위를 높인다고 하면서 정작 그 권위를 훼손하고 있는 유대인들에게는 강력한 도전이 되었다. 유대인들은 자기들이 하나님의 종으로서 율법을 위해 산다고 주장하면서 정작 그 율법의 완성으로 오신 '그리스도'를 대적함으로써 율법을 훼손하는 자들이었기 때문이다.

특별히 '그리스도의 사도'는 그리스도의 위임 명령의 권위를 가진 신분을 강조하고 있다는 점에서 바울은 자신이 '그리스도의 사도'임을 자랑함으로써 유대인들과 구별된 '하나님의 종'으로서 자신의 위치를 강조하고 있다. 반면에 '그리스도의 사도'란 명칭은 그리스도의 명령에 대한 종의 의무 아래 있다는 점을 강화시킨다는 면에서 바울은 자신이 '하나님의 종' 이라는 점을 부각시키고 있다.

나아가 바울이 자신의 신분을 '종' 이라고 여기고 있다는 것은 당시 로마 제국의 상황과 긴밀한 관련이 있다. 당시 로마 제국은 시민권자, 자유인, 평민, 노예 등과 같은 신분으로 나누어져 있었다. 그중 25%가 넘는 사람들이 노예들이었다는 점을 참작한다면 바울 자신이 이들 노예 계급의 하층민들이 처한 형편에 동참하고 있으며, 그들의 고통에 함께 참여하고 있음을 간접적으로 시사해 주고 있다. 이러한 용어 선택은 본 서신이 그레데 섬의 상황을 충분히 반영하고 있으며 앞으로 전개될 본 서신의 저작 목적을 가일층 강화시키는 의도를 가지고 있음을 알 수 있다.

2. 사도가 전한 복음의 핵심 (딛 1:1-2)

하나님께서 바울을 사도로 택하신 목적은 '하나님의 택하신 자들의 믿음과 경건함에 속한 진리의 지식과 영생의 소망을 인함이라'(1-2절)에 나타나 있다. 사도직의 진실성은 하나님의 선택받은 신자들이 사도의 전한 복음을 받음으로써 입증된다. 왜냐하면 사도직과 신자들의 믿음 사이에는 상호 관련이 있으며, 버림받은 자이거나 참된 진리에서 떠난 자들이 아니고서는 아무도 이 사도의 복음을 거절할 수 없기 때문이다. 본문에서 '택하신 자들' 은 창세 이후 선택받은 모든 신자들의 총수를 가리킨다.[225]

이런 점에서 바울이 선포한 복음으로 말미암아 발생한 신자들의 믿음은 아브라함을 비롯한 모든 조상들의 믿음과 동일한 것으로, 이것은 바울의 복음이 거짓이 아님을 밝히는 역사적 근거가 된다.

반면에 이 말 속에는 바울의 복음을 거절하는 사람들이 있다고 해서 그것으로 바울의 복음이 거짓으로 판명된다는 것이 아님을 밝히고 있

---

225) J. Calvin, 디도서, p. 382.

다. 왜냐하면 믿지 않는 오만한 자들 또는 하나님의 이름을 자랑하면서
도 순수한 복음을 거절하는 사람들은 아브라함의 합법적인 후손이 아
니기 때문이다(롬 9:7). 이 사실은 믿음이 가져다주는 '경건함에 속한 진
리의 지식과 영생의 소망'에 의해 확인된다.

그리스도인의 삶에는 논리적으로 두 단계가 존재하는데 ① 회심의
순간과 ② 경건한 삶 속에서 자라가는 것으로 설명된다. 하지만 이 두
단계는 절대로 분리되지 않는다. 사도는 이 두 가지 모두에 관심을 두
고서 ① 믿음과 지식을 발전시키는 것과 ② 신자들이 경건해지는 것을
돕는 것에 힘을 기울이고 있다. 이것이 바울이 전한 복음의 특성이다.
반면에 '하나님의 택하신 자들의 믿음'은 택함을 받지 못한 사람들
이 있음을 암시하고 있다(요일 2:19, 20). 그들의 믿음은 부패했고 믿음에
서 떠났으며 참 믿음이 아닌 거짓 믿음이다. 그들은 스스로 '진리'라고
부르고 있으나 경건함에 속하지 않는 믿음을 가지고 있으며, 이로부터
거짓이 밝혀진다. 믿음은 결코 경건과 분리되지 않는다. 믿음을 가리켜
'진리의 지식'이라고 하는 이유도 여기에 있다.

바울은 결코 믿음과 경건 생활을 분리하지 않는다. 믿음이 '진리의
지식'이 되는 것은 신자들의 믿음을 증진시키고 성장함에 있어 ① 기
독교의 진리를 알고, ② 그 진리를 더욱 분명하게 이해하며, ③ 깊은 확
신으로 그 진리를 붙들게 하기 때문이다. 이런 점에서 기독교의 진리는
은혜와 지식으로 자랄 수 있는 무한의 기회를 제공한다.
특히 부패한 그레데라는 사회에서 성도들이 경건을 추구하기란 쉽지
않았지만 반드시 필요하였다.[226] 그레데에는 진리를 주장하지만 경건
에 속하지 않는 사람들이 많았다. 그들의 믿음은 참된 믿음이 아니었

---

226) Ralph G. Turnbull, 디도서, 신약강해설교전집 vol 4, 원광연 역, 고양, 크리스
챤다이제스트, 1999, p. 299.

다. 이런 점에서 그들은 이단에 속해 있었다. 이 이단의 창시자들이 주로 유대인들이었음은 조금도 이상한 일이 아니다(10절).

어느 시대든, 어느 곳이든 성도들이 수월하게 살기 쉬운 때와 장소는 없다. 때문에 성도들은 영생에 대한 소망을 가짐으로써 진리의 지식을 한층 더 쌓아가야 한다. 진리가 경건을 동반하는 것은 영생에 대한 소망 때문이다. 영생에 대한 소망이 없다면 경건을 추구할 이유도 없다. 복음은 생명에 대한 약속이며, 그 생명은 새로운 힘을 가지고 시작하여 영원토록 계속된다. 바울에게 있어 신자들이 그리스도인이 된다는 것은 바로 이 생명이 영원한 생명으로 나타난다는 소망을 가졌음을 의미한다.

이 영생에 대한 소망은 이미 성취된 하나님의 약속에 근거하고 있기에 결코 실현 불가능한 일이 아니다. 이에 바울은 '이 영생은 거짓이 없으신 하나님이 영원한 때 전부터 약속하신 것인데 자기 때에 자기의 말씀을 전도로 나타내셨으니'(2-3절)라고 밝히고 있다. 이것이 사도가 전한 복음의 핵심이다. 그리고 창세 전에 영생을 약속하신 하나님은 사도의 복음 선포를 통해 그 약속을 실현하신다.

이처럼 하나님에 의해 약속된 영생은 바울에 의해 전파된 복음 속에서 성취된다.227) 이런 이유에서 바울은 "자기 때에 자기의 말씀을 전도로 나타내셨으니 이 전도는 우리 구주 하나님의 명대로 내게 맡기신 것이라"(딛 1:3)고 밝히고 있다.

3. 동일한 사도의 복음을 계승한 '디도' (딛 1:4)

바울은 하나님의 말씀 계시와 자신의 복음 선포를 동일시하고 있다. 왜냐하면 영생에 대한 소망은 바울의 말씀 선포를 통해 하나님께서 그

---

227) I. Howard Marshall, 신약성서신학, p. 489.

약속을 이루어 가심으로써 성취되기 때문이다. 그리고 바울은 이 복음 사역을 바울의 참된 아들인 디도에게 위임하고 있다. "같은 믿음을 따라 된 나의 참 아들 디도에게 편지하노니 하나님 아버지와 그리스도 예수 우리 구주로 좇아 은혜와 (긍휼과) 평강이 네게 있을지어다"(딛 1:4).228)

디도에게는 사도라는 명칭이 부여되지는 않았지만, 사도적 전승과 그 과업을 계승하고 있다는 점에서 디도는 주 안에서 이루어진 바울 복음의 상속자로 이해된다. 이때 디도는 바울의 상속자라는 점에서 바울의 아들이라 불리지만 '같은 믿음'에 종속되어 있다. 여기에서 '같은 믿음'은 하나님의 택하심을 입은 모든 신자들의 믿음을 의미한다.

이런 점에서 '같은 믿음'은 그들이 한결같이 모두 하늘에 있는 하나님을 아버지로 모시고 있으며 하나님의 양자가 되었음을 확인하고 있다. 2천 년이 지난 지금도 여전히 바울과 디도가 전한 그 복음을 우리가 여전히 동일하게 믿고 있다는 사실도 같은 의미를 가진다.

비록 사도가 어떤 의미로 그리스도에게 순종하도록 이끄는 신자들을 영적으로 낳았다고 함으로써 자신을 디도의 아버지라고 말하고 있지만, 이것은 어디까지나 디도가 바울을 통해 주어진 '하나님의 언약 계승자'라는 점에 한정되어 있다. 이것은 아브라함이 아들 이삭을 사랑했던 것처럼 바울 역시 디도를 아들처럼 사랑하고 있음을 보여주고 있다.

바울은 이 사랑에 근거하여 자신의 삶과 밀착된 디도를 향하여 ① 바울 자신이 겪었던 고난에 참여하고, ② 임박한 박해 및 고통에 직면해서도 복음에 충성하기를 바울과 디도가 가지고 있는 하늘로부터 온 은사들에 근거하여 호소하고 있다.

---

228) 비잔틴 사본에는 다음과 같이 되어 있다 "Τίτῳ γνησίῳ τέκνῳ κατὰ κοινὴν πίστιν χάρις, ἔλεος, εἰρήνη ἀπὸ θεοῦ πατρός, καὶ κυρίου Ἰησοῦ χριστοῦ τοῦ σωτῆρος ἡμῶν."

바울이 이 내용을 강조하고 있는 것은 디도로 하여금 바울과 아무
런 관련이 없이는 자기 스스로 복음을 위해 아무것도 할 수 없으며, 바
울이 그러했듯이 성령의 효력을 통해서만 일할 수 있음을 강조하기 위
함이다.[229]

이를 위해 바울은 '하나님 아버지와 그리스도 예수 우리 구주로 좇
아 은혜와 (긍휼과) 평강이 네게 있을지어다'(4절)라고 축복하고 있다. 이
축복은 디도로 하여금 ① 자신의 사역을 계속해 나갈 수 있도록 하는
은혜, ② 앞으로 디도가 직면할지도 모르는 그 어떤 문제들 가운데서도
잃지 않아야 할 내적인 평강을 위해 선포되고 있다.

우리가 이 땅에서 복음을 듣고 기독교 신자로 살 수 있는 것은 오염
되지 않은 복음이 우리에게 전달되었기 때문이다. 이런 일이 우리 안에
서 일어나고 있다는 그 자체가 기적이다. 바울 이후에 수많은 교회가
이 복음을 변질시키지 않고 보존하고 계승해 왔다는 사실을 기억해야
한다. 복음이 우리에게 전승되기까지 얼마나 많은 우리의 선진들이 복
음의 순수성을 지키기 위해 피를 흘려가며 보존해 왔는지 기억해야 한
다. 그들의 헌신과 희생과 수고가 있었기에 오늘날 우리가 이 복음을
받았고 하나님의 은혜를 누리고 있는 것이다.

지금 이 시간에도 이 강단을 통해 순수한 복음이 선포될 수 있다는
그 사실이 우리에게 여전히 하나님의 은혜가 임하고 있다는 증거이다.
이 놀랍고 기적 같은 일이 매 주일 계속해서 이루어지고 있다는 사실
또한 우리가 영원한 하나님의 나라에서 평강을 누리고 있다는 증거이
기도 하다.

이러한 하나님의 은혜와 평강은 우리 주께서 다시 오시는 그날까지
끊어지지 않고 계속 진행되어야 한다. 이것이 지금 우리 교회가 각성
해야 하는 역사적인 사명이다. 바울이 디도를 향해 "하나님의 은혜와

229) J. Calvin, 디도서, p. 387.

긍휼과 평강이 네게 있을지어다"라고 약속한 이 축복은 이 세상이 끝 날 때까지 오고 오는 모든 세대의 성도들에게도 동일하게 선포되어야 한다.

| 기 도 |

참된 복음을 믿는 자녀들에게 믿음과 경건함에 속한 진리의 지식과 영 생의 소망을 아낌없이 부어주시는 우리 주 예수 그리스도의 아버지이신 하나님.

우리가 받은 복음은 어느 날 갑자기 하늘에서 떨어지거나 땅에서 솟아오 른 것이 아닙니다. 하나님께서 창세 전에 친히 주의 자녀들을 택하시고, 때 를 따라 세상에서 불러내시어, 성령을 통해 이미 주시기로 약속한 복음을 듣 게 하셨습니다. 이 놀라운 기적 같은 일은 지나간 오랜 역사 속에서 그리스 도의 몸인 교회를 통해 순전한 복음을 보존하시고 친히 그 복음을 선포하게 하심으로 이루셨음에 감사를 드립니다.

이제 우리가 이 복음의 가르침을 따라 참된 믿음과 경건의 삶을 살아감으 로써 우리를 향한 하나님의 은혜와 평강이 끊임없이 펼쳐지게 하옵소서. 또 한 죽은 자들을 복음 안에서 다시 살리시는 이 놀라운 일들이 우리 주께서 다시 오시는 그날까지 이어지게 하옵소서.

우리에게 주신 영생에 대한 소망이 날로 깊어지게 하시며, 이 소망 안에서 우리 또한 사도 바울이 겪었던 고난에 기꺼이 참여하며, 임박한 박해 및 고 통에 직면할지라도 끝까지 복음에 충성하는 삶을 살게 하옵소서.

이 교회의 강단을 통해 선포되는 순수한 복음의 설교가 오염되지 않고 왜 곡되지 않게 하옵소서. 오고 오는 모든 세대의 성도들에게 순수한 복임이 선 포되게 하옵소서.

우리 주 예수 그리스도의 이름으로 기도합니다.

〈2〉

사도의 복음 계승을 위한 교회 질서

디도서 1:5-16

내가 너를 그레데에 남겨 둔 이유는 남은 일을 정리하고 내가 명한 대로 각 성에 장로들을 세우게 하려 함이니 책망할 것이 없고 한 아내의 남편 이며 방탕하다는 비난을 받거나 불순종하는 일이 없는 믿는 자녀를 둔 자라야 할지라

감독은 하나님의 청지기로서 책망할 것이 없고 제 고집대로 하지 아니하 며 급히 분내지 아니하며 술을 즐기지 아니하며 구타하지 아니하며 더러 운 이득을 탐하지 아니하며 오직 나그네를 대접하며 선행을 좋아하며 신 중하며 의로우며 거룩하며 절제하며 미쁜 말씀의 가르침을 그대로 지켜 야 하리니 이는 능히 바른 교훈으로 권면하고 거슬러 말하는 자들을 책 망하게 하려 함이라

불순종하고 헛된 말을 하며 속이는 자가 많은 중 할례파 가운데 특히 그 러하니 그들의 입을 막을 것이라 이런 자들이 더러운 이득을 취하려고 마땅하지 아니한 것을 가르쳐 가정들을 온통 무너뜨리는도다

그레데인 중의 어떤 선지자가 말하되 그레데인들은 항상 거짓말쟁이며 악한 짐승이며 배만 위하는 게으름뱅이라 하니 이 증언이 참되도다 그러 므로 네가 그들을 엄히 꾸짖으라 이는 그들로 하여금 믿음을 온전하게 하고 유대인의 허탄한 이야기와 진리를 배반하는 사람들의 명령을 따르 지 않게 하려 함이라

깨끗한 자들에게는 모든 것이 깨끗하나 더럽고 믿지 아니하는 자들에게
는 아무 것도 깨끗한 것이 없고 오직 그들의 마음과 양심이 더러운지라
그들이 하나님을 시인하나 행위로는 부인하니 가증한 자요 복종하지 아
니하는 자요 모든 선한 일을 버리는 자니라

바울은 로마 옥중에 있을 때 오랫동안 헤어져 있었던 동료들을 만나
기 위해 이전에 사역했던 선교지들을 방문하기를 원했다(몬 22절; 빌
1:25-26). 로마 옥중에서 풀려난 바울은 뱃길로 소아시아에 가는 길에
디도와 함께 그레데를 방문했다. 그레데에서는 교회들의 조직을 마무
리하는 일들이 산적해 있었다.

그렇다고 바울은 그곳에 오래 머물 형편이 아니었다. 서둘러서 사람
들에게 직분을 맡기는 것보다는 좀더 신중을 기하는 것이 원칙임을 잘
알고 있는 바울은(딤전 3:6; 5:22) 이 일을 마무리하기 위해 디도를 그레
데에 남겨두고 떠나야 했다(5절). 이때 바울은 '나의 명한 대로'(5절)에
서 시사하고 있는 것처럼 디도에게 장로들을 어떻게 세워야 할 것인가
에 대한 구체적인 지침을 주었음이 분명하다.

바울은 이 사실을 회고함으로써 디도가 자신에게 맡겨진 사역을 충
실하게 수행했는가를 점검하고 있다. 바울이 제시한 장로들의 자격에
대한 지침은 그리스도인으로서 갖추어야 할 행실과 건전한 믿음이라는
관점에서 교회 지도자들이 어떠한 성품을 지녀야 하는가를 보여주고
있다.230) 여기에서 바울은 장로로 인정받기 위한 지침들을 재확인하고
있다.

---

230) I. Howard Marshall, 신약성서신학, p. 490.

1. 교회의 지도자로서 장로의 자격 (딛 1:5-9)

1) 책망할 것이 없는 장로의 직분

'책망할 것이 없다'는 말은 과거나 현재나 사람들의 비방을 들을 만한 것이 없는 상태를 의미한다. 그렇다고 이 말이 아무런 잘못이 없는 사람을 가리키는 것은 아니다. 바울은 장로들이 자신의 권위를 손상시킬 만한 불명예로 얼룩지지 않은 사람이어야 한다는 점을 강조하고 있다. 이런 이유에서 바울은 장로가 될 사람들은 "책망할 것이 없고 한 아내의 남편이며 방탕하다는 비난을 받거나 불순종하는 일이 없는 믿는 자녀를 둔 자라야 할지라"(딛 1:6)고 밝히고 있다.

당시 사회는 일부다처제가 성행하고 있었다. 특히 혼인의 정절에 대하여는 전반적인 거부감으로 점철되어 있었다. 그 결과 빈번한 이혼과 간통, 나아가 동성연애까지 만연해 있었다. 다른 한편으로는 이러한 무절제한 혼인 생활에 대한 극단적인 반동으로 금욕주의가 발생했고 이로 인하여 혼인 제도가 크게 훼손되고 있었다.[231]

이런 이유에서 바울은 "모든 사람은 혼인을 귀히 여기고 침소를 더럽히지 않게 하라 음행하는 자들과 간음하는 자들을 하나님이 심판하시리라"(히 13:4)는 혼인 계약에 대한 성경의 가르침을 강조하고 있다. 특히 교회 회원으로서 이미 두 사람 이상의 아내를 두고 있는 사람들은 자신들의 무절제를 드러내 보여준 것이기에 그들의 평판에 오점이 될 수 있었다.

아울러 극단적인 금욕주의에 빠져 혼인 자체를 거부하는 이들 역시 교회의 지도자로 적합하지 않았다. 바울은 교회 공동체의 지도자들은 건강한 성생활과 혼인의 계약적인 정절에 대해 확고한 헌신이 있어야

---

231) Thomas C. Oden, 디도서, p. 213.

함을 명백히 했다. 왜냐하면 그들은 성도들에게 정절의 본보기가 되어야 하기 때문이다. 이런 이유에서 장로가 될 사람은 '한 아내의 남편'이어야 한다.

뿐만 아니라 다른 사람의 영혼을 위험 많은 여정 속에서 인도하기 위해서는 장로가 될 사람은 훌륭한 부모와 책임감 있는 배우자로서 자신의 가족을 돌보아야 한다. 왜냐하면 교회는 하나의 가족이기 때문이다. 가족에 대한 합법적인 존경을 받지 못하는 것 역시 비방을 받을 수 있는 조건이 된다.

이런 점에서 장로가 될 사람은 '믿는 자녀'를 두어야 한다. 여기에서 '믿는 자녀'란 그의 자녀들이 자신들의 삶에서 복음을 믿는 자임을 나타냄으로써 그들이 건전한 경건의 가르침과 하나님 경외를 중심으로 양육되었다는 점에서 신뢰가 되어야 함을 의미한다.[232]

이것은 장로의 가정생활이 하나님의 교회를 책임 맡을 자격이 있는지를 시험하는 현장임을 지시하고 있다. 그의 자녀들은 방탕하지 않아야 하며, 부모에게 불순종하지 않아야 한다. 이처럼 자녀로 말미암아 비방을 듣는 것은 결국 그가 하나님의 가족을 훌륭하게 돌볼 수 있는 준비가 되어 있지 않음을 보여주는 증표가 된다.

2) 청지기로서 장로의 직분

교회 지도자는 하나님의 청지기가 되어야 한다. 청지기(οικονομον)란 집이나 재산을 관리하는 사람으로 여기에서는 장로가 '하나님의 집'인 교회를 관리하는 직분으로 묘사되어 있다. 교회는 하나님의 집이기 때문에 그곳에서 봉사하는 사람은 누구나 하나님의 청지기와 같다.

본문의 '감독'과 5절의 '장로' 사이에는 아무런 차이가 없는 같은

---

232) J. Calvin, 디도서, p. 390.

직분이지만 여기에서는 청지기라는 명예로운 직책을 더하여 감독이라고 칭하고 있다. 이것은 감독이 그 청지기 직을 수행함에 있어 하나님께 직접 책임이 있음을 암시하고 있다(고전 4:1, 2; 벧전 4:10). 때문에 감독은 하나님 앞에서 책망할 것이 없어야 한다.

이와 관련해 바울은 "감독은 하나님의 청지기로서 책망할 것이 없고 제 고집대로 하지 아니하며 급히 분내지 아니하며 술을 즐기지 아니하며 구타하지 아니하며 더러운 이득을 탐하지 아니하며 오직 나그네를 대접하며 선행을 좋아하며 신중하며 의로우며 거룩하며 절제하며 미쁜 말씀의 가르침을 그대로 지켜야 하리니 이는 능히 바른 교훈으로 권면하고 거슬러 말하는 자들을 책망하게 하려 함이라"(딛 1:7-9)고 제시하고 있다.

여기에서 보는 것처럼 청지기로서 감독의 직책은 말씀의 가르침을 그대로 지키는 것, 바른 교훈으로 권면하는 것, 거슬러 말하는 자들을 책망하는 것으로 압축되어 나타나고 있다.

바울은 자신을 바른 교훈에 대한 청지기의 일을 위탁받은 사역자로 이해하고 있었다. 따라서 그와 동일한 교훈을 견고히 붙들고 보존하여 그의 뒤를 잇는 지도자들에게 그것을 전해주기를 원했다.

이런 점에서 감독은 ① 사도로부터 전해 받은 말씀을 신실하게 보존하고 지키며, ② 여기에 근거하여 교훈하고 권면해야 한다. 또한 ③ 전해 받은 말씀에 대해 거역하거나 비난하고 비방하는 적대 세력들을 책망함으로써 말씀의 권위를 지켜야 한다. 여기에서 책망한다는 것은 증거를 제시하여 반대자들의 주장을 일축하고, 복음을 거슬러 말하는 자들을 부끄럽게 하는 것을 의미한다.[233]

---

233) David West, 디도서, p. 421.

2. 거짓 교사들과 그 가르침의 성격 (딛 1:10-16)

5-9절과 10-16절은 접속사 '왜냐하면'(γαρ)에 의해 연결되어 있다. 이 접속사는 디도가 각 성에 장도들을 세워야 하는 것과, 그들은 바울이 제시한 기준에 맞는 사람이어야 하는데 그 이유는 사람들을 곁길로 빠지게 하는 거짓 교사들이 많기 때문이다.

거짓 교사들이 나타날 때 그들의 오류를 반박하고 물리칠 수 있도록 준비된 참된 교사들을 양성하는 것이 이에 대응하는 가장 효과적인 방법이다.[234] 이런 점에서 바울은 앞서 참된 교사인 감독에 대한 자격을 거론한 후 거짓 교사들의 정체와 그들의 품성 및 오류들에 대해 지적하고 있다.

1) 거짓 교사들의 정체

이 거짓 교사들은 "불순종하고 헛된 말을 하며 속이는 자가 많은 중 할례파 가운데 특히 그러하니"(딛 1:10)라는 말로 규명되어 있다. 이 거짓 교사들은 ① '복종치 않는 것'과 ② '헛된 말을 하는 것'과 ③ '속이는 것'으로 규정된다.

이들은 말씀을 굳게 붙잡아야 하는 참된 장로들과 달리 말씀에 복종하기를 거부한다. 그리고 공허하고 열매 없는 말을 퍼뜨리는(딤전 1:6) 자들로 경건을 증진시키는 내용이 빠져 있다. 더 악한 것은 그들이 속이는 자들이라는 점이다. 그들은 덕을 세우는 것보다는 오히려 사람들을 오도함으로써 덕을 무너뜨리는 자들이다.

그들의 가르침에는 경건이나 하나님 경외에 이바지하는 것이 전혀 없다. 이런 부류의 이단 사상을 가진 사람들이 특히 할례를 받았다고 자랑하는 유대인들에게서 많이 발견되는 것은 결코 우연이 아니다. 그

---

234) John Stott, 디도서 강해, p. 248.

들은 성스러운 혈통을 자랑하고 다른 민족들보다 우월하다고 주장하면서 교회의 가르침에 정면 대적하며 해악을 끼치고 있었기 때문이다. 바울이 유대인들을 신랄하게 꾸짖는 이유가 여기에 있다.[235]

거짓 가르침의 특성은 선한 행실이 그 속에서 발견되지 않는 것에서 확인된다. 선한 교훈은 선한 행실의 열매를 맺는다(딛 2:5-10; 3:1, 8). 그런데 이 거짓 교사들에게서는 선한 행실의 열매를 찾아 볼 수 없었다. 참된 가르침에 따른 선한 열매 대신에 이 거짓 교사들은 할례를 강조했고(갈 2:12), 의례적인 율법이나 허탄한 신화들을 강조했으며(14절), 어떤 이들은 족보를(딛 3:9), 어떤 이들은 금욕을 강조했다(15절).

하지만 이런 가르침들은 믿음의 열매인 선행을 나타내지 못한다(딛 2:5, 7-8, 10, 14, 3:1, 8, 14). 바울이 이들을 가리켜 '할례당' 이라고 한 것은 그들이 유대주의로부터 개종한 자들이었음을 암시하고 있다. 이들은 그리스도인이 되기를 원했지만, 여전히 형식과 제도만 남아 있는 율법의 틀을 붙들고 있었다.[236]

2) 거짓 교사들의 품성

때문에 바울은 이들의 입을 막아야 한다(11절)고 강조하고 있다. 왜냐하면 이들로 말미암아 분쟁의 씨앗들이 뿌려지게 됨으로써 가정의 질서와 평화와 연합이 위협을 받아 마침내 전복되는 경우가 발생하기 때문이다. 더 악한 것은 이들은 이렇게 가정들을 파괴하면서 외형적인 경건을 앞세워 자신들의 이익을 추구하고 있다는 점이었다.

이처럼 탐욕스런 거짓 교사들은 바울이 인용하고 있는 것처럼 "그레데인들은 항상 거짓말쟁이며 악한 짐승이며 배만 위하는 게으름장이

---

235) J. Calvin, 디도서, p. 395.
236) Thomas C. Oden, 디도서, p. 108.

라"(딛 1:12)고 한 그 특성을 그대로 보여주고 있었다. 바울은 이 말을 일종의 격언으로 받아들이고 이들 거짓 교사들에게 적용하고 있다.

이로써 바울은 거짓 교사들을 딜레마에 빠지게 만들고 있다. 왜냐하면 하나님으로부터 나온 교훈이 아닌 인간들이 고안해 낸 가르침들은 그것이 아무리 고상하다 해도 그리고 그들이 이것을 통해 이익을 누리고 있다는 점만으로도 그들의 가르침은 결코 건전한 교훈을 따르지 않고 있으며 오히려 건전한 가르침으로부터 빗나가게 할 정도로 타락해 있음을 지적하고 있기 때문이다.

따라서 그들은 바울이 인용한 이 말을 그대로 받아들이게 될 경우 자신들이 거짓말쟁이인 것을 인정하게 되는 것과 같다. 반면에 그 말을 부인할 경우에는 바울을 거짓말쟁이로 간주하게 됨으로써 바울이 한 이 말, 즉 자신들을 향해 한 이 말을 사실로 인정하게 되기 때문이다.237)

이런 점에서 바울은 '이 증거가 참되도다'(딛 1:13)고 단언하고 있다. 거짓 교사들은 그레데인을 묘사한 이 악랄한 표현대로 게으름뱅이이며, 포식자이며, 절대 믿을 수 없는 짐승들과 다를 바 없었다.

하지만 그 가운데서도 하나님은 바울이 전한 복음을 통하여 사람들을 변화시키셨다. 그중에는 오순절에 예루살렘에서 성령을 받은 증인들도 있었다(행 2:11). 또한 디도가 세운 장로들은 그레데인이었지만 결코 거짓말쟁이가 아니며 오히려 진리를 가르치는 이들이 되었다(5-9절).

이것은 이 세상 사람들로부터 비난을 받을 정도로 천박한 그레데 사람들 가운데서도 그리스도의 교회가 우뚝 서 있다는 사실로 이미 확증되었다. 그리고 이 교회가 서 있다는 사실이야말로 바울의 복음만이 참

237) John Stott, 디도서 강해, p. 251.

된 가르침이라는 증거이다.

이러한 논증을 바탕으로 바울은 디모데에게 "그러므로 네가 그들을 엄히 꾸짖으라 이는 그들로 하여금 믿음을 온전하게 하고 유대인의 허탄한 이야기와 진리를 배반하는 사람들의 명령을 따르지 않게 하려 함이라 깨끗한 자들에게는 모든 것이 깨끗하나 더럽고 믿지 아니하는 자들에게는 아무 것도 깨끗한 것이 없고 오직 그들의 마음과 양심이 더러운지라"(딛 1:14-15)고 권하고 있다.

바울이 그처럼 엄하게 책망하라고 하는 목적은 오직 하나이다. 그것은 그레데 사람들을 부끄럽게 하려는 것이 아니었다. 오히려 거짓 교사들로부터 그들을 분리시켜 진리 안에 굳게 세우고 오류로부터 그들을 건져내기 위함이었다.[238]

이것은 두 가지 현상으로 증명된다. ① 하나는 바울이 전한 복음을 통해 신자들의 믿음이 온전케 된다는 점이다. 바른 교훈(딛 1:9)에 근거한 권면을 듣고 반응을 보이는 사람들은 믿음 안에서 영적으로 건강해지게 된다. 곧 하나님에 대한 경건의 모양을 제대로 갖추게 된다. ② 다른 하나는 '유대인의 허탄한 이야기와 진리를 배반하는 사람들의 명령을 좇지 않게' 된다는 점이다. 이들 거짓 교사들의 가르침은 신적 권위를 가지지 않았기 때문에 결코 구원에 이르게 하는 믿음을 발생시키지 못한다.

3) 거짓 가르침의 특성

인간의 상상이나 도덕은 하나님의 계시와 결코 혼합될 수 없다. 특별히 이 부분에서 바울은 할례당이라고 불리는 거짓 교사들이 율법을 순

---

238) John Stott, 디도서 강해, p. 252.

종한다는 핑계로 바울의 복음을 부인하고 미신적인 의식을 끌어들임으로써 그들이 기독교 이단이 되었음을 지적하고 있다.[239]

이 기독교 이단들의 특성은 하나님의 계명을 버리고 사람들의 계명을 따른다는 점에 있다(사 19:13). 예수께서도 이 점을 지적하시면서 "너희가 하나님의 계명은 버리고 사람의 유전을 지키느니라"(막 7:8; 골 2:22)고 말씀하셨다.

나아가 그들은 내적이며 도덕적인 참된 정결보다 외적이고 의식적인 정결을 더 중요하게 여긴다는 점이다. 내적이며 영적인 정결은 탁월한 것으로 내적인 깨끗함 없이는 외적인 깨끗함을 기대할 수 없다(눅 11:41). 여기에는 혼인과 음식물과 같은 하나님의 창조 원리에 속한 선물들도 포함된다(막 7:19; 딤전 4:1-2; 롬 14:20).

그러나 유대인들은 어떤 것은 부정하다고 선언하고 그 용도를 제한하는 잘못을 저질렀다. 바울은 이 점을 강조하면서 "깨끗한 자들에게는 모든 것이 깨끗하나 더럽고 믿지 아니하는 자들에게는 아무 것도 깨끗한 것이 없고 오직 저희 마음과 양심이 더러운지라"(딛 1:15)고 지적하고 있다. 내적 깨끗함 없이 그들이 믿는 것과 그들이 행할 수 있다고 여기는 양심은 더러움을 더할 뿐이다.[240]

이러한 이단 사상들을 가지고 있는 거짓 교사들에 대해 바울은 "저희가 하나님을 시인하나 행위로는 부인하니 가증한 자요 복종치 아니하는 자요 모든 선한 일을 버리는 자니라"(딛 1:16)고 단정하고 있다. 그들은 하나님에 대해 잘 알고 있다고 사람들 앞에서 공언하고 다녔다. 그리고 공개적으로 신자들의 대열에 끼어들었다.

그러나 그들의 경우에 신앙고백과 실천이 일치하지 않았다. 그들은

---

239) J. Calvin, 디도서, p. 399.
240) John Stott, 디도서 강해, p. 253.

입술로는 시인하면서도 행위로는 부정하는 자들이었다. 이 거짓 교사들은 하나님의 말씀에 대한 충성을 전혀 보이지 않고 있었다. 이런 점에서 그들을 가리켜 바울은 '가증하다'고 선언하고 있다.

이들을 가리켜 '복종치 아니하는 자'(αδοκιμοι)라고 비난하는 것은 당연하다. 왜냐하면 율법의 핵심적인 요구 사항을 무시하는 가운데 외형적인 의식에 대해서 그처럼 온 정성을 쏟는 위선처럼 교만함도 없기 때문이다. 이때 '복종치 않는 자'란 '버림받은 자'라는 의미이다.

그들은 모든 선한 일에 철두철미하게 적합한 하나님의 사람들(딤후 3:17)이 되는 대신에 그 정반대가 되어 모든 선한 일에 부적합하게 되고 말았다. 때문에 그들은 믿음에서 나오고, 하나님의 율법을 따라 행해지며, 하나님의 영광을 드러내는 어떤 일도 전혀 행할 수 없게 된 것이다.[241]

| 기 도 |

오랜 역사의 현장을 통해 우리들에게 참된 복음을 전해주기 위해 수많은 선지자와 사도들과 성도들을 역사 속에 보내주신 우리 주 예수 그리스도의 아버지이신 하나님.

이처럼 우리가 가히 상상도 할 수 없을 정도로 많은 믿음의 선진들이 자신의 전 생애를 다해서, 그리고 자신의 목숨을 바쳐서 지금 우리가 누리는 이 복된 복음의 은혜를 누리게 해주심에 감사를 드립니다.

우리에게 전해 준 복음은 이루 헤아릴 수 없이 많은 믿음의 선진들이 지켜온 것이며, 오염되고 변질하지 않도록 이 복음의 순결성과 보편성과 통일성을 보존해 주심에 또한 감사를 드립니다.

오로지 사도들이 교회에 전수해 준 그리스도에 관한 가르침만이 유일한

---

241) William Handriksen, 목회서신, p. 476.

구원에 이르는 복음이라는 점을 우리가 알고 있다면, 우리 또한 이 복음을 순전하게 지켜내야 할 것입니다. 또한 이 복음으로 말미암아 교회가 건실하게 세워지고, 역사의 거대한 흐름을 타고 그리스도께서 다시 오시는 그날까지 끊임없이 전승되어야 할 것입니다.

복음을 전하고 가르치는 자들에게 은혜를 주시어서 우리 교회가 이러한 시대적인 부름에 합당한 자세로 임할 수 있도록 이끌어 주옵소서. 우리에게 어떤 손해가 있다 할지라도 기꺼이 이 복음을 위해 감수하면서 끝까지 버티며 나아가는 용기를 잃지 않도록 이끌어 주옵소서.

우리 주 예수 그리스도의 이름으로 기도합니다.

〈3〉

성도들의 경건 생활을 지지하는 복음

디도서 2:1-10

오직 너는 바른 교훈에 합당한 것을 말하여,

늙은 남자로는 절제하며 경건하며 신중하며 믿음과 사랑과 인내함에 온전하게 하고 늙은 여자로는 이와 같이 행실이 거룩하며 모함하지 말며 많은 술의 종이 되지 아니하며 선한 것을 가르치는 자들이 되고 그들로 젊은 여자들을 교훈하되 그 남편과 자녀를 사랑하며 신중하며 순전하며 집안 일을 하며 선하며 자기 남편에게 복종하게 하라 이는 하나님의 말씀이 비방을 받지 않게 하려 함이라

너는 이와 같이 젊은 남자들을 신중하도록 권면하되 범사에 네 자신이 선한 일의 본을 보이며 교훈에 부패하지 아니함과 단정함과 책망할 것이 없는 바른 말을 하게 하라 이는 대적하는 자로 하여금 부끄러워 우리를 악하다 할 것이 없게 하려 함이라

종들은 자기 상전들에게 범사에 순종하여 기쁘게 하고 거슬러 말하지 말며 훔치지 말고 오히려 모든 참된 신실성을 나타내게 하라 이는 범사에 우리 구주 하나님의 교훈을 빛나게 하려 함이라

성도들에게 성결한 마음을 불러일으키는 진리에 대한 지식을 디도에게 가르친 바울은 교회들을 조직하는 일을 마무리 짓기 위해 디도를 그

레데 섬에 남겨 두었었다. 이에 바울은 자신의 지시에 따라 신실한 장로들을 세움으로써 그들의 사역을 통해 거짓 교훈과 관행으로 교회를 더럽히고 있던 이단 사상들을 막고, 성도들이 경건한 생활을 유지할 수 있기 위해서 디도가 자신의 임무를 성실하게 수행할 수 있도록 격려하기 위해 본 서신을 기록하였다.

바울은 자신의 사도직과 신자들의 경건을 영생의 소망에 근거하고 있는 것으로 이해하고 있었다. 이 소망은 누구도 속이지 않으시는 하나님께서 창세 전에 약속하신 영생에 근거하고 있다. 하나님은 영원한 때부터 이 영생을 약속해 주셨으며, 마침내 때가 차매 사도들을 통하여 이 큰 구원에 관한 하나님의 말씀을 충분하고도 권위 있게 선포($\kappa\eta\rho\nu\gamma\mu\alpha$)하게 하셨다. 이로써 바울은 말씀을 선포하는, 즉 영생에 대한 약속이 담겨 있는 이 복음을 전파하는 사명을 수행하게 되었다.

바울이 맡은 복음은 하나님께서 택하신 성도들의 믿음과 경건 생활이 일치하는 진리였으며, 이 진리에 대한 지식을 향상하기 위해 그는 사도로서 신실하게 자신의 사명을 수행했다. 그리고 바울은 같은 믿음을 따라 하나님의 종이요 예수 그리스도의 사도로서 자신의 복음을 자기 아들이 된 디도에게 상속하기에 이르렀다. 디도 역시 바울이 그랬던 것처럼 믿음과 경건이 일치하는 진리에 대한 성도들의 지식을 향상하기 위해 복음 전파에 모든 충성을 다해야 하는 위치에 서게 되었다(딛 1:1-3).

바울이 디도를 그레데 섬에 남겨 둔 것은 성도들의 생활에서 성결한 마음, 즉 경건을 불러일으키고 더욱 발전시키기 위함이었다. 이 목적을 염두에 두고 바울이 디도에게 구두로 전해주었던 명령을 이제 기록된 서신으로 재확인하고 있다. 그리고 아직 남아 있는 일을 마무리 짓기 위해 각 성에 장로들을 세워야 한다는 사실을 상기시키고 있다.

바울이 추구했던 믿음과 경건의 향상을 위해 교회의 지도자로서 장로들의 역할은 지대한 것이었다. 이는 특별히 사도 시대가 끝나가고 교회 시대가 열리는 시점에서 ① 보편적인 교회의 특성을 확립하고, 사도가 전한 복음을 지속해서 교회가 보존하고 전파하기 위함이며, ② 주의 날이 이르기까지 지상에서 교회가 존재하기 위해 직분자들을 계속해서 세우기 위함이며, ③ 이 직분 제도를 통해 교회는 성도들의 경건 생활을 유지하기 위함이며, ④ 날로 불경건한 자들에 의해 교회가 오염되는 것으로부터 적극적으로 교회를 보호하기 위함이었다.

바울이 이처럼 성도들의 경건, 곧 성결한 생활에 관심을 가지는 것은 그것이 곧 바울이 전한 복음의 성격이기 때문이다. 그래서 바울은 장로들을 세울 때 그 직분을 수행하는 자격에 있어 성결한 삶을 살아야 한다는 조건을 먼저 강조하고 있다(딛 1:6-9).

바울이 디도에게 모범이 되었던 것처럼 교회의 장로들은 교회 회원들의 모범이 되어야 한다. 그러기 위해 장로들은 먼저 디도로부터 받은 복음을 철저하게 지킬 수 있어야 했다. 그렇게 할 때 비로소 교회는 바울로부터 받은 바른 교훈을 보존하며, 악하고 거짓된 가르침으로부터 교회를 유지하며 나아갈 수 있게 된다.

이에 바울은 장로를 세우는 궁극적인 목적을 가리켜 "미쁜 말씀의 가르침을 그대로 지켜야 하리니 이는 능히 바른 교훈으로 권면하고 거스려 말하는 자들을 책망하게 하려 함이라"(딛 1:9)고 밝힌 바 있다. 특별히 그레데와 같이 이단적 성향이 강한 할례당이 많은 곳에서는 복음에 복종치 않으며, 족보와 같은 헛된 말을 하며, 성도들을 속이고, 자신의 이득을 구하려고 하는 거짓 교사들로부터 성도들을 보호할 필요가 더욱 절실했다.

바울은 이들 거짓 교사들을 가리켜 진리를 배반하는 사람들이며 양심이 더러워진 자들이라고 언급하면서 엄중하게 비난하고 있다. 왜냐하면 이런 거짓 가르침들은 그 미치는 영향이 광범위하여서 바울의 복음을 특징짓는 성결, 즉 경건을 해치기 때문이다(딛 1:10-16).

따라서 이 거짓 가르침들로부터 교회가 성결을 유지하기 위해 지혜로운 지도력을 갖춘 경건한 지도자들을 세우고, 거짓된 가르침을 퍼뜨리는 자들과 거기에 속아 넘어가는 사람들을 지도하고 바르게 이끌어야 한다.[242] 이렇게 함으로써 교회는 거짓에 속아 넘어가는 사람들을 구원에 이르게 하기 위한 권징을 반드시 수행할 것을 제시하고 있다.

2장에서 바울은 교회의 회원들이 구체적으로 어떻게 경건하게 살아가게 되는가를 밝힘으로써 경건한 삶을 살아가야 할 토대를 제공해 주는 교리적인 진술을 통해 구별된 삶에 대해 강조하고 있다. 바울이 성도들의 삶에서 경건을 강조하는 이유는 그들이 살아가고 있는 이 시대의 특성 때문이다.

이 시대는 하나님의 은혜가 처음으로 나타난 때와 장차 그리스도께서 영광 중에 나타나실 그때까지의 기간이다. 성도들은 이 두 때의 사이에서 죄로부터 구속을 받아 소망 중에 살아가고 있는 존재이다. 때문에 바울은 디도에게 구원의 도래와 그 완성에 대한 소망을 가지고 살아가는 신자들은 악한 행실을 버리고 하나님께 헌신된 삶, 즉 선한 것으로 가득한 성결한 삶을 살아야 할 것을 강력하게 가르치라고 요구하고 있다.

1. 거짓 교훈과 바른 교훈의 차이점 (딛 2:1)

교회는 외부의 박해 세력으로부터 위협을 받을 때보다 평안한 가운데 내부에서 발생한 부패로 인해 더 빨리 무너질 수 있다. 교회의 부패는 복음의 변질로부터 시작되며 그 배후에는 거짓 가르침이 도사리고

---

242) I. Howard Marshall, 신약성서신학, p. 490.

있기 마련이다. 그레데에서 교회를 힘들게 하는 것은 다름 아닌 거짓 가르침이었다. 이 거짓 가르침을 전하는 자들은 더러운 이득을 취하려고 마땅치 않은 것을 가르침으로써 신자들의 가정을 파탄에 빠뜨리는 일조차 두려워하지 않고 있었다(딛 1:11).

그 가운데 가장 위협적인 거짓 교훈에는 유대적 요소들이 강하게 자리를 잡고 있었다. 때문에 바울은 그들을 가리켜 '할례당'이라고 부르고 있다(딛 1:10). 그들은 유대인들의 미덥지 않은 이야기를 앞장세워 복음을 대항했다(딛 1:14). 그리고 누구보다 믿음이 좋은 것처럼 입술로는 하나님을 시인했지만 정작 그들의 행위로는 하나님의 말씀을 부인하였다(딛 1:16). 그들은 어리석은 변론과 율법의 다툼에 착념하는 것으로 많은 시간을 허비하는 어리석고 게으른 자들이기도 했다(딛 3:9).

이들 거짓 교사들과 달리 교회의 지도자들은 진리를 가르쳐야 한다. 이 진리는 복음과 경건을 동반하여서 성도들에게 구원을 가져다주며, 이 진리는 교회가 사도로부터 계승한 것이다. 이런 점에서 교회는 단순히 사도로부터 '말씀'만 받은 것이 아니었다. 교회는 사도의 삶을 그 모범으로 계승해야 하며, 동시에 '말씀'이 가져다주는 역동적인 능력으로 나타나는 경건으로 그 '말씀'을 또한 증거해야 한다. 이에 바울은 "오직 너는 바른 교훈에 합한 것을 말하여"(딛 2:1)라고 함으로써 거짓 교사들의 가르침과 철저하게 구별되어야 할 것을 제시하고 있다.

본문을 '오직 너는'이라는 말로 시작함으로써 바울은 바로 앞에서 언급한 거짓 교사들의 가르침과 그들의 속성을 '바른 교훈'과 강력하게 대비시키고 있다. 즉 바른 교훈(딤전 1:10 참고)은 복음에 근거한 가르침으로 철저하게 거짓 가르침과 반대편에 서 있음을 암시하고 있다. 때문에 디도는 거짓 교사들과 전적으로 다른 내용으로 가르침을 수행해야 한다.[243]

---

243) John Stott, 디도서 강해, p. 258.

　거짓 교사들의 특징은 하나님을 안다고 말하지만, 행동으로는 하나님을 부인하는 것이었다. 그들은 자신들이 전파하는 대로 행하지도 않았다. 그러나 디도는 자신이 고백하는 믿음과 그 믿음에 근거한 삶에 있어서 절대로 분리되어 있지 않아야 한다. '오직 너는 바른 교훈에 합한 것을 말하라' 라는 이 압축된 짧은 문장은 디도의 가르침에는 두 가지 요소가 함께해야 할 것을 강조하고 있다. 하나는 '바른 교훈'이며 다른 하나는 그에 '합한 것'으로 바른 행동, 즉 성결한 삶이었다.

　'바른 교훈' 혹은 '복음에 근거한 교리나 교의'는 그 자체가 건전한 것으로 이를 받아들이는 신자들에게 영적인 건강을 가져다준다. 따라서 미혹하는 거짓 교사들의 미덥지 않고 거짓된 교훈과 달리 감독이나 장로들은 자신들이 말하는 바가 건전한 교훈에 부합하도록 해야 한다. 그러한 교훈만이 신자들의 삶에 실제적인 경건을 가져다주며 악에 대한 최선의 해독제 역할을 한다. 본문에서 '말하다'($\lambda\alpha\lambda\epsilon\omega$)라는 단어는 일상의 대화(conversation)를 의미하는데, 이것은 일상적인 언어에서 사용하는 말까지도 건전해야 하며 신자들의 영적 건강을 추구함으로써 '바른 교훈에 일치하고 있어야 함'을 지시하고 있다.[244)]

　이로써 건전한 교의(敎義)는 두 가지로 구별된다. 곧 ① 그리스도에게 있는 하나님의 은혜를 가르쳐 줌으로써 어디에서 구원을 찾아야 하는가를 알게 하는 것과 ② 신자의 생활이 하나님 경외와 순진 무결함에 단련하도록 하는 것이다.[245)] 이와 관련해 바울은 2-10절에서 신자들의 윤리적 지침에 대한 사항들을 설명하고 11-14절에서 이러한 의무를 뒷받침하는 교리를 강론하고 있다.

---

244) William Handriksen, 목회서신, p. 480.
245) J. Calvin, 디도서, p. 402.

2. 교회에게 주어진 경건한 삶에 대한 윤리적 지침들 (딛 2:2-10)

바른 교훈은 각 사람, 각 계층, 성별, 인종, 삶의 방식이나 관점에 따라 상황에 맞게 주어지되 어떠한 위치에 있든지 이 복된 소식을 들을 수 있어야 한다. 이로써 다양한 계층의 신자들이라 할지라도 그들이 그리스도와 한 몸 안에서 통일되어야 한다. 이에 바울은 남성과 여성이라는 성별의 차이, 노인과 젊은이라는 세대의 차이, 사회적 신분과 경제력에서 높거나 낮은 신분적 차이 등과 관련해 언급하면서 그들이 각기 경건을 향해 나아가는 길을 제시하고 있다.

이 제시된 목록들은 심령 속에서 역사하는 하나님의 은혜와 그 능력을 전제하고 있다는 점에서 그리스도의 모범에 의해 동기가 주어지며, 하나님의 거룩한 율법에 의해 판단되며, 하나님의 영광을 그 목표로 삼고 있는 성도들의 덕행들이기도 하다.[246]

1) 장년 남성들이 보일 신앙의 모범

바울은 먼저 반백의 수염이 난 장년들을 향하여 그들이 교회의 장로들과 집사들이 갖고 있는 도덕적인 특성들을 갖추어야 할 것을 권면하고 있다. "늙은 남자로는 절제하며 경건하며 근신하며 믿음과 사랑과 인내함에 온전케 하고"(딛 2:2)라는 말로 바울은 장년의 남성들을 상대로 믿음과 소망과 사랑을 가르치기 위한 기초로써 세 가지의 도덕적인 자질들을 제시하고 있다.

그 첫 번째는 절제하는 일이며, 둘째는 경건하여 품위 있고 존경할 만하며, 셋째는 근신하여 자제하며 감정적인 충동을 억제하고 균형 있고 사려 깊은 판단을 추구할 것을 독려하고 있다.

이러한 장년 남성들의 도덕적 자질들의 향상은 성도들의 삶을 보다

---

246) William Handriksen, 목회서신, p. 481.

실질적으로 가르칠 수 있는 모범이 된다. 이러한 덕목들은 하나님과의 관계 안에 있는 믿음, 모든 사람과의 관계 안에 있는 사랑, 그 성취를 향하게 하는 미래의 역사적 방향과 관계있는 인내로 압축된다. 여기에서 인내는 세 가지 핵심적인 덕목들 가운데 있는 소망(고전 13장; 살전 1:3)을 지시한다.

특별히 사랑 가운데서 역사하는 믿음은 확고부동함과 인내, 불굴의 의지, 궁극적으로 주님의 재림을 향한 종말론적 기대를 가능케 해야 한다. 이러한 덕목들을 장년 남성에게 강조하는 이유는 그들이야말로 교회의 모든 회원들 가운데 이러한 덕목을 향상시킬 수 있는 가장 좋은 위치에 있기 때문이다.[247]

장년들은 하나님과 그의 계시된 진리를 전적으로 의존해야 한다. 그리고 하나님을 대하는 태도에 있어서 믿음의 건전함을 나타내어야 한다. 이웃에 대해서는 자신의 사랑에 있어 건전함을 확증해야 한다. 또한 모든 시련들을 대하는 태도에 있어서도 그들은 건전함을 나타내어야 한다.

2) 장년 여성들이 보일 봉사의 모범

이어 바울은 장년 여성들은 젊은 여성들의 모범이 되어야 할 것을 권면한다. "늙은 여자로는 이와 같이 행실이 거룩하며 참소치 말며 많은 술의 종이 되지 말며 선한 것을 가르치는 자들이 되고"(딛 2:3)라는 말로 바울은 장년 여성들이 경건한 삶을 살아야 할 것을 요구하고 있다.

이 경건을 위해 장년 여성들은 행실이 구별되어야 하는데 이것은 옷차림뿐 아니라 자신의 몸가짐을 마치 하나님의 사람처럼 행동해야 한다. 이렇게 함으로써 장년 여성들은 교회에서 회중의 영적인 분위기와

---

247) Thomas C. Oden, 디도서, p. 177.

도덕적인 분위기를 조성하는 데 있어서 중요한 역할을 하게 된다.

남들을 비방하거나 참소하는 일에서 자신을 구별시켜야 하는 것은 이런 일들이 사탄의 행위와 다를 바 없기 때문이다(딤전 3:11). 남자들이 거칠고 폭력적인 행위로 올무에 걸리기 쉽다면, 여성들은 부적절한 언어로 다른 사람의 일에 참견하고 거짓 소문을 퍼뜨림으로써 서로 흠을 잡고 비방하게 만든다. 이런 일들은 회중의 영적 조화를 깨뜨리게 된다. 이런 일들은 마귀의 일을 돕는 것과 다를 바 없다. 교회 안에서 중상모략은 마치 횃불과 같아서 무수한 가정들을 불사르고도 남는다.[248]

이와 관련해 바울은 특별히 술을 즐김으로써 술의 노예가 되는 일이 없도록 해야 한다고 강조하고 있다. 이 상태는 술주정뱅이로 낙인찍힌 상태를 의미한다. 이처럼 강하게 바울이 요구하고 있는 것은 당시 그레데인들 중에 술주정뱅이들이 많이 있었으며 이런 점에서 성도들을 차별화시키기 위함으로 보인다.[249]

이처럼 장년 여성들은 자신의 혀와 탐심을 다스려야 한다. 그리고 참소하는 일과 술의 노예가 되는 대신에 '선한 것을 가르치는 자들'이 되어야 한다. 자신의 경건한 생활을 통해 오랜 경험과 바르고 합당한 삶에 근거한 권위를 가진 장년 여성들은 젊은 여성들을 가르치는 교사의 역할을 함으로써 교회를 위한 봉사에 여전히 참여하고 있다는 사실을 스스로 증명해야 한다.

3) 젊은 여성들이 보일 사랑의 모범

교회에서 젊은 여성들은 장년 여성들에 의해 지도되었다. 이것은 교

---

248) J. Calvin, 디도서, p. 404.

249) David West, 디도서, p. 436.

회에서 남성들이 젊은 여성을 지도함으로써 발생할 수 있는 부작용을 예방하기 위함으로 보인다. 바울은 "저들로 젊은 여자들을 교훈하되 그 남편과 자녀를 사랑하며 근신하며 순전하며 집안 일을 하며 선하며 자기 남편에게 복종하게 하라 이는 하나님의 말씀이 훼방을 받지 않게 하려 함이니라"(딛 2:4-5)고 권면하고 있다. 확실히 젊은 여성들은 경험이 많은 장년 여성들에 의해 온전하게 지도를 받기 마련이다. 마찬가지로 아이들과 청소년들의 지도는 젊은 여성들의 몫이었다.250)

이 사실은 여기에서 교훈하고 있는 내용들이 전적으로 젊은 여성들에게만 해당하는 내용이라기보다는 모든 여성에게 요구된다는 점을 암시하고 있다. 젊은 여성들에게 마땅히 가르쳐야 할 교훈은 장년 여성들에게도 해당되기 때문이다. 이런 점에서 장년 여성들은 젊은 여성들이 따라야 할 본을 보여야 한다. 그 내용은 일곱 가지의 덕목으로 제시되었으며, 여기에는 그에 합당한 훈련이 필요함을 보여주고 있다.

젊은 여성들은 남편을 사랑하고 자녀들을 사랑하는 훈련을 받을 필요가 있다. 하늘로부터 오는 이 사랑이 자신의 심령 속에 차고 넘쳐서 다른 사람들에게 흘러가게 해야 하기 때문이다. 그리고 그 대상은 먼저 남편과 자녀들이어야 한다. 이렇게 함으로써 건강한 가정을 통해 자녀들이 강건하게 자랄 수 있는 여건을 만들어 주어야 한다. 이러한 교훈은 당시 거짓 교사들이 신자들의 가정을 혼란케 하는 일들(딛 1:11)과 비교된다.

젊은 여성들은 또한 근신(self-control)하도록 훈련되어야 한다. 젊은 여성들은 쉽게 흥분할 수 있고, 다른 한편으로는 지나치게 무관심하기 쉽기 때문이다. 이런 점에서 그들은 생각과 말과 행동에 있어서 어떠한 부도덕함도 주도면밀하게 피해야 한다. 특히 자신의 가족들과의 관계에서 더 그래야 한다. 이와 같은 맥락에서 그들은 세속적이지 않도록

---

250) Thomas C. Oden, 디도서, p. 178.

순전해야 하며 악과 혼합되지 않도록 경건을 훈련함으로써 다른 사람
들의 존경을 받도록 해야 한다.

　　그리고 젊은 여성들은 가정의 질서와 행복을 위해 자신을 자발적으
로 복종시키는 것과, 안정된 가정의 덕목들과 관련된 자신의 삶을 자발
적으로 정돈하는 훈련이 필요하다. 만일 신자들의 가정이 파괴되고 품
위가 손상된다면 그보다 빨리 교회의 평판을 떨어뜨리는 일이 없을 것
이다. 특별히 남편에게 복종해야 한다(딤전 2:11-15). 이것은 하나님의 창
조 질서(창 3:16)이기 때문이다. 만일 불신자인 남편이라 할지라도 '주께
하듯' 복종해야 한다. 이것은 불신자 남편들이 순종하지 않는 아내를
보고 복음을 평가하거나 폄훼하는 일이 없도록 하기 위함이다.[251]
　　여기에서 바울 사도가 가족들 사이의 덕목을 강조하고 있는 이유는
분명하다. 그것은 하나님의 도리에 관한 말씀이 사회생활의 질서 안에
서 인간의 무책임한 행위 때문에 비방을 받거나 불명예스럽게 여겨져
서는 안 되기 때문이다(딤전 6:1). 하나님의 말씀은 가정 안에서 올바른
질서와 예의 바름과 사랑, 그리고 성장하게 하는 능력과 중요한 이해관
계를 제시하고 있다. 만일 복음이 이러한 덕목들을 권장하고 인도하는
기능을 하지 않는다면 그것은 기독교가 가지는 사회적인 가치로부터
평판을 잃게 되는 결과를 가져올 뿐이다.[252]

　4) 젊은 남성들이 보일 근신의 모범

　　젊은 남성들을 교훈하는 일에 대해 바울은 이례적으로 간략하게 언
급하고 있다. 하지만 다음 7-8절에서 디도에게 선한 일의 본을 보임으
로써 교훈과 경건함을 교회가 유지해야 할 것을 제시하고 있다는 점에

---

251) J. Calvin, 디도서, p. 405.
252) Thomas C. Oden, 디도서, p. 181.

서 디도에게 준 교훈 역시 젊은 남성들이 힘써 행해야 한다는 사실을
알 수 있다. 사실 이 젊은 남성들은 장차 디도를 이어 교회의 직분을 계
승하고 교회의 지도자가 되어야 할 위치에 있다는 점에서 더 그러하다.

본문에서 젊은 남성들을 '권면하라'($\pi\alpha\rho\alpha\kappa\alpha\lambda\epsilon\omega$)는 단어는 '옆으로
따로 부르다'는 뜻을 가지고 있다. 이것은 그들을 격려하고 위로하며
훈계하며 간청하며 호소하기 위함이다. 이것은 자신이 직접 들어가지
않은 땅을 그들에게 차지하라고 요구해서는 안 된다는 의미를 가진다.
이런 점에서 디도는 젊은 남성들의 본이 되어야 한다.

특별히 젊은 남성들에게 범사에 근신하도록 권면하라(6절)는 내용은
범사에 도덕에 주의를 기울이든 교훈에 주의를 기울이든 젊은 남성들
은 복음으로 훈련을 받아야 하며, 그들 자신의 죄악된 본성의 악한 행
동에 의해서나 그들 주위에 있는 이교 세계의 사상들과 관습들에 의하
여 미혹되지 않도록 주의할 것을 함의하고 있다.

의심할 바 없이 바울은 여기에서 혈기와 혀와 야심과 탐욕을 다스릴
것과 특별히 성적 충동을 포함한 육체적 욕망을 다스림으로써 젊은 남
성들이 혼인 전의 순결과 혼인 이후의 정절이라고 하는 불변의 표준에
철저히 헌신할 것을 요구하고 있다. 나아가 그들은 자신의 결정이나 감
정이나 야망을 하나님의 뜻보다 앞세워서는 안 된다. 이런 점에서 그들
은 자신을 억제할 줄 알아야 한다. 이 사실은 앞서 교훈한 내용들, 즉
2-5절에서 교훈한 내용들에서 요구하는 덕행을 모두 포함하고 있음을
강조하고 있다.[253]

5) 지도자가 보일 '선한 일'의 모범

무엇보다도 교회 지도자의 생활에서 마치 거울과 같이 가르침의 능

253) William Hendriksen, 목회서신, p. 486.

력과 위엄이 드러나 비추지 않는다면 그 가르침만으로는 권위를 지니기 어렵다. 이런 점에서 바울은 디도에게 본보기가 될 것을 당부하고 있다. 이 또한 장차 교회의 직분자들이 될 젊은 남성들에게 하는 당부이기도 하다. "네 자신으로 선한 일의 본을 보여 교훈의 부패치 아니함과 경건함과 책망할 것이 없는 바른 말을 하게 하라 이는 대적하는 자로 하여금 부끄러워 우리를 악하다 할 것이 없게 하려 함이라"(딛 2:7-8).

바울은 사도로서 자신을 교회의 본보기로 내어놓는 데 주저하지 않았다. "내가 그리스도를 본받는 자 된 것같이 너희는 나를 본받는 자 되라"(고전 11:1). 바울은 디모데(딤전 4:12)와 디도 역시 교회가 따를 수 있는 본이 될 것을 기대하고 있다. 여기에 사용된 '본'(τυπιν)은 원형 또는 모형으로, 교회의 감독이야말로 가장 완전한 모델이 되어야 할 것을 강조하고 있다. 이런 점에서 디도는 가르침과 모범, 즉 들려주는 것과 보여주는 것에 있어서 같아야 한다.

디도는 '선한 일'에 있어서 본이 되어야 한다. '선한 일'은 하나님 보시기에 옳고 영예로운 일을 의미하며, 은혜로 말미암은 구원 교리를 오해하고 악용하는 것에 대한 반대의 의미를 가진다.[254] 따라서 이 '선한 일'은 '너의 교훈에 적합한' 선한 일이어야 한다. 그러기 위해 디도는 자신의 생활이 그의 가르침을 드러내도록 정직하고 정중해야 한다.

디도는 대적자들의 거짓말과 왜곡된 가르침에 물들지 않았고 또 물들 수 없다는 사실을 모든 사람에게 분명히 드러날 수 있도록 균형잡힌 복음의 진리를 확실하고도 담대하게 교훈해야 한다. 이런 점에서 그의 교훈을 제시할 때 경건하고 진지해야 한다. 그의 교훈이 내용 면에서 순결하고 방법 면에서 엄숙해야 한다는 것은 그에게 속임수나 위장 따위의 진실치 않은 동기가 없어야 함을 지시한다. 특히 가르침에 있어

---

254) William Handriksen, 목회서신, p. 487.

경박한 태도는 하나님의 말씀을 교훈하는 일에 결코 용납되어서는 안 된다.

나아가 그의 모든 말과 일상의 대화에서도 건전하고 책망할 것이 없어야 한다. 본문의 '바른 말'(λογον υγιη)은 그레데의 거짓 교사들의 불건전한 교훈과 대조를 이루고 있다. 디도가 가르치는 내용에는 무분별하거나 비난받을 만한 것을 말하지 않아야 하며, 이색적인 해석을 시도하거나 사람들로부터 지적을 받을 만한 것들을 가르쳐서는 안 된다.

대적자들은 신자들의 삶과 생활에서 단점을 찾고 있으며, 그 단점을 그리스도와 그의 가르침에 대해서 악용하려고 한다. 때문에 신자들의 잘못으로 인하여 하나님의 거룩한 이름이 대적자들에 의해 모독을 당하지 않도록 해야 할 책임이 있다. 항상 신자들은 원수들의 감시를 받고 있다는 점을 생각하고, 그들의 모략과 중상을 피하기 위해 신경을 써야 한다. 이로 말미암아 그들의 악의가 신자들로 하여금 선행에 대한 마음을 북돋아 주게 해야 한다.[255]

감독은 개인적인 관심사들에 의해 더럽혀지지 않고, 위엄으로 특징지어지며, 타인에게 책망할 틈을 주지 않는 바른 말에 의해 자신의 고결함을 보여주어야 한다. 이것은 비방을 일삼는 사람들이 교회 신앙 공동체에 대한 비난에 합법성을 주지 않기 위함이다. 이렇게 함으로써 감독에게 고의로 대항할 것을 찾고 있는 자들에게 그들 스스로 부끄러움과 어리석은 느낌이 들게 해야 한다.[256]

6) 모든 신자가 보일 '경건'의 모범

당시에 가족 구성원들에는 노예도 포함되어 있었다. 이 노예들 역시

---

255) J. Calvin, 디도서, p. 406.

256) Thomas C. Oden, 디도서, p. 182.

하나님의 백성으로서 하나님의 영광을 위해 존재해야 한다. 비록 신자
가 노예라 할지라도 자신들의 행위로 말미암아 하나님의 이름이 비방
을 당하는 일이 없도록 해야 한다. "종들로는 자기 상전들에게 범사에
순종하여 기쁘게 하고 거스려 말하지 말며 떼어 먹지 말고 오직 선한
충성을 다하게 하라 이는 범사에 우리 구주 하나님의 교훈을 빛나게 하
려 함이라"(딛 2:9-10).

본문의 '종'은 돈 주고 사온 노예로 가축과 같은 주인의 소유에 불과
했다. 그렇다 할지라도 바울은 거의 사람 취급을 받을 수 없을 정도로
천박한 상태에 있는 노예들을 통해서도 하나님께서 영광을 받고자 하
신다는 점을 분명히 밝히고 있다.257) 이런 점에서 노예는 주인의 소원
에 순응해야 하며 모든 면에서 그렇게 해야 한다. 특별히 마음속으로
불평을 가져서는 안 된다. 그리고 상전을 기쁘게 해야 한다. 즉 주인의
명령을 거스르거나 주인의 소유를 훔치는 것 등을 하지 않아야 한다.
이런 점에서 범사에 '충성'할 것을 요구하고 있다.

그렇다고 범죄에 가담하거나 죄짓는 일에 동의하라는 것은 아니다.
노예가 상전에게 순종하고 충성을 다하는 것은 '범사에 우리 구주 하
나님의 교훈을 빛나게' 하기 위함이다. 따라서 하나님의 교훈을 거스
르는 모든 행위에 대해서는 결코 동조해서는 안 된다.258) 본문의 '빛나
게 하다'는 말은 보석의 아름다움을 돋보이게 하기 위해 그것들을 배
열하거나 장식하는 것을 나타내는 말이다.

이것은 복음이 보석과 같으며, 일관성 있는 신자들의 삶은 마치 복음
이라는 보석이 진열되어 있는 진열장과 같음을 묘사하고 있다. 바울이
'하나님의 교훈을 빛나게' 하는 일에 노예를 예로 제시하고 있다는 것
은 가장 낮은 신분의 노예라 할지라도 신자는 성결한 삶을 가져야 한다

---

257) J. Calvin, 디도서, p. 407.
258) William Handriksen, 목회서신, p. 489.

는 바울의 요구가 그보다 좋은 위치에 있는 모든 신분의 신자들에게 그들보다 훨씬 높은 수준의 성결, 곧 경건한 삶을 요구하고 있음을 강조하기 위함이다.

| 기 도 |

세상의 헛된 욕망과 죽음으로부터 구원하시어 교회로 불러주시는 우리 주 예수 그리스도의 아버지이신 하나님.

주께서 기뻐하는 교회와 한 몸을 이루게 함으로써 그리스도를 통해 구원의 복음과 은혜를 알게 하시며, 우리들로 하여금 온전히 하나님만을 경외하며 살아가게 하심을 기뻐하시니 감사를 드립니다. 우리는 질그릇같이 빈약하고 볼품없는 존재들입니다. 그럼에도 우리를 참된 빛이며 진리이고 생명이신 그리스도와 한 몸을 이루게 하시어, 온전히 그리스도의 권세 아래에서 하나님만을 기뻐하고 즐거워하며 살게 하셨습니다.

이 복된 자리에 우리가 있다는 것만으로도 우리는 전심으로 하나님을 경외하고 경배하는 삶을 살아야 할 것입니다. 이 세상의 헛된 욕망에 빠지지 않고 온전히 하나님만을 바라보며 거룩한 교회를 세워나가기 위해 더욱 더 우리의 열정과 헌신을 다 쏟아붓게 하옵소서.

우리 주 예수 그리스도의 이름으로 기도합니다.

〈4〉

하나님의 은혜와 그에 합당한 생활 원리

디도서 2:11-15

모든 사람에게 구원을 주시는 하나님의 은혜가 나타나,

우리를 양육하시되 경건하지 않은 것과 이 세상 정욕을 다 버리고 신중함과 의로움과 경건함으로 이 세상에 살고 복스러운 소망과 우리의 크신 하나님 구주 예수 그리스도의 영광이 나타나심을 기다리게 하셨으니 그가 우리를 대신하여 자신을 주심은 모든 불법에서 우리를 속량하시고 우리를 깨끗하게 하사 선한 일을 열심히 하는 자기 백성이 되게 하려 하심이라.

너는 이것을 말하고 권면하며 모든 권위로 책망하여 누구에게서든지 업신여김을 받지 말라

디도서 2장에서 신자들의 품행과 관련된 지침을 통해 바울은 세 번씩이나 비기독교 세계, 곧 우리가 생활하고 있는 일상의 주변 사회에 대한 성도들의 증거와 그 효력을 강조하여 제시하고 있다.

'이는 하나님의 말씀이 훼방을 받지 않게 하려 함이니라'(5절), '우리를 악하다 할 것이 없게 하려 함이라'(8절), '이는 범사에 우리 구주 하나님의 교훈을 빛나게 하려 함이라'(10절). 이 세 가지 교훈을 통해 바

울은 ① 신자들이 구원의 증거를 제시하지 못함으로써 하나님의 교훈인 보석을 변색시킨다든지, 아니면 ② 구원받은 자의 삶을 통해 구원의 훌륭한 증거를 제시함으로써 그 보석에 더욱 아름다운 광택을 내게 하든지, 둘 중 하나를 선택할 것을 신자들에게 권면하고 있다.[259]

이에 바울은 윤리적 권면을 더욱 강조하기 위해 모든 성도들에게 그들이 기독교인으로 살 수 있고, 살아야 하는 이유로 간주하는 '하나님의 은혜'를 제시하고 있다. 여기에서 바울은 이 하나님의 은혜야말로 ① 성도들에게 구원을 주시며(11절), ② 의와 경건의 근원이며(12절), ③ 그리스도의 영광스러운 재림을 소망하게 하며(13절), ④ 선한 일에 열심을 다하는 하나님의 친 백성으로 삼으신다(14절)는 사실을 강조하고 있음을 보게 된다.

1. 그리스도를 통해 보여진 '하나님의 은혜' (딛 2:11-14)

"모든 사람에게 구원을 주시는 하나님의 은혜"(딛 2:11)가 나타난 것은 그리스도의 초림, 즉 그리스도의 성육신 사건을 가리키고 있다. 그리스도의 성육신에 관하여는 바울이 빌립보 교회에 보낸 서신에서 가장 극적으로 요약해 보여준 바 있다.

> "그는 근본 하나님의 본체시나 하나님과 동등 됨을 취할 것으로 여기지 아니하시고 오히려 자기를 비워 종의 형체를 가지사 사람들과 같이 되셨고 사람의 모양으로 나타나사 자기를 낮추시고 죽기까지 복종하셨으니 곧 십자가에 죽으심이라 이러므로 하나님이 그를 지극히 높여 모든 이름 위에 뛰어난 이름을 주사 하늘에 있는 자들과 땅에 있는 자들과 땅 아래에 있는 자들로 모든 무릎을 예수의 이름에 꿇게 하시고 모든 입으로 예수 그리스도를 주라 시인하여 하나님 아버지께 영광을 돌리게 하셨느니라"(빌 2:6-11).

---

259) John Stott, 디도서 강해, p. 266.

빌립보서에서 이미 밝힌 것처럼, 바울은 이 찬송시에서 ① 그리스도
의 선재하심(6절), ② 이 땅에서 그리스도의 사역(7-8절), ③ 승천하신 그
리스도의 영광(9-11절)을 찬양하고 있다. 이러한 내용을 담고 있는 성육
신에 관한 해설은 웨스트민스터 신앙고백서, 제8장 '중보자 그리스
도', 제1항과 6항 그리고 8항을 통해서 확인할 수 있다.

> 제1항. 하나님께서는 그의 영원하신 뜻을 따라, 그의 독생자이신 주 예수
> 를 택정(擇定)하여 하나님과 사람 사이에 중보자(仲補者)가 되게 하시며
> (사 42:1; 벧전 1:19, 20; 요 3:16; 딤전 2:5), 선지자(행 3:22), 제사장(히 5:5,
> 6), 왕(시 2:6; 눅 1:33), 자기 교회의 머리요 구주(엡 5:23), 만유의 후사(히
> 1:2), 세상의 심판자(행 17:31)가 되게 하시기를 기뻐하셨다. 하나님께서
> 는 그의 독생자에게 창세 전에 한 백성을 주시어 그의 씨가 되게 하셨고
> (요 17:6; 시 22:30; 사 53:10), 기약한 때에 이르러 그로 말미암아 그 백성
> 이 구속함을 받고 부르심을 받고, 의롭다 함을 받고, 성화되고, 영화롭게
> 되도록 하셨다(딤전 2:6; 사 55:4, 5; 고전 1:30).

> 제6항. 구속 사역은 그리스도께서 성육신 하신 후에야 비로소 그로 말미
> 암아 실제적으로 성취되었다. 그러나 그 사역의 공덕과 효능과 혜택은 창
> 세로부터 모든 세대에 살던 택함 받은 백성들이 계속적으로 받아 누려 왔
> 다. 그가 성육신하기 전에 그것들을 누리는 방편들은 그를 계시하며 상징
> 하는 약속들과 예표들과 희생 제물들이었으며, 이 방편들을 통해서 그리
> 스도가 곧 뱀의 머리를 상하게 할 여자의 후손이요, 창세로부터 죽임을 당
> 한 어린양으로 계시되었다. 그는 어제나 오늘이나 영원토록 동일하신 분
> 이시다(갈 4:4, 5; 창 3:15; 계 13:8; 히 13:8).

> 제8항. (승천하신) 그리스도께서는 값을 치르고 구속하신 모든 사람에게
> 바로 그 구속을 확실하고도 효과 있게 적용하시고 전달해 주시며(요 6:37,
> 39; 10:15, 16), 그들을 위하여 대언하시고(요일 2:1,2; 롬 8:34), 말씀 안에
> 서 그리고 말씀을 통해서 그들에게 구원의 비밀들을 계시하시고(요

15:13, 15; 엡 1:7-9; 요 17:6), 그의 성령에 의하여 효과적으로 그들을 설복하여 믿고 순종케 하며, 그들의 심령을 그의 말씀과 성령으로 주관하시고 (요 14:6; 히 12:2; 고후 4:13; 롬 8:9, 14; 15:18, 19; 요 17:17), 그들의 모든 원수들을 그의 전능하신 능력과 지혜로 물리치시되 그의 기이하고 측량할 수 없는 섭리에 가장 부합되는 방법으로 하신다(시 110:1; 고전 15:25, 26; 말 4:2, 3; 골 2:15).

빌립보서와 웨스트민스터 신앙고백서에서 확인한 것처럼, 하나님의 은혜는 그리스도의 성육신 이전부터 이미 시작되었다. 하나님은 언제나 은혜로우시며(출 34:6) 모든 은혜의 원천이시다(벧전 5:10). 이러한 하나님의 은혜는 성육신하신 예수 그리스도 안에서 모든 사람이 볼 수 있도록 나타나게 되었다.

무엇보다도 하나님의 은혜는 그리스도의 비천한 출생, 그리스도의 은혜로우신 말씀과 인자하신 행동, 특별히 그리스도의 십자가에서 행하신 '속죄의 죽음'에서 눈부시게 나타났다. 그리스도는 은혜가 충만하신 분이시며(요 1:14, 16-17) 그의 오심은 구원의 은혜, 즉 구원을 주시는 은혜의 나타나심이었다. 그 나타남은 모든 사람에게 보인 바 되었으며 심지어는 가장 낮은 신분의 노예들에게도 제공된 나타남이었다.[260]

이 하나님의 은혜는 "우리를 양육하시되 경건하지 않은 것과 이 세상 정욕을 다 버리고 신중함과 의로움과 경건함으로 이 세상에 살고"(딛 2:12)라는 바울의 증거에서 확인할 수 있다. 이 말씀을 통해 바울 사도가 강조하고 있는 것처럼 하나님의 은혜는 ① 소극적으로는 경건치 않은 것과 이 세상 정욕을 다 버리게 하는 것으로, ② 적극적으로는 근신함과 의로움과 경건함으로 이 세상에서 살아가는 것으로 하나님의 자녀인 성도들을 양육하는 데서 확인할 수 있다.

---

260) John Stott, 디도서 강해, p. 269.

결국 이 하나님의 은혜는 옛 생활을 포기하게 하고 새로운 삶을 살게 한다. 즉 ① 하나님에 대해서는 경건치 않았던 삶에서 경건한 삶으로, ② 자기 자신에 대해서는 자기중심성에서 자기 절제로, ③ 이웃에 대해서는 세상의 사악한 방법에서 서로를 공평하게 대하는 것으로 우리를 인도하고 훈련을 시켜서 점점 더 강한 성도로 자라게 한다.

이러한 하나님의 은혜가 절정에 도달하게 되는 모습과 관련해 "복스러운 소망과 우리의 크신 하나님 주 예수 그리스도의 영광이 나타나심을 기다리게 하셨으니"(딛 2:13)라고 바울 사도는 밝혀 증거하고 있다. '주 예수 그리스도의 영광이 나타나심' 이라는 말은 그리스도의 재림을 가리키고 있다. 곧 영원한 하나님의 계획과 목적을 성취하는 그 날이 이르게 되면, 그리스도는 영광 가운데 다시 오심으로써 하나님의 구원 사역을 완성하실 것이다. 바로 그 마지막 날에 그리스도의 다시 오심은 하나님의 은혜가 그 절정에 이르렀음을 보여주게 될 것이다.

바울은 그날의 영광을 '우리의 크신 하나님'과 '주 예수 그리스도'에게 돌리고 있다. 이때 바울은 하나님과 예수 그리스도를 동격으로 부름으로써 영원하신 아들의 신성에 대해 찬양하고 있다. 신자들의 복된 주님이신 예수 그리스도를 가리켜 '메가스 테오스'(megas Theos : 크신 하나님)로 부르고 있다는 것은 마지막 날에 예수 그리스도께서 하나님의 영광을 나타내시는 분이심을 확고하게 증거하고 있다.

이미 성육신을 통해 초림하셨던 예수님은 하나님의 영광을 친히 나타내 보이셨다(요 2:11). 그럼에도 불구하고 하나님의 영광은 어느 정도 감추어져 있었고, 많은 사람들이 그 영광을 알아보지 못했거나 심지어 의심까지 했었다. 그러나 그 베일이 벗겨지는 날에 그들이 그리스도의 영광을 보게 될 때에 비로소 하나님의 영광은 있는 그대로 재림하신 그리스도를 통해 보이게 된다.[261] 이처럼 바울은 크신 하나님이시자 구주

---

261) John Stott, 디도서 강해, p. 271.

이신 그분의 영광의 현현이신 그리스도께서 다시 오시는 날 신자들에게 약속된 구원이 완성될 것을 바라보고 있다.

나아가 바울은 하늘에서 성도들을 위해 예비하신 복된 삶을 가리켜 '복스러운 소망'이라고 부르고 있다.[262] 여기에서 바울은 종말론적 소망에 근거를 두고 이 소망이 신자들의 마음에 확고한 구원의 터를 제공하고 있음을 제시하고 있다.

이 사실은 이미 그리스도께서 십자가의 죽으심을 통해 주의 백성들에게 약속하신 내용이다. 이에 바울은 "그가 우리를 대신하여 자신을 주심은 모든 불법에서 우리를 속량하시고 우리를 깨끗하게 하사 선한 일을 열심히 하는 자기 백성이 되게 하려 하심이라"(딛 2:14)고 과거 십자가 사건을 돌아보게 하고 있다.

2. 선한 일을 위해 선택된 하나님의 백성 (딛 2:14-15)

그리스도의 죽으심은 '모든 불법에서 신자들을 구속하심으로써 불법의 속박으로부터 자유케 하시며', '우리를 깨끗하게 하사 선한 일을 열심히 하는 친 백성이 되게 하려 하심'에 그 목적이 있다(딛 2:14).

여기에서 바울은 구약 시대에 하나님 나라인 이스라엘의 시작을 알리는 두 가지 사건을 염두에 두고 있다. 하나는 ① 애굽의 속박에서 벗어나게 하신 유월절 희생 사건이며 이것은 신자들의 구속을 보여준다. 다른 하나는 ② 이스라엘이 하나님의 소유가 되었음을 선포한 시내산 언약을 상기시킴으로써 신자들이 '하나님의 친 백성이 되었음'을 보여주고 있다.

본문에서 '자기 백성'이라고 번역된 '친 백성'($\lambda\alpha o\nu$ $\pi\epsilon\rho\iota o\upsilon\sigma\iota o\nu$)이

---

262) J. Calvin, 디도서, p. 409.

라는 단어는 '택한 백성'을 가리키며(출 19:5; 신 7:6; 14:2; 26:18), 이스라엘이 하나님의 소유가 되었음을 의미한다(말 3:17). 베드로 사도는 이 단어를 가지고 신약의 신자들을 가리켜 "너희가 전에는 백성이 아니더니 이제는 하나님의 백성이요 전에는 긍휼을 얻지 못하였더니 이제는 긍휼을 얻은 자니라"(벧전 2:10)고 밝힌 바 있다.[263] 이런 점에서 '친 백성'은 하나님의 소유이며 하나님께서 택한 백성으로서 '선한 일'에 열심을 가지기 위해 이 땅에 존재하게 되었다.

때문에 신자들이 여전히 세상의 죄악스러운 욕망의 그물에 얽매여 있다는 것은 그리스도께서 이루신 구속의 열매가 그들에게는 아무런 유익이 없게 되었음을 의미한다. 이 말은 하나님께서 그리스도의 죽음을 통해 제거하신 바로 그 오염으로 신자들 자신이 다시 더럽혀지게 되었음을 경고하고 있다. 이런 일은 십자가의 구속을 받은 신자들에게서 결코 있어서는 안 되기 때문이다.[264]

바울 사도가 명쾌하게 선언하고 있는 것처럼 '신자들은 그리스도의 죽음으로 말미암아 선한 일을 행하도록' 거룩하게 구별되었다. 이 사실을 강조하기 위해 바울은 '깨끗하게 하사'라는 말로 그 의미를 드러내 밝히고 있다. 하나님께서 그리스도의 구속을 통해 신자들을 깨끗하게 하셨다는 사실을 잘 보여주는 사건을 우리는 구약의 선지자인 호세아를 통해서 확인할 수 있다.

호세아는 북 이스라엘 왕국의 여로보암 II세의 말기(BC 750년경)부터 북이스라엘이 앗수르에 의해 멸망된 BC 722년 이후까지 활동했던 이스라엘의 마지막 선지자였다. 그 당시 정치적 상황은 매우 미묘하여서 막강한 부를 이루었던 여로보암 II세가 죽고 난 후에 계속된 왕권의 찬

---

263) A. C. Hrevey, 디도서, 풀핏 성경주석 23권, 풀핏주석번역위원회 역, 보문출판사, 1983, p. 573.

264) J. Calvin, 디도서, p. 411.

탈로 인해 나라가 급격히 기울고 있었다. 뿐만 아니라 아모스 선지자가
선포했던 것처럼 이스라엘은 종교적으로 심히 부패해 있었다. 그러한
이스라엘을 향하여 하나님께서는 철저하게 심판하실 것이라고 호세아
는 선포했었다.

  특히 이스라엘이 고질적으로 앓고 있던 병인 우상숭배가 마침내 그
도가 지나쳤고, 그동안 하나님은 여러 차례 엘리야와 엘리사를 통하여
회개하고 돌아설 것을 경고했음에도 불구하고 이스라엘은 더욱 패역해
가고 있었다. 그 결과 이스라엘은 하나님께 대한 형식적인 예배마저도
폐기해버리고 우상에 깊이 빠져들고 있었다. 그들은 이방인과 전혀 다
를 바 없을 정도로 변질되었다(호 4:11-14). 이처럼 이스라엘이 여호와 따
르기를 그치자(호 4:10) 하나님은 호세아 선지자를 택하시어 그들에게
최후의 경고를 선포하기에 이르렀다.

> "너희는 내 백성이 아니요 나는 너희 하나님이 되지 아니할 것임이니라"
> (호 1:9).

  이처럼 하나님께서 이스라엘을 내치시겠다고 말씀하심에도 불구하
고 하나님의 본심은 결코 이스라엘을 버릴 수 없으셨다. 오히려 하나님
은 이스라엘을 향하여 불같은 심정을 감추지 않으셨다. 이러한 하나님
의 마음을 담아 호세아는 이스라엘을 향하여 외쳤다.

> "오라 우리가 여호와께로 돌아가자 여호와께서 우리를 찢으셨으나 도로
> 낫게 하실 것이요 우리를 치셨으나 싸매어 주실 것임이라 여호와께서 이
> 틀 후에 우리를 살리시며 셋째 날에 우리를 일으키시리니 우리가 그의
> 앞에서 살리라 그러므로 우리가 여호와를 알자 힘써 여호와를 알자 그의
> 나타나심은 새벽 빛 같이 어김없나니 비와 같이, 땅을 적시는 늦은 비와
> 같이 우리에게 임하시리라"(호 6:1-3).

호세아 선지자가 목놓아 외쳤던 이 말씀 속에 하나님께서 자기 자녀들을 깨끗하게 하신다는 의미가 무엇인지 잘 담겨 있다. 비록 하나님께서 범죄한 자녀들에게 징벌하시지만, 그 징벌의 목적은 그들을 멸망으로 내던지기 위함이 아니다. 오히려 그 징벌을 통하여 주의 자녀들을 치유하고 새롭게 갱신하기 위함이다. 따라서 비록 이스라엘 나라가 멸망하는 하나님의 징벌이 임한다 할지라도 그것은 이스라엘을 새롭게 조성하시기 위한 열정의 방식이었다.

그것은 바로 '우리가 여호와를 알자 힘써 여호와를 알자'라는 호세아 선지자의 울부짖음과 같이 우리로 하여금 하나님을 바르게 알아가게 하는 데 그 목적이 있다. 마찬가지로 때로 하나님은 우리들로 하여금 고통과 어려움과 환난을 당하게 허락하신다 할지라도 그 목적은 우리를 온전하게 훈련시키고 장성한 그리스도의 군사로 세우기 위함이다.

하나님께서 친히 자녀로 삼으신 주의 백성들을 향하시는 마음은 이스라엘의 멸망을 앞두고 보낸 호세아 선지자의 시대나, 구약 시대를 접고 새로운 신약의 시대를 열었던 예수 그리스도께서 오셨을 때나, 그로부터 2천 년이 넘게 지난 지금 우리들에게 설교자의 목소리로 말씀을 하시는 때나 조금도 다르지 않다.

"에브라임이여 내가 어찌 너를 놓겠느냐 내가 어찌 너를 버리겠느냐 내가 어찌 너를 아드마같이 내놓겠느냐(아드마와 스보임은 소돔과 고모라가 멸망할 때 함께 멸망된 도시임 - 신 29:23) 내 마음이 내 속에서 돌아서 나의 긍휼이 온전히 불붙듯 하도다"(호 11:8)라고 하셨던 그 말씀은 지금도 동일하게 우리를 향하여 외치고 있는 목소리이기도 하다.

여기 본문에서 '선한 일'이란 "우리가 여호와를 알자 힘써 여호와를 알자"라고 호세아 선지자가 외쳤던 바로 그 일이기도 하다. 곧 '선한 일' 이란 하나님의 율법을 따라서, 그리고 하나님의 영광을 위해서 하나님을 바르게 아는 것을 가리킨다. 그리고 구약 시대에 비록 외형적이라 할지라도 이스라엘이 율법에 대해 그처럼 목숨을 걸고 열심을 보였던 것처럼 이제 신자들은 이 '선한 일' 에 최선을 다해 열심을 보여야 한다.

바울은 신자들이 하나님의 백성으로서 '선한 일' 에 열심을 다 할 수 있도록 디도에게 이 복된 소망을 가져다주는 복음을 가르치라고 당부하고 있다. "너는 이것을 말하고 권면하며 모든 권위로 책망하여 누구에게든지 업신여김을 받지 말라"(딛 2:15). 신자들은 근신함과 의로움과 경건함으로 살아야 한다. 그것은 ① 그리스도 안에 있는 하나님의 은혜가 구원을 가져다주기 때문이며, ② 이 하나님의 은혜는 경건치 않음과 세상 정욕에서 거룩한 길로 인도해 주기 때문이며, ③ 그리고 마침내 그리스도께서 영광 가운데서 다시 나타나실 것이라는 소망으로 이끌어 주기 때문이다.

그러므로 신자들로 하여금 그리스도의 보배로운 백성으로 '선한 일' 에 힘쓰도록 격려하기 위해, 또한 하나님의 놀라운 은혜로 인하여 하나님께 드려진 감사 제물로서 이 영광스러운 성별된 생활을 살아가기 위해 디도는 힘써 가르쳐야 한다. 말씀을 전하는 디도의 심정은 북 이스라엘이 멸망을 향하여 치닫고 있던 그 시절에 호세아가 "우리가 여호와를 알자 힘써 여호와를 알자"라고 울부짖었던 그러한 심정과 조금도 다를 바 없어야 한다.

칼빈은 기독교강요, 제1권 '창조주 하나님을 아는 지식' 중에서 제2장 '하나님을 안다는 것은 무엇이며, 또한 그를 아는 지식은 어떤 목적을 이루는가?' 라는 항목의 제2절, '하나님을 아는 참된 지식은 신뢰와 경외로 이어짐' 에서 이렇게 말하고 있다.

"하나님이란 대체 어떤 존재일까? 이런 질문을 제기하는 사람들은 그저

한가한 사색거리를 놓고서 이리저리 장난하는 것에 지나지 않는다. 이보다 우리에게 더 중요한 문제는 하나님이 과연 어떤 분이시고 또한 그의 본성에 합당한 것이 무엇인가 하는 것을 아는 것이다. 에피쿠로스처럼 세상의 문제에서 물러나서 홀로 한가하게 노닥거리는 그런 유의 신(神)을 고백한다면, 그것이 대체 무슨 유익이 있겠는가? 요컨대, 우리에게 전혀 관계가 없는 그런 하나님을 안다는 것이 무슨 도움이 되겠는가?"(Inst., 1, 2, 2).

그리고 이어서 칼빈은 다음과 같이 힘주어 말하고 있다.

"하나님을 아는 지식이 있다면 그 지식으로 인하여 첫째로, 우리에게 두려움과 경외가 생겨나야 하고, 둘째로, 그 지식의 안내와 가르침을 받아서 그 하나님에게서 모든 선을 찾기를 배워야 할 것이요, 또한 그것을 받은 다음에는 모든 것을 하나님 덕분으로 돌리기를 배워야 마땅한 것이다"(Inst., 1, 2, 2).

우리가 이 땅에서 존재함에 있어 하나님과 상관이 없는 일은 그 어디에서도 찾을 수 없다. 그렇다면 우리가 존재하는 이유와 목적을 알아감에 있어서 하나님께서 행하시는 일과 아무런 상관이 없이는 결코 불가능하다는 사실을 부정할 수 없다. 그래서 칼빈은 계속해서 다음과 같이 우리를 붙잡고 설득하고 있다.

"여러분이 하나님의 지으신 바요, 또한 창조주의 권리로써 여러분이 그의 명령에 따르도록 지음 받았으며, 또한 여러분의 생명 자체가 하나님 덕분에 생긴 것일진대, 하나님에 대한 생각이 여러분의 뇌리에 들어올 때에 어찌 그런 사실들을 곧바로 깨닫게 되지 않을 수 있겠는가? 여러분이 무슨 일을 하든, 어떤 행동을 하든 간에 그 일들이 하나님의 덕분임을 인정해야 한다는 것을 곧바로 깨닫지 않겠는가?"(Inst., 1, 2, 2).

이처럼 우리의 모든 일상의 삶에서 하나님의 일과 상관이 없는 것이 하나도 없으며, 그래서 우리가 하나님을 떠나서 살 수 없다고 한다면, 이제 우리가 취해야 할 길은 오직 하나뿐이다. 이와 관련해 칼빈은 우리를 향해 격려의 말을 아끼지 않고 있다.

"이것이 사실이라면, 하나님의 뜻이 우리의 삶을 지배하는 법이 되어야 마땅하다는 것을 직시하고서 하나님을 섬기는 일을 위하여 우리의 삶을 드리는 일이 없다면, 우리의 삶은 그야말로 악하고 부패한 상태라는 것이 분명해지는 것이다. 뿐만 아니라 하나님이 모든 선의 시발점이요 근원이시라는 것을 인정하지 않고서는 하나님을 분명하게 바라볼 수 없는 것이다"(Inst., 1, 2, 2).

끝으로 칼빈은 우리가 추구해야 할 참으로 선한 일이란 이런 것이라고 야무지게 단도리를 하고 있다.

"순결하고 순전한 신앙이란 바로 이것이니, 곧 하나님에 대한 신뢰가 진지한 두려움과 완전히 하나가 되어, 이 두려움으로 인하여 기꺼운 공경심이 나타나고 또한 율법이 제시하는 정당한 예배가 생겨나는 그런 것이다. 또한 우리가 더욱 더 부지런히 명심해야 할 사실은 이것이니, 곧 모든 사람이 다 하나님을 향하여 어렴풋하고 희미한 공경심을 갖고 있기는 하나, 하나님을 진정으로 높이 공경하는 사람은 별로 없으며, 또한 화려한 예식들이 즐비한 곳에서는 진실한 마음을 보기가 정말로 힘들다는 사실이다"(Inst., 1, 2, 2).

바울 사도는 신자들이 바르게 하나님을 아는 일에 있어서 교회의 역할이 얼마나 중요한지 잘 알고 있었다. 특히 이와 관련해 말씀을 설교하는 목사의 직분이 매우 엄격하게 행사되어야 할 것을 디도에게 분명하게 인식시켜야 할 필요가 있었다.

이러한 바울의 권면을 받아 디도는 혼신의 힘을 다하여 신자들을 권면하고 필요하다면 책망도 해야 했다. 아니 오히려 불같은 심정을 담아서 신자들이 바르게 하나님을 알게 하는 일에 온 힘을 다 쏟아야 했다. 이때 디도는 이 모든 것을 그리스도께서 주신 권위로 행함으로써 누구에게든지 업신여김을 받지 않아야 한다. 그렇게 함으로써 특별히 신기한 것만을 찾으려는 사람들의 교만으로 인하여 복음의 가르침이 업신여김을 받지 않도록 해야 한다.[265]

복음의 가르침은 한마디로 "그가 우리를 대신하여 자신을 주심은 모든 불법에서 우리를 속량하시고 우리를 깨끗하게 하사 선한 일을 열심히 하는 자기 백성이 되게 하려 하심이라"(딛 2:14)고 정의할 수 있다.

오늘날 많은 교회에서 예배 시간에 선포되고 있는 목사들의 설교가 과연 이러한가를 우리는 겸손한 자세로 살펴보고 점검해야 한다. 특별히 우리가 매 주일 참여하고 있는 예배의 자리에서 목사의 설교가 하나님을 바르게 알게 하는 데 초점이 맞추어져 있는지를 눈여겨보아야 한다.

동시에 교회에서 목사의 직분을 맡은 자들이라면, 바울 사도가 "너는 이것을 말하고 권면하며 모든 권위로 책망하여 누구에게서든지 업신여김을 받지 말라"고 디도에게 명한 이 말씀을 가슴에 새겨야 한다.

| 기 도 |

온전한 지혜와 능력으로 만물을 창조하시고 우주를 주관하시는 우리 주 예수 그리스도의 아버지이신 하나님.

주께서 행하시는 권능은 참으로 기이하고 측량할 수 없을 정도입니다. 그 가운데서도 우리를 주의 자녀로 부르시고, 복된 나라의 백성으로 살게 하심

---

265) J. Calvin, 디도서, p. 412.

은 오로지 하나님만이 하시는 지혜이며 능력입니다.

이 놀라운 일을 이루시기 위해 성자이신 예수 그리스도를 우리에게 보내셔서, 어둠과 죄로 인해 영원히 죽을 수밖에 없는 우리를 속량해 주심에 감사를 드립니다. 이제는 이러한 구원의 도리가 온 세상에 널리 알려졌으며, 아무도 부정할 수 없게 되었습니다.

우리를 깨끗하게 하시어 선한 일에 열심을 내라고 속량해 주셨사오니, 무엇보다도 우리가 하나님을 바르게 아는 일에 모든 열정을 다 할 수 있도록 은혜를 주옵소서. 이러한 일에 게으르지 않으며 교만하지 않아야 할 것입니다. 하나님의 은혜를 받은 백성답게 온전히 하나님만을 사랑하며 살게 하옵소서.

우리 주 예수 그리스도의 이름으로 기도합니다.

〈5〉

새 생명을 얻은 성도의 역할과 복음의 개요

디도서 3:1-8

너는 그들로 하여금 통치자들과 권세 잡은 자들에게 복종하며 순종하며 모든 선한 일 행하기를 준비하게 하며 아무도 비방하지 말며 다투지 말며 관용하며 범사에 온유함을 모든 사람에게 나타낼 것을 기억하게 하라 우리도 전에는 어리석은 자요 순종하지 아니한 자요 속은 자요 여러 가지 정욕과 행락에 종 노릇 한 자요 악독과 투기를 일삼은 자요 가증스러운 자요 피차 미워한 자였으나 우리 구주 하나님의 자비와 사람 사랑하심이 나타날 때에 우리를 구원하시되 우리가 행한 바 의로운 행위로 말미암지 아니하고 오직 그의 긍휼하심을 따라 중생의 씻음과 성령의 새롭게 하심으로 하셨나니 우리 구주 예수 그리스도로 말미암아 우리에게 그 성령을 풍성히 부어 주사 우리로 그의 은혜를 힘입어 의롭다 하심을 얻어 영생의 소망을 따라 상속자가 되게 하려 하심이라

이 말이 미쁘도다 원하건대 너는 이 여러 것에 대하여 굳세게 말하라 이는 하나님을 믿는 자들로 하여금 조심하여 선한 일을 힘쓰게 하려 함이라 이것은 아름다우며 사람들에게 유익하니라

디도는 부족한 일을 바로잡고, 장로들을 세우는 임무를 위해 그레데 섬에 남겨졌다(딛 1:5). 비록 직분이 교회의 모든 것은 아니지만 직분은 교회 생활을 위하여 중요한 기능을 하기 때문이다. 또한 교회의 머리이신 그리스도는 그 몸의 장성을 유지하고 촉진하기 위해 직분자들을 사용하셨다.

이런 점에서 직분자들은 반드시 좋은 성품을 가져야 하고 바른 믿음이 있어야 한다. 특히 교회의 직분자들 가운데, 장로의 직분자들을 세우는 일에 있어서 바울은 신중히 하라고 권면한 바 있다(딛 1:5-9). 이것은 믿음에 대하여 깊은 확신이 없는 사람을 장로로 세움으로써 교회가 분란에 휩싸이는 것을 방지하기 위함이다.

장로들은 자신의 가정에서 지혜롭고 경건해야 하며 자녀들을 잘 다스려야 한다. 이것은 장로들이 자신의 삶을 통해 복음을 증거할 수 있어야 하기 때문이다. 아울러 장로들은 복음을 반대하는 사람들을 논박함으로써 거짓 교사들과 그들의 가르침을 밝히도록 해야 한다. 이 점에 있어서 장로들은 거짓 교사들처럼 자신의 이익을 추구해서는 안 된다.

나아가 교회의 장로들은 바울이 디도에게 모범이 되었던 것처럼 교회 회원들의 모범이 되어야 한다. 그러기 위해 장로들은 먼저 디도로부터 받은 복음을 철저하게 지킬 수 있어야 했다. 그렇게 함으로써 교회는 바울로부터 받은 바른 교훈을 보존하며 악하고 거짓된 가르침으로부터 교회를 보호할 수 있기 때문이다.

교회의 지도자들에 대한 가르침에 이어 바울은 2장에서 교회의 회원들이 구체적으로 어떻게 경건하게 삶을 살아가게 되는가를 밝히고 있다. 여기에서 바울은 경건한 삶을 살아가야 할 토대를 제공해 주는 교리적인 진술을 통해 구별된 성도들이 살아가야 하는 성화의 삶을 강조하고 있다.

지금 이 땅에 살고 있는 성도들은 기독교 시대를 개막하는 그리스도의 초림과 그 시대를 마감하는 그리스도의 재림 사이에 살고 있다. 이미 구원을 완성하신 그리스도는 마침내 '크신 하나님'의 영광을 친히 보이시기 위해 재림하실 것이다. 이런 점에서 성도들은 '이미'(already) 그리고 '아직 아닌'(not yet)이라는 긴장의 시기에 살고 있다.266)

이러한 긴장의 시기 동안, 교회의 회원들은 단 한 사람이라도 성령의 성결케 하시는 영향력 아래에서 벗어나지 않아야 한다. 하나님의 은혜가 나타나 그들 모두에게 구원을 주셨기 때문이다. 그리스도는 세상 정욕을 십자가에 못박고 신자들로 하여금 경건한 삶을 살게 하려고 모든 불법으로부터 그들을 구속하셨다.

따라서 성도들은 악을 버리고 경건함과 의로움과 근신함으로 이 세상에서 살아야 한다(딛 2:12). 왜냐하면 신자들을 ① 모든 악에서 건지사 하나님의 친 백성이 되도록 정결케 하시는 그리스도의 속죄 사역과 ② 구원을 완성하신 그리스도께서 영광 가운데 나타나실 것에 대한 소망이 있기 때문이다.

이처럼 초림과 재림이라는 두 차례에 걸친 '그리스도의 강림의 빛' 안에서 살고 있는 성도들의 다짐은 매일의 삶을 통해 이루어지는 경건의 모습으로 나타나기 마련이다. 그것은 곧 하나님의 법을 따라서 그리고 하나님의 영광을 위해서 '선한 일'에 힘쓰는 것이다.

성도들에게 있어서 '선한 일'이란 다름 아닌 '하나님을 아는 지식'으로 날마다 성장해 나가는 것을 의미한다. 이 일을 위해 디도는 성도들로 하여금 ① 그들 자신이 그리스도의 보배로운 백성으로 하나님께 드려진 감사 제물이며, ② 그렇기에 성도들은 세상과 구별된 영광스러운 성별된 생활을 살아갈 수 있도록 힘써 가르쳐야 한다.

1장에서는 교회를 중심으로, 2장에서는 가정을 중심으로 성도들의

266) John Stott, 디도서 강해, p. 272.

의무에 대한 지침을 제시한 바울은 이제 3장에서 의도적으로 이 주제를 세상과 관련해 발전시키고 있다.

3장 역시 2장과 비슷하게 윤리적 지침으로 시작하여 권세잡은 관원들에게 복종할 것과 모든 사람에 대한 배려를 다루고 있다(1-2절). 이어 신자들의 의무, 즉 신자들이 사회에서 살아가는 삶의 형태에 대한 근거로써 교리를 제시하고, 여기에서 구원에 대한 설명을 시도하고 있다(3-8절). 그리고 결론을 위해 몇 가지 개인적인 메시지를 남기면서 본 서신을 마치고 있다(9-15절).

1. 사회생활 속에서 증거되는 성별된 삶 (딛 3:1-2)

성도들은 세상에 속한 것은 아니지만 여전히 이 세상에서 살고 있다. 지역 사회와 그들의 관계는 자신들의 신앙을 표현함으로써 구별된다. 이럴 때 성도들은 공적인 활동으로부터 제외되지 않으며, 오히려 자신들의 신앙을 고려하면서 그 활동에 참여해야 한다. 이런 점에서 신앙이 사회적, 정치적 혼란을 가중시키는 요소로 작용할 수도 있다. 따라서 성도들은 자신의 우월성이나 독립성을 주장하기보다는 자신이 살아가는 삶의 질로써 사회에 공헌해야 한다.[267]

1) 시민의식을 통해 나타나는 성별된 삶

성도들은 그리스도께서 자신의 보배로운 피로 속량하셨기에 마땅히 그리스도의 영광스러운 재림을 기쁨으로 손꼽아 기다려야 한다. 그렇다 할지라도 성도들은 지상에서 살아가는 삶의 의무를 결코 망각해서는 안 된다. 이에 바울은 성도들이 이 땅에서 살고 있는 동안 선한 시민이며 선한 이웃이 되어야 한다는 점을 디도에게 각인시키고 있다.

---

267) Ralph G. Turnbull, 디도서, p. 313.

바울은 먼저 권세 가진 자들과 관련해 "너는 저희로 하여금 정사와
권세잡은 자들에게 복종하며 순종하며 모든 선한 일 행하기를 예비하
게 하며"(딛 3:1)라고 권면하고 있다. 이러한 권면은 그레데 사람들의 정
서와 깊은 관련이 있다. 당시 그레데는 AD 67년에 로마에 정복당하기
전까지 로마 제국과 적대적 관계를 유지하고 있었다. 그들은 로마 제국
과의 갈등 아래에서 끊임없이 폭동, 살인, 격전 등에 가담했으며 이러
한 기질은 그레데인들의 악명 높은 난폭한 성격으로 발전했다.268) 바울
역시 그들의 복종치 않으려는 기질에 대해 암시하고 있다(딛 1:10, 16).

그러나 바울은 '정사와 권세잡은 자들'에게 신자들이 복종하며 순
종할 것을 요구하고 있다. 정사와 권세는 각각 통치자와 당국자로 특정
형태나 인물이라기보다는 모든 종류의 관료를 망라하는 일반적 의미의
정부를 가리킨다. 이것은 "인간에 세운 모든 제도를 주를 위하여 순복
하라"(벧전 2:13)는 베드로의 가르침과 같은 맥락에서 이해되어야 한다.
바울은 주로 이방인 출신인 로마의 신자들에게 편지할 때도 "각 사
람은 위에 있는 권세들에게 굴복하라"고 강조한 다음에 "권세는 하나
님께로 나지 않음이 없나니 모든 권세는 다 하나님의 정하신 바라"고
그 이유를 밝힌 바 있다(롬 13:1). 이 사실은 신자들의 첫 번째 충성의 대
상은 하나님을 향한 것임을 강조한다. 따라서 국가의 권세는 다름 아니
라 하나님의 것이다. 단지 하나님을 향한 충성이 국가에 대한 의무와
충돌할 때는 하나님에 대한 의무가 우선권을 갖게 된다.269)

여기에서 바울은 국가의 질서를 존중하고 법률을 지키며 위정자들에
복종해야 하는 또 다른 이유로 '모든 선한 일 행하기를 예비하게 하며'
라고 밝히고 있다. 이것은 선하고 정직하게 사는 것을 싫어하지 않는

268) John Stott, 디도서 강해, p. 276.
269) John Stott, 디도서 강해, p. 277.

신자들은 모두 정부에 자발적으로 순종하지 않을 이유가 없음을 밝히
고 있다. 정부의 관료는 사회생활의 보호를 위해 임명된 사람들이므로
그들을 제거하고자 하거나 그들의 멍에를 벗어버리려 하는 것은 공평
과 정의를 무너뜨리는 것과 같다.270)

성도들은 양심이 허락하는 한도 내에서 법을 지키는 것만으로는 충
분하지 않다. 신자들은 시민의 한 구성원으로 공공심을 가져야 하며,
기회가 주어질 때마다 '선한 일'을 행하는 데 열심을 가져야 한다. 특
별히 바울과 베드로는 국가가 악을 벌하고 선을 장려하는 이중적 의무
를 지고 있음을 강조하고 있다는 점에서(롬 13:4; 벧전 2:14) 신자들은 더
욱 선을 행하는 일에 관심을 가져야 한다. 그리고 그 선한 일의 근본은
다름 아닌 하나님을 바르게 아는 것에 있어야 함을 늘 기억해야 할 것
이다.

2) 이웃과의 관계에서 나타나는 성별된 삶

선한 시민의식을 강조한 바울은 선한 이웃으로 성도들이 이 땅에서
살아야 함을 권면하고 있다. "아무도 훼방하지 말며 다투지 말며 관용
하며 범사에 온유함을 모든 사람에게 나타낼 것을 기억하게 하라"(딛
3:2). 이것은 성도들이 이 세상에서 화평과 이웃 사랑의 실천 방법으로
두 가지의 소극적인 면과 두 가지의 적극적인 면을 제시하고 있다.

① 먼저 소극적인 면으로 '아무도 훼방하지 말라'는 말은 압박을 당
하는 신자들이 정부의 통치자들을 비방하려는 본성적인 경향을 가리키
는 듯하다(벧전 2:10; 유 10절). 그러나 그 적용은 좀 더 일반적인 삶의 방
식으로 확장되고 있다.

비방을 한다는 것은 자신보다 남을 얕보는 것으로 말미암아 이웃들

---

270) J. Calvin, 디도서, p. 413.

을 멸시하게 되고, 이 멸시는 곧 모독으로 이어지기 때문이다. 따라서 성도들은 자신이 남보다 우월하다 할지라도 그들에게 자신을 자랑하지 않아야 한다. 중상모략과 같이 다른 사람들을 악의적으로 비방하거나 상처를 준다는 것은 결국 교회의 화평을 위협하는 결과를 가져올 따름이다.

같은 의미에서 바울은 '다투지 말라'고 권고하고 있다. 이 말은 '싸움을 피하다'는 뜻으로 신자들은 자신과 삶의 방식이 전혀 다른 사람들과 접촉을 할지라도 그들과 다툼을 일삼아서는 안 된다.[271]

② 오히려 신자들은 악을 행하지 않는 것보다는 적극적으로 선을 행하는 일에서 모범을 보여야 한다. 교회 밖에 있는 사람들과의 관계에서 미덕을 보인다는 것은 교회의 화평을 위함이다. 이에 바울은 '관용하라'고 말한다. 이 말은 '온화하다'는 의미로 성도들은 개인적인 이익을 포기할 준비가 되어있어야 하며, 가난한 자들을 도와주기를 힘써야 하며, 약한 자들에게 친절하고, 타락한 자들에게 동정심을 베풀고, 언제나 사리에 맞는 마음을 가지고 있어야 한다.[272]

나아가 신자들은 범사에 '온유함을 모든 사람에게' 나타내어야 한다. 극심하게 가혹하거나 까다로운 사람은 항상 분쟁의 불을 붙이는 불씨를 몸에 지닌 것과 같다. 때문에 바울은 '모든 사람에게'를 덧붙임으로써 아무리 천하고 낮은 사람이라도 그들을 향해 너그럽게 대해야 함을 강조하고 있다. 비록 불신자들이라 할지라도 그들의 불경건 때문에 관용의 대상이 될 수 없다고 여겨서는 안 된다.

이런 점에서 바울은 신자들이 하나님의 특별한 은혜를 받았다는 점을 되새기게 한다. 하나님의 은혜가 없이 모든 사람에게 온유를 나타낸다는 것은 불가능하기 때문이다. 3-8절에서 하나님의 은혜, 즉

---

271) David West, 디도서, p. 460.

272) William Handriksen, 목회서신, p. 513.

'은혜로 말미암아 의롭게 되었다'는 교리를 밝히고 있는 이유도 여기에 있다.

2. 바울이 전한 복음의 개요 (딛 3:3-8)

1) 새 생명을 받은 성도들의 위치

아담이 타락한 이후 인류의 역사는 한마디로 죄악의 역사라 단언해도 지나치지 않는다. 이 사실은 신자들의 이전 상태에 대해 "우리도 전에는 어리석은 자요 순종치 아니한 자요 속은 자요 각색 정욕과 행락에 종노릇한 자요 악독과 투기로 지낸 자요 가증스러운 자요 피차 미워한 자이었으나"(딛 3:3)라고 묘사하는 말에서도 확인된다.

자기 자신이 용서를 빌어야 할 처지에 있는 사람은 남을 용서하기가 쉽다. 이에 바울은 아직도 무지와 눈먼 상태에 사로잡혀 있는 사람들을 가혹하고 비인간적으로 조롱하지 않도록 하는 의미에서 신자들이 과거에 어떠한 상태에 있었는가를 상기시키고 있다.

여기에서 바울은 지금 주님으로부터 일깨움을 받고 있는 신자들은 과거 자신들의 무지를 회상하고 겸손해야 하며 남들에게 교만하게 군다거나 남들이 자신들을 대해주기를 바라는 그 이상으로 다른 사람을 가혹하게 취급해서는 안 된다는 점을 보여주고 있다. 또한 자기들에게 발생한 일을 보고 오늘날 교회 밖에 있는 불신자들도 내일은 교회에 접붙여질 수 있다는 점과, 그들이 잘못을 바로잡고 하나님의 은사를 누릴 수 있다는 점을 부각시키고 있다. 왜냐하면 신자들 자신도 과거에는 흑암의 상태에 있었기 때문이다.[273]

본문에 제시된 여덟 개의 용어들은 그리스도 안에 있는 은혜를 전해

---

273) J. Calvin, 디도서, p. 415.

듣기 이전 상태의 곤경에 처한 죄의 역사를 묘사하고 있다. 지각없고 이해가 부족한 어리석음, 하나님께 반항적이며 순종치 않음, 잘못 인도되어 현혹되거나 속음, 계속해서 각색 정욕과 행락에 종노릇함 등은 어떤 만족감에도 도달할 수 없는 죄악에 빠진 인간의 상태를 단적으로 보여주고 있다. 이것들은 불만을 불러일으킬 뿐 아니라 분노와 인색함으로 가득한 악독과 투기함으로 시간을 낭비하게 만들 뿐이다. 그리고 마침내 자신을 미워할 뿐 아니라 타인들에게 미움을 받게 만든다.

이런 이유에서 바울은 왜 신자들이 사회적인 양심을 가지고 공공 생활에서 책임 있게 행동해야 하는가를 설명하고 있다. 바울은 모든 사람에게 구원을 주시는 하나님의 은혜가 나타난 것(딛 2:11)에 대한 교리에 만족하지 않고 그리스도께서 우리를 구원하셨다는 사실(딛 3:5)을 제시함으로써 신자들로 하여금 사회 속에서 순종하고 선한 행실을 가질 것을 강조하고 있다.

이 가르침은 구원의 성격, 특히 신자들의 회심 이전의 삶과 그들의 새로운 상황을 대비시킴으로써 성령의 부어주심을 통해서 죄악에 빠졌던 사람들을 강력하게 새롭게 하시는 하나님의 행위인 회심의 성격을 뚜렷하게 부각시키고 있다.[274]

바울은 4-7절까지 하나의 긴 문장을 통해 회심한 성도들은 그들이 구원받기 이전에 지니고 있었던 과거의 모습(3절)과 판이하게 다른 성품을 나타내 보여야 할 것을 제시하고 있다. 이 문장은 '그가 우리를 구원하셨다'(5절)는 이 문장의 주동사에 연결되어 있다. 본문은 신약성경에 나오는 구원에 대한 구문 중에서 가장 충실한 설명을 담고 있다.

앞서 구원이 왜 필요한가(구원의 필요성, 3절)를 제시한 후 이에 대한 답변으로 ① 구원은 어디에서 오는가(구원의 원천), ② 무엇을 근거로 구원을 이루게 되는가(구원의 근거), ③ 구원은 어떻게 신자들에게 주어지는가

---

274) I. Howard Marshall, 신약성서신학, p. 491.

(구원의 수단), ④ 구원은 무엇을 향해 인도하는가(구원의 목적) 등의 주제를 제시하고 있다. 이어 8절에서는 구원의 사실이 어떻게 드러나는가(구원의 증거)를 밝히고 있다.

2) 새 생명을 얻은 성도들의 소망

하나님의 인자하심, 자비, 은총은 하나님께서 그 인자하심에 대한 확실한 보증을 제시함으로써 인간에게 약속하신 구원이 헛된 것이 아님을 증명한 그 때, 즉 그리스도의 나타나심을 통해 비로소 인간에게 주어졌다(요 3:16; 롬 5:8). 비록 구약의 성도들이 이러한 하나님의 은혜를 체험한 것은 사실이지만 그것은 어디까지나 그리스도를 향해 바라봄으로써만 하나님의 선하심을 맛볼 수 있었으며 그들의 모든 믿음은 그리스도의 오심에 의존하고 있었다.

따라서 성경은 세상이 그리스도의 죽음을 통해서 비로소 하나님과 화목되었음을 강조하고 있으며, 그리스도를 떠나서 하나님의 사랑과 구원의 근거를 찾을 수 없기 때문에 그리스도 안에서 그의 인자하심을 나타내 보이셨다고 말한다.[275] 이런 맥락에서 바울은 "우리 구주 하나님의 자비와 사람 사랑하심을 나타내실 때에 우리를 구원하시되 우리의 행한 바 의로운 행위로 말미암아 아니하고 오직 그의 긍휼하심을 좇아 중생의 씻음과 성령의 새롭게 하심으로 하셨나니"(딛 3:4-5)라고 밝히고 있다. 예수님의 탄생, 생애, 죽음, 부활을 통해 하나님은 신자들을 구원하셨다.

① 하나님의 자비는 하나님의 은혜를 모르는 자와 악한 자에게도 보이게 하셨다(눅 6:35). 하나님의 사랑은 모든 인류를 위한 하나님의 관심이다. 그리고 하나님의 긍휼은 스스로 구원할 수 없는 무력한 자에게

---

275) J. Calvin, 디도서, p. 417.

미치며, 하나님의 은혜(7절)는 죄 있는 자와 자격이 없는 죄인에게까지
미친다. 이런 점에서 구원은 하나님에게서 출발한다. 그리고 하나님의
긍휼이야말로 도덕적으로 무가치한 죄인을 용서하실 수 있는 근거가
된다. 이것은 죄인의 의가 아니라 오직 하나님의 긍휼만이 구원의 근거
임을 강조하고 있다.[276]

② 이러한 하나님의 긍휼은 그리스도께서 십자가의 죽으심으로 확증
되었다. 그리고 그리스도의 십자가로 말미암아 중생의 씻음과 새롭게
하심을 이루셨다. 이로써 죄인이었던 신자들은 중생에 뒤따르는 도덕적
개혁과 변화의 과정에 이르는 새 생명을 얻게 되었다. 이때 신자들을 중
생시키고 새롭게 하시는 분은 성령이시다. 이것을 가리켜 '성령의 새롭
게 하심' 이라고 말한다. 이에 바울은 "성령을 우리 구주 예수 그리스도
로 말미암아 우리에게 풍성히 부어주사"(딛 3:6)라고 밝히고 있다.

③ 성령의 새롭게 하심은 "또 새 영을 너희 속에 두고 새 마음을 너
희에게 주되 너희 육신에서 굳은 마음을 제하고 부드러운 마음을 줄
것"(겔 36:26)이라는 약속의 성취와 관련된다. 특별히 '성령의 부어주
심' 은 '씻음'과 연결되어서 하나님의 자녀들은 누구나 풍성하게 하나
님의 자비를 받았음을 강조하고 있다.[277] 그러나 구원은 내적인 중생과
새롭게 하심 그 이상을 함의한다. 그것은 '우리로 저의 은혜를 힘입어
의롭다 하심을 얻는 것' (7절)이다.

칭의는 하나님이 우리의 죄를 담당하신 아들의 죽음을 통해 우리를
의롭다고 선언하시는 것이며, 새로운 신분이 되었음을 강조한다. 반면
에 중생은 내주하시는 성령의 능력으로 우리를 의롭게 만드시는 것, 즉

---

276) John Stott, 디도서 강해, p. 283.

277) J. Calvin, 디도서, p. 421.

새로운 출생을 강조한다. 이때 '의롭다'는 말은 하나님과의 관계가 회복되었음을 의미한다. 이런 점에서 칭의에서 그리스도의 사역과 중생에서 성령의 사역은 서로 다른 것이 아니다.

따라서 5-7절에서 언급하고 있는 ① 하나님의 죄사함, ② 그리스도의 칭의, ③ 성령의 중생은 동시적이며 합목적적인 사역의 결과이다. 이것은 구원이 삼위일체 하나님의 역사임을 보여주고 있다. 구원은 성부의 뜻에 따라 십자가 위에서 그 아들의 사역 결과로 성령께서 죄인에게 새 생명을 부어주시는 은혜의 결과이다(고전 12:4-6; 엡 1:3-14).

이처럼 삼위일체 하나님께서 주시는 은혜의 임하심은 신자들을 의롭게 하며, 새로운 상속자가 되게 하며, 영생에 대한 소망의 근거가 된다. 이에 바울은 "우리로 저의 은혜를 힘입어 의롭다 하심을 얻어 영생의 소망을 따라 후사가 되게 하려 하심이라"(딛 3:7)고 말하고 있다.

3) 성별된 삶으로써 증거되는 복음

4-7절에서 복음의 개요를 밝힌 바울은 구원을 받았다고 고백하는 신자들의 삶에서 드러나야 할 선한 일의 필요불가결한 중요성을 강조하고 있다. "이 말이 미쁘도다 원컨대 네가 이 여러 것에 대하여 굳세게 말하라 이는 하나님을 믿는 자들로 하여금 조심하여 선한 일을 힘쓰게 하려 함이라 이것은 아름다우며 사람들에게 유익하니라"(딛 3:8).

'이 말이 미쁘도다'(딤전 1:15; 3:1; 4:9; 딤후 2:11)라는 구절은 목회서신에서만 나오는 독특한 표현으로 바울의 진술에 대한 전적인 신뢰를 표현하는 방식이다. 바울은 엄숙한 선언을 하고자 할 때 이 표현을 사용하고 있다.

여기에서는 ① 성부의 자비와 사람에 대한 그의 사랑, ② 중생과 깨끗하게 하시는 성령의 사역, ③ 우리의 칭의의 효과적인 원인으로 간주된 예수 그리스도의 은혜, ④ 그 결과 영생의 소망을 품고 있는 상속자들이 되게 하시는 삼위일체 하나님에 대한 복음의 개요를 강조하고 있다. 바울은 자신이 제시한 이 복음의 개요에 따라 디도에게 '굳세게 말하라'고 명령하고 있다.

본문의 '굳세게 말하라'(διαβεβαιουσθαι)는 '확신을 가지고 말하라'는 의미로 여기에서는 이 중요한 진리, 즉 복음의 개요에서 밝힌 진리에 대해서 자세히 그리고 권위를 가지고 주장하되, 이에 대한 사명을 가지고 있어야 할 것을 강조하고 있다.[278] 왜냐하면 굳세게 말함으로써 하나님을 믿는 자들, 즉 구원을 받은 성도들로 하여금 선한 일을 힘쓰게 하도록 하기 위함이다.

앞서 바울은 하나님이 성도들을 구원하신 것은 성도들의 의로운 행위로 말미암은 것이 아니라고 분명히 밝힌 바 있다(5절). 그럼에도 불구하고 여기에서는 신자들이 선한 일에 힘써야 한다고 강조한다. 이것은 선한 일이 구원의 근거가 되기 때문이 아니라 선한 일이 구원의 필연적인 열매이며 그 증거가 되기 때문이다. 이런 점에서 바울은 선한 일은 '아름다우며 사람들에게 유익'하다고 말한다.

이 선한 일과 관련해 바울은 디도에게 몇 가지 지침을 주고 있다. ① 그리스도께서 죽으신 목적은 바로 선한 일에 열심인 자신의 친 백성을 만들기 위해 그들을 정결케 하는 것이었다(딛 2:14). ② 하지만 선한 일은 결코 구원의 근거가 될 수 없다(딛 2:5). ③ 그러나 선한 일은 구원의 본질적인 증거가 된다(딛 3:8, 14). ④ 이런 이유에서 모든 성도들은 선한 일을 할 수 있도록 준비되어 있어야 한다.

특히 교회의 지도자인 장로들은 이 선한 일에 모범이 되어야 한다(딛 2:7). 이 선한 일은 '입으로는 하나님을 시인하지만, 행위로는 부인하는' 거짓 교사들과 대조된다(딛 1:16). 그리고 이 선한 일이야말로 보석처

278) A. C. Hrevey, 디도서, p. 610.

럼 복음을 장식하고, 타인들에게 복음을 권장하는 역할을 한다(딛 2:9-10).

이러한 바울의 가르침은 본 서신이 '선한 일'을 그 주제로 하고 있음을 암시하고 있다. 확실히 본 서신은 모범적인 신자들의 품행을 강조하고 있는데 이것은 성도들의 성결한 삶을 통해 불신자들에게 모범이 됨과 동시에 이로써 거짓 교사들의 가르침을 분쇄하는 효과를 가져오게 하고 있다.[279] 이처럼 선한 일은 구원받은 성도들에게서 나타나는 구원의 증거가 된다는 점에서 성도들이 누리게 될 궁극적인 기업인 영생을 받은 자의 삶의 열매임을 알 수 있다.

| 기 도 |

그리스도의 속량으로 우리를 죄로부터 자유롭게 하시어 '선한 일'을 위해 살아갈 수 있도록 은혜를 베풀어주시는 하나님께 감사와 찬송을 올립니다.

예전에 우리가 죄악에 빠져 있을 때에는 하나님과 원수였지만, 이제 하나님과의 관계가 회복됨으로써 의롭다함을 얻게 되었고, 새 사람으로 살게 된 것은 전적으로 하나님의 영광을 기뻐하고 즐거워하기 위함입니다. 그러기 위해 무엇보다도 우리는 하나님을 아는 일에 더욱 더 열심을 내어야 할 것입니다. 이것이 하나님께서 우리에게 바라시는 선한 일입니다. 선한 일은 하나님을 바르게 아는 것이며, 하나님을 조금 아는 것으로는 결코 하나님과의 관계를 바르게 유지할 수 없음을 고백합니다.

이에 우리는 바울 사도가 전한 복음에 근거한 교회의 가르침을 따라 모든 일에서 하나님의 선하신 뜻을 따라 살아가는 성도들의 삶을 살게 하옵소서.

우리 주 예수 그리스도의 이름으로 기도합니다.

---

279) John Stott, 디도서 강해, p. 288.

〈6〉

복음의 확장과 하나님 나라의 건설

디도서 3:8-15

이 말이 미쁘도다 원하건대 너는 이 여러 것에 대하여 굳세게 말하라 이는 하나님을 믿는 자들로 하여금 조심하여 선한 일을 힘쓰게 하려 함이라 이것은 아름다우며 사람들에게 유익하니라

그러나 어리석은 변론과 족보 이야기와 분쟁과 율법에 대한 다툼은 피하라 이것은 무익한 것이요 헛된 것이니라 이단에 속한 사람을 한두 번 훈계한 후에 멀리하라 이러한 사람은 네가 아는 바와 같이 부패하여 스스로 정죄한 자로서 죄를 짓느니라

내가 아데마나 두기고를 네게 보내리니 그 때에 네가 급히 니고볼리로 내게 오라 내가 거기서 겨울을 지내기로 작정하였노라 율법교사 세나와 및 아볼로를 급히 먼저 보내어 그들로 부족함이 없게 하고 또 우리 사람들도 열매 없는 자가 되지 않게 하기 위하여 필요한 것을 준비하는 좋은 일에 힘 쓰기를 배우게 하라

나와 함께 있는 자가 다 네게 문안하니 믿음 안에서 우리를 사랑하는 자들에게 너도 문안하라 은혜가 너희 무리에게 있을지어다

1. 바울이 전한 복음의 내용과 그 복음을 보존해야 하는 교회
(딛 3:8-11)

앞서 바울은 디도서 3장 4-7절을 통해 복음의 개요에 관하여 확고하게 가르친 바 있다. 바울이 가르친 이 복음의 개요는 삼위일체 하나님의 구원 계획을 찬송한 에베소서 1장 3-17절을 근거로 하고 있다.

에베소서 1장 3-17절을 가리켜 '베라카'(ברכה 〈berakah〉 : You shall be a blessing)라고 부른다. '베라카'는 '하나님을 찬송한다'라는 의미를 가지고 있는 찬송시를 가리킨다. 여기에서 바울은 우리의 구원과 관련해 삼위일체 하나님께서 행하시는 '새 창조'(New Creation)의 위대함을 찬송하고 있다. 곧 "그런즉 누구든지 그리스도 안에 있으면 새로운 피조물이라 이전 것은 지나갔으니 보라 새 것이 되었도다"(고후 5:17)라고 바울이 선포한 것처럼, 우리의 구원은 삼위일체 하나님께서 행하시는 '새 창조의 일'이기도 하다.

이와 관련해 에베소서 1장의 '베라카'에서는 성부 하나님, 성자이신 그리스도, 보혜사이신 성령께서 행하시는 새 창조의 일을 찬송하고 있다. 성부 하나님과 관련해서는 "그의 은혜의 영광을 찬미하는 것이라"(엡 1:6), 성자와 관련해서는 "우리로 그의 영광의 찬송이 되게 하려 하심이라"(엡 1:12), 성령과 관련해서는 "그의 영광을 찬미하게 하려 하심이라"(엡 1:14)고 찬송을 올리고 있다. 그 내용은 다음과 같다.

> "찬송하리로다
> 하나님 곧 우리 주 예수 그리스도의 아버지께서 그리스도 안에서 하늘에 속한 모든 신령한 복을 우리에게 주시되 곧 창세 전에 그리스도 안에서 우리를 택하사 우리로 사랑 안에서 그 앞에 거룩하고 흠이 없게 하시려고 그 기쁘신 뜻대로 우리를 예정하사 예수 그리스도로 말미암아 자기의 아들들이 되게 하셨으니 이는 그가 사랑하시는 자 안에서 우리에게 거저 주시는 바 그의 은혜의 영광을 찬송하게 하려는 것이라

우리는 그리스도 안에서 그의 은혜의 풍성함을 따라 그의 피로 말미암아 속량 곧 죄 사함을 받았느니라 이는 그가 모든 지혜와 총명을 우리에게 넘치게 하사 그 뜻의 비밀을 우리에게 알리신 것이요 그의 기뻐하심을 따라 그리스도 안에서 때가 찬 경륜을 위하여 예정하신 것이니 하늘에 있는 것이나 땅에 있는 것이 다 그리스도 안에서 통일되게 하려 하심이라 모든 일을 그의 뜻의 결정대로 일하시는 이의 계획을 따라 우리가 예정을 입어 그 안에서 기업이 되었으니 이는 우리가 그리스도 안에서 전부터 바라던 그의 영광의 찬송이 되게 하려 하심이라

그 안에서 너희도 진리의 말씀 곧 너희의 구원의 복음을 듣고 그 안에서 또한 믿어 약속의 성령으로 인치심을 받았으니 이는 우리 기업의 보증이 되사 그 얻으신 것을 속량하시고 그의 영광을 찬송하게 하려 하심이라"

이 찬송시에서 바울은 교회에 관한 삼위일체 하나님의 구원 계획을 명확하게 선포하고 있다.

① 성부 하나님과 관련해서 / 바울은 하나님께서 성도들을 거룩하게 하시려고 그들을 선택하셨다고 선언한다(엡 1:4). 성부께서는 성도들을 자녀로 삼으시고(엡 1:5), 그들로 하여금 하나님께 오는 것을 용납하시며(엡 1:6), 그들에게 하나님의 뜻을 알 수 있도록 은혜를 주신다(엡 1:8-9).

② 성자이신 그리스도와 관련해서 / 바울은 하나님께서 그리스도 안에서 만유를 통일하시며 그 일에 성도들을 참여하게 하신다고 선언하고 있다(엡 1:10). 그 결과 성도들은 하나님의 기업(inheritance)이 되며(엡 1:11), 하나님의 영광이 되게 하신다(엡 1:12). 이때 성자이신 그리스도께서는 성도들을 구속하시며(엡 1:7), 모든 피조물의 머리가 되신다(엡 1:10).

③ 보혜사이신 성령 하나님과 관련해서 / 바울은 성령께서는 성도들의 인치심(sealed, 13절)과 영원한 기업의 보증(the guarantee)이 되신다고 선언하고 있다(엡 1:14).

바울은 세 위격을 지니신 하나님을 각각 찬송하는 형식으로 삼위일

체 하나님을 찬양하면서 하나님의 활동에 관하여 세 가지 내용을 보여
주고 있다. 그것은 ① 사랑으로 그의 백성을 택하신 성부 하나님의 선
택(엡 1:3-5), ② 자신의 대속적 죽음으로 구속자가 되시며 친히 교회의
머리가 되시는 그리스도의 구속(엡 1:7), ③ 그리스도의 구속 사역을 주
의 백성에게 적용하여 하나님의 영원한 목적을 역사의 현장에서 구현
하는 보혜사이신 성령의 인치심(엡 1:13-14)으로 각각 묘사되고 있다. 이
러한 내용은 훗날에 삼위일체 하나님에 관한 신앙고백의 신조로 확립
되는 데 있어 중요한 동기를 부여하게 되었다.280)

　성부와 성자와 성령께서 행하시는 '새 창조의 일'에 관한 가르침을
통해 바울은 우리의 구원을 위해 성 삼위 하나님께서 함께 일하심을 보
여준다. 곧 ① 성부 하나님은 주권을 가지고 구원의 계획을 시작하심으
로써 자신의 사랑을 나타내셨다. ② 성자이신 그리스도께서는 율법에
순종하고 십자가에서 죽으심으로 하나님의 은혜와 긍휼을 친히 온 세
상에 드러내셨다. ③ 보혜사이신 성령께서는 신자들을 중생시키고 새
롭게 하심으로써 십자가에서 완성하신 그리스도의 구속 사역을 성취해
나가신다.

　이처럼 바울의 찬송시에 담겨 있는 '삼위일체 하나님의 구원 계획과
성취'에 관련된 신학적인 내용을 바탕으로 바울은 디도서 3장 3-7절
에서 복음의 개요를 잘 보여주고 있다.

> "우리도 전에는 어리석은 자요 순종하지 아니한 자요 속은 자요 여러 가
> 지 정욕과 행락에 종 노릇 한 자요 악독과 투기를 일삼은 자요 가증스러
> 운 자요 피차 미워한 자였으나
> 우리 구주 하나님의 자비와 사람 사랑하심이 나타날 때에 우리를 구원하

---

280) Ralph P. Martin, 에베소서, p. 45.

시되 우리가 행한 바 의로운 행위로 말미암지 아니하고 오직 그의 긍휼
하심을 따라 중생의 씻음과 성령의 새롭게 하심으로 하셨나니 우리 구주
예수 그리스도로 말미암아 우리에게 그 성령을 풍성히 부어 주사 우리로
그의 은혜를 힘입어 의롭다 하심을 얻어 영생의 소망을 따라 상속자가
되게 하려 하심이라"

여기에서 바울은 삼위일체 하나님께서 이루어 가시는 '새 창조의
일'과 관련해 명확하게 제시하고 있다. ① 성부 하나님의 자비는 온 인
류를 향하고 있는 은혜이며, 특히 죄인들을 사랑하시는 긍휼의 근거가
된다. ② 이 하나님의 긍휼은 그리스도의 십자가로 말미암아 중생의 씻
음과 새롭게 하심으로 확증되었다. ③ 이때 하나님의 긍휼을 입은 성도
들에게 이루어지는 중생의 씻음과 새롭게 하시는 분은 성령이시다.

이처럼 ① 성부 하나님의 자비와 주의 자녀들을 향한 사랑, ② 주의
자녀들을 의롭다고 하시는 칭의의 효과적인 원인으로 간주된 예수 그
리스도의 은혜, ③ 중생과 깨끗게 하시는 성령의 사역, ④ 그 결과 영생
의 소망을 품고 상속자로 살아갈 수 있게 되었다는 내용이 곧 바울이
선포한 복음의 내용이다.

그래서 바울은 "이 말이 미쁘도다 원컨대 네가 이 여러 것에 대하여
굳세게 말하라 이는 하나님을 믿는 자들로 하여금 조심하여 선한 일을
힘쓰게 하려 함이라 이것은 아름다우며 사람들에게 유익하니라"(딛 3:8)
고 복음의 우월성에 대해서 명확하게 밝혔다.

이 세상에서는 그 어떤 종교나 철학이나 과학이나 천문학에서도 바
울이 전한 이러한 복음의 내용을 대신할 만한 것을 찾을 수 없다. 칼빈
은 기독교강요를 시작하면서 이러한 사실을 명확하게 선언하고 있다.

"우리가 가진 그 굉장한 재능들도 그 근본이 우리 자신들에게 있는 것이
아니라는 사실이 너무도 분명하다. 사실 우리의 존재 자체가 한 분 하나

님 안에서 생존하는 것 이외에 아무것도 아니기 때문이다 ... 사람은 각기 자기 자신의 불행을 의식하고 찔림을 받아 결국 최소한 어느 정도라도 하나님을 아는 지식에 이르게 되어 있다. 그리하여 우리 자신의 무지, 공허함, 빈곤, 연약함 그리고 타락과 부패에 대해 느끼고, 이로써 참된 지혜의 빛과 건전한 덕과 모든 선의 풍성함과 의의 순결함이 오직 하나님께만 있다는 것을 깨닫게 된다"(Inst, I, 1. 1).

결국 아담의 범죄 이후 부패한 인간에게서 나올 수 있는 것은 그것이 비록 종교라는 허울을 썼든지, 아니면 철학이나 과학이나 천문학과 같은 전문적인 지식을 추구하는 것처럼 위장할지라도 그 결국은 언제나 인간의 불의와 악함과 거짓과 부정함으로부터 결코 자유로울 수 없다. 반면에 바울이 전한 복음은 너무도 분명하고 확실하다.

그렇기 때문에 바울이 전한 복음의 내용은 어떤 이유에서든 축소되거나 가볍게 취급되어서는 안 된다. 특별히 하나님의 구원과 관련된 그 충만한 내용을 사람들의 어리석은 변론으로 인한 분쟁과 다툼의 대상으로 삼을 수 없다. 이에 바울은 "그러나 어리석은 변론과 족보 이야기와 분쟁과 율법에 대한 다툼을 피하라 이것은 무익한 것이요 헛된 것이니라"(딛 3:9)고 주의를 기울이고 있다.

하나님께서 행하시는 '새 창조의 일' 곧 우리의 구원과 관련된 내용은 절대로 어리석은 변론의 대상이 될 수 없다. 뿐만 아니라 족보 이야기와 분쟁과 율법에 대한 다툼과 같은 것으로 대신할 내용도 아니다. '어리석은 변론'이란 확고한 진리를 상대로 호기심을 가지고 모든 것을 캐묻는 것을 가리키는 말이다. 이것은 거짓 교사들의 추론적인 상상을 만족시키는 행위를 가리키고 있다(딤전 1:4; 6:4; 딤후 2:23).

이 거짓 교사들은 이미 확고하게 밝혀진 진리를 마치 자신만 알고 있는 지혜인 것처럼 위장해서 아직 진리를 바르게 알지 못하고 있는 사람들을 상대로 자기들에게만 진리가 있는 것처럼 속이고 있었다. 마치 해답을 알고 변론을 전개해 나가기 때문에 사람들은 그들만이 참된 지혜를 가지고 있는 것처럼 속게 되는 것이다. 그러나 정작 이 거짓 교사들에게서는 참된 경건에 이르는 것에는 전혀 도움을 받을 수 없었다.281)

왜냐하면 이러한 '어리석은 변론'에는 이미 확고하게 밝혀진 '족보 이야기와 아무짝에도 쓸모없는 분쟁과 율법에 대한 다툼'과 같은 허망한 내용이 포함되어 있기 때문이다. 여기에서 말하고 있는 '족보 이야기'란 구약의 성스러운 역사의 교훈을 망각하고 족보들을 조잡한 풍유적인 해석과 거기에 허황한 의미들을 부여하는 것을 가리킨다(딤전 1:4). 율법에 대한 다툼도 마찬가지였다. 거짓 교사들은 율법과 관련된 복잡미묘한 쟁점을 끄집어내어 실제 경건 생활과 아무런 관련이 없는 주장을 일삼고 있었다. 특별히 할례당들은 율법을 변호한다는 핑계로 음식규례나 제사의 의식 준수 등과 같은 터무니없는 문제를 내세워 교회의 화평을 소란케 하고 있었다.

이런 추론들은 분쟁과 다툼에 불과할 뿐이다. 즉 말장난과 말싸움에 지나지 않는다. 요약하자면 선한 일은 아름답고 건설적이어서 유익한 반면(8절) 어리석은 변론은 의미 없거나 헛되어서 무익하여 아무짝에도 쓸모없는 것이다. 이런 점에서 바울은 경건에 도움이 되지 못하는 것들을 배제할 것을 디도에게 요구하고 있다. 신앙과 경건한 생활에 아무런 유익이 없는 것을 그럴듯한 복음인 것처럼 가장할지라도 그것은 이단들의 수법이며 사탄의 계략에 불과할 따름이다.282)

이런 이유에서 바울은 "이단에 속한 사람을 한두 번 훈계한 후에 멀리 하라"(딛 3:10)고 권면하고 있다. 본문에서 '이단'(αιρετικον)이라는

---

281) J. Calvin, 디도서, p. 424.

282) J. Calvin, 디도서, p. 425.

단어는 신약성경에 이곳에만 유일하게 등장하는 단어로 '당파'(행 5:17; 15:5; 고전 11:19; 갈 5:20; 벧후 2:1)라는 의미를 가진다.

　여기에서는 교회에서 가르치는 교리, 또는 진리를 저버리고 자기 자신이 고안한 교리를 주장하는 사람을 지시하고 있다. 이런 사람들은 시간이 지남에 따라 교회로부터 정죄를 받게 되었다. 하지만 그 당시에는 교회 안에서 이러한 주장들을 펼치는 이들이 있었다(딤후 2:11-12; 벧후 2:1). 이들은 교회 안에서 큰 오점이 되었다.283) 후에 요한은 이들을 가리켜 '사탄의 회'에 속해 있다고 지적했다(계 2:9).

　바울은 이러한 이단들을 향해 '한두 번 훈계한 후 멀리하라'고 권하고 있다. 처음 한두 번은 분명히 경고하되 그때까지도 회개하거나 용서와 회복의 기회를 거절한다면 그를 거부해야 한다. 이것은 바울이 교회의 순결성을 보존하기 위한 방법 중 하나였다. 바울은 디모데에게도 이러한 일에 있어서 어떻게 대처할 것인가를 권면한 바 있다.

　바울은 디모데에게 "그 가운데 후메내오와 알렉산더가 있으니 내가 사단에게 내어준 것은 저희로 징계를 받아 훼방하지 말게 함이니라"(딤전 1:20)고 권면했었는데, 일종의 출교를 의미하는 것으로 이해된다. 이것은 교회가 사도에게서부터 받은 그 복음을 순전하게 보존하기 위한 제일 나은 방법이었다.

　교회에서 이단을 출교할 이유는 분명하다. "이러한 사람은 네가 아는 바와 같이 부패하여서 스스로 정죄한 자로서 죄를 짓느니라"(딛 3:11)는 바울의 지적처럼 그들의 성품이 부패하였고 고의로 훈계 듣기를 거절함으로써 계속해서 죄의 길을 고집하기 때문이다. 이들은 자신이 의도적으로 그와 같은 선동적인 행동을 한다는 것을 알면서 계속해서 교회의 화평을 깨뜨리는 자들이었다.284)

---

283) A. C. Hrevey, 디도서, p. 611.

284) David West, 디도서, p, 473.

2. 계속 확장해야 하는 복음 전파 사역 (딛 3:9-14)

본 서신의 본문을 마친 바울은 자신의 동역자들을 통한 복음 전파의
확장에 대한 좀 더 개인적인 언급을 함으로써 서신을 마무리하고 있다.
바울은 디도에게 겨울 동안 자신과 함께 지낼 수 있도록 모든 노력을
기울여 줄 것을 촉구하고 있다. 바울은 자신의 사역을 재편성하고 재고
하며 다시 계획을 하는 데 있어 겨울 시간을 사용하기로 마음먹은 것으
로 보인다. 바울은 니고볼리에서 디도와 함께 새로운 계획을 구상하는
동안 임시로 아데마나 혹은 두기고로 하여금 그레데에서 사역하도록
조치했다(12절).

니고볼리는 현재 바울이 위치하고 있는 마게도냐와 디도가 위치하고
있는 그레데의 중간 지점으로 겨울을 보내기에 좋은 조건을 갖추고 있
었다. 더욱이 겨울철은 바다 여행에는 적합하지 않았기 때문에 바울은
니고볼리에서 디도와 만나기를 바라고 있었다. 또한 이곳은 달마디아
를 향해 선교 활동을 하기 위한 좋은 기지였다. 후에 디도는 달마디아
로 가서 선교 활동을 수행한 것으로 나타나고 있다(딤후 4:10). 또한 니고
볼리는 로마를 향해 서쪽으로 진출하는 데 있어서 좋은 디딤돌과 같은
곳이었다. 바울은 겨울을 보낸 후에 그가 항상 마음속으로 계획했던 서
반아(스페인) 전도를 계획했을 가능성도 배제할 수 없다.[285]

아데마(Artemas)와 두기고는 바울의 동역자들이었다. 그들은 바울의
감독 아래 복음 사역을 수행한 것으로 보인다. 바울은 이 서신을 교법
사 세나와 아볼로를 통해 디도에게 보냈던 것으로 보인다.[286] 때문에
바울은 "교법사 세나와 및 아볼로를 급히 먼저 보내어 저희로 궁핍함
이 없게"(딛 3:13) 하라고 그들의 안위를 염려하고 있다. 세나와 아볼로

---

285) William Handriksen, 목회서신, p. 528.
286) David West, 디도서, p. 476.

는 그레데를 방문한 후에 또 다른 복음 사역을 위해 떠나야 했기에 바울은 그들의 여행길에 필요한 모든 것을 공급해 달라고 디도에게 당부하고 있다.

바울이 이렇게 당부하고 있는 것은 그레데에 있는 성도들로 하여금 그들도 복음을 확장하는 일에 함께 참여하는 동기를 부여하기 위함이었다. 이에 바울은 "또 우리 사람들도 열매 없는 자가 되지 않게 하기 위하여 필요한 것을 예비하는 좋은 일에 힘쓰기를 배우게 하라"(딛 3:14)고 덧붙이고 있다.

바울은 그레데 성도들이 복음의 확장을 위해 헌신하고 있는 여행자들을 대접하는 일에 전심으로 협력하게 함으로써 그레데 교회 성도들로 하여금 선을 행하는 데 있어서 경험을 쌓아가게 하고, 이런 종류의 일들을 계속해서 배우도록 배려하고 있다. '좋은 일' 곧 선한 일 행하기를 배우는 목적은 '열매 없는 자가 되지 않기 위함이다'(마 7:15; 갈 5:22).

여기에서 말하고 있는 선한 일 곧 복음 전도의 확장과 관련된 일에는 하나님 나라의 건설이라고 하는 독특한 의미를 담고 있다. 이런 이유에서 복음의 확장과 관련된 선한 일은 앞서 바울이 복음의 개요를 통해서 밝힌 것처럼 하나님께서 행하시는 '새 창조의 일'에 참여하는 것이기도 하다. 하나님께서 복음을 통하여 '새 창조의 일'을 행하심에 있어서 이미 하나님께서 이루신 '새 창조의 일'의 은택을 받은 교회의 성도들이라면 당연히 이 '새 창조의 일'에 동참해야 한다. 그것이 바로 선한 일이기 때문이다.

3. 하나님의 은혜에 근거한 강복선언(Benediction, 딛 3:15)

바울은 본 서신을 마치면서 먼저 자신과 함께 있는 동료들의 문안을 전달하고 있다. 아울러 디도에게 역시 믿음 안에서 우리를 사랑하는 자들에게 너도 문안하라고 당부하고 있다. "나와 함께 있는 자가 다 네게 문안하니 믿음 안에서 우리를 사랑하는 자들에게 너도 문안하라"(딛 3:15).

바울은 그와 그의 동료들에게 사랑을 베푼 그레데 신자들에게 특별한 애정을 느끼고 인사를 전하고 있다. 이러한 문안과 인사는 믿음 안에서, 즉 같은 믿음이 하나님의 사람들을 사랑 안에서 함께 묶어 주고 있음을 보여주고 있다.[287]

바울의 마지막 인사말은 그레데에 있는 모든 성도들에게 사도의 애정을 전달하기에 충분했다. 그리고 이 서신이 디도에 의해 성도들 앞에서 낭독될 때 전혀 감당할 자격이 없는 자들을 위해 준비된 그리스도 안에 있는 하나님의 은총이 성도들에게 선포되었다.[288]

"은혜가 너희 무리에게 있을지어다" (딤후 3:15하)

사도에 의해 선포된 이 은혜로운 강복선언은 본 서신을 읽거나 듣고 있는 성도들에게 특별한 의미를 가져다 주었음이 확실하다. 그리고 시대를 초월하여 이 강복선언은 주께서 택하시고 부르신 모든 성도들에게 한량없이 쏟아부어 주시는 하나님의 은혜 가운데 있다는 사실을 확인해 주고 있다.

이 은혜는 아버지와 아들로부터 왔으며(딛 1:4), 그리스도의 성육신을 통해 역사 속에서 나타났고(딛 2:11), 그 은혜를 힘입어 모든 성도들이 의롭다 하심을 얻었기 때문이다(딛 3:7). 이러한 사도의 강복선언은 그레데에 있는 성도들 모두의 심령을 평강과 기쁨으로 채웠음이 분명하다(고후 13:13).

---

287) John Stott, 디도서 강해, p. 295.

288) William Handriksen, 목회서신, p. 531.

　강복선언은 하나님께서 자신의 말씀을 통해 새 창조의 일을 성취하심으로써 주의 백성으로 거듭난 성도들(교회)에게 주어진 하나님의 언약 선포이다. 이런 점에서 강복선언의 주체는 삼위일체 하나님이시다. 그리고 목사는 바울이 전한 복음을 전달하는 사역의 직분을 수행하는 위치에서 이 강복선언을 하게 된다. 이로써 예배 시간에 선포되었던 설교, 곧 복음의 선포야말로 새 창조의 일을 행하시는 하나님께서 주신 '언약의 말씀' 이라는 사실을 최종적으로 선언하게 된다.

　동시에 강복선언은 말씀의 선포와 더불어 하나님을 예배하는 성도들에게 주어지는 확고한 언약의 증표이기도 하다. 교회는 하나님께서 주신 언약의 말씀을 소유하고 있는 언약 공동체이다. 이 사실을 교회는 언제나 내외적으로 증거할 수 있어야 한다. 이렇게 함으로써 교회는 새 창조의 일을 행하시는 하나님의 작품이라는 사실을 온 세상에 확실하게 드러내어야 한다.

　이럴 때 교회는 하나님께서 선포하신 언약의 증표를 통해 소망으로 가득 채워지며, 이러한 소망을 간직하고 있는 언약 공동체로서 교회는 온 세상을 향한 자신의 존재 가치와 존재 의미를 재확인하게 된다.[289] 이때 성도들은 자신들이 하나님께서 주신 언약의 말씀 안에 있다는 사실에 근거하여 하나님께서 주시는 은혜에 영원히 참여하고 있음을 받아들이고, 날마다 일상의 삶을 기쁨으로 살아가게 된다.

| 기 도 |

　전 역사 속에서 우리의 구원을 위해 새 창조의 일을 계획하고 성취하시는 삼위일체 하나님께 감사와 찬송을 올립니다.

　성부 하나님께서는 죄악에 빠져 죽어 마땅한 자들을 친히 주님의 자녀로

289) 이광호, '축도에 관하여', 실로암교회 서신강좌(http://siloam-church.org/sesin.htm) 117번.

택하여 주심으로써 사랑을 보이셨습니다. 성자이신 그리스도께서는 성부의 뜻에 순종하여 자신의 대속적인 죽음으로써 주의 자녀들을 구속하셨습니다. 성령께서는 주의 자녀를 중생의 씻음과 새롭게 하심으로써 그리스도께서 이루신 구속의 은혜를 친히 인치셨습니다.

이제 우리가 이렇게 새 사람이 되었사오니, 온전히 우리를 새롭게 하신 삼위일체 하나님만을 영원토록 기뻐하고 즐거워하며 하나님만을 영화롭게 하는 은혜 안에서 살게 하옵소서. 이 모든 일들이 또한 하늘에서도 이루어지리라는 소망을 가지며 살게 하옵소서.

주께서는 주의 자녀들에게 두 팔을 벌려 한없는 복을 쏟아부어 주시기를 기뻐하신다는 사실을 그 옛날 아론의 축복을 통해 친히 보여주셨습니다. 지금도 그와 동일한 은혜를 아낌없이 부어주심에 감사를 드립니다.

우리 주 예수 그리스도의 이름으로 기도합니다.

〈참고문헌〉

A. C. Hrevey, 디도서, 풀핏 성경주석 23권, 풀핏주석번역위원회 역, 보문출판사, 1983.

Alan Richardson, 신약신학개론, 이한수 역, 고양, 크리스챤다이제스트, 1994.

Chester K. Lehman, 성경신학 II, 김인환 역, 고양, 크리스챤다이제스트, 1994.

D. A. Caeson, 신약개론, 엄성옥 역, 서울, 은성출판사, 2006.

David West, 디도서, 정병은 역, 고양, 전도출판사, 2006.

Donald Guthrie, 신약 서론, 김병국, 정광욱 공역, 고양, 크리스챤다이제스트, 1996.

F. F. Bruce, 바울, 박문제 역, 고양, 크리스챤다이제스트, 1992.

I. Howard Marshall, 신약성서신학, 박문재, 정용신 역, 고양, 크리스챤다이제스트, 2006.

James D. G. Dunn, 바울신학, 박문제 역, 고양, 크리스챤다이제스트, 2003.

J. Calvin, 디도서, 존 칼빈성경주석출판위원회 역, 서울, 성서교재간행사, 1990.

J. Christian Beker, 사도 바울, 장상 역, 서울, 한국신학연구소, 1998.

John Stott, 디도서 강해, 김현회 역, 서울, IVP, 1998.

Matthew Henry, 디도서, 메튜헨리주석전집 vol 21, 김영배 역, 고양, 크리스챤다이제스트, 2007.

Paul F. Barackman, 디도서, 원광연 역, 고양, 고양, 크리스챤다이제스트, 2007.

Ralph G. Turnbull, 디도서, 신약강해설교전집 vol 4, 원광연 역, 고양, 크리스챤다이제스트, 1999.

Ralph P. Martin, 신약의 초석 II, 원광연 역, 고양, 크리스챤다이제스트, 1993.

Robert H. Gundry, 신약개관, 이홍성 역, 서울, 크리스챤서적, 1994.

Robert L. Reymond, 바울의 생애와 신학, 원광연 역, 고양, 그리스챤다이제스트, 2003.

Thomas C. Oden, 디도서, 김도일 역, 서울, 장로교출판사, 2002.

William Handriksen, 목회서신, 나용화 역, 서울, 아가페출판사, 1983.

디모데후서

〈디모데후서 서론〉

사도적 복음 계승과 교회의 투쟁

디모데후서 3:16-17

모든 성경은 하나님의 감동으로 된 것으로 교훈과 책망과 바르게 함과
의로 교육하기에 유익하니 이는 하나님의 사람으로 온전하게 하며 모든
선한 일을 행할 능력을 갖추게 하려 함이라

목회서신은 그 목적에 비추어서 실천적인 가르침과 권면을 제시하
고, 그 내용과 관련해서 교리적인 가르침으로 밑받침하는 특성을 가
지고 있다. 일반적으로 목회서신은 교회의 회중들에게 전해야 할 교
회론에 관한 교훈들과, 이 교훈에 근거한 성도들의 도덕적인 삶에 관
한 가르침을 담고 있다. 이러한 내용들은 충분히 신학적인 증거들에
의해 지지되고 있다. 반면에 실천적인 내용들을 다루는 단락들 속에
서는 거의 신학적인 내용을 언급하지 않고 있다. 특히 디모데후서는
다른 서신들에 비해 한층 더 교훈과 권면이 섞여 짜여 있다는 점에서
구별된다.[290]

---

290) I. Howard Marshall, 신약성서신학, 박문재, 정용신 역, 고양, 크리스챤다이제
스트, 2006, p. 499.

1. 디모데후서의 기록 배경

1) 로마 구금 이후 바울의 행적 골로새서 / 빌레몬서 / 에베소서 / 빌립보서

바울은 자신이 로마 옥중에서 풀려나면 소아시아와 마게도냐 지방에 있는 교회들을 방문하겠다고 옥중서신(골로새서, 빌레몬서, 에베소서, 빌립보서)에서 밝힌 바 있다(몬 22절; 빌 2:24). 이 계획에 따라 로마에서 구금이 풀리자 바울은 AD 63년 초 즈음에 소아시아를 향해 출발했다. 이때 바울은 디모데를 자신보다 먼저 마게도냐에 있는 빌립보 교회로 보내어, 자신이 소아시아 교회들을 돌아본 후에 빌립보 교회를 방문하겠다는 소식을 전했다.

소아시아로 가는 길에 바울은 그레데 섬에 들렀다. 그곳에서 디도와 함께 일정 기간 복음전도 활동을 수행했다. 그리고 그레데 섬에 있는 교회들을 위해 디도를 남겨두고(딛 1:5) 에베소로 향하게 되었다.

바울은 자신이 계획했던 대로 에베소를 거쳐 골로새에 이르기까지 소아시아 지방에 있는 교회들을 방문했다(몬 22절). 그리고 다시 에베소로 돌아와 마침 빌립보 교인들에게서 좋은 소식을 가지고 돌아온 디모데와 합류할 수 있었다.

바울은 오랜만에 만난 디모데를 에베소에 남겨 두고(딤전 1:3), 자신의 계획에 따라 마게도냐 지방을 향해 여행을 계속했다(빌 2:24; 딤전 1:3). 이즈음 바울은 에베소로 돌아갈 계획을 바꾸어 계속해서 전도여행을 진행하였다. 이때 바울은 자신을 기다리고 있는 디모데에게 첫 번째 편지를 보냈다(딤전 3:14-15).

바울은 마게도냐로 여행하여 빌립보를 방문했다. 바울의 빌립보 방문은 디모데와 에바브로디도를 먼저 빌립보 교회로 보내는 것과 자신의 방문을 예고하고 있는 빌립보서에 기록된 방문 계획과 일치한다(빌

2:17-30). 이 사실은 바울과 빌립보 교회 사이에 맺어진 특별한 관계를 재확인하게 한다. 이때쯤 빌립보에 있었던 아굴라와 브리스길라는 에베소로 돌아간 것으로 보인다. 바울이 에베소에 있는 디모데에게 그 두 사람에게 문안하라고 청한 것에서 이를 확인할 수 있다(딤후 4:19).

이어 바울은 빌립보 혹은 니고볼리로 가는 도중에 디도에게 서신을 보냈다. 이 편지에서 디도에게 니고볼리에서 자신과 만나 겨울을 지내라고 지시하였다(딛 3:12). 이후 바울은 이고니아 바다 동쪽 해안에 있는 니고볼리에서 디도와 함께 겨울을 보냈다. 이것은 디모데전서와 디도서가 AD 63년과 64년 사이에 기록되었음을 시사해 주고 있다.

디도와 함께 니고볼리에서 겨울을 보낸 바울은 서반아(스페인)로 여행을 떠난 것으로 보인다. 디도가 이 여행에 동행했을 가능성도 있지만 확실치 않다.[291] 서반아에서 돌아온 바울은 다시 소아시아로 가서 드로비모와 함께 밀레도를 방문했다. 당시 드로비모는 병이 들어서 그곳에 남겨 두어야 했다(딤후 4:13, 20). 이후 바울은 에베소를 방문하여 다시 디모데를 만났지만 얼마 되지 않아 작별을 해야 했다(딤후 1:4).

그리고 바울은 홀로 드로아에 있는 가보의 집을 방문했다. 당시 바울은 여행에 필요하지 않은 외투를 가보의 집에 놓아두었다(딤후 4:13). 이후 바울은 에라스도가 머물러 있던 고린도로 갔다. 고린도에 도착한 바울은 로마에 있는 기독교인들이 AD 64년 7월에 발생한 로마 대화재의 책임을 뒤집어썼다는 소식을 듣게 되었다.[292] 이 소식을 접한 바울은 서둘러 로마로 향하게 되었다(딤후 4:20). 로마로 가던 도중 어디인지 알 수 없지만 바울은 로마의 군인들에 의해 체포되어 로마로 압송되었다.

---

291) William Handriksen, 목회서신, 나용화 역, 서울, 아가페출판사, 1983. p. 56.

292) Ralph P. Martin, 신약의 초석 II, 원광연 역, 고양, 크리스챤다이제스트, 1993. p. 448.

2) 바울의 두 번째 옥중 생활

로마 대화재로 인해 기독교인들에 대한 대대적인 박해가 시작되었다. 동시에 기독교는 '새로운 불법 종교'(religio nova et illicita)로 규정되었다. 바울은 이 불법 종교를 유포한 혐의로 체포되었다. 이 사실은 그동안 로마 제국에서 기독교를 유대교와 같은 종교로 취급했던 것과는 다른 상황이 전개되고 있음을 보여주고 있다. 확실히 바울이 로마 제국에서 복음을 전하기 전과는 달리 후에는 기독교가 유대교와 서로 다른 종교라는 사실이 널리 알려지고 있었다.

그동안 바울은 자신이 기록한 서신서들에서 새로운 시대의 경륜을 바라보고 있는 교회와 성도들을 향하여 ① '율법으로부터 얻은 자유'와 ② '그리스도 안에서 얻은 의', 곧 하나님과 회복된 관계를 저버리고 다시 유대교와 율법주의, 또는 세속적인 철학이나 이방 종교로 되돌아가지 말 것을 성도들에게 권고했었다. 이러한 바울의 가르침은 확실히 기독교가 유대교와 다른 노선을 가고 있음을 보여주고 있다.

두 번째 구금 생활은 첫 번째 구금 때와는 형편이 많이 달라져 있었다. 바울은 디모데후서를 기록할 즈음 여전히 감옥에 있었으며, 당시에는 누가만 바울 곁에 남아 있었다(딤후 4:11). 데마는 데살로니가로 가고 없었으며, 그레스게는 갈라디아로, 디도는 달마디아로 갔다고 바울은 밝히고 있다(딤후 4:10-11).

체포된 바울은 로마 법정에 가기 전에 예심을 거쳤고(딤후 4:16-18), 다음 재판을 위해 감옥에 갇혀 있어야 했다. 당시 에베소에서 온 오네시보로가 로마에서 바울을 찾는 데 상당히 어려움을 겪을 정도였다(딤후 1:16-17). 가까스로 바울을 찾은 오네시보로는 에베소에서 일어난 사건들을 바울에게 보고했다(딤후 1:15-18).

새로운 불법 종교를 유포한 혐의에 대해 바울은 자신의 무죄를 성공적으로 변호한 것처럼 보인다(딤후 4:16-17). 하지만 무죄 석방에 대한 희망을 기대할 정도로 긍정적인 상태는 아니었다(딤후 4:6). 이런 상황에서 바울은 에베소에 있는 믿음의 아들 디모데에게 디모데후서를 보냈다. 이때가 64년 겨울 즈음, 아니면 그보다 늦은 연대인 65-67년 사이였던 것으로 보인다.

이 서신에서 바울은 디모데에게 겨울 전에 속히 오라고 청하면서(딤후 4:9), 올 때에 마가도 데려올 것(딤후 4:11)과 드로아에 있는 가보의 집에 남겨 둔 겉옷과 가죽 두루마리를 가져오라고 부탁했다(딤후 4:13). 바울은 에베소 교회를 위해 디모데 대신에 이 서신을 전달했던 두기고를 에베소에 남겨두기로 했다(딤후 4:12).

두기고는 틀림없이 디모데에게 즉시 로마로 가라고 요청하면서 두 번째 편지를 디모데에게 전달한 것(딤후 4:21)으로 보인다.[293] 디모데는 서둘러 로마로 와서 재판을 앞둔 나이 많은 바울을 찾아 격려했을 것이다. 바울의 재판은 신속하게 진행되었고 결국 사형 선고로 종결되었으며, 재판 후에 곧 사형이 집행된 것으로 보인다.[294]

2. 디모데후서의 내용 및 개요

본 서신의 내용은 명확한 구분 없이 점진적으로 한 조항씩 차례로 강조되는 방식으로 기록되었다. 이런 점에서 본 서신에서는 한 주제를 완전하게 매듭짓지 않은 상태에서 새로운 주제가 시작되기도 하면서 앞선 주제와 새로운 주제가 서로 중첩되어 나타나기도 한다.

'바른 교훈'을 본 서신의 큰 주제로 삼은 바울은 바른 교훈을 "부끄

---

293) Thomas C. Oden, 디모데전후서, 디도서, 김도일 역, 서울, 장로교출판사, 2002, p. 32.

294) Robert L. Reymond, 바울의 생애와 신학, pp. 306-308.

러워하지 말라"(1:8, 12, 16; 2:15), 바른 교훈과 "함께 고난을 받으라"(2:3, 9)고 강력하게 요청하고 있다. 이와 더불어 1장에서는 '바른 교훈을 지키라'(1:14), 2장에서는 '바른 교훈을 가르치라'(2:2, 24), 3장에서는 '바른 교훈에 거하라'(3:14), 4장에서는 '바른 교훈을 전파하라'(4:2, 5)는 권면의 내용들을 제시하고 있다.[295]

본서의 내용 및 개요는 다음과 같다.

I. 인사말(Salutation)

　문안(1:1-2) : 믿음 안에 있는 디모데에게 바울의 문안

II. 감사(Thanksgiving)

　감사(1:3-5) : 자신과 디모데를 하나로 묶어 준 사랑의 끈에 대해 감사하며 디모데를 다시 보고자 하는 소망과 디모데에게 있는 신실한 믿음을 감사함으로 회고한다. 이 감사의 내용은 디모데에게 주는 바울의 격려(1:6-18), 교훈과 권고(2:1-3:17), 고별 메시지(4:1-18)에 대한 서론과 같다.

III. 본문(Body of the Letter)

　1. 디모데에 대한 바울의 격려(1:6-18)
　1) 하나님의 은사를 기억하라(1:6-10) : 하나님께서 주신 능력과 사랑과 절제하는 마음을 온전히 나타내며 구원의 주님을 증거하는 것을 부끄러워하지 말라고 격려한다. 이를 위해 하나님께서 바울과 디모데를 구원하셨고 거룩한 소명을 주셨다는 사실을 강조한다.
　2) 바울의 증거를 기억하라(1:11-12) : 바울은 복음 전도자로 임명받은 사실을 회상하면서 하나님을 굳게 신뢰하기 때문에 복음을 부끄러워하지

---

295) William Handriksen, 목회서신, 나용화 역, 서울, 아가페출판사, 1983, pp. 293-294.

않았던 것처럼 복음을 위한 고난에 동참할 것을 격려한다.

3) 디모데에게 주어진 책임을 기억하라(1:13-14) : 바울이 전해준 그 진리
와 건전한 교훈을 고수하고 성령의 능력으로 말미암아 디모데에게 위
탁된 것을 굳게 붙잡고 지키라고 격려한다.

4) 바울과 그의 동역자들을 기억하라(1:15-18) : 아시아에 있는 모든 사람
이 바울을 버린 일을 기억하여 하나의 경계로 삼고 특히 적대적인 부겔
로와 허모게네와 달리 오네시모의 헌신적인 섬김을 기억해 하나의 격
려로 삼도록 당부한다.

2. 디모데에 대한 바울의 교훈과 권고(2:1-3:17)

1) 사도에게 배운 진리를 신실한 사람들에게 맡겨서 그들로 하여금 다른
사람들을 가르치게 하라(2:1-13) : 사도가 보인 모범적인 사역은 자기
훈련을 필요로 하는 것처럼 디모데 역시 자신이 신실하여야 하고 기꺼
이 고난을 받을 준비를 해야 한다(1-7절). 이 사역은 부활하신 그리스도
께 있는 능력으로 행할 수 있으며(8-10절) 고난 중에서 그리스도와 연
합하는 것이 생명과 영광 가운데서 그리스도와 연합할 것을 약속해 준
다는 믿음을 가지고 있어야 한다(11-13절).

2) 신실한 사람들을 훈련시켜 거짓 교사들의 공격을 대항하여 진리를 수
호하게 하라(2:14-26) : 후메내오나 빌레도와 달리 진리의 말씀을 옳게
분별하는 교사가 되어 '하나님의 진리는 무너지지 않는다' 는 확신을
가지고 거룩하고 순결하기를 힘쓰며, 다툼을 일으키는 어리석고 무식
한 논쟁을 피해야 한다(14-23절). 또한 하나님께서 대적자들에게 회개
함을 주셔서 사탄에게서 구원하시리라는 믿음과 소망 가운데서 언제나
친절하고 오래 참으며 부드럽게 교정하며 적절히 가르침으로서 문제를
해결하는 사역자들이 되도록 훈련시켜야 한다(24-26절).

3) 진리에 대한 반대가 심해질 때를 대비하라(3:1-9) : 대적자들을 비롯해
사람들이 더 악해지고 진리에 대한 반대가 심해지고 도덕적 타락의 때
가 임할 것을 예견한 바울은 심지어 종교의 탈을 쓰고 그 죄악들을 저
지를 것에 대해 경계할 것과 그러한 부패한 자들은 내쫓김을 당할 것이
라고 선언한다.

4) 자신에게 주어진 사명을 용기 있게 감당하라(3:10-17) : 사도 자신의 가르침과 행동을 상기하고 특별히 미래에 다가올 박해에 대해 준비하며 하나님의 사람으로서 사역을 위해 '하나님의 감동으로 된 성경'에 근거하여 위험한 사명을 능히 감당할 수 있는 확신을 갖도록 용기를 북돋아 주고 있다.

IV. 도덕적이고 윤리적인 가르침(Moral and Ethical Instruction)

1. 디모데에게 주어진 사명의 수행(4:1-5) : 사람들이 건전한 가르침에 무관심하며 거짓 가르침을 선호하는 현실이라 할지라도 디모데는 자신에게 주어진 복음 사역을 완수하기 위해 최선을 다해 수행해야 한다.
2. 바울의 신앙고백(4:6-8) : 바울은 자신의 경주를 거의 마친 경주자로 비교하며 그의 앞에는 주님이 그를 위해 예비하신 영광의 면류관이 기다리고 있음을 고백한다.
3. 바울의 요청(4:9-18) : 바울은 디모데에게 겨울이 오기 전에 자신의 외투와 책들과 양피지 문서들을 가지고 속히 오라고 당부하며(9-13절) 알렉산더가 해를 끼친 사실을 회상하고 그를 조심하라고 권고한 후(14-15절) 모든 사람이 바울을 버릴지라도 주님은 그의 곁에 계시며 구원하실 것을 고백하고(16-17절) 지금까지 바울이 경험한 구원의 경험들은 미래의 하나님 나라에서 누릴 안전을 예표하는 증거임을 고백한다(18절).

VI. 맺는 말(Closing)

1. 격려와 안부(4:19-21) : 임박한 순교를 앞두고 디모데에게 견고하게 서 있을 것과 거짓 가르침을 저항해야 할 필요성을 상기시킨 바울은 몇몇 동역자들에게 안부와 소식을 전해줄 것을 요청하고 이전에 바울 서신에서 소개되지 않았던 몇몇 사람들이 디모데에게 안부를 전하고 있다.
2. 강복선언(4:22) : "주께서 네 심령에 함께 계시기를 바라노니 은혜가 너희와 함께 있을지어다"라는 강복선언으로 고별 서신을 마치고 있다.

3. 디모데후서의 특성

디모데후서는 순교를 앞둔 상황에서 바울이 자신의 죽음을 생각하면서 기록했다는 점에서(딤후 4:6-8) 유언적인 명령이라는 성격을 가지고 있다. 때문에 그러한 상황에서 기록된 편지가 지니는 엄숙함이 담겨 있다. 바울은 자신이 디모데나 다른 누구에게도 더 이상 서신을 보낼 수 없을 것이라고 생각하고 있었다(딤후 4:9).

이미 한 차례의 심문이 있었으며, 그 일로 바울은 모든 사람에게 버림을 당했지만 주님의 도우심으로 홀로 성공적으로 자신을 변호했다. 바울은 이 일에 대해 '사자의 입에서 건짐을 받았다'(딤후 4:16-17)고 선언하고 있다. 하지만 바울은 자신이 완전히 석방되리라는 소망을 가지지는 않았다.

오히려 바울은 인생의 막바지에 도달했음을 알고 있었다.[296] 그의 곁에는 누가만이 그를 지키고 있었다. 그의 겉옷과 두루마리 책을 가져오라고 디모데에게 부탁한 것은(딤후 4:13) 그가 처형당하기 전까지 어느 정도 시간이 있을 것을 예상하고 있음을 보여준다.

이러한 정황들은 연약함 속에서 강함으로 규정되는 그리스도인의 삶과 관련이 있다. 특히 최종적으로 복음이 승리할 것이라는 낙관론적인 종말론에 따른 '그리스도의 복음'과 '그리스도의 재림'에 관한 메시지가 바울이 가는 곳마다 확고하게 선포되고 있었다. 이런 메시지가 선포되고 있는 가운데 고난과 감옥에 갇힘과 죽음으로 이어지는 복음 전파자의 삶에 대한 바울의 이해가 본 서신에 반영되어 있음을 암시하고 있다. 이런 점에서 본 서신은 구원과 관련된 '지금'(NOW)과 '아직' (NOT NOW) 사이에 있는 긴장 관계의 역설을 공유하는 특성을 가지고

---

296) Robert L. Reymond, 바울의 생애와 신학, 원광연 역, 고양, 크리스챤다이제스트, 2003, p. 357.

있다.

이러한 배경 아래 바울은 사변과 금욕주의에 빠져 있는 유대주의자들의 주장으로부터 성도들이 돌아서서 바울이 전한 복음에 근거한 신앙과 삶의 모델로 복귀할 것을 강력하게 요청하고 있다. 비록 고난의 길일지라도 성도들이 신앙을 위해 살아야 할 것(딤후 1:8)을 제시하고 있는 이유도 여기에 있다.[297]

이와 관련해 바울은 성도들에게 주어진 기업의 중요성을 강조하고 있다. 바울은 이것을 가리켜 '네게 부탁한 아름다운 것'(딤후 1:14)이라고 말한다. 이 기업은 곧 하나님이 하신 일들에 대한 것이다.

즉 ① 복음, ② 하나님의 능력, ③ 구원과 거룩한 삶으로의 부르심, ④ 창세 전에 그리스도 안에서 주어지고 이제 구세주 안에 계시된 은혜, ⑤ 죽음의 멸망과 생명의 선물로 부어지는 영생(딤후 1:8-10) 등이 그것이다. 이처럼 성도들의 삶의 기초는 하나님께서 이미 행하신 일에 근거하고 있다. 따라서 성도들은 하나님께서 구원하시는 행동의 결과를 실천해야 한다.

기독교 신앙에는 이미 '주어진' 것이 있다. 그것은 성도들의 구원을 위한 하나님의 활동이 시작되는 순간부터 성도들이 기업으로 받은 것이며, 이 소식은 이 세상 끝날 때까지 계속 전해져야 한다. 따라서 기독교 신앙의 본질에는 결코 타협할 수 없는 것이 있으며 성도들은 어떤 희생을 치르더라도 하나님께서 행하시고 말씀하신 것들을 고수해야 한다(딤후 3:16-17).

이것들은 교회가 사도로부터 상속받은 것이며, 하나님의 말씀을 통해 주어진 이와 관련된 교훈들은 그것을 미리 받은 자로부터 다음에 받을 성도들에게 계속해서 상속되어 가야 한다. 바울은 그것을 교회의 성

---

297) D. A. Caeson, 신약개론, 엄성옥 역, 서울, 은성출판사, 2006, p. 659.

장이며 확장이라고 이해하고 있었다.[298]

디모데후서는 ① 어떤 행위나 그에 따른 공로가 없이 오직 믿음으로 말미암아 은혜를 인하여 의롭게 된다는 바울의 교리를 충실하게 대변하고 있다(딤후 1:9). 아울러 ② 그리스도 안에서 중보된 기독교적인 구원에 대한 개념에 근거하여 '그리스도의 죽음 및 새 생명'에 연합되어 있는 그리스도인의 삶에 대한 바울의 이해가 담겨 있다(딤후 2:11-13). 또한 ③ 만민에게 구원이 제시되고 있다는 복음의 보편성에 근거하여 바울은 이방인들도 이 복음의 대상에 포함되어 있음을 특별히 강조하고 있다(딤후 4:17).

나아가 이 서신은 성도들에게 거듭남을 가져다주는 행위자이시며, 그리스도인의 삶에 있어서 능력의 원천이시며, 사역을 위한 은사들의 근원이신 성령에 깊은 관심을 보이고 있다(딤후 1:6, 7, 14). 이 성령으로 말미암아 하나님의 선물인 구원이 아무 값없이 성도들에게 주어진다. 하지만 아들을 십자가에 죽게 하기 위해 보내주신 성부 하나님을 섬기는 데는 항상 희생이 따른다는 점도 알아야 한다. 그것은 자신들의 삶을 통해 고백하는 믿음에 대한 반대에 직면하는 것으로 나타난다.[299]

이 서신이 지닌 최고의 가치는 무엇보다도 진리를 떠나 방황하는 사람들에 대한 경고에서 찾을 수 있다(딤후 2:14-18). 성도들은 경건의 모양은 있으나 그 능력을 부인하는 사람들과 서로 얼굴을 맞대고 살아야 하는 '마지막 날', 곧 '말세'에 속해 있기 때문에 성도들은 경건과 능력에 대한 반대에 직면하게 된다(딤후 3:1-5). 이와 관련해 경건과 능력을 부정하는 사람들을 가리켜 바울은 '귀가 가려워서 자기의 사욕을 좇는 스승을 많이 두고 있는 사람들'이라고 규정하고, 이런 사람들이 거부하고 있는 '바른 교훈'(딤후 1:13)의 중요성을 강조하고 있다(딤후 4:3).

---

298) 이광호, 바울의 생애와 바울 서신, 서울 도서출판 칼뱅, 2007, p. 283.
299) D. A. Caeson, 신약개론, p. 660.

　이러한 내용들은 바울의 신학과 교회론이 새로운 상황을 해결하기 위해 이전에 기록된 바울 서신들의 자료들을 본서에서 새롭게 해석하고 있는 이유를 설명하고 있다. 이와 관련해 바울은 ① 자신으로부터 전해진 내용과 일치하는 가르침을 베풀 필요성과, ② 그것을 가능하게 성취하기 위한 교회의 체제와 질서를 정립할 것에 대해 강력하게 요청하고 있다.[300] 이러한 과정은 교회와 그 신학의 제도화라는 이름으로 불리게 되었다.

4. 디모데후서의 기록 목적

　본 서신의 분위기는 이 서신이 연대기적으로 바울의 마지막 서신이라는 점에서도 확인할 수 있다. 본 서신을 기록할 때 바울은 로마의 옥에 갇혀 있었다. 그의 마지막 생애는 안락한 생활과는 전혀 상관이 없었다. 오랫동안 지칠 줄 모르게 수고한 대가는 그에게 아무런 보상을 가져다주지 않았다. 제1차 구금 때와는 달리 많은 친구들이 바울을 떠났으며(딤후 1:5; 4:10, 12, 16), 수감 생활로 여러 가지 제약을 당해야만 했다.

　이러한 일련의 일들은 바울이 자신의 죽음을 예감하고 죽기 전에 마지막으로 디모데를 만나기 원해서 속히 로마로 오라고 당부한 것과도 연결된다.[301] 본 서신이 바울의 유언을 위한 것은 아니지만 유언의 성격이 강하게 나타나는 이유도 여기에 있다. 옥중서신(골로새서, 빌레몬서, 에베소서, 빌립보서)은 바울이 석방될 것을 예상하고 있지만(빌 1:23-26; 2:19-24; 몬 22절), 이 서신에서는 이 땅의 수고가 끝나고 상급을 받게 될 것을 고대하고 있다(딤후 4:6-8).

　무엇보다도 본 서신은 바울의 이방인 사역에 대한 마지막 내용들을 보여주고 있다는 점에서 관심을 가지게 한다. 두 번째 투옥은 첫 번째

---

300) I. Howard Marshall, 신약성서신학, p. 513.

301) James Allen, 디모데전서, 정병은 역, 고양, 전도출판사, 2006, p. 259.

투옥보다 훨씬 가혹했던 것으로 보인다. 첫 번째 투옥과는 달리 바울은 사슬에 매여 있었을 뿐 아니라 죄인 취급을 받고 있었다(딤후 2:9). 비록 로마의 시민권을 가지고 있었지만 바울은 기독교인의 지도자로서 로마 제국의 속주들의 치안을 계속 어지럽혔다는 죄목(딤후 4:16-17)으로 기소되었기 때문이다.[302]

옥중에 있는 바울을 만난다는 것부터가 위험한 일이었고, 만나는 일 조차도 쉽지 않았다(딤후 1:16-18). 나아가 법정에서 바울의 무죄를 변호한다는 것은 위험천만한 일이었다(딤후 4:16-18). 그러한 상황에서 바울은 모든 이방인들이 복음을 듣도록 사적으로만이 아니라 법정에서 공적으로 담대하게 복음을 증거했다(딤후 4:17).

바울의 사건 심리 절차는 로마 제국 조직의 심장부인 재판정에서 이루어졌을 것이다. 이 자리는 그 당시 세계적으로 유력한 청중들에게 바울이 복음을 전할 좋은 기회를 제공해 주었다. 이 사실은 "이 사람은 내 이름을 이방인과 임금들과 이스라엘 자손들 앞에 전하기 위하여 택한 나의 그릇이라"(행 9:15)고 바울을 부르신 우리 주님의 말씀이 바울의 생애동안에 어떻게 성취되었는가를 잘 보여주고 있다.

바울은 자신의 마지막 때를 염두에 두고 자신과 동일한 일을 위해 수고하는 '하나님의 사람'을 격려하고 안내하는 마음으로 이 마지막 서신을 기록하였다. 본 서신에서 '하나님의 사람'을 권하여 바른 교리를 굳건하게 지킬 것과, 모든 거짓 교훈들로부터 복음을 변증할 것과, 선한 군사로서 기꺼이 고난을 인내할 것을 독려하고 있는 이유도 여기에 있다.[303]

바울은 사도의 복음을 순결하고 변함이 없는 상태로 보존할 것을 명한다. 또한 나날이 거세어지는 거짓 교사들의 악한 공격들에 대항하여

---

302) F. F. Bruce, 바울, 박문제 역, 고양, 크리스챤다이제스트, 1992, p. 476.

303) William Handriksen, 목회서신, 나용화 역, 서울, 아가페출판사, 1983, p. 61.

그 복음을 수호하고 교회가 신실하게 이 복음을 계승시키기 위해 신자들을 훈련시키며 이 복음을 전하고 수호하는 일에 따르는 고난의 몫을 기꺼이 견디어 나갈 준비를 갖추라고 명하고 있다.

바울의 마지막 유언은 "관제와 같이 벌써 내가 부음이 되고 나의 떠날 기약이 가까웠도다 내가 선한 싸움을 싸우고 나의 달려갈 길을 마치고 믿음을 지켰으니 이제 후로는 나를 위하여 의의 면류관이 예비되었으므로 주 곧 의로우신 재판장이 그 날에 내게 주실 것이니 내게만 아니라 주의 나타나심을 사모하는 모든 자에게니라"(딤후 4:6-8)는 기록된 말씀으로 여전히 우리 앞에 남아 있다.

| 기 도 |

만세 전부터 친히 창조와 구속의 계획을 작정하시고, 역사 속에서 그 일을 친히 이루어 가시는 삼위일체 하나님께 감사와 찬송을 올립니다.

우리를 자녀로 삼으시고 죄악으로부터 구속하시기 위해 하나님께서 친히 모든 일을 다 하셨습니다. 그리고 주의 자녀들에게 영생을 하나님과 함께 누릴 수 있는 큰 선물을 주셨습니다. 이처럼 감당할 자격도 없는 큰 은혜를 주심에 감사를 드립니다.

죽음을 이기신 그리스도와 한 몸이 되어서 부활의 생명을 누리게 되었은즉, 우리가 이 땅에서 살아 있는 동안이나, 죽어서나 오로지 성령께서 주시는 은혜로 말미암아 하나님만을 기뻐하며 즐거워하는 삶을 살 수 있도록 인도 하옵소서.

우리에게 이 복된 소식을 전해준 사도들의 삶을 본받아 우리의 생명이 다하는 그날까지 복음을 따라 살며, 온 세상 모든 주의 자녀들과 함께 이 복음의 기쁨을 공유하며 살게 하옵소서. 이러한 삶을 살아감에 있어 그 어떤 고난과 고통이 가로막는다 할지라도 기꺼이 하늘 소망을 바라보며 나아가게 하옵소서.

우리 주 예수 그리스도의 이름으로 기도합니다.

〈 1 〉

사도로부터 받은 복음의 보존과 승계

디모데후서 1:1-5

하나님의 뜻으로 말미암아 그리스도 예수 안에 있는 생명의 약속대로 그리스도 예수의 사도 된 바울은 사랑하는 아들 디모데에게 편지하노니 하나님 아버지와 그리스도 예수 우리 주께로부터 은혜와 긍휼과 평강이 네게 있을지어다

내가 밤낮 간구하는 가운데 쉬지 않고 너를 생각하여 청결한 양심으로 조상적부터 섬겨 오는 하나님께 감사하고 네 눈물을 생각하여 너 보기를 원함은 내 기쁨이 가득하게 하려 함이니 이는 네 속에 거짓이 없는 믿음이 있음을 생각함이라 이 믿음은 먼저 네 외조모 로이스와 네 어머니 유니게 속에 있더니 네 속에도 있는 줄을 확신하노라

죽음을 앞에 두고 있는 사도 바울에게 있어 사도들의 시대가 끝나고 본격적으로 교회의 시대가 활짝 열리고 있다는 역사의 흐름이야말로 매우 고무적인 현상으로 각인되었을 것이다. 이것은 이미 바울 자신이 예견했던 일들이 성취되고 있다는 점에서도 그 의미가 남다르게 다가왔을 것이다.

바울은 에베소서에서 "너희는 사도들과 선지자들의 터 위에 세우심을 입은 자라 그리스도 예수께서 친히 모퉁잇돌이 되셨느니라 그의 안에서 건물마다 서로 연결하여 주 안에서 성전이 되어 가고 너희도 성령 안에서 하나님이 거하실 처소가 되기 위하여 그리스도 예수 안에서 함께 지어져 가느니라"(엡 2:20-22)고 하면서 교회가 역사 선상에서 시작되었다는 사실이 어떤 의미가 있는지를 피력한 바 있다.

이렇게 바울 자신이 3-4년 전에 선포한 그 말씀이 지금 로마의 옥에 갇혀 있는 바울의 시각으로 볼 때는 본격적인 교회의 시대가 역사의 흐름 속에서 구체적으로 성취되고 있었음이 분명했다.

아울러 바울은 이제 교회의 제도적인 안정과 체제를 유지하기 위해 체계적인 교회의 조직을 확립해야 하는 시기에 들어서 있다는 점을 확신했다. 이제 교회는 과거의 유산, 곧 선지자들이 전한 구약성경과 사도들이 전한 신약성경을 갖게 되었다. 따라서 이제 교회는 선지자들과 사도들이 전해준 신구약성경을 정경으로 받아들이고 보존해야 하는 위치에 이르게 되었다.

동시에 그동안 교회는 아직 확정된 정경이 없었기 때문에 유대교의 한 분파로 여겨졌던 기독교가 아니라, 구약성경을 기록하여 전해준 선지자들과 신약성경을 기록하여 전해준 사도들의 터 위에 서 있는 기독교로 자신의 정체성을 확고하게 온 세상에 드러내어야 한다.

이 과정에서 교회는 유대교와 세속 종교의 도전을 받을 수밖에 없었다. 동시에 교회 내부에서 발생한 거짓 교사들과 그들의 가르침을 물리쳐야 했다. 이렇게 함으로써 선지자들과 사도들의 터 위에 세워진 그리스도의 몸된 교회로서 자신의 정체성을 확고히 할 수 있기 때문이다. 또한 이제 전 세계 곳곳에서 세워지고 있는 교회의 건설이 중단되지 않고 계속해서 확장되고 성장해 나갈 수 있기 때문이다.

이런 이유에서 사도 시대 이후의 교회와 성도들은 과거와의 연속성을 유지해야 할 필요가 있었다. 곧 구약 시대와 신약 시대를 서로 다른 경륜이 아니라 하나의 경륜으로 받아들이고, 그 경륜의 결과로 시작된 교회의 지속적인 성장과 그 정당성을 확고히 하기 위해서라도 교회의 교사들과 지도자들은 끊어지지 않는 연결 고리인 선지자들과 사도들의 가르침을 계승해야 했다.

그 연결 고리의 중심에 바울의 가르침이 자리하고 있었다(딤후 2:2). 결국 바울의 가르침을 거부하는 것은 선지자들과 사도들을 거부하는 것이기도 하다. 반면에 바울의 가르침을 받아들인다는 것은 선지자들과 사도들의 가르침을 수용하는 것이기도 하다.

더욱이 이제 역사의 흐름 속에서 고고한 모습으로 출범한 교회는 이질적인 교리들(딤전 1:4-5)과 행실들(딛 3:8, 14)로부터 바울의 가르침을 반드시 지켜내야 했다. 교회가 바울 사도로부터 받은 신앙의 법칙들이 가지고 있는 권위의 근거는 이미 바울의 신앙고백이 담긴 진술 속에서 확인되었다.

이 내용은 바로 사도의 가르침을 통해 주어진 그리스도의 복음에 관한 믿음과 관련된 것이다. 곧 ① 세례 때에 행해지는 고백들(딤후 2:11-13), ② 바울의 찬양에 담겨진 단편들(딤전 3:16), ③ 영감된 성경(딤후 3:16-17), 그리고 ④ 주님의 행적과 말씀들(딤전 5:18)에 대한 것이다.

이런 점에서 교회 직분자들을 선출하고 지명하고 세우는 일에 대한 규정들(딤전 3장; 5:17-25)은 진지하게 지켜져야 했다. 과부들에 대한 규례와 교회의 권징에 대한 목회적인 관심들, 또한 사회적 골격 내에서 교회의 질서를 바람직한 방향으로 보존하고자 하는 일에 바울이 깊은 관심을 보이고 있는 것도 이 때문이다.

반면에 이러한 가르침을 공식화하고 제도적 형식을 도입할 때 문제가 발생할 수 있다. 그것은 본질을 잃어버리고 형식화된 제도적인 장치들에 의해 교회의 자유가 제한될 수 있기 때문이다. 그 결과 ① 성령의 은사들을 중심으로 엮어진 교회의 자유로운 열심을 질식케 하거나, 또는 ② 예배와 봉사와 교회의 활동에 자유롭게 역사하시는 성령의 권능을 배척할 수 있는 위험이 따를 수도 있다.

교회는 이러한 양극단, 곧 형식적으로 교회의 제도들이 고착화되거나, 혹은 그 반대로 교회의 제도가 무너짐으로써 무질서한 상태로 흘러갈 수 있는 양극화의 갈등에 빠지지 않아야 한다. 이러한 위험을 피하기 위해서는 교회가 어느 한 쪽으로 치우치지 않도록 무게의 중심을 잡아야 하는데 바로 그 중심축은 바울이 전한 가르침이어야 한다.

동시에 바울은 "성령을 소멸치 말라"(딤후 1:7)고 함으로써 종교적인 형식주의에 빠지는 것은 바울의 복음을 배반하는 것과 같다는 사실(딤후 3:5)을 분명하게 밝히고 있다.[304] 교회가 양극단의 갈등에서 어느 한 쪽으로 쏠리지 않기 위해서는 언제나 바울의 가르침 위에 서 있어야 한다. 그렇게 하는 것이 바로 성령을 소멸치 않는 유일한 길이기 때문이다.

이러한 맥락에서 디모데후서 1장이 전개되고 있다. 바울은 디모데가 어려서부터 양육 받아온 신앙의 본을 들어서 그를 칭찬하고, 바울이 디모데에게 가르쳐온 교의와 위임된 직분에 있어서 디모데가 신실하게 인내할 것을 권면하고 있다. 동시에 바울은 디모데가 바울의 감금 소식이나 다른 사람들의 이탈 때문에 낙심하는 일이 없도록 하기 위해서 자신의 사도직과 그를 기다리고 있는 보상을 제시하고 있다. 이어 바울은 오네시보로를 칭찬함으로써 그의 모범을 통해 다른 사람들까지 격려하고 있다.

---

304) Ralph P. Martin, 신약의 초석 II, 원광연 역, 고양, 크리스챤다이제스트, 1993, p. 459.

1. 사도적 축복의 영원한 대상으로서 '교회' (딤후 1:1-2)

디모데전서와 마찬가지로 본 서신 역시 디모데를 그 수신인으로 하고 있다. 하지만 사도가 단지 한 사람을 위해서만 이 서신을 쓴 것은 아니다. 바울은 전반적으로 적용되는 가르침을 디모데에게 주었고, 디모데로 하여금 이 가르침을 다른 사람들에게 전하게 하였다는 점에서, 이 서신은 에베소 교회를 비롯해 보편적인 교회에 주어진 사도의 서신으로 보아야 한다.

1) 바울의 사도직이 가지고 있는 근원과 특성

바울은 교회의 머리이신 그리스도 예수께서 임명한 공식적인 '사도'라고 자신을 소개함으로써 본 서신을 시작한다. "하나님의 뜻으로 말미암아 그리스도 예수 안에 있는 생명의 약속대로 그리스도 예수의 사도 된 바울"(딤후 1:1)이라는 인사말에는 바울 사도가 가지고 있는 자신의 사도직에 담긴 의미가 정확하게 담겨 있다.

바울은 자신의 사도직과 관련해서 '그리스도 예수의 사도'라고 말할 수 있는 권리를 가지고 있다. 왜냐하면 바울은 그리스도 예수에 의해서 그의 직분을 위해 따로 택함을 입었기 때문이다(행 13:2). 따라서 바울의 사도권은 그리스도에게 속해 있고 그리스도를 섬기는 데서 그 능력을 발휘하게 된다. 이 점에 있어 바울은 '하나님의 뜻으로 말미암아' 그리스도의 권위 있는 임명에 의해 사도가 되었다. 이러한 선언이야말로 하나님의 재가(裁可)를 받은 하나님의 선포 행위가 된다는 사실을 분명히 밝히고 있다.305)

바울은 '생명의 약속' 대로 사도가 되었다. 이 '생명의 약속'은 영

---

305) William Handriksen, 목회서신, p. 298.

원한 생명을 가지고 있는 약속으로 죽음으로부터 불멸의 생명을 가져
다주는 바로 그 약속이다. 이 생명의 약속이 없었다면 그 약속을 선포
하는 '신적으로 작정된 사도'(divinely willed apostle)란 있을 수 없다. 따
라서 사도인 바울의 선포는 당연히 '생명의 약속'에 대한 것이며, 이
사도적 선포를 떠나서는 더 이상 '생명'이 약속되거나 보장될 수 없다.

이 '약속'과 '보증'은 과거 이스라엘 역사를 통해서 이미 여러 차례
계시되었다(창 3:15; 시 16:11; 138:17; 요 3:16; 6:35, 48-49; 14:6). 그러나 그
약속된 생명은 그리스도 안에서 나타나기까지 모든 사람에게 감추어져
있었다. 때문에 이 '생명의 약속'은 유일하게 '그리스도 예수 안에'
있으며, 그리스도의 속죄와 중보가 없이는 아무도 그 생명을 소유할 수
없다.

그러므로 바울의 사도적 선포는 하나님의 특별한 은사와 선택에 의
해 하나님의 허락 아래에서 그리스도 예수 안에 담겨진 '생명의 약속'
을 선포하는 권위를 가지는 행위가 된다. 이때 하나님은 사도직의 근원
이며 보증이 되신다.[306]

바울의 사도직은 다른 사도들과 구별되었다. 다른 사도들은 우리 주
님께서 이 땅에 계시는 동안에 사도로 부름을 받았다. 하지만 바울은
승천하신 주님으로부터 친히 사도로 부름을 받았다. 하나님께서 12사
도를 대신하여 특별히 바울을 사도로 부르신 것은 '예수 그리스도 안
에 있는 생명'을 이방인들에게 나누어주시기 위함이었다.

바울의 사명은 이 복음 사역을 통해 성도들에게 주어진 약속된 생명
을 확증해 주고, 이 약속된 생명을 받아들일 준비를 하게 하는 데 있었
다. 그리고 그의 가르침은 그 약속된 생명을 강화하고 발전시키기 위함
이었다. 이것이 바울의 복음 사역에 담겨 있는 가장 큰 특성이다.

---

306) J. Calvin, 디모데전후서, p. 541.

2) 디모데에게 주어진 사도적 축복의 의미

바울은 자신의 죽음을 앞두고 이 거룩하고 위대한 복음 사역과 가르침을 사랑하는 아들 디모데에게 유언으로 남기고 있다. "사랑하는 아들 디모데에게 편지하노니 하나님 아버지와 그리스도 예수 우리 주께로부터 은혜와 긍휼과 평강이 네게 있을지어다"(딤후 1:2).

디모데는 바울을 통해 복음을 듣고 '약속의 생명'을 받았다. 바울이 디모데를 가리켜 '사랑하는 아들'이라고 부르는 이유도 여기에 있다. 이러한 관계는 이 서신에 나타난 호소력 있는 가르침의 중요한 배경을 이룬다. 이 서신에서는 디모데가 구속 곧 '약속의 생명'을 받았다는 사실이 언급되어 있으며, 아들을 향한 아버지의 따뜻한 마음이 나타나 있다(딤후 1:9; 3:4, 15). 더불어 많은 사람들이 바울을 대적하거나(딤후 2:25; 3:8) 아니면 바울을 떠났지만(딤후 1:15; 4:10, 16) 오히려 디모데는 용기 있게 서서 수고하라는 바울의 격려를 받고 있다.

이런 점에서 바울은 은혜와 평강과 긍휼이 디모데에게 머물고 또 그것으로 도움 받게 되기를 간절히 소원하고 있다.

① '은혜'는 구원이 하나님의 선물임을 강조하며 하나님의 자녀로 하여금 구원을 베푸신 하나님께 감사하게 하고 겸손하게 한다. 나아가 은혜는 단지 첫 출발점으로 그치는 것이 아니고 "은혜 위에 은혜"(요 1:16)라는 말씀처럼 끊임없이 능력을 베풀어주는 통로이다.[307]

② '긍휼'은 인간이 마땅히 받아야 할 죄에 대한 형벌과 관련된다. 신자들을 도와주시고 질고에서 해방시켜 주시며 죄악을 용서하시며 연약성을 담당해 주심으로써 하나님은 자신의 긍휼을 그의 자녀들에게 베푸신다.

③ '평강'은 하나님의 은혜와 긍휼의 결과로 성도들에게 주어진다.

307) James Baker, 디모데후서, 정병은 역, 고양, 전도출판사, 2006, p. 268.

이때 하나님은 은혜와 긍휼과 평강의 근원이시며, '그리스도 예수 우
리 주'가 되시는 성자께서 그것들을 신자들에게 베푸시는 통로가 되신
다. 그리고 성령께서는 그것들을 신자들에게 선물로 주시고 효력을 발
생하게 하신다.

특별히 바울은 '사랑하는 아들'이라고 지칭하는 디모데를 통해 에
베소 교회에 이 사도적인 복을 베풀고 있다. 이것은 언약의 승계와 관
련된다. 아버지로서 바울은 디모데에게 언약을 전달하고, 아들로서 디
모데는 바울로부터 언약을 계승하여 바울로부터 받은 언약의 복을 에
베소 교회의 성도들에게 전달하는 위치에 서 있기 때문이다.

따라서 에베소 교회는 직접 사도로부터 복음을 받은 언약 공동체로
서 교회의 존재를 증거하는 일에 참여하게 된다. 곧 에베소 교회의 성
도들은 사도로부터 디모데를 통해 직접 언약 공동체에 초청되었으며,
이제 그 언약 공동체 안에서 한 몸을 이루고 있다는 실제적인 증표가
되는 것이다. 에베소 교회의 성도들은 성부 하나님과 성자이신 그리스
도 예수와 성령께서 함께 역사하시는 '은혜와 긍휼과 평강'을 누리는
특권에 참여하게 되었다.

이런 의미에서 디모데뿐 아니라 에베소 교회의 성도들, 그리고 누구
든 그리스도 예수 안에서 세례를 받고 그리스도의 몸된 교회의 회원이
된 온 세상의 모든 성도들은 삼위일체 하나님으로부터 주어지는 은혜
와 긍휼과 평강을 선포하고 있는 사도적 축복의 영원한 대상이 된다.

2. 역사적인 믿음의 승계와 교회의 성장 (딤후 1:3-5)

일반적으로 바울은 갈라디아서와 디도서를 제외하고는 하나님께 대
한 진지하고 겸허한 감사 혹은 찬양을 서신의 서론으로 제시하고 있다.
디모데후서 역시 '감사'(3-5절)를 통해 본 서신의 서론부를 형성하고

있다. 이 서론부에서 바울은 그가 죄수로서 처형을 당하여 죽게 된다
할지라도 성령으로 청결케 된 그의 양심, 곧 순수한 양심이 그에게 명
하고 있는 하나님을 섬기는 신앙이야말로 조상들로부터 전해 내려온
전통에 근거하고 있음을 강조하고 있다. 바울은 이러한 심정을 담아 디
모데를 향한 자신의 불타는 애정을 표현하고 있다.

바울의 조상들 역시 같은 하나님을 섬겼다. 그들 또한 청결한 양심,
곧 왜곡되거나 오염되지 않은 순수한 양심으로 하나님을 섬겼다. 하나
님에 대한 섬김의 내용은 "나는 저희가 이단이라 하는 도를 좇아 조상
의 하나님을 섬기고 율법과 및 선지자들의 글에 기록된 것을 다 믿으며
저희의 기다리는 바 하나님께 향한 소망을 나도 가졌으니 곧 의인과 악
인의 부활이 있으리라 함이라"(행 24:14-15)는 선언을 통해 이미 바울에
의해 고백되었다.

여기에서 바울은 그가 새로운 종교를 창안한 것이 아니라 본질적으
로 그가 지금 믿고 있는 것은 아브라함, 이삭, 야곱을 비롯해 모세, 이
사야 그리고 모든 경건한 조상들이 고백했던 바로 그 믿음이라는 사실
을 강조하고 있다.[308]

이러한 바울의 믿음에는 구약 시대의 믿음과 신약 시대의 믿음 사이
에 긴밀한 연속성이 있음을 함의한다. 바울의 조상들은 부활을 믿었다.
그들은 오실 메시아를 대망하고 있었다. 그리고 그 메시아는 실제로 오
셔서 자신의 모습을 나타내셨다. 그리고 바울은 바로 이 메시아이신 예
수를 그리스도, 곧 구약에서 계시하고 있는 '메시아'라고 증거했다는
이유로 지금 로마 정부에 의해 죄수로 사로잡혀 있었다.

그러나 이러한 내용의 복음 전파와 관련해 바울의 양심이 청결한 이
유는 '나의 조상들처럼 섬겨 오는' 하나님을 바울도 동일하게 믿는다
고 고백하고 있으며, 동시에 그 하나님의 아들이신 그리스도 예수를 전

---

308) William Hendriksen, 목회서신, p. 300.

파하기 때문이다. 바울은 창조주이신 하나님을 신앙하지 않거나 그 하나님께만 모든 영광을 드리지 않고서 오히려 타락하여 피조물을 섬기는 우상숭배자들의 후손이 아니었다.

여기에서 바울은 자신이 참 하나님을 섬긴 아브라함의 후손이라는 점을 항상 염두에 두고 있었음을 보여주고 있다. 이처럼 바울은 그의 조상들이 고백했던 믿음 그대로를 계승함으로써 동일한 신앙의 연속성을 가지고 있다는 사실과 더불어 자신의 신앙이 역사적인 전통성을 계승하고 있다는 사실을 매우 중시하고 있음을 볼 수 있다. 그와 마찬가지로 지금 우리들의 믿음도 동일한 선상에서 이해하고 고백해야 한다. 이러한 믿음을 가리켜 역사적으로 왜곡되거나 오염되거나 변질되지 않은 청결한 믿음이라고 할 수 있다.

우리가 고백하는 청결한 믿음의 대상은 아브라함이 고백하고 믿었던 그 하나님이어야 한다. 아브라함이 믿는다고 고백한 하나님이 어떤 분인가에 대해서는 하나님께서 아브라함에게 약속하신 말씀 안에 담겨 있다.

"아브람이 구십구 세 때에 여호와께서 아브람에게 나타나서 그에게 이르시되 나는 전능한 하나님이라 너는 내 앞에서 행하여 완전하라. 내가 내 언약을 나와 너 사이에 두어 너를 크게 번성하게 하리라 하시니 아브람이 엎드렸더니, 하나님이 또 그에게 말씀하여 이르시되 보라 내 언약이 너와 함께 있으니 너는 여러 민족의 아버지가 될지라. 이제 후로는 네 이름을 아브람이라 하지 아니하고 아브라함이라 하리니 이는 내가 너를 여러 민족의 아버지가 되게 함이니라. 내가 너로 심히 번성하게 하리니 내가 네게서 민족들이 나게 하며 왕들이 네게로부터 나오리라. 내가 내 언약을 나와 너 및 네 대대 후손 사이에 세워서 영원한 언약을 삼고 너와 네 후손의 하나님이 되리라. 내가 너와 네 후손에게 네가 거류하는 이 땅 곧 가나안 온 땅을 주어 영원한 기업이 되게 하고 나는 그들의 하나님이 되리라"(창 17:1-8).

아브라함은 이처럼 하나님께서 친히 약속하신 그 말씀을 따라 하나님에 대한 믿음을 고백했다. 여기에서 하나님께서 약속하신 내용은 처음부터 끝까지 철저하게 하나님에 의해서 계획되고 진행되며 성취된다. 여기에 아브라함 자신을 포함해서 그 어떤 사람도 참여하거나 이바지할 수 있는 여지가 없었다. 그리고 이 말씀 성취의 결과로 말미암아 하나님은 아브라함 후손들의 하나님이 되신다는 것을 영예로운 일로 여기신다. 그 결과 아브라함은 모든 믿는 자들의 조상이 되었다.

이러한 역사적인 맥락을 가지고 있는 믿음에 근거하여 바울은 디모데 역시 청결한(순수한) 양심으로 참되신 하나님을 오롯하게 섬기고 있음을 밝히고 있다. 이런 이유에서 바울은 "나의 밤낮 간구하는 가운데 쉬지 않고 너를 생각하여 청결한 양심으로 조상적부터 섬겨 오는 하나님께 감사하고 네 눈물을 생각하여 너 보기를 원함은 내 기쁨이 가득하게 하려 함이니"(딤후 1:3-4)라고 말하고 있다.

바울에게 있어 디모데는 감사의 조건이었는데, 그것은 디모데가 받은 복음이 조상들로부터 받은 바로 그 믿음이었기 때문이다. 이것이 디모데를 그토록 보고 싶어 하는 바울의 심정을 유발하고 있다.

디모데는 어릴 때부터 모유와 함께 경건을 먹여준 그의 외할머니 로이스와 그의 어머니 유니게로부터 아브라함의 믿음을 물려받았다. 비록 많은 미신과 타락이 유대인들 가운데 있었고, 그들 대부분이 타락하고 부패한 것과는 달리 하나님께서는 유대인 가운데서도 자기 자신을 성별한 하나님의 백성을 남겨두셨다.

그들은 아브라함에게 약속한 은혜를 담보물로 이미 받은 사람들이었다. 이들이 바로 구약에서 제시하고 말하고 있는 남은 자들(remnants)이었다. 물론 이 '남은 자' 개념이 가리키는 최종 인물은 '유일한 남은 자'(The Remnant)이신 예수 그리스도이시다.

때문에 구약 시대의 경륜에서는 그리스도께서 아직 그들에게 주어지지는 않았지만, 중보자이신 그리스도에 대한 믿음 안에서 살다가 죽는 '믿음의 역사성'만큼은 그 남은 자들을 통해 계속해서 보존될 수 있었다. 이런 점에서 예수께서도 이방인들의 허망한 종파들을 부정하면서도 유대인 중 남겨진 남은 자들만이 하나님을 올바르게 섬기는 방법을 준수하고 있다(요 4:22)고 친히 밝히신 바 있다.[309]

이와 마찬가지로 바울은 "이는 네 속에 거짓이 없는 믿음을 생각함이라 이 믿음은 먼저 네 외조모 로이스와 네 어머니 유니게 속에 있더니 네 속에도 있는 줄을 확신하노라"(딤후 1:5)고 말하고 있다. 바울은 디모데가 어릴 때부터, 즉 그가 아직 복음에 관한 지식을 인지할 만큼 성장하지 않았을 때부터, 하나님에 대한 경외와 신앙을 얼마나 많이 받아왔던지 그것이 살아있는 씨앗이 되어 성장한 후에 증대하게 되었음을 밝히고 있다.

믿음은 하나님께서 인간을 다루시는 방법 중에 영혼을 구원으로 이끄시는 정신적 작용(exercise)이다(엡 2:8). 믿음은 또한 각 신자 안에 있는 지속적이고 잠재적으로 발전하는 정신 활동(characteristic)이다. 이런 점에서 디모데의 믿음은 거짓이 없는 믿음이었다. 즉 디모데의 믿음은 위선적이거나 꾸며진 것이 아니었다. 아브라함부터 시작된 그 믿음은 디모데의 조상들의 핏줄을 타고 왜곡되거나 변하지 않고 디모데에게까지 계승되었다.

이러한 디모데의 믿음은 예수 그리스도에게서 구약의 약속들이 성취되었다는 사실에 근거하고 있으며, 그 결과 디모데는 그리스도를 믿는 믿음에까지 이르게 되었다. 뿐만 아니라 디모데는 자신의 회심을 가져온 그 영광스러운 은혜의 사역에 마침내 바울과 함께 동역하는 자리에

309) J. Calvin, 디모데전후서, p. 543.

이를 수 있는 위치에 서게 되었다.[310]

지금까지 살펴본 서론부에서 ① 바울은 자신이 고백하는 신앙은 조상들로부터 전수된 믿음으로 말미암았다는 사실과, ② 디모데 역시 이 역사적 믿음에 근거하여 마침내 바울과 같은 믿음의 동질성을 가지고 있음을 밝히고 있다. 이것은 본 서신에서 강조하고자 하는 내용이 '거짓이 없는 믿음' 에 대한 것임을 암시하고 있다.

그리고 ③ 이 거짓 없는 믿음은 디모데가 그랬던 것처럼 이제 사도의 가르침, 즉 바른 교훈을 통해 더욱 든든하게 세워짐으로써 디모데를 통해 에베소 교회에 전달되어야 했다. ④ 이러한 역사적 믿음의 계승을 통해 비로소 교회가 세워지고 확장이 이루어질 때 그곳에 진정한 교회의 부흥을 기대할 수 있다.

| 기 도 |

만세 전부터 친히 창조와 구속의 계획을 작정하시고, 자신의 섭리가운데서 친히 그 일을 이루어 가시는 삼위일체 하나님께 감사와 찬송을 올립니다.

"내가 내 언약을 나와 너 및 네 대대 후손 사이에 세워서 영원한 언약을 삼고 너와 네 후손의 하나님이 되리라"(창 17:7)고 하나님께서 아브라함에게 약속하신 그 말씀이 마침내 그리스도 예수의 오심과 부활을 통해 역사 속에서 이루어지게 해 주심에 감사를 드립니다.

우리는 이 약속을 따라 이제 믿음의 조상 아브라함으로부터 전수된 거짓 없는 청결한 믿음을 계승하였고, 하나님께서는 친히 약속하신 말씀에 따라 우리들의 하나님이 되는 것을 기뻐하셨습니다.

우리에게는 아무런 공로가 없음에도 불구하고, 아브라함의 믿음대로 이 땅에 오신 성자이신 예수 그리스도의 완전한 순종으로 말미암아 하나님께

---

310) William Hendriksen, 목회서신, p. 304.

서는 우리를 친히 자녀로 삼으셨습니다. 이로써 우리는 언약을 계승하는 언약 공동체에 속하게 되었으며, 이 언약 공동체에게 약속된 은혜와 긍휼과 평강을 누리게 하셨습니다.

이 모든 일들이 전적으로 하나님의 은혜이며, 우리를 불쌍히 여기신 하나님의 긍휼이며, 그 결과 우리에게 영원한 평강을 선물로 주심에 감사를 드립니다. 따라서 우리에게 주어진 이 복된 은혜를 따라 전적으로 하나님만을 섬기며 즐거워하는 삶을 살게 하옵소서.

우리 주 예수 그리스도의 이름으로 기도합니다.

〈2〉

성령의 능력과 복음 전도

디모데후서 1:6-18

그러므로 내가 나의 안수함으로 네 속에 있는 하나님의 은사를 다시 불 일듯 하게 하기 위하여 너로 생각하게 하노니 하나님이 우리에게 주신 것은 두려워하는 마음이 아니요 오직 능력과 사랑과 절제하는 마음이니 그러므로 너는 내가 우리 주를 증언함과 또는 주를 위하여 갇힌 자 된 나 를 부끄러워하지 말고 오직 하나님의 능력을 따라 복음과 함께 고난을 받으라

하나님이 우리를 구원하사 거룩하신 소명으로 부르심은 우리의 행위대로 하심이 아니요 오직 자기의 뜻과 영원 전부터 그리스도 예수 안에서 우 리에게 주신 은혜대로 하심이라 이제는 우리 구주 그리스도 예수의 나타 나심으로 말미암아 나타났으니 그는 사망을 폐하시고 복음으로써 생명과 썩지 아니할 것을 드러내신지라 내가 이 복음을 위하여 선포자와 사도와 교사로 세우심을 입었노라

이로 말미암아 내가 또 이 고난을 받되 부끄러워하지 아니함은 내가 믿 는 자를 내가 알고 또한 내가 의탁한 것을 그 날까지 그가 능히 지키실 줄을 확신함이라 너는 그리스도 예수 안에 있는 믿음과 사랑으로써 내게 들은 바 바른 말을 본받아 지키고 우리 안에 거하시는 성령으로 말미암 아 네게 부탁한 아름다운 것을 지키라

아시아에 있는 모든 사람이 나를 버린 이 일을 네가 아나니 그 중에는 부

겔로와 허모게네도 있느니라 원하건대 주께서 오네시보로의 집에 긍휼을
베푸시옵소서 그가 나를 자주 격려해 주고 내가 사슬에 매인 것을 부끄
러워하지 아니하고 로마에 있을 때에 나를 부지런히 찾아와 만났음이라
(원하건대 주께서 그로 하여금 그 날에 주의 긍휼을 입게 하여 주옵소서)
또 그가 에베소에서 많이 봉사한 것을 네가 잘 아느니라

바울 사도는 디모데후서를 시작하면서 "하나님의 뜻으로 말미암아
그리스도 예수 안에 있는 생명의 약속대로 그리스도 예수의 사도 된 바
울"(딤후 1:1)이라고 자신을 소개하고 있다. 앞에서 살펴본 것처럼, 바울
사도는 부활하신 그리스도 예수께서 부르심으로써 사도가 되었다.

부활하신 우리의 주님께서는 다메섹에서 바울을 택하실 때 "이 사람
은 내 이름을 이방인과 임금들과 이스라엘 자손들에게 전하기 위하여
택한 나의 그릇이라"(행 9:15)고 친히 밝히 말씀하셨다. 곧 '그리스도이
신 예수의 이름'을 온 세상에 널리 흩어져 있는 하나님 나라의 백성들
에게 전하기 위하여 바울 사도를 친히 택하셨던 것이다.

이후 사도행전은 바울 사도가 이방인들과 임금들과 이스라엘 자손들
에게 예수가 하나님의 아들이시며 그리스도이심을 증거하는 내용들을
자세하게 기록하고 있다. 부활하신 그리스도 예수의 부름을 받은 바울
은 다메섹에서 기력을 회복한 즉시 유대인들이 모이는 각 회당을 찾아
가서 '예수가 하나님의 아들이심'(행 9:20)과 '예수를 그리스도'(행
9:22)라 증언하였다. 이러한 바울의 증거는 사실 우리 주님께서 이 땅에
오신 목적과 자신이 하나님의 아들이심을 친히 증거한 내용을 그대로
담고 있다. 이 일로 말미암아 '예수가 하나님의 아들이심'과 '예수가

그리스도이심'을 거부한 유대인들은 예수님을 십자가에 처형했었다. 그러나 바울이 또 다시 동일한 내용의 복음을 전파하자 유대인들은 당혹하지 않을 수 없었다(행 9:22).

누가는 이 사실과 관련해 "바울이 온 이태를 자기 셋집에 머물면서 자기에게 오는 사람을 다 영접하고 하나님의 나라를 전파하며 주 예수 그리스도에 관한 모든 것을 담대하게 거침없이 가르치더라"(행 28:30-31)는 말로 사도행전을 마치고 있다. 한마디로 바울이 사도로 부름을 받고 온 세상에 전한 복음의 내용은 곧 '예수 그리스도에 관한 모든 것'이라고 정의하고 있으며, 그것이 곧 '하나님의 나라'라는 사실을 볼 수 있다.

그런데 바울 사도는 자신이 전한 복음의 내용, 다시 말하면 '예수 그리스도에 관한 모든 것'과 관련해 디모데후서에서는 '그리스도 예수 안에 있는 생명의 약속'(딤후 1:1)이라고 정의하고 있다. 죽음으로부터 영원한 생명을 가져다주는 이 '생명의 약속'은 전적으로 '그리스도 예수'에 관한 모든 구약성경의 예언으로 주어진 바 있다.

그 예언의 약속은 하나님께서 아담과 노아와 아브라함과 다윗과 맺으신 언약을 통해 명확하게 증거되었다. 바울 사도는 이러한 언약을 통해 하나님께서 약속해 주신 내용을 가리켜 '그리스도 예수 안에 있는 생명의 약속'이라고 한 것이다.

따라서 바울 사도가 전한 복음은 우리 주께서 "이 사람은 내 이름을 이방인과 임금들과 이스라엘 자손들에게 전하기 위하여 택한 나의 그릇이라"(행 9:15)고 말씀하신 것처럼, '내 이름' 곧 그리스도이신 '예수'에 관한 것이며, 동시에 그 이름 안에서만 유일한 생명의 약속이 보장된다는 사실을 명확하게 증거하고 있다.

이처럼 바울은 지난 30여 년 동안 '생명의 약속'이 되시는 그리스도

예수의 이름을 온 세상에 있는 하나님 나라의 백성들에게 전하는 사도
로서 자신의 사명을 수행해 왔다. 그리고 이제 자신의 시대가 지나가고
새로운 시대가 오고 있음을 보고 있던 바울 사도는 이 복음 사역을 계
승하게 될 디모데를 가리켜 '사랑하는 아들'이라고 부르고 있다(딤후
1:2).

부활하신 그리스도 예수께서 "이 사람은 내 이름을 이방인과 임금들
과 이스라엘 자손들에게 전하기 위하여 택한 나의 그릇이라"(행 9:15)고
하셨던 그 사도의 부르심을 따라, 이제 바울 사도는 이 영광스러운 사
도의 직분을 사랑하는 아들 디모데에게 전승해 주고 있다.

그리고 디모데는 바울 사도로부터 받은 이 복음의 내용, 곧 '그리스
도 예수 안에 있는 생명의 약속'에 관한 복음을 에베소 교회에 온전히
전해야 하는 위치에 서 있게 되었다. 그 결과 에베소 교회는 사도로부
터 받은 생명의 약속에 친히 참여하는 영광을 누리게 된 것이다.

우리가 이미 알고 있는 것처럼 바울 사도가 전한 생명의 약속에 관한
이 복음은 구약의 선지자들(구약)과 신약의 사도들(신약)이 터가 되고 기
둥이 되는 교회(엡 2:20-22)에 전수되었다. 따라서 이제는 신구약성경을
가지고 있는 교회만이 생명의 약속에 관한 이 복음을 전파할 수 있게
되었다.

우리는 교회가 선포하는 이 약속에 따라 죽음으로부터 구원받은 영
원한 생명을 얻는 복을 누리게 되었다. 이 복과 관련해 바울 사도는 "그
런즉 누구든지 그리스도 안에 있으면 새로운 피조물이라 이전 것은 지
나갔으니 보라 새 것이 되었도다"(고후 5:17)라는 밝힌 바 있다. 곧 새 창
조의 질서 안에서 우리가 살게 되었음을 알 수 있다. 나아가 이 놀라운
새 창조 사역은 그리스도의 몸된 교회에 속한 우리를 통해 이 세상의
종말이 오는 그 날까지 계속해서 계승되어야 한다.

인사말에 이어 바울 사도는 본 서신의 서론부(딤후 1:3-5)에서 ① 바울 자신이 고백하는 믿음은 조상들로부터 전수된 바로 그 믿음이며, ② 디모데 역시 이 믿음에 근거하여 바울과 동질의 믿음, 곧 '거짓 없는 믿음'을 가지고 있으며, ③ 이 '거짓 없는 믿음'은 디모데를 통해 에베소 교회에 전달되어야 할 것이며, ④ 이러한 믿음의 계승을 통해 교회가 세워지고 확장되어야 한다고 디모데에게 당부하고 있다.

1. 복음 증거에 따른 고난과 그 극복 (딤후 1:6-8)

이러한 문맥의 흐름 가운데 디모데의 '거짓이 없는 믿음'에 근거하여 바울은 디모데가 받은 은사를 되새기고 있다. 디모데의 은사는 디모데로 하여금 사도의 택함 받은 대리자가 되게 한 하나님의 은혜로운 선물이었다. 이 사실은 "네 속에 있는 은사 곧 장로들의 회에서 안수 받을 때에 예언으로 말미암아 받은 것을 조심 없이 말며 이 모든 일에 전심 전력하여 너의 진보를 모든 사람에게 나타나게 하라"(딤전 4:14-15)는 바울의 당부에서도 이미 확인되었다. 여기에서도 바울을 디모데가 장로회에서 목사로 임직받은 사실을 상기시키고 있다.

디모데의 목회 직분은 이미 그 속에 있는 하나님의 은사를 확인함으로써 '장로들의 회'(오늘날의 '노회')에서 인정되었다. 그때 바울은 장로들을 대표하여 디모데에게 안수를 함으로써 디모데를 목사로 임직했다. 목회는 성령의 은사이며, 동시에 성령의 권능이 수반되어야 한다. 이 은사는 이제 디모데 '속에' 있으며 장로회에서는 그 은사를 받아 사용할 만한 디모데의 도덕적이며 영적인 상태에 대해 지지하고 있음을 확인하였다.

어느 한 사람을 사역자로 임직함에 있어 '안수'하는 예식은 이스라엘 민족의 전통이었다. 이 예식은 건전하고 질서정연한 절차의 일부였다(고전 14:40). 이때의 안수식은 성령의 은사가 주어졌음을 상징하는 표식이 된다.311) 이것은 안수를 통해 하나님께서 디모데에게 이 은사를 주시기 위해 바울을 사용하셨다는 특별한 경우였다.

오늘날에는 이러한 독특한 사도적, 예언적 활동을 기대할 수 없다. 대신에 은사는 여전히 하나님의 백성에게 주어지고, 활용되는 대로 개발되며, 또 그것을 소유한 사람과 성도들 모두에게 알려짐으로써 서로 확인하며 인정하게 된다.312)

이에 바울은 "그러므로 내가 나의 안수함으로 네 속에 있는 하나님의 은사를 다시 불일 듯 하게 하기 위하여 너로 생각하게 하노니"(딤후 1:6)라고 함으로써 디모데가 안수를 받았을 때에 하나님으로부터 받은 은사를 불일 듯 하게 다시 일으키고 있다. 이것은 바울이 그동안 자신이 성령의 권능 아래에서 행한 이 은사를 내려놓고 있는 시점에 이르러 ① 이제 바울의 사역을 디모데가 이어받아 수행해야 하는 전환점에 서 있다는 사실과, ② 이 일로 말미암아 성령의 은사가 어떤 이유로든 소멸하지 않을 것이라는 바울의 강력한 소망을 담고 있다.

무엇보다도 디모데에게는 성령의 은사를 받은 증거들이 확실하게 나타나고 있었다. 이에 바울은 "하나님이 우리에게 주신 것은 두려워하는 마음(영)이 아니요 오직 능력과 사랑과 근신하는 마음(영)이니"(딤후 1:7)라고 말한다.

본문에서 사용된 '마음'(πνευμα : 영)이라는 단어는 성령을 지시하고 있다.313) 디모데는 두려워하는 영이 아닌 성령으로 말미암아 능력과 사랑과 절제와 같은 은사들을 이미 발휘하고 있었다. 때문에 디모데는 바울이 복음 증거로 인하여 갇힌 것에 대해 부끄러워할 이유가 없다.

---

311) J. Calvin, 디모데전후서, p. 545.

312) James Baker, 디모데후서, p. 274.

313) William Handriksen, 목회서신, p. 305.

오히려 하나님의 능력으로 무장된 사람은 세상의 소요 때문에 당황하지 않으며, 불경건한 자들이 자신을 치욕으로 덮고 있는 것을 영예로 여기게 된다. 왜냐하면 하나님은 자신에 대해서 증거하고, 그렇게 함으로써 하나님께 영광을 돌리는 임무를 주의 종들에게 부여하셨기 때문이다(행 1:8). 세상이 복음의 가르침에 대해서 증오심을 보이면 보일수록 목사와 교사들은 더욱더 용감하게 자신의 수고를 통해서 복음을 공공연히 증거함이 마땅하다.

이런 점에서 바울은 자신이 감옥에 갇힌 것을 조금도 부끄럽게 여기지 않았다. 또한 감옥에 갇힌 일이 수치스러운 일도 아니다. 바울은 주를 위해 갇혀 있기 때문이다. 따라서 바울은 디모데에게 복음으로 인해 고통받을 것을 각오하라고 당부하고 있다. 복음 증거자가 십자가로 말미암아 움츠러들거나 피하려 한다는 것은 결국 복음을 수치로 여기는 것과 다를 바 없다.

오히려 바울은 '하나님의 능력을 좇아' 고난당하는 것을 피하지 않아야 한다고 당부하고 있다. 이것은 하나님이 붙들지 않을 경우 그 어떤 수고도 소용없음을 의미하고 있다. 이로써 바울은 복음 때문에 고난당할 경우 하나님께서 그 고난으로부터 구원해 주실 것이며, 하나님의 능력 안에서 기필코 승리하게 된다는 점을 분명히 밝히고 있다.[314]

2. 성령께서 주시는 은사와 능력 (딤후 1:9-14)

복음 증거에 대한 고난을 두려워하지 말라고 격려한 바울은 자신이 고난을 당하고 있는 그 복음의 내용에 대해 다시 한 번 간략하게 요약하고 있다. "하나님이 우리를 구원하사 거룩하신 소명으로 부르심은 우리의 행위대로 하심이 아니요 오직 자기의 뜻과 영원 전부터 그리스

314) J. Calvin, 디모데전후서, p. 549.

도 예수 안에서 우리에게 주신 은혜대로 하심이라 이제는 우리 구주 그리스도 예수의 나타나심으로 말미암아 나타났으니 그는 사망을 폐하시고 복음으로써 생명과 썩지 아니할 것을 드러내신지라"(딤후 1:9-10).

이것은 디모데로 하여금 자신이 바울로부터 받은 복음을 능력 있게 전파하게 하기 위함이다. ① 이 복음은 하나님의 뜻 안에서 발생했고 예수 그리스도의 오심으로 성취되었다. ② 이 복음에는 사망을 이기는 능력이 있으며 신자들로 하여금 거룩한 생활과 삶을 살아가게 하는 능력에 대한 약속이 담겨 있다. 이 복음을 가리켜 바울은 '바른 말' 혹은 '아름다운 것'(13절)이라고 정의하고 있다.

이러한 의도를 가지고 바울 사도는 "내가 이 복음을 위하여 반포자와 사도와 교사로 세우심을 입었노라"(딤후 1:11)고 선언하고 있다. 이 선언은 디모데로 하여금 자신을 본받아 기탄없이 그리스도를 위하여 온 세상에 복음을 전하는 사역에 헌신하고 부끄러워하지 않도록 격려하기 위함이다.

동시에 바울 사도는 "이로 말미암아 내가 또 이 고난을 받되 부끄러워하지 아니함은 내가 믿는 자를 내가 알고 또한 내가 의탁한 것을 그 날까지 그가 능히 지키실 줄을 확신함이라"(딤후 1:12)고 밝히고 있다. 이것은 부활하신 그리스도께서 현재 이 땅에서 살아가고 있는 신자들의 생명과 일상의 삶을 보호해 주신다는 신뢰를 가지게 하기 위함이다. 이로써 신자들은 하나님과 함께하게 될 흔들리지 않는 미래를 향해 나아가게 된다.

모든 신자들은 하나님께서 세상을 지으시기 전에 이미 하나님의 자녀로 택하심을 받았고, 하나님을 경배하고 복음을 전하는 제사장으로 부름을 받았다. 이와 관련해 베드로 사도 역시 강력하게 동일한 논지를 밝힌 바 있다(벧전 2:6-10).

"성경에 기록되었으되 보라 내가 택한 보배로운 모퉁잇돌을 시온에 두노
니 그를 믿는 자는 부끄러움을 당하지 아니하리라 하였으니 그러므로 믿
는 너희에게는 보배이나 믿지 아니하는 자에게는 건축자들이 버린 그 돌
이 모퉁이의 머릿돌이 되고 또한 부딪치는 돌과 걸려 넘어지게 하는 바
위가 되었다 하였느니라 그들이 말씀을 순종하지 아니하므로 넘어지나
니 이는 그들을 이렇게 정하신 것이라
그러나 너희는 택하신 족속이요 왕 같은 제사장들이요 거룩한 나라요 그
의 소유가 된 백성이니 이는 너희를 어두운 데서 불러내어 그의 기이한
빛에 들어가게 하신 이의 아름다운 덕을 선포하게 하려 하심이라 너희가
전에는 백성이 아니더니 이제는 하나님의 백성이요 전에는 긍휼을 얻지
못하였더니 이제는 긍휼을 얻은 자니라" (벧전 2:6-10).

이처럼 하나님의 택함을 받고 이 땅에서 제사장으로 삶을 살아가는
신자들에게는 장차 하늘나라에서 누리게 될 영광스러운 삶이 약속되어
있다. 이러한 확신 가운데서 바울은 디모데에게 "너는 그리스도 예수
안에 있는 믿음과 사랑으로써 내게 들은 바 바른 말을 본받아 지키고
우리 안에 거하시는 성령으로 말미암아 네게 부탁한 아름다운 것을 지
키라"(딤후 1:13-14)고 당부하고 있다.
선지자들과 예수님의 말씀과 사도들의 가르침을 '바른 말' 혹은 바
른 교훈이라고 한 것은 이것이 바른 생각과 경건한 생활을 불러오기 때
문이다. 이 바른 말은 그리스도 예수 안에 있는 믿음과 사랑으로 시행
되어야 하며, 사랑하고 베푸는 삶으로 증거되어야 한다. 이것을 가리켜
바울은 '네게 부탁한 아름다운 것' 이라고 한다(딤전 6:20 참고).

여기에서 바울은 디모데에게 부탁한 이 교훈을 본받아서 믿음과 사
랑으로 순수하게 지켜야 할 것을 사명으로 제시하고 있다. 따라서 디모
데는 그가 받은 그리스도 예수에 관한 복음에 대한 믿음을 변질시키거
나 부패시키지 않고 그대로 에베소 교회 성도들에게 전해야 한다.

이 사명을 수행함에 있어 디모데는 이미 성령의 은사를 받았다는 사실을 상기시킨 바울은, 성령께서 디모데에게 계속해서 공급해 주시는 힘과 능력에 대해 약속하고 있다. 그 은사는 하나님께서 맡기신 사명을 감당할 수 있는 힘을 주시는 성령으로부터 나와야 한다. 이로써 디모데는 '우리 안에 거하시는 성령으로 말미암아' 그리스도의 복음을 지킬 수 있게 된다.315)

여기에서 우리는 성령의 역사에 관한 가장 기본적인 내용을 알 수 있다. 특히 우리 주님께서 보혜사 성령과 관련해 친히 하신 말씀을 통해서도 이를 확인할 수 있다.

① 성령의 임재에 관하여 / "내가 아버지께 구하겠으니 그가 또 다른 보혜사를 너희에게 주사 영원토록 너희와 함께 있게 하리니"(요 14:16).

② 성령의 은사에 관하여 / "보혜사 곧 아버지께서 내 이름으로 보내실 성령 그가 너희에게 모든 것을 가르치고 내가 너희에게 말한 모든 것을 생각나게 하리라"(요 14:26).

③ 성령의 역사하심에 관하여 / "내가 아버지께로부터 너희에게 보낼 보혜사 곧 아버지께로부터 나오시는 진리의 성령이 오실 때에 그가 나를 증언하실 것이요"(요 15:26).

이처럼 성령께서는 ① 로고스(말씀)이신 그리스도께서 성육신하심과 ② 성육신하신 그 말씀이 성령의 보존 아래 우리 안에 계심과, ③ 그 말씀이 성령의 일하심을 통해 증거됨에 있어서 가장 온전하게 역사하신다는 사실을 알 수 있다. 이 사실을 가장 완전하게 보여준 사건이 오순절날 발생했다.

누가의 기록에 따르면 오순절날에 "그들이 다 성령의 충만함을 받고 성령이 말하게 하심을 따라 다른 언어들로 말하기를 시작하니라"(행

315) Knute Larson, 디모데전후서, 마영례 역, 서울, 디모데, 2000, p. 367.

2:4)고 증거했다. 이처럼 성령의 충만함을 받은 제자들은 성령의 말하게 하심을 따라 '예수는 그리스도라'는 사실을 증언했다.

이와 같은 맥락에서 바울 사도가 다메섹에서 '예수를 그리스도라' 증언하였던 것(행 9:22) 역시 바울 사도가 성령의 임재와 성령의 은사와 성령의 역사하심 가운데 있었음을 보여주고 있다. 이 사실을 근거로 바울은 자신을 '그리스도 예수의 사도'(딤후 1:1)라고 밝혔던 것이다. 그리고 마침내 이 놀라운 일은 바울을 통해서 디모데에게 전승되고 있음을 여기에서 볼 수 있다.

그렇다면 디모데에게 있어서 '성령의 충만함'은 다름 아닌 바울 사도의 길, 곧 '예수는 그리스도라'고 증거하는 것에서 동일하게 증명이 될 것이다. 그 길은 앞서 바울이 "너는 내가 우리 주를 증언함과 또는 주를 위하여 갇힌 자 된 나를 부끄러워하지 말고 오직 하나님의 능력을 따라 복음과 함께 고난을 받으라"(딤후 1:7)고 했던 그 길을 가는 것이기도 하다. 그리고 지금 우리들 역시 디모데가 걸었던 그 길을 가고 있어야 한다. 이것이 바로 오순절과 바울 사도와 그후 모든 복음의 사역자들에게서 공통적으로 발견되는 '성령의 충만함'이다.

3. 복음에 충성한 오네시보로의 모범 (딤후 1:15-18)

바울은 그리스도 예수 안에 있는 믿음과 사랑을 불러오는 바른 교훈을 본받도록 디모데를 독려하기 위해 최근 바울의 옥중 생활과 관련되어 발생한 일련의 사건들을 제시하고 있다. 바울 사도가 "아시아에 있는 모든 사람이 나를 버린 이 일을 네가 아나니 그 중에 부겔로와 허모게네가 있느니라"(딤후 1:15)고 구태여 두 사람의 이름을 밝히고 그들이 바울을 떠난 이야기를 하는 이유도 여기에 있다.

그들이 구체적으로 어떤 일을 했는지는 확실치 않지만 잘 알려진 인물들이었음이 분명하다. 그들이 바울을 버림은 단순히 개인적인 친분 관계를 떠나 진리를 저버린 일과 관련된 것으로 보인다(딛 1:14). 바울이 생명의 위협을 무릅쓰고 바른 교훈을 전파하는 교회 공동의 목적을 고수하고 있을 때 그들은 바울을 배신하여 떠났기 때문이다.

이에 바울은 그들의 배신으로 말미암아 발생할 수 있는 바울에 대한 모종의 중상모략적인 공격에 제동을 걸고자 하는 의미로, 그리고 그 일과 관련해 교회가 동요하는 일이 없도록 하기 위해 그들의 이름을 거론하고 있다. 그리스도인의 전투에서 이탈한 자들은 복음의 신실하고 정직한 사역자들에 대항해서 퍼부을 수 있는 온갖 비난을 고안해 냄으로써 자신의 수치스러운 행동을 변명하려 들기 때문이다.316)

반면에 바울은 오네시보로가 바울을 향해 보인 충성심에 대해 축복함으로써 바울을 배신한 자들과의 차별성을 제시하고 있다. "원컨대 주께서 오네시보로의 집에 긍휼을 베푸시옵소서"(딤후 1:16). 그리고 오네시보로가 바울에게 어떻게 대했는가를 보여주고 있다. "저가 나를 자주 유쾌케 하고 나의 사슬에 매인 것을 부끄러워 아니하여 로마에 있을 때에 나를 부지런히 찾아 만났느니라"(딤후 1:17).

여기에서 바울은 오네시보로를 통해 고난을 부끄러워하지 않는 신실한 신자의 본을 보여주고 있다. 오네시보로는 바울이 온종일 로마 군병에 의해 사슬이 매여 있는 몸이었음에도, 그리고 바울을 방문하는 일에 늘 위험이 뒤따름에도 불구하고 자주 바울을 찾아 위로하고 바울의 마음을 유쾌하게 만들었다.

본문에는 자세하게 나타나 있지 않지만 이 서신을 기록할 즈음 오네시보로는 이 세상 사람이 아니었던 것으로 보인다. '주께서 오네시보로의 집에 긍휼을 베푸시옵소서' 라는 바울의 기원에서 그러한 분위기

---

316) J. Calvin, 디모데전후서, p. 558.

를 찾을 수 있다.[317] '긍휼을 베푸시옵소서' 란 문구는 이곳 외에 신약 어디에도 없다. 또한 이 서신을 기록할 즈음 그가 분명히 바울 곁에도 없었고 에베소에도 없었다는 사실도 이를 입증해 주고 있다. 이러한 정황들은 오네시보로가 자신의 생명을 다하기까지 바울에게 신실한 동지가 되었으며, 이것은 오네시보로가 바울의 복음 전파 사역에 함께 참여했음을 암시하고 있다.

이런 이유에서 바울은 "원컨대 주께서 저로 하여금 그 날에 주의 긍휼을 얻게 하여 주옵소서 또 저가 에베소에서 얼만큼 나를 섬긴 것을 네가 잘 아느니라"(딤후 1:18)는 말로 디모데 역시 오네시보로의 모범을 따라 끝까지 주의 복음을 위한 충성된 일꾼이 되기를 독려하고 있다.

'원컨대 주께서 저로 하여금 그 날에 주의 긍휼을 얻게 하여 주옵소서' 라는 축원은 그리스도의 심판대에서 오네시보로에게 충분한 상급이 주어지기를 바라는 바울의 마음을 표현한 것으로 여기에는 종말론적 소망이 담겨 있다. 이러한 표현은 "평강의 하나님이 친히 너희로 온전히 거룩하게 하시고 또 너희 온 영과 혼과 몸이 우리 주 예수 그리스도 강림하실 때에 흠 없게 보전되기를 원하노라"(살전 5:23)에서도 발견된다.

이러한 바울의 소망은 이 땅에서 얻을 수 있는 보상을 바라기보다는 종말의 날에 있을 상급을 바라보게 한다. 동시에 바울은 성도들을 향해 선을 행하는 자에게는 지금 당장에 인간의 손에서 보상을 받는 것보다 훨씬 더 풍성한 보상이 기다리고 있다는 점을 강조하고 있다. 특별히 하나님께서는 신자들의 공로에 따라 보상하는 것이 아니라 그들의 죄를 용서하시고, 자신을 엄격한 심판관이 아니라 인자하고 친절한 아버지로서 나타나시는 것이 가장 뛰어난 보상이 되기 때문이다.[318]

---

317) William Handriksen, 목회서신, p. 318.

318) J. Calvin, 디모데전후서, p. 559.

놀랍게도 이 보상은 하나님께서 친히 아브라함에게 "두려워하지 말라 나는 네 방패요 너의 지극히 큰 상급이니라"(창 15:1)고 선포하신 말씀을 통해서 확실하게 주의 자녀들에게 약속되었다. 우리가 아브라함을 가리켜 믿음의 조상이라고 믿는다면, 하나님께서 아브라함에게 약속하신 이 말씀도 역시 우리들에게 약속하신 말씀으로 믿고 받아들여야 한다.

| 기 도 |

영원 전부터 그리스도 예수 안에서 우리에게 주신 은혜대로 우리를 구원하고 구별하여 일꾼으로 삼으신 하나님께 감사를 드립니다.

이 놀라운 은혜를 따라 우리는 더 이상 사망에 속박되지 아니하고 영원한 생명에 참여하게 되었습니다. 이것이 우리에게 전해진 복음의 핵심이기에 우리는 이 복음을 따라 사는 것이 가장 큰 영광이고 기쁨입니다.

혹 이 세상에 사는 동안 이 복음을 따라 사는 일로 말미암아 우리에게 고난이 온다 할지라도 그 고난을 피하지 않게 하옵소서. 또한 이 일로 인하여 부끄러운 일을 당한다 할지라도 담담하게 복음을 따라 살게 하옵소서.

복음의 내용을 따라 우리의 삶에서 온전하게 실천하는 것이 바로 '성령의 충만함'이라는 사실을 굳게 붙잡고 살아가게 하옵소서. 이러한 일에 우리의 믿음이 더욱 더 단단해져서, 성숙한 그리스도의 군사로 살아가게 하옵소서.

우리 주 예수 그리스도의 이름으로 기도합니다.

〈3〉

복음의 계승을 위한 교회의 충성과 헌신

디모데후서 2:1-13

내 아들아 그러므로 너는 그리스도 예수 안에 있는 은혜 가운데서 강하고 또 네가 많은 증인 앞에서 내게 들은 바를 충성된 사람들에게 부탁하라 그들이 또 다른 사람들을 가르칠 수 있으리라

너는 그리스도 예수의 좋은 병사로 나와 함께 고난을 받으라 병사로 복무하는 자는 자기 생활에 얽매이는 자가 하나도 없나니 이는 병사로 모집한 자를 기쁘게 하려 함이라 경기하는 자가 법대로 경기하지 아니하면 승리자의 관을 얻지 못할 것이며 수고하는 농부가 곡식을 먼저 받는 것이 마땅하니라

내가 말하는 것을 생각해 보라 주께서 범사에 네게 총명을 주시리라 내가 전한 복음대로 다윗의 씨로 죽은 자 가운데서 다시 살아나신 예수 그리스도를 기억하라 복음으로 말미암아 내가 죄인과 같이 매이는 데까지 고난을 받았으나 하나님의 말씀은 매이지 아니하니라

그러므로 내가 택함 받은 자들을 위하여 모든 것을 참음은 그들도 그리스도 예수 안에 있는 구원을 영원한 영광과 함께 받게 하려 함이라

미쁘다 이 말이여 우리가 주와 함께 죽었으면 또한 함께 살 것이요 참으면 또한 함께 왕 노릇 할 것이요 우리가 주를 부인하면 주도 우리를 부인하실 것이라 우리는 미쁨이 없을지라도 주는 항상 미쁘시니 자기를 부인하실 수 없으시리라

바울은 '은혜와 긍휼 그리고 평강'을 기원하는 인사말로 본 서신을 시작하면서 바울과 디모데의 하나님이시며 조상들의 하나님께 감사를 드린다. 바울은 '사랑하는 아들' 디모데와 헤어질 때 디모데가 흘렸던 눈물을 회상하면서, 그리스도를 믿는 디모데의 거짓 없는 믿음으로 말미암아 디모데를 다시 만나게 될 기쁨을 갈망하는 심정으로 이 서신을 기록하고 있음을 밝히고 있다.

바울은 디모데가 외할머니 로이스와 어머니 유니게 안에서 먼저 보여진 믿음을 이어 받았으며 그들이 행했던 믿음을 계승하고 지켜야 할 이유를 제시하고, 디모데가 장로회에서 안수를 받음으로써 디모데가 받았던 하나님의 은사를 불 일 듯하게 일으켜야 한다고 격려했다. 이것은 바울 자신이 동일한 역사적인 믿음을 지켰으며, 아직도 그 믿음을 지키고 있는 모범을 디모데에게 보였던 것처럼 이제 디모데 역시 자신의 믿음을 계속해서 지키라고 독려하기 위함이다.

이런 이유에서 바울은 디모데가 바울과 함께 복음을 위해 기꺼이 함께 고난에 참여하기를 바라고 있다. 이처럼 고난을 감수해야 하는 것은 그들이 하나님의 무한한 능력으로 효과적인 복음의 부르심의 결과 얻게 된 구원을 베풀어 주신 하나님의 은혜 때문이다.

여기에 복음의 본질이 담겨 있다. 곧 구원을 베풀어주시는 하나님의 은혜는 ① 영원 전부터 그리스도 예수 안에서 그들에게 주신 것이며, ② 그리스도 예수의 나타나심으로 말미암아 그 은혜가 드러났기 때문이다. 따라서 디모데는 영혼과 육신이 다 같이 썩지 않는 생명을 덧입게 될 그 날을 기쁨으로 고대해야 한다. 바울 역시 그리스도의 영화로운 몸에 연합하였기에 그 날을 소망하고 있다고 밝히고 있다.

이처럼 영광스러운 미래에 대한 확실성에 근거하여 디모데는 바울이 전해준 바른 복음을 본받고 그 말씀을 지켜야 한다. 이 일은 그리스도 예수 안에 있는 믿음과 사랑으로만 행할 수 있다. 동시에 디모데는 하나님께서 맡기신 복음 사역을 수행해야 한다. 이 일은 내주하시는 성령께서 힘과 능력을 주심으로써 이룰 수 있다.

확실히 복음 사역자들에게는 바울이 그랬던 것처럼 ① 영원 전부터 그리스도 예수 안에서 그들에게 주신 하나님의 은혜와 ② 그리스도 예수의 다시 오실 것이라는 확고한 소망과 ③ 성령께서 아낌없이 베풀어 주시는 힘과 권능을 필요로 한다. 끝으로 바울은 많은 사람들이 바울을 떠났지만 오네시보로의 신실하고 헌신적인 희생이 있었다는 사실을 기리며 디모데 역시 오네시보로의 모범을 기억할 것을 요청하는 것으로 1장을 마치고 있다.

2장에서 와서 바울은 디모데가 ① 두려움 없이 복음을 전파하도록 부르심을 받았기 때문에 스스로 강해져야 한다고 격려하고 있다. 뿐만 아니라 ② 이 일을 이어받을 신실한 신자들을 향하여 복음의 메시지를 전달해야 할 것과, ③ 바울과 마찬가지로 오직 한 마음을 품고 부지런히 일하고 고난을 각오할 것과, ④ 아무 유익이 없는 헛된 변론을 피하고 결국에는 승리하지 못할 헛되고 망령된 말이 전파되는 것을 경계하라고 권면하고 있다.

1. 교회의 승인 아래 계승되어야 하는 사도의 가르침 (딤후 2:1-7)

바울은 먼저 디모데에게 '은혜 안에서'(1절) 강하여지고 사도의 가르침을 충성된 사람들에게 부탁하라고 권면하고 있다. 여기에서 바울은 아시아의 연약한 사람들(딤후 1:15)과는 질적으로 다른 지도자가 되어야 할 것과, 이런 점에서 모범을 보인 오네시보로(딤후 1:16-18)와 같이 될 것을 상기시키고 있다.

이러한 맥락에서 바울은 디모데를 향하여 "내 아들아 그러므로 네가 그리스도 예수 안에 있는 은혜 속에서 강하고 또 네가 많은 증인 앞에서 내게 들은 바를 충성된 사람들에게 부탁하라 저희가 또 다른 사람들을 가르칠 수 있으리라"(딤후 2:1-2)고 권면하고 있다.

디모데는 성령에 의해서 자기에게 맡겨진 복음을 잘 지켜야 했듯이 이제 은혜 안에서 힘을 내야 한다. 1절에서 '강하고'($\epsilon\nu\delta\upsilon\nu\alpha\mu\omega\nu$)라는 말은 '네 자신을 강하게 하라'는 말로 본문에서는 선한 싸움을 싸우는 데 필요한 힘은 그 자신의 힘이 아니라 예수 그리스도의 사랑과 은혜로부터 나온다는 사실(고전 15:10; 빌 4:13)을 강조하고 있다.[319] 이것은 그리스도에게 속하는 사람 모두가 그리스도로부터 나오는 은혜와 능력을 가지고 있어야 한다는 사실을 상기시키고 있다.

그리스도의 은혜 안에서 디모데는 이제 바울이 자신에게 전해준 복음을 성도들에게 전달해야 한다. 사도가 전해준 복음을 간직하고 있는 교회라면 사도가 전해준 복음을 받아들인 회원들을 통하여 계속해서 이 복음이 계승되어야 한다. 이처럼 계승된 복음에 근거한 믿음을 가리켜 '순수하고 거짓이 없는 믿음'이라고 한다. 이 말은 곧 복음이 계승될 때 결코 변질되지 않아야 한다는 사실을 강조하고 있다. 그리고 변질되지 않은 복음에 근거한 이 믿음은 교회의 감독들, 곧 목회자들을 통해 성도들에게 온전하게 전달되어야 하며 동일한 내용으로 보전되어야 한다. 바로 이 일을 위해 디모데는 안수를 받았다(딤전 4:14; 6:12).

디모데가 사도로부터 '바른 말의 본'을 전수받았다는 사실은 디모데가 가지고 있는 복음은 결코 디모데가 소유권을 주장할 수 없음을 전제하고 있다. 특히 이것은 복음에 관한 신조의 본질에 관한 내용과 복음의 진리에 관한 것으로서 디모데는 그 어떤 이유에서든 사적으로 이 복음을 개조하거나 변질시킬 수 없다는 사실을 강조하고 있다.

---

319) A. C. Hrevey, 디모데전후서, 풀핏 성경주석 23권, 풀핏주석번역위원회 역, 보문출판사, 1983, p. 386.

　이 복음을 순수하게 보전하고 계승하는 일은 이제 디모데의 책임 아래 위임되었다. 그리고 온 교회가 찬성하고 확증하기 위해 장로회에서 디모데가 안수를 받은 것으로 그에 대한 증표를 삼았다. 따라서 이제부터 디모데는 이 '바른 교훈의 본'을 충성된 사람들에게 전달함으로써 이 복음이 교회 안에서 끊임없이 계승되어 나가게 해야 한다.

　여기에서 '충성된 사람들'이라는 말은 모두가 공유하고 있는 보편적인 믿음의 분량이라기보다는 그들에게 특별히 주어진 '큰 분량의 믿음을 가진 사람들'을 의미한다. 즉 이 충성된 사람들은 ① 자신들에게 위탁된 가르침에 대한 기억과 그것을 영원히 존속시키는 능력을 소유해야 하며, ② 탐욕과 악의와 비겁함 때문에 그들이 받은 복음을 떠나지 않아야 한다는 점에서 요구되는 특별한 성격의 충성을 행할 수 있는 사람들을 가리킨다.[320]

　그리고 ③ 충성된 사람들 중에서도 요구되는 또 하나의 자질은 바로 '가르치는 능력'을 겸비하고 있어야 한다는 점이다. 복음을 위해 헌신한 사람들이라고 해서 모두 가르치는 능력을 겸비할 수 있는 것은 아니기 때문이다. 이처럼 가르치는 능력을 겸비한 충성된 사람들은 디모데가 '부탁한 것'을 다른 사람들에게 전해야 한다. 이로써 '충성된 사람들'은 교회 안에서 복음을 설교하고 파수하고 가르치는 사역을 행하는 직분자들을 염두에 두고 있음을 보여준다.

　앞선 서신에서도 바울은 디모데에게 "디모데야 네게 부탁한 것을 지키고 거짓되이 일컫는 지식의 망령되고 허한 말과 변론을 피하라"(딤전 6:20)고 말한 바 있다. 이때 '부탁한 것'($\pi\alpha\rho\alpha\theta\eta\kappa\eta\nu$)은 법률적인 단어로 '기탁물'(deposit) 또는 '담보물'(guarantee)을 의미한다. 여기에서는 바울이 디모데에게 위탁한 복음을 가리키고 있다.

---

320) J. Calvin, 디모데전후서, p. 561.

다시 말하자면 바울이 디모데에게 전해준 복음은 일종의 기탁물 혹은 담보물과 같은 성질을 가지고 있다는 점을 강조하고 있다. 따라서 이 복음을 받은 디모데는 바울로부터 받은 복음을 일종의 기탁물 또는 담보물로 여겨야 한다. 이때 기탁물 혹은 담보물은 그 어떤 이유를 막론하고 자신이 임의로 그 내용이나 성격을 변경시키거나 변질시킬 수 없다는 점을 강조하고 있다.

바울의 가르침이 디모데에게 위탁되었던 것처럼 이제 디모데는 바울의 가르침을 다른 사람들에게 위탁하는 자리에 서게 되었다. 그리고 이 사람들은 디모데로부터 받은 담보물을 또 다른 사람들에게 위탁해야 한다. 이 사실은 바울이 위탁한 '바른 교훈의 본'은 언제나 어디에서든 동일한 것이어야 하며, 교회와 장로들의 승인 아래에서 계승되어야 한다는 사실을 강조하고 있다.321)

바울은 교회에게 위탁된 사도의 가르침이 계속 계승되어야 할 것을 강조하기 위해 디모데에게 "너는 그리스도 예수의 좋은 병사로 나와 함께 고난을 받으라"(딤후 2:3)고 부탁하고 있다. 여기에서 보는 것처럼 디모데와 같이 복음을 계승하는 충성된 사람들(이들은 특별히 가르칠 수 있는 은사를 가지고 있는 직분자들)을 가리켜 바울은 '그리스도 예수의 좋은 병사'(3절) 곧 '그리스도 예수의 좋은 군사'라고 부르고 있다.

이제 디모데는 '그리스도 예수의 좋은 군사'로서 자신의 상관인 바울에게 소속되어 있으며, 언제나 예수의 십자가가 앞장서서 전진하고 있는 전쟁에 종군하고 있는 군사로 부름을 받았다. 따라서 디모데는 '그리스도 예수의 좋은 군사'로서 그 어떤 위기가 닥친다 할지라도 겁을 먹고 돌아서지 않아야 하며 기꺼이 바울이 겪었던 그 고난에 동참해야 한다.

디모데가 바울이 겪었던 고난에 기꺼이 동참하는 모범을 보임으로

---

321) A. C. Hrevey, 디모데전후서, p. 386.

써, 디모데로부터 사도들의 복음을 위탁받은 충성된 사람들 역시 디모데와 동일한 모범을 행하게 될 것이다. 나아가 그들 역시 또 다른 사람들에게 모범을 보임으로써 그들 모두 앞장서서 바울처럼 그리스도의 뒤를 따르게 되는 것이다. 이런 방식으로 복음을 위탁받은 충성스러운 사람들은 일사분란하게 십자가를 앞세운 바울의 뒤를 따르게 되는 것이다. 그리고 그들에게서 나타나는 하나의 공통점은 바로 복음으로 인한 바울의 고난에 그들 역시 함께 동참하고 있다는 사실이다.

그러나 바울이 제시한 고난은 일반적으로 전쟁터에 나아가는 군인들이 겪는 고난과는 다른 성격을 가지고 있다. 이와 관련해 바울은 다음과 같이 제시하고 있다. "병사로 복무하는 자는 자기 생활에 얽매이는 자가 하나도 없나니 이는 병사로 모집한 자를 기쁘게 하려 함이라 경기하는 자가 법대로 경기하지 아니하면 승리자의 관을 얻지 못할 것이며 수고하는 농부가 곡식을 먼저 받는 것이 마땅하니라"(딤후 2:4-6).

여기에서 보는 것처럼 군사들이라면 자기 생활에 얽매이지 않고 전적으로 자기를 고용한 주인을 기쁘게 해야 한다. 이것은 모든 군사들에게 요구되는 보편적인 임무이다. 이 또한 그리스도의 군사들에게도 동일하게 요구되는 임무이기도 하다. 반면에 모든 군사들이 법대로 경기하는 경기자가 될 수는 없다. 이 점이 일반적인 군사들과 다른 그리스도의 군사들에게 요구되는 의무이다. 그리스도의 군사는 경기장에 임하는 선수처럼 규정과 규칙을 따라야 한다.

디모데는 사도의 복음을 계승함에 있어 자신이 그리스도의 군사가 되어 ① 전투에 임하는 것처럼 전심전력을 다하며 ② 경주하는 선수처럼 법대로 해야 하며 ③ 열심히 일하는 농부처럼 힘껏 수고해야 한다.

이상의 권면을 마친 바울은 "내가 말하는 것을 생각해 보라 주께서 범사에 네게 총명을 주시리라"(딤후 1:7)고 다짐하고 있다. 바울이 이 말을 덧붙이는 것은 디모데로 하여금 그리스도의 지휘 아래에서 전투에 임하고 있다는 사실이 얼마나 보람되며, 그 보상이 얼마나 풍성한가를 깊이 생각하도록 하기 위함이다.[322]

2. 사도의 복음과 교회에 보인 모범 (딤후 2:8-9)

'그리스도 예수의 좋은 군사'로서 기꺼이 바울이 겪었던 고난에 동참해야 하는 디모데와 충성된 사역자들에게 바울은 자신이 봉사하고 있는 복음의 본질에 대해 구체적으로 밝히고 있다. 이것은 맹렬한 고난 속에서도 자신들의 직분에 충성함에 있어 확실한 위로가 필요하기 때문이다.

복음에 충성하는 사람들, 곧 복음의 사역자들은 자신에게 다가오고 있는 죽음마저도 두려워해서는 안 된다. 그리고 바울 사도가 "이제는 우리 구주 그리스도 예수의 나타나심으로 말미암아 나타났으니 저는 사망을 폐하시고 복음으로써 생명과 썩지 아니할 것을 드러내신지라"(딤전 1:10)고 이미 밝힌 것처럼 사망을 물리치신 그리스도 예수를 온전히 신뢰하도록 독려하기 위함이다.

이에 바울은 "내가 전한 복음대로 다윗의 씨로 죽은 자 가운데서 다시 살아나신 예수 그리스도를 기억하라"(딤후 2:8)고 말하고 있다. 여기에서 바울은 역사적인 사건을 제시하고 있다. '예수 그리스도'란 말은 '예수는 곧 그리스도라'는 바울의 신학적 해석(행 9:22)에 근거하고 있다. 이 '예수 그리스도'는 '다윗의 씨'로 사망이 지배하고 있는 역사의 영역에 오신 분이시다.

이 구절은 그리스도의 인성을 확증할 뿐 아니라, 그에게 주어진 '메

---

322) J. Calvin, 디모데전후서, p. 564.

시아의 영예와 명칭'을 강조하고 있다.[323] 이로써 바울은 그리스도께서 다윗의 후손이라는 점을 밝힘으로써 예수님은 인성을 입고 마리아의 아들로 태어나신 참 인간이셨음을 단언하고 있다.

비록 이 세상의 역사에서는 예수님이 오래 전에 약속된 메시아라는 사실이 당대의 사람들인 유대인들과 본디오 빌라도에 의해 부정되었다. 하지만 바울은 그분이 다윗의 자손이며, 메시아가 나와야 할 가문인 요셉과 마리아에 의해 출생하셨다는 역사적 사실을 강조하고 있다. 또한 예수님은 죽는 데까지, 곧 십자가에서 죽기까지 성부 하나님께 순종함으로써(행 2:36; 빌 2:5-11) 그에 대한 보상으로 그리스도로 인정되셨다.

나아가 예수 그리스도는 사망이 지배하는 영역에서 단번에 부활하여 일어나셨기 때문에, 그는 이제 영원히 부활하신 분이며 살아계신 분(계 1:17-18)이시다. 또한 그리스도께서 부활하신 것은 자신을 위해서가 아니라 신자들을 위해서 일어나셨기 때문에 그리스도의 부활 속에는 신자들의 구속과 종말론적인 구원의 완성이 담겨 있다. 이처럼 부활하신 그리스도는 생명의 주가 되시며(11절) 다윗의 법적인 후사로서 다윗의 영광스러운 왕권을 가지신 분(12절)으로 아버지이신 하나님의 오른편 보좌에 앉아 계시는 분이다.

때문에 그리스도는 그의 군사들을 기꺼이 도우시며 고유한 직무를 수행할 수 있게 하실 뿐 아니라 그렇게 하시는 분이다. 우주의 역사의 고삐를 자신의 손에 쥐고서 교회를 위하여 그리고 하나님께 영광이 되도록 세상만사를 계속해서 통치하는 분이기 때문이다. 이런 점에서 그리스도의 군사들은 어떤 고난 가운데서도 용기를 잃지 않아야 한다.

이처럼 예수 그리스도를 항상 살아 계시고 왕노릇하시는 분이라고

---

323) J. Calvin, 디모데전후서, p. 565.

하는 것은 다름 아닌 '나의 복음과 같이' 한 것이라고 바울은 말한다. 그것이 바울의 복음인 것은 ① 바울이 직접 예수님의 계시에 의해서 그 복음을 받았으며(갈 1:12), ② 바울은 그 복음의 반포자이며 사도이고 교사로 임명되었기 때문이며(딤후 1:11), ③ 비록 죽음을 앞두고 있다 할지라도 바울은 아직도 온 마음을 다 기울여 이 복음을 고수하고 있기 때문이다.324) 이에 바울은 이 복음이 후대에까지 변질되지 않고 그대로 전달되기를 바라기 때문에 바울이 제시한 복음의 핵심을 '기억하라'고 당부하고 있다.

그럼에도 불구하고 복음의 본질을 잘 알지 못하는 사람들은 바울이 감옥에 갇혀있다는 사실만을 근거로 바울의 복음을 부정하는 이들이 있었다. 이에 바울은 복음의 사역자들이 대적자들에게 공격과 모독을 당하는 일들에 대해 용기를 잃지 않도록 하기 위해 하나님의 능력에 의해서 복음만이 세상의 모든 장애물들을 타파할 수 있다는 사실을 밝히고 있다.

이런 이유에서 바울은 "복음으로 말미암아 내가 죄인과 같이 매이는 데까지 고난을 받았으나 하나님의 말씀은 매이지 아니하니라"(딤후 2:9)고 말하고 있다. 바울은 이 복음으로 인하여 비록 죄수가 되어 옥에 갇혀 있다 할지라도 하나님의 말씀은 결코 매일 수 없다는 사실을 강조하고 있다.

"풀은 마르고 꽃은 시드나 우리 하나님의 말씀은 영영히 서리라 하라"(사 40:8)는 이사야 선지자의 외침과 같이, 이 세상에서는 하나님의 말씀을 제한할 방법이 없다. 이 사실은 비록 바울 자신이 복음 전파의 자유를 박탈당하고 있는 상황이라 할지라도 "형제들아 나의 당한 일이 도리어 복음의 진보가 된 줄을 너희가 알기를 원하노라"(빌 1:12)고 밝힌 것처럼, 여전히 복음은 다른 이들을 통해 널리 전파되고 있다는 사실에

---

324) William Handriksen, 목회서신, p. 333.

서도 확인되고 있다.

때문에 바울은 "아름다운 소식을 시온에 전하는 자여 너는 높은 산에 오르라 아름다운 소식을 예루살렘에 전하는 자여 너는 힘써 소리를 높이라 두려워 말고 소리를 높여 유다의 성읍들에 이르기를 너희 하나님을 보라 하라"(사 40:9)는 이사야 선지자의 선언과 같이 주의 말씀이 달음질하여 영광스럽게 될 것(살후 3:1)을 복음 사역자들이 확신해야 한다고 격려하고 있다.[325]

3. 고난에 참여하는 유익과 그리스도의 신실하심 (딤후 2:10-13)

주의 말씀이 널리 전파되는 생명력에 대한 사실에 근거하여 바울은 자신의 구금이 대적자들에 의해 조소의 원인이 되는 것이 아니라, 자신의 고난이 오히려 신자들에게는 하나님께서 그의 교회를 세우시며 택함 받은 사람들에게 유익을 주신다는 사실을 알게 되는 계기임을 밝히고 있다. "그러므로 내가 택하신 자를 위하여 모든 것을 참음은 저희로도 그리스도 예수 안에 있는 구원을 영원한 영광과 함께 얻게 하려 함이로다"(딤후 2:10).

바울은 모든 성도들을 복음의 소망 안에 굳건히 세우기 위해 복음의 일꾼이 되었음을 밝힌 바 있다. "내가 이제 너희를 위하여 받는 괴로움을 기뻐하고 그리스도의 남은 고난을 그의 몸된 교회를 위하여 내 육체에 채우노라"(골 1:24)고 말했던 것처럼 교회를 세우는 것이 사도의 직무이기 때문이다. 바울은 하나님께서 행하시는 구속 사역의 완전한 수행을 위하여 자신이 고난 받는 것은 십자가에서 고난 받기까지 구속을 완성하신 그리스도의 모범을 따르는 것으로 이해하고 있었다.

바울은 자신의 안전보다 교회를 세우는 문제가 더 중요하다는 점을

325) James Baker, 디모데후서, p. 306.

잘 알고 있었다. 오히려 교회의 안녕을 증진하기 위해서라면 죽을 뿐
아니라 범죄자로 취급받는 것까지 기꺼이 받아들이고 있다. 이것은 바
울이 자신의 고난을 그리스도의 몸, 즉 교회를 위해서 고난의 부족한
것을 채우는 것으로 이해하고 있음을 보여주고 있다.326)

따라서 교회를 세워나가기 위한 바울의 고난은 교회의 시작을 위한
그리스도의 고난과 연속성을 가지고 있다. 이것은 하나님께서 복음을
확장하고 교회를 세움으로써 성도들을 구원하시고자 하는 계획을 이루
기 위해 사도들을 부르신 목적과 부합된다. 이러한 하나님의 부르심에
대한 바울의 이해는 "내가 교회 일꾼된 것은 하나님이 너희를 위하여
내게 주신 경륜을 따라 하나님의 말씀을 이루려 함이니라"(골 1:25)에서
확인된다.

이런 이유에서 바울은 복음의 군사들을 향해 "미쁘다 이 말이여 우
리가 주와 함께 죽었으면 또한 함께 살 것이요 참으면 또한 함께 왕 노
릇 할 것이요 우리가 주를 부인하면 주도 우리를 부인하실 것이라"(딤후
2:11-12)고 말하고 있다. 바울은 자신을 포함한 신자들이 이미 부활하신
그리스도와 함께 죽었다는 사실을 근거로 그들이 부활할 것을 확신하
고 있다. 또한 그리스도께서 고난당하심으로써 자신을 하나님께 순종
하셨던 것처럼 고난에 참여한 신자들 역시 그리스도의 심판대에서 영
원한 멸망으로부터 건짐을 받게 되는 긍휼을 입게 될 것을 확신하고 있
다(롬 8:17).

이처럼 성도들이 긍휼을 입게 되는 것은 현재의 고난이 미래에 임한
하나님 나라의 영광과 밀접한 관계를 이루기 때문에 가능하다(행 14:22;
살후 1:4-5). 그러나 현실에서 성도들은 주님을 부인할 가능성을 가지고
있다. 성도들의 연약함을 아시는 우리 주님께서도 "누구든지 사람 앞

326) J. Calvin, 디모데전후서, p. 567.

에서 나를 시인하면 나도 하늘에 계신 내 아버지 앞에서 그를 시인할 것이요 누구든지 사람 앞에서 나를 부인하면 나도 하늘에 계신 내 아버지 앞에서 그를 부인하리라"(마 10:32-33)고 경고하신 바 있다.

이러한 맥락에서 바울 역시 '우리가 주를 부인하면 주도 우리를 부인하실 것이라'는 주님의 경고(마 10:32-33)를 되새김으로써 그리스도의 군사들에게 기꺼이 고난을 당할지라도 그 고난을 극복할 수 있는 용기를 독려하고 있다.327)

성도들은 그리스도와 함께 죽는 것이 그리스도와 함께 사는 것보다 우선하고 서로 연결되어 있다. 그리스도와 함께 죽는 것은 그리스도와 함께 살기 위함이기 때문이다. 그리스도의 고난에 참여하는 것은 그리스도와 함께 왕 노릇하기 위한 길이며 과정이다(마 19:28). 그러므로 그리스도를 부인함으로써 결국 그리스도와 관계가 없게 된 사람은 그리스도의 버림을 받아 영원히 비참하게 될 것이다. 그리고 이 사실은 사람들이 믿든지 안 믿든지 그대로 이루어지게 될 것이다.328)

왜냐하면 "우리는 미쁨이 없을지라도 주는 항상 미쁘시니 자기를 부인하실 수 없으시리라"(딤후 2:13)는 확신 때문이다. 그리스도의 경고에도 불구하고 그리스도께서는 성도들에게 언제나 신실하시고 그의 약속들에도 신실하신 분이시다. 또한 그리스도의 경고나 약속은 결코 폐하여지지 않기 때문이다.

그리스도는 자신을 부인하지 않으시고, 그가 선언하신 어떤 말씀도 철회하지 않는 분이시다. "아멘이시요 충성되고 참된 증인이시요 하나님의 창조의 근본이신"(계 3:14) 그리스도는 언제나 성도들에게는 '예'

---

327) James Baker, 디모데후서, p. 310.

328) Matthew Henry, 디모데후서, 메튜헨리주석전집 vol 21, 김영배 역, 고양, 크리스챤다이제스트, 2007, p. 104.

와 '아멘'이시며 '신실한 증인'이시기 때문이다. 여기에서 바울은 그리스도의 신실하심 때문에 그리스도의 군사들이 기꺼이 고난에 참여해야 할 것을 그 이유로 제시하고 있다.

우리가 이러한 바울 사도의 증거를 의심하지 않는다면, 그리고 그리스도께서 친히 하신 이 말씀을 부인하지 않는다면 우리의 모든 생애를 통해서 우리를 군사로 부르신 그리스도의 명령을 따라 살아가야 함이 마땅하지 않겠는가?

| 기 도 |

우리를 그리스도의 군사로 삼으신 하나님께 감사를 드립니다.

주님은 우리의 대장이십니다. 우리는 오직 주님만을 바라보며 그 어떤 두려움도 극복할 것입니다. 무엇보다도 우리에게 주어진 영생의 법을 따라 살겠습니다. 지금 우리가 당하는 고난이 아무리 크다 할지라도 장차 우리가 누릴 하나님 나라의 영광을 결코 막을 수 없습니다.

그리스도와 함께 죽는 것은 그리스도와 함께 살기 위함입니다. 그리스도의 고난에 참여하는 것은 그리스도와 함께 왕 노릇하기 위한 길이며 과정입니다(마 19:28). "아멘이시요 충성되고 참된 증인이시요 하나님의 창조의 근본이신"(계 3:14) 그리스도만을 바라보며 살게 하심에 감사를 드립니다.

우리 주 예수 그리스도의 이름으로 기도합니다.

〈4〉

복음의 계승을 위해 교회에게 주어진 훈령

디모데후서 2:14-26

너는 그들로 이 일을 기억하게 하여 말다툼을 하지 말라고 하나님 앞에
서 엄히 명하라 이는 유익이 하나도 없고 도리어 듣는 자들을 망하게 함
이라

너는 진리의 말씀을 옳게 분별하며 부끄러울 것이 없는 일꾼으로 인정된
자로 자신을 하나님 앞에 드리기를 힘쓰라 망령되고 헛된 말을 버리라
그들은 경건하지 아니함에 점점 나아가나니 그들의 말은 악성 종양이 퍼
져나감과 같은데 그 중에 후메내오와 빌레도가 있느니라 진리에 관하여
는 그들이 그릇되었도다 부활이 이미 지나갔다 함으로 어떤 사람들의 믿
음을 무너뜨리느니라

그러나 하나님의 견고한 터는 섰으니 인침이 있어 일렀으되 주께서 자기
백성을 아신다 하며 또 주의 이름을 부르는 자마다 불의에서 떠날지어다
하였느니라 큰 집에는 금 그릇과 은 그릇뿐 아니라 나무 그릇과 질그릇
도 있어 귀하게 쓰는 것도 있고 천하게 쓰는 것도 있나니 그러므로 누구
든지 이런 것에서 자기를 깨끗하게 하면 귀히 쓰는 그릇이 되어 거룩하
고 주인의 쓰심에 합당하며 모든 선한 일에 준비함이 되리라

또한 너는 청년의 정욕을 피하고 주를 깨끗한 마음으로 부르는 자들과
함께 의와 믿음과 사랑과 화평을 따르라 어리석고 무식한 변론을 버리라
이에서 다툼이 나는 줄 앎이라 주의 종은 마땅히 다투지 아니하고 모든

사람에 대하여 온유하며 가르치기를 잘하며 참으며 거역하는 자를 온유함으로 훈계할지니 혹 하나님이 그들에게 회개함을 주사 진리를 알게 하실까 하며 그들로 깨어 마귀의 올무에서 벗어나 하나님께 사로잡힌 바 되어 그 뜻을 따르게 하실까 함이라

앞 단락(1-13절)을 시작하면서 바울은 디모데에게 "내 아들아 그러므로 너는 그리스도 예수 안에 있는 은혜 가운데서 강하고 또 네가 많은 증인 앞에서 내게 들은 바를 충성된 사람들에게 부탁하라 그들이 또 다른 사람들을 가르칠 수 있으리라"(딤후 2:1-2)며 당부하고 있다.

여기에서 바울은 복음의 사역자로 부름을 받은 '충성된 사람들'이라면 하나님께서 그들에게 주신 직무인 가르치는 것과 복음 전함을 수행함에 있어 견고하고 흔들리지 않아야 한다고 제시하고 있다. 무엇보다도 그들이 가르치고 전해야 할 복음은 사도들로부터 계승했다는 사실을 명심해야 한다.

따라서 이 복음의 내용이 자신이 접하고 있는 현실과 부합하지 않는다는 이유에서 이 복음의 일부를 제외하거나 혹은 이 복음에 다른 것을 더해서는 안 된다. 그들에게 주어진 복음은 일종의 '기탁물'(deposit) 또는 '담보물'(guarantee)과 같아서 받은 그 상태로 가감 없이 보존하고 승계해야 하기 때문이다.

이 놀라운 사명을 수행하기 위해서 이들 충성스러운 복음 사역자들은 ① 영원 전부터 그리스도 예수 안에서 그들에게 주신 하나님의 은혜와, ② 그리스도 예수의 다시 오실 것이라는 확고한 소망과, ③ 성령께서 아낌없이 베풀어 주시는 힘과 권능을 굳게 의지하고 있어야 한다.

왜냐하면 그들이 복음 전함과 관련해 당하는 많은 고난 중에서도 그들은 부활하시고 왕이신 구주 예수 그리스도를 언제나 바라보아야 하기 때문이다.

바울은 이들을 가리켜 기꺼이 '그리스도 예수의 좋은 군사'(딤후 2:3)라고 부르고 있다. 이 말은 복음 사역자들이라면 그들이 그리스도 예수에게 속해 있으며, 동시에 그리스도 예수께서 값을 치르고 선별한 용병들이라는 사실을 강조하고 있다. 이런 이유에서 병사들은 자신의 주인에게 절대적으로 복종해야 한다. "병사로 복무하는 자는 자기 생활에 얽매이는 자가 하나도 없나니 이는 병사로 모집한 자를 기쁘게 하려 함이라"(딤후 2:4)는 바울 사도의 말처럼 복음 사역자들은 주인이신 그리스도 예수를 기쁘시게 하기 위해 철저하게 자신의 모든 삶을 아낌없이 바쳐야 한다.

이처럼 왕이시며 주인이신 그리스도 예수께서는 그처럼 충성하고 헌신하는 복음 사역자들에게 성령의 능력과 힘을 주시며, 나아가 영원한 나라에서 누릴 상으로 보상해 주시는 분이시다(딤후 2:10). 이러한 확고한 신뢰를 바탕으로 바울은 "미쁘다 이 말이여 우리가 주와 함께 죽었으면 또한 함께 살 것이요 참으면 또한 함께 왕 노릇 할 것이요 우리가 주를 부인하면 주도 우리를 부인하실 것이라"(딤후 2:11-12)고 쐐기를 박고 있다.

그렇다 할지라도 이 모든 일에서 바울은 자기 자신뿐 아니라 복음 사역자 그 누구라 할지라도 언제든지 혹은 얼마든지 낙심할 수 있으며, 심지어 예상치 않은 여러 가지 어려운 일을 당함으로써 의기소침에 빠질 수 있음을 부정하지 않는다. 때문에 바울은 복음 사역자들에게 확고한 소망을 심어주어야 했다. 이에 "우리는 미쁨이 없을지라도 주는 항상 미쁘시니 자기를 부인하실 수 없으시리라"(딤후 2:11-13)는 말로 우리의 왕이시며 주인이신 그리스도 예수를 찬송하고 있다.

바울은 복음의 계승과 보존을 위해서 부름을 받은 충성스러운 복음 사역자들을 격려하면서 이 일은 몇몇 복음 사역자들에게만 주어진 사명이 아니라는 사실을 우리에게 교훈으로 주고 있다. 이와 관련해 교회는 마땅히 이들 복음 사역자들을 힘써 지지함으로써 함께 복음을 보존하고 계승하는 일에 참여하고 있어야 한다. 이렇게 함으로써 교회의 모든 성도들도 복음 사역자들이 수행하는 사명에 함께 동참하게 되는 것이다.

복음의 계승과 보존을 위해 부름을 받은 이 놀라운 사명은 모든 세대의 모든 교회에게 주어진 기본적인 사명이다. 이 사실을 밝힌 바울은 그리스도의 복음을 위해 봉사하는 군사들이 충성스럽게 추구해야 할 구체적인 목표를 수행하기 위한 훈령들을 자세하게 제시하고 있다.

1. 거짓 가르침과 언쟁의 위험성 (딤후 2:14)

바울은 디모데에게 "너는 저희로 이 일을 기억하게 하여 말다툼을 하지 말라고 하나님 앞에서 엄히 명하라 이는 유익이 하나도 없고 도리어 듣는 자들을 망하게 함이니라"(딤후 2:14)고 권하고 있다. 이 권면은 그리스도의 군사들에게 전하는 일종의 훈령과 같은 성격을 가지고 있다.

이를 분명히 하기 위해 바울은 '저희로 이 일을 기억하게 하여 말다툼을 하지 말라고 하나님 앞에서 엄히 명하라'고 강조하고 있다. 여기에서 '이 일'은 앞선 8-13절의 권면에 근거하여 이제부터 시작되는 15-26절까지 구체적인 훈령을 모두 포함하고 있다. 특별히 바울은 이 훈령과 관련해 '말다툼'을 하지 말 것을 명령하고 있다. 이 명령은 적극적인 면과 소극적인 면을 담고 있다.

적극적인 면에서 볼 때, 바울이 디모데에게 위탁물로 맡긴 복음은 너무도 중요한 것이므로 한결같이 소중하게 다루어야 한다. 따라서 이 복음은 한두 번 선언하는 것으로 그치지 말고 사람들의 마음에 새겨질 때까지 모든 수고를 아끼지 않아야 한다.[329] 이 일을 위해 그리스도의 군사로 부름을 받았기 때문이다. 바울이 위탁한 복음을 맡은 군사들은 이 복음을 원형 그대로 보존할 뿐만 아니라, 이 복음을 다른 충성스러운 군사들에게도 전해야 한다. 그리스도의 군사들은 이 직무를 자신의 유일한 목표로 삼아야 한다.

소극적인 면에서 볼 때, 복음을 맡은 군사들은 이 복음과 관련해 스스로 쓸모없는 논쟁을 삼가야 한다. 그리고 다른 사람들이 그와 같은 일에 끌려가는 일이 없도록 경계해야 한다. 여기에 사용된 '말다툼'($\lambda o \gamma o \mu \alpha \zeta \epsilon \iota \omega$)이란 말은 '쓸모없는 논쟁'으로, 말다툼이란 본래 탁상공론에 진지하게 참여함으로써 자신을 남들보다 더 현명해 보이려는 욕망에서 나오기 마련이다. 이런 말다툼은 듣는 모든 사람을 망하게 하는 일이다.

이와 관련해 바울은 앞선 서신에서 '끝없는 신화와 족보'(딤전 1:3-4), '망령되고 허탄한 신화'(딤전 4:7), 이미 노출된 '허튼 소리'(딤전 1:3-7; 6:3-10) 등을 교회에서 축출하라고 권면한 바 있다. 바울은 이런 잡다한 일과 관련하여 연구하고 토론하는 일체의 행위들을 가리켜 '말다툼'에 불과하다고 지적하고 있다.

2. 말씀을 위해 봉사하는 일꾼의 자세 (딤후 2:15-18)

거짓 가르침과 언쟁의 위험성을 경고한 바울은 하나님의 말씀을 잘 이해하고 또 하나님의 인정을 받고 사람들에게 유익을 끼치는 데 있어 하나님의 말씀을 사용하기 위해 어떻게 준비할 것인가를 훈령으로 제시하고 있다. "네가 진리의 말씀을 옳게 분변하며 부끄러울 것이 없는 일꾼으로 인정된 자로 자신을 하나님 앞에 드리기를 힘쓰라"(딤후 2:15).

---

329) J. Calvin, 디모데전후서, p. 569.

여기에서 바울은 그리스도의 군사를 '일꾼'($\epsilon\rho\gamma\alpha\tau\eta\nu$)으로 칭하고 있다. 이것은 그들에게 주어진 임무가 새로운 복음을 고안하거나 창안하는 것이 아니라, 그들에게 위탁물로 맡겨진 복음을 옳게 보존하고 전달하기 위해 부르심을 받았다는 사명 의식을 고취하기 위함이다. 이 일꾼들은 진리의 말씀을 옳게 분변해야 할 것과, 하나님 앞에 인정된 자로 자신을 하나님 앞에 드려야 한다.

'분변하다'($o\rho\theta o\tau o\mu\epsilon\omega$)는 말은 천 조각들을 곧게 자르는 것(to cut straight)을 의미한다. 천막과 같은 작업을 할 때 일꾼의 기술은 천 조각을 곧게 자르는 데 있었다. 이 기술은 전문 기술자들에게 필수적으로 요구되었다. 본문에서는 전문가들이 그러는 것처럼 진리의 말씀과 관련해 복음을 바르게 취급할 것을 요구하고 있다.[330]

일꾼은 자기가 한 일에 대해 시험해 본 결과 정직하고 건전하며 숙련된 결과를 드러낼 때 비로소 부끄러움을 당하지 않게 된다. 복음을 옳게 분변하는 일꾼은 그 말씀을 고침으로써 왜곡시키거나, 일부를 제함으로써 복음의 골자를 없애거나, 본문의 의미를 곡해함으로써 그릇된 생각을 가지고 복음을 악용하지 않아야 한다. 오히려 그 말씀의 영광스러운 의미를 구체적인 조건과 상황에 적용하여 하나님의 영광과 죄인들의 회심과 신자들의 교화(敎化)를 위해 자신을 헌신해야 한다.[331]

모든 교리상의 분쟁 근원은 재치 있는 사람들이 세상 앞에서 자신들의 능력을 과시하고 싶어하는 것에서 나온다. 때문에 바울은 디모데로 하여금 그의 눈을 하나님께 고정하도록 당부하고 있다. 하늘에 계시는 하나님께 눈을 고정하고 있는 이 장면은 마치 복음의 일꾼들을 하나님의 심판대 앞에 세워두고 심문하는 모습으로 묘사하고 있다.

---

330) A. C. Hrevey, 디모데전후서, p. 391.

331) William Handriksen, 목회서신, p. 350.

그 심판대 앞에서 교회를 세우기 위해 부르신 하나님의 목표를 성취했다는 평가를 받을 때 비로소 복음의 일꾼이라고 인정을 받을 수 있다. 이런 점에서 바울은 '자신을 하나님께 드리기를 힘쓰라'고 권면하고 있다.

여기에서 '드린다'(παριστημι)는 말은 '헌신하다'는 말로 바꿀 수 있다. '헌신하다'(παριστημι)는 말은 일꾼에게 맡겨진 임무를 수행하기 위해 모든 조건을 다 갖추었다는 의미를 가지고 있다. 곧 주어진 임무를 수행하기 위해 충분히 자기 자신을 연단하고 그 임무를 수행할 모든 조건을 갖춘 상태를 가리키는 말이기도 하다. 이런 상태를 가리켜 '하나님께 드리기를 힘쓰라'고 바울은 격려하고 있다.

반면에 거짓 일꾼들의 특징과 관련해 바울은 "망령되고 헛된 말을 버리라 그들은 경건하지 아니함에 점점 나아가나니"(딤후 2:16)라고 지적하고 있다. 이들은 망령되고 헛된 말을 함으로써 말다툼을 즐기는 자들이다. 뿐만 아니라 말다툼을 즐김으로써 정작 그리스도의 일꾼이 기본적으로 갖추어야 할 경건을 상실하게 된다는 사실을 경계하고 있다. 헛된 말을 즐기는 자들의 행위는 말씀을 분변하는 일에 헌신된 일꾼과 극적인 대조를 이루고 있다.

결국 망령되고 헛된 말로 다툼을 즐기는 자들은 경건으로부터 자꾸 멀어짐으로써 정작 영적인 죽음을 향해 치닫게 될 뿐이다. 이러한 말다툼은 그들의 내면으로부터 썩은 시체의 냄새와 같은 악취가 심하게 풍겨 나옴으로써 주변에 악취를 진동시키는 것과 다를 바 없다. 이와 관련해 바울은 "저희 말은 독한 창질의 썩어져 감과 같은데 그 중에 후메내오와 빌레도가 있느니라"(딤후 2:17)는 경고에서 그 사실을 분명히 밝히고 있다.

확실히 이들의 말다툼에서는 진리에 대해 매우 그릇되어 있었다. 그러한 내용 중에서 극단적인 예를 들자면, 그들은 "부활이 이미 지나갔다"(딤후 2:18)라는 거짓 교훈을 주장하는 것이었다. 그들은 예수님의 부활을 가리켜 과거의 지나간 사건에 불과하다고 단정하고, 장차 모든 사람이 부활하지는 않을 것이라는 거짓 주장을 펼침으로써 부활의 소망을 가진 사람들의 믿음을 무너뜨리고 있었다.

그들이 더 악한 것은 입으로는 주의 이름을 고백하고 있다는 것이다. 이렇게 함으로써 그들은 종교에 대해서는 전문가인 것처럼 위장하고 있었지만 정작 진리의 말씀에 대해서는 훼방하고 있었던 것이다. 그들은 마치 교회의 파멸을 음모하는 해충들과 다를 바 없었다. 때문에 바울은 그들의 정체와 이름을 밝힘으로써 그들의 타락하고 치명적인 가르침에 문을 닫아버리고 있다.332)

3. 든든한 기초 위에 있는 교회의 일꾼 (딤후 2:19-21)

우리 주님은 장차 거짓 선지자들이 많이 나타나서 많은 사람들을 미혹할 것이라고 경계하셨다(마 24:11). 예수님 당시에는 아직 교회의 직제가 완성되지 않은 상태였기 때문에 거짓 복음으로 사람들을 미혹하는 자들을 가리켜 '거짓 선지자'라고 칭하셨다.

선지자라는 직분은 교회의 직제가 갖추어진 이후에는 목사의 직분으로 바뀌게 되었다. 예수께서는 거짓 복음을 전하는 목사들을 가리켜 '거짓 선지자'라고 부르셨던 것이다. 그리고 이 거짓 복음을 전하는 목사들은 할 수만 있다면 택함 받은 신자들까지도 미혹하려 들 것이라고 우리 주님은 경고하셨다(마 24:24).

그러나 하나님의 나라는 결코 요동하지 않기 때문에(히 12:28) 거짓 복음을 전하는 목사라 할지라도 심지어 사탄이라 할지라도 하나님 나라에 속한 백성을 탈취할 수 없다(요 10:14, 28). 거짓 목사들에 의해 비

332) J. Calvin, 디모데전후서, p. 574.

록 어떤 사람이 진리에서 벗어나는 일이 있을 수 있고, 거짓 목사들이 신자들의 믿음을 무너뜨리는 일이 있다 할지라도 하나님의 '온 이스라엘'(롬 11:26), 곧 새로운 언약 공동체인 교회는 변절되지 않으며, 그리스도의 몸된 교회에 속한 성도들은 누구나 구원에 이르게 된다(요일 2:19).

이에 바울은 "그러나 하나님의 견고한 터는 섰으니 인침이 있어 일렀으되 주께서 자기 백성을 아신다 하며 또 주의 이름을 부르는 자마다 불의에서 떠날지어다 하였느니라"(딤후 2:19)며 복음의 일꾼들을 독려하고 있다. 여기에서 '견고한 터'는 불의에서 떠나 있어 인침 받은 백성들인 하나님의 교회를 지시하고 있다.

바울은 교회를 가리켜 '하나님의 견고한 터'라고 부름으로써 교회의 영구성과 부동성을 강조하고 있다. 비록 거짓 목사들의 미혹을 받은 어떤 사람들이 교회를 떠난다 할지라도 참 교회, 즉 온 이스라엘은 결코 흔들림이 없다. 이때 교회는 하나님의 인치심으로 그 권세를 상징하며, 그 인치심은 신자들을 보호하고, 하나님의 소유라는 사실을 표시해 주며 확증해 주는 역할(계 7:2-4)을 한다.[333]

하나님의 인침을 받은 교회에 속한 성도들은 ① 성부 하나님께서 영원 전부터 그들을 알고 계시며, ② 성자 예수께서 그들을 자신의 보배로운 피로 사셨으며, ③ 성령께서 그들이 참으로 하나님의 자녀인 것을 보증해 주신다(롬 8:16). 이 사실을 알고 있는 성도들만이 진정으로 하나님의 이름을 부르게 된다.

'하나님의 이름을 부른다'는 이 말은 주의 이름을 자랑하며 주의 양떼에 속해 있다는 사실을 영광으로 여긴다는 의미로, 그들이 합법적인 주님의 자녀라는 사실을 입증해 주고 있다(사 4:1). 또한 그들은 주의 가

---

333) William Handriksen, 목회서신, p. 356.

문에 속해 있어서 그 가문을 계승하는 후손임을 입증해 준다(창 48:16). 이런 이유에서 주의 이름을 부른다는 사실은 그들이 하나님의 백성에 속해 있다는 사실을 고백하는 의미를 가지며, 동시에 모든 경건치 않은 일들로부터 스스로 떠남으로써 그 사실을 스스로 입증하게 된다.

모든 불의로부터 떠나는 것을 가리켜 바울은 자신을 깨끗하게 하는 성화의 작업으로 묘사하고 있다. 그렇게 함으로써 주인의 쓰심에 합당하고 모든 선한 일을 위해 예비하게 되는 것과 같다. 이 상태를 가리켜 헌신(παριστημι)된 상태라고 한다(15절).

이와 관련해 바울은 "큰 집에는 금 그릇과 은그릇뿐 아니라 나무 그릇과 질그릇도 있어 귀하게 쓰는 것도 있고 천하게 쓰는 것도 있나니 그러므로 누구든지 이런 것에서 자기를 깨끗하게 하면 귀히 쓰는 그릇이 되어 거룩하고 주인의 쓰심에 합당하며 모든 선한 일에 준비함이 되리라"(딤후 2:20-21)라고 묘사하고 있다.

이 말은 누구나 교회에서 큰 그릇이 되라거나, 혹은 금 그릇이나 은 그릇이 되어야 한다는 의미가 아니다. 혹은 금 그릇이나 은그릇이 나무 그릇이나 질그릇보다 더 유용하고 가치가 있다는 의미도 아니다. 큰 그릇이든 작은 그릇이든, 그 그릇의 재질이 금이든 은이든 혹은 나무든 진흙이든 상관없이 주인의 쓰임에 합당하게 헌신되어 있어야 한다는 점을 강조하기 위함이다.

마찬가지로 언제든지 주인이 귀하게 사용할 수 있는 조건을 갖추어야 하는 것은 일꾼에게 당연히 요구되는 조건이다. 이것은 든든한 기초 위에 있는 교회의 일꾼이 갖추어야 할 삶의 태도이다. 이것이 바로 우리의 왕이시며 주이신 그리스도께 우리가 헌신이 되어 있어야 한다는 의미이다.

4. 온유와 인내로써 세우는 교회의 권위 (딤후 2:22-26)

그리스도의 좋은 군사는 고난을 받아들이고 지도력을 나타내며 잘
못을 드러내어야 한다. 하지만 모든 사람에 대하여 온유와 인내로써
교회의 권위를 세우기 위해 자신에게 주어진 능력을 발휘해야 한다.
이에 바울은 "또한 네가 청년의 정욕을 피하고 주를 깨끗한 마음으로
부르는 자들과 함께 의와 믿음과 사랑과 화평을 좇으라"(딤후 2:22)고
말하고 있다.

여기에서 '깨끗한 마음으로 주를 부르는 자들'은 주인에게 쓰임받
기 위해 준비를 갖춘 헌신된 복음의 일꾼들을 가리킨다. 이들은 서로
'의와 믿음과 사랑과 화평'을 따르는 일에 협력자로 부름을 받았다. 이
것들은 '청년의 정욕'과 상대적인 대조를 이루고 있다.

복음의 일꾼들은 올바른 생활 방식인 의를 따르며, 그것의 구성 요소
인 믿음과 사랑을 겸비함으로써, 그리고 말다툼과 같은 것으로 변론을
즐기는 자들과 다투지 않음으로써 교회의 화평을 추구해야 한다. 때문
에 바울은 "어리석고 무식한 변론을 버리라 이에서 다툼이 나는 줄 앎
이라"(딤후 2:23)고 강조하고 있다. 어떤 이유에서든 교회에서는 어리석
고 무식한 변론을 버려야 한다.

이와 관련해 바울은 "마땅히 주의 종은 다투지 아니하고 모든 사람
을 대하여 온유하며 가르치기를 잘하며 참으며 거역하는 자를 온유함
으로 징계할지니 혹 하나님이 저희에게 회개함을 주사 진리를 알게 하
실까 하며 저희로 깨어 마귀의 올무에서 벗어나 하나님께 사로잡힌 바
되어 그 뜻을 좇게 하실까 함이라"(딤후 2:24-26)고 권하고 있다.

교회의 화평을 추구해야 할 복음의 일꾼을 가리켜 '주의 종'이라
고 부른다는 것은 ① 그들이 복음을 위해 부름을 받았으며, ② 복음은

변론이나 논쟁이 아닌 '온유함'으로 가르쳐야 할 것을 강조하기 위함이다. 그들을 '주의 종'이라고 부르고 있는 것은 그가 섬기고 봉사하는 주님의 뜻을 위한 일꾼이라는 사실을 강조함으로써, 그 자신이 스스로 나서서 그 복음을 변론하는 것이 아님을 분명히 하기 위함이다. 복음을 전하고 유효하게 하시는 분은 종이 아닌 주님 자신이어야 한다.

따라서 주님의 종이 되고자 한다면 주님을 제쳐두고 자기가 나서서 복음을 상대로 말다툼이나 어리석은 변론을 행하지 않아야 한다. 이렇게까지 해야 할 이유는 거의 불가능하고 절망적인 사람이라 할지라도 그들에게 여전히 하나님의 온유를 베풀어야 하기 때문이다.[334]

이 사실은 복음으로 말미암아 구원에 이르게 하는 일이 전적으로 하나님의 손에 달려 있음을 강조하고 있다. 주의 종은 단지 씨를 뿌리고 물을 주는 데 있어서 더 많은 수고와 관심을 가져야 한다. 그것이 주의 종에게 주어진 임무이다. 비록 그 수고와 노력 그 자체로는 쓸모가 없는 것처럼 보일지 모르지만, 하나님의 은혜에 의해 그러한 수고가 무익하지 않게 쓰임 받을 수 있다는 점을 인식하고, 주의 종은 하나님과 그의 교의를 전함에 있어서 결코 오만방자한 태도를 가져서는 안 된다.

한때 진리를 반대하고 논박하고 저항한 사람이라고 해서 주의 종들이 그 사람에 대해 실망하거나, 거친 말로 그 앞길에 장애물을 더함으로써 그가 사탄에게서 벗어날 수 있는 기회를 박탈하지 않아야 한다. 하나님은 모든 사람이 구원에 이르기를 원하시기 때문이다. 이것이 바로 "오직 하나님의 능력을 좇아 복음과 함께 고난을 받으라"(딤후 1:8)는 명령을 수행하는 길이다. 이러할 때 교회는 비로소 복음의 권위를 바로 세우는 일에 쓰임을 받게 될 것이다.

---

334) J. Calvin, 디모데전후서, p. 581.

| 기 도 |

그리스도의 몸된 교회로 우리를 부르신 하나님께 감사를 드립니다.

하나님의 교회는 반석이신 그리스도라고 하는 견고한 터 위에 세워져 있기에 세상의 그 어떤 세력이라 할지라도 결코 무너뜨릴 수 없으며, 하나님께서 친히 알고 있는 주의 자녀들이라면 결코 세상의 도전 앞에서 두려워할 이유가 없을 것입니다.

그처럼 확고한 터전 위에 세워진 교회이기에 우리는 어떤 상황에 처하거나, 심각한 위기 앞에 있을지라도 조금도 당황하거나 물러서지 않을 것입니다. 이러한 그리스도의 일꾼으로 우리를 삼아 주심에 감사를 드립니다.

이제 우리 자신을 온전히 주님께 드리오며, 우리 주께서 온유함으로 십자가를 지신 것처럼 우리들 역시 복음의 일꾼으로서 온유함을 따라 살게 하옵소서. 하나님 나라의 일을 행함에 있어 결코 자만에 빠지거나 교만에 빠지지 않게 하옵소서.

"아멘이시요 충성되고 참된 증인이시요 하나님의 창조의 근본이신"(계 3:14) 그리스도의 종으로만 살게 하심에 감사를 드립니다.

우리 주 예수 그리스도의 이름으로 기도합니다.

〈 5 〉
복음을 위한 투쟁과 교회의 승리

디모데후서 3:1-9

너는 이것을 알라 말세에 고통하는 때가 이르러 사람들이 자기를 사랑하며 돈을 사랑하며 자랑하며 교만하며 비방하며 부모를 거역하며 감사하지 아니하며 거룩하지 아니하며 무정하며 원통함을 풀지 아니하며 모함하며 절제하지 못하며 사나우며 선한 것을 좋아하지 아니하며 배신하며 조급하며 자만하며 쾌락을 사랑하기를 하나님 사랑하는 것보다 더하며 경건의 모양은 있으나 경건의 능력은 부인하니 이같은 자들에게서 네가 돌아서라

그들 중에 남의 집에 가만히 들어가 어리석은 여자를 유인하는 자들이 있으니 그 여자는 죄를 중히 지고 여러 가지 욕심에 끌린 바 되어 항상 배우나 끝내 진리의 지식에 이를 수 없느니라

얀네와 얌브레가 모세를 대적한 것 같이 그들도 진리를 대적하니 이 사람들은 그 마음이 부패한 자요 믿음에 관하여는 버림 받은 자들이라 그러나 그들이 더 나아가지 못할 것은 저 두 사람이 된 것과 같이 그들의 어리석음이 드러날 것임이라

　교회가 적절하고 올바르며 왜곡됨 없이 사도적 전승을 수용하게 될 때 '그리스도와의 연합'이라는 은혜를 누리게 된다. 이런 이유에서 디모데는 많은 증인 앞에서 바울로부터 안수를 받아야 했다(딤후 2:2). 이로써 복음의 전통이 올바로 세워지기 때문이다.

　이 전통에 따라 디모데는 선포된 본질적인 복음의 내용에 충성을 나타내고, 가르칠 능력을 갖춘 선택된 일꾼들에게 그 복음을 전달해야 한다.335) 이때 기독교 전통의 연속성을 보증하시는 분은 하나님 자신이시다. 바울은 이 사실을 분명히 디모데에게 주지시킬 필요가 있었다.

　디모데는 예측할 수 없는 시간과 공간에 있는 다른 충성스러운 일꾼들에게 바울로부터 받은 복음을 전달해야 했다. 바울로부터 디모데에게 위임된 이 위탁물은 받은 그대로 보존되어야 했고, 그것을 정확하고 오염되지 않게 전달할 수 있는 자질을 갖춘 일꾼들에게 다시 전달해야 했다. 이처럼 사도로부터 받은 복음의 계승은 반드시 사도가 전한 교훈에 대한 충실도로 이루어져야 한다.

　이에 바울은 사도적 계승에 참여할 일꾼을 가리켜 ① 지휘관을 따르기로 온전히 헌신한 군사로(딤후 2:4), ② 경기의 엄격한 규칙을 지키는 경주자로(딤후 2:5), ③ 오랜 기간 후에 얻게 될 열매를 위해 열심히 일하는 농부로(딤후 2:6) 각각 비유하고 있다. 온전한 헌신과 엄격한 훈련 그리고 인내가 없이는 사도적 계승을 기대할 수 없기 때문이다.

　이 점에 있어 바울 자신은 디모데에게 가장 훌륭한 선생이었으며 모범이었다. 바울의 복음은 죽은 자 가운데서 살아나셨고 다윗의 후손이신 그리스도가 그 핵심이었다. 그리스도는 인간의 혈통을 가지신 분이셨으며, 사망으로부터 부활하심으로써 인성과 신성을 가지신 분임을 역사 속에서 증거하셨다(딤후 2:8-10).

---

335) Thomas C. Oden, 디모데전후서, p. 239.

이 복음에 근거하여 그리스도의 일꾼들은 그리스도의 고난에 참여함으로써 주와 함께 죽었으며 또한 함께 살 것이라는 소망을 가지게 된다. 이런 이유에서 복음의 일꾼으로 수고한다는 것은 그리스도의 왕국에 참여하고 있음을 의미하며, 동시에 최후 심판 날에 그리스도의 생명을 소유할 것이라는 증표가 된다(딤후 2:11-13).

이러한 사도의 본을 따를 때 그리스도의 죽음과 부활에 동참하는 것이며, 비로소 능수능란한 숙련공과 같은 복음의 일꾼으로서 사도로부터 계승된 복음을 왜곡 없이 전파할 수 있게 된다. 이 일은 새로운 복음을 창출하는 것이 아니며, 거짓 교훈에 대한 진리의 말씀을 통해 교회를 확고하게 세우는 일이다.

이 교회와 관련해 우리가 놓치지 않아야 할 것이 있다. 구약 시대에 솔로몬 성전의 입구에 두 개의 기둥이 있었다. 오른쪽에 있는 기둥을 '야긴'(יכין: 그가 세우시리라! 〈He shall establish!〉)이라 불렀고, 왼쪽에 있는 기둥을 '보아스'(בעז: 그에게 능력이 있도다! 〈In Him is strength!〉)라고 불렀다(대하 3:15-17). '야긴'과 '보아스'라는 두 기둥을 통해 성전은 하나님에 의해 세워졌고 보존된다는 사실을 보여주었다.

그런데 이 성전이 상징하고 있는 것이 곧 신약 시대의 교회이다. 신약 시대의 교회는 성전과 같은 건물이 아니기에 사람의 눈으로 볼 수 있는 것은 아니다. 이를 가리켜 '비가시적 교회'(ecclesia invisibilis)라고 한다. 이러한 비가시적인 교회에도 성전의 두 기둥을 상징하는 것과 같은 표가 있다.

곧 '주께서 자기 백성을 아신다'(딤후 2:19; 민 16:5)는 말씀과 '주의 이름을 부르는 자마다 불의에서 떠날지어다'(딤후 2:19)라는 말씀이 두 개의 기둥이 되어서 교회를 받치고 있다. 이런 점에서 교회는 두 개의 명문(銘文)을 가진 하나님의 '인'이라고 할 수 있다.[336]

---

336) Thomas C. Oden, 디모데전후서, p. 118.

이 교회의 회원들은 '온 이스라엘'로서 하나님의 거룩하심을 투영하는 거룩한 삶을 사는 것으로 그 사실을 증거해야 한다(딤후 2:14-19). 특별히 성전과 같은 하나님의 집으로서 교회는 화평을 세우는 곳이어야 한다. 이것은 사도적 전승 안에 간직된 보물, 즉 복음을 보호하기 위함이다. 이 화평을 위해 교회가 존재한다.

이제 성도들은 예수님의 죽으심에 의해 인간과 하나님 사이에 만들어진 화평과, 예수님의 부활하심으로 그 정당성이 입증된 화평을 통해 예수 그리스도 안에서 생명을 공유하게 된다. 그리고 이 생명을 공유하고 있는 모든 성도들, 즉 깨끗한 마음으로 '주를 부르는 이들'과 함께 온전하게 교회를 세워나가야 한다(딤후 2:20-26).

3장에 와서 바울은 ① '주께서 자기 백성을 아신다' 그리고 ② '주의 이름을 부르는 자마다 불의에서 떠날지어다' 라는 두 개의 명문이 보여주고 있는 것처럼, 하나님의 말씀 위에 굳건하게 서 있는 교회가 그리스도의 재림의 때까지 존속되기 위해서 지속적이며 유기적인 조직의 기구로 세워져야 한다는 시대적인 요청을 예상하고 있다.

그리고 그 날, 곧 주께서 오시는 그 날이 이르기까지 ① '고통의 때'(딤후 3:1)와 ② '괴롭고 위험한 때'(딤후 4:1)를 준비시키고 있다. 이러한 시대적인 특성은 이미 – 그러나 아직 아닌(already, but not yet)으로 표시되는 그리스도의 승천(already)과 재림(not yet) 사이에 있는 기독교회의 보편적인 상황이기도 하다.[337]

이러한 종말의 특징을 제시한 바울은 한 시대에서 다음 시대로 복음을 전달하는 것에 대한 준비를 통해 영구적인 조직체로서 역사 속에 자리하고 있는 교회를 위한 사역의 계승에 깊은 관심을 보이고 있다. 특별히 외부로부터 오는 박해와 내부로부터 시작된 다른 가르침, 곧 거짓 가르침에 저항하기 위해서 교회 공동체의 질서 확립에 관심을 기울이

---

337) J. Calvin, 디모데전후서, p. 583.

고 있다. 그 대책으로 바울은 '성경을 아는 지식'을 제시하고 있는데(딤후 2:15) 이것은 신자들을 지혜와 구원에 이르게 하는 유일한 길이기 때문이다.

1. 교회가 존재하는 말세의 특징 (딤후 3:1)

사도적 복음의 계승은 교회 공동체의 승인 아래에서만 가능하다(딤후 2:2). 그리고 이 복음의 계승을 위해서 교회는 이 지상에서 화평을 추구해야 한다. 그러나 주님께서 다시 오시는 날까지 이 땅에 있는 교회에는 여러 가지 심각한 병폐에 빠질 수 있는 위험이 계속될 것이다.

왜냐하면 온갖 고통을 면제받는 복된 평화가 있는 장차 임하게 될 그리스도의 나라와 달리, 이 땅의 교회에서는 모든 악이 추방되고 온갖 종류의 덕이 성행할 정도의 완전한 상태가 없기 때문이다. 이런 점에서 교회는 옛날 선지자들이나 경건한 제사장들과 마찬가지로 불경건하고 사악한 무리와 싸우지 않으면 안 된다.[338] 이러한 교회의 속성을 가리켜 '전투하는 교회'(Ecclesia Militans)라고 한다.

교회는 외부의 박해 때문에도 그렇지만 내부의 타락 때문에 고통을 당하기 쉽다. 그리고 교회가 화평을 잃고 고통받는 때에 선한 양심을 지킨다는 것은 쉽지 않은 일이다. 이에 바울은 교회를 박해하기 위해 교회를 공격하는 외부의 세력보다는 오히려 경건의 모양을 가진 것들이 먼저 교회를 타락시키고 사악하게 만들며 많은 해악을 끼치게 되는 내부적인 문제를 직시하고 있다. 따라서 바울은 말세의 교회가 직면할 수 있는 고통에 대해 경계를 하지 않을 수 없었다.

"네가 이것을 알라 말세에 고통하는 때가 이르리니"(딤후 3:1)라고 시작되는 바울의 지적은 5절까지 하나의 긴 문장으로 단숨에 이어지고

---

338) J. Calvin, 디모데전후서, p. 583.

있다. 여기에서 바울은 교회 공동체 내부에 있는 왜곡된 현상들에 대한 목록들을 제시하고 있다. 바울은 이와 같은 왜곡된 현상들이 만연하는 때를 가리켜 '말세'(last days)의 현상이라고 특징짓고 있다.

본문에서 '말세'는 그리스도께서 지상에 임하여 나타나심으로 말미암아 시작된 시대를 가리킨다. 이 시대는 구약에서 메시아에 대한 약속이 성취된 시대로, 이 시대가 되면 그 약속들은 더욱 더 영광스러운 실현을 보이게 될 것이다(사 2:2; 미 4:1; 행 2:17; 히 1:2; 욜일 2:18).

이 말세에는 바울이 지적하고 있는 것처럼 '고통하는 때들'이 지속해서 오고 갈 것이며, 마지막의 경우는 처음의 경우보다 훨씬 지독하게 될 것이다. 이 고통하는 때들은 점차 증가 일로에 있는 악의 때들이며(마 24:12; 눅 18:8), 그 악이 절정에 이르러 '불법의 사람'(살후 2:1-12)이 나타나는 것을 그 특징으로 가지고 있다.[339] 따라서 이 말세의 기간을 가리켜 '배도의 시대' 혹은 '배교의 시대'라고 정의할 수 있다(살후 2:3).

죄로 말미암아 사람들의 일반적인 관습과 성질이 타락하게 될 때 교회는 끊임없는 방해와 여러 종류의 어려움에 직면하게 되는데 이것을 가리켜 바울은 '고통하는 때들'이라고 부르고 있다. 이로써 하나님의 영원한 작정으로 확정되어 있는 신약 시대의 교회는 고통의 시기를 거치지 않을 수 없다. 동시에 아이러니하게도 '고통하는 때의 닥침'은 이와 관련된 성경의 예언이 성취되고 있다는 사실을 증명하게 된다.

바울은 "성령이 밝히 말씀하시기를 후일에 어떤 사람들이 믿음에서 떠나 미혹케 하는 영과 귀신의 가르침을 좇으리라 하셨으니 자기 양심이 화인(火印) 맞아서 외식함으로 거짓말하는 자들이라"(딤전 4:1-2)고 앞선 서신에서 경고한 바 있다.

---

339) William Handriksen, 목회서신, p. 375.

이러한 바울의 경고가 역사상에서 현실로 나타난다는 것은 성경의 예언적인 경고가 결코 거짓이 아님을 증명하고 있다. 이것은 2-5절에서 바울이 언급하고 있는 말세의 특징이 역사적 사실로 나타나게 될 것이라는 점에서 우리를 경계시키고 있다. 그 가운데 몇몇 특징들은 이미 이 서신을 기록할 때에도 확연하게 나타나고 있었음이 분명하다.

때문에 이러한 특징들이 나타나는 것에 대해 교회가 어디로 향해야 할지 모르거나, 무엇을 해야 할지 몰라서 좌충우돌해서는 안 된다. 오히려 교회는 이러한 고통의 때를 보게 될 때 놀라지 않고 유혹에 빠지지 않도록 더욱 견고하게 하나님의 말씀 위에 서 있어야 한다. 이런 점에서 바울은 '네가 이것을 알라'고 미리 경고하고 있다.340)

2. 경건으로 위장된 배교의 현상들 (딤후 3:2-5)

이러한 경고에 이어서 바울은 말세의 교회가 고통의 때를 겪게 되는 원인들과 그 현상에 대해 밝히고 있다. "사람들이 자기를 사랑하며 돈을 사랑하며 자랑하며 교만하며 비방하며 부모를 거역하며 감사하지 아니하며 거룩하지 아니하며 무정하며 원통함을 풀지 아니하며 모함하며 절제하지 못하며 사나우며 선한 것을 좋아하지 아니하며 배신하며 조급하며 자만하며 쾌락을 사랑하기를 하나님 사랑하는 것보다 더하며 경건의 모양은 있으나 경건의 능력은 부인하니 이같은 자들에게서 네가 돌아서라"(딤후 3:2-5).

여기에 제시된 목록들은 ① 자기를 사랑하며 돈을 사랑하며 자긍하며 교만하며 훼방하는 것, ② 부모를 거역하며 감사치 아니하며 거룩하지 아니하며 무정하며 원통함을 풀지 아니하는 것, ③ 참소하며 절제하지 못하며 사나우며 선한 것을 좋아 아니하며 배반하여 팔며 조급하며 스스로 교만하며 쾌락을 사랑하기를 하나님을 사랑하는 것보다 더

340) Matthew Henry, 디모데후서, p. 115.

하며 경건의 모양은 있으나 경건의 능력은 부인하는 것 등이다. 이런 현상들이 깊어지고 많아질수록 교회는 그만큼 심한 고통의 때를 맞이 하게 된다.

이 모든 것들의 첫째는 '자기를 사랑하는 것'으로부터 시작된다. 이 것으로부터 나머지 현상들이 야기되고 마침내 '경건의 능력을 부인하 는 것'으로 귀착된다. 곧 '자기를 사랑하는 것'이야말로 '경건의 능력 을 부인하는' 결정적인 원인으로 제시되고 있다.

이러한 도덕적인 타락은 "또한 저희가 마음에 하나님 두기를 싫어하 매 하나님께서 저희를 그 상실한 마음대로 내어 버려두사 합당치 못한 일을 하게 하셨으니"(롬 1:28)라고 지적한 바와 같이 결국 하나님을 싫어 하는 것으로 규정된다. 이것은 하나님을 두려워하고 하나님의 영광을 소중히 여기는 '하나님을 사랑하는 자들의 공동체인 교회'의 특성과 극적인 대조를 이루고 있다.

앞서 살펴본 것처럼 교회는 '주께서 자기 백성을 아신다'(딤후 2:19; 민 16:5)는 말씀과 '주의 이름을 부르는 자마다 불의에서 떠날지어다'(딤 후 2:19)는 말씀을 두 개의 명문으로 가지고 있다. ① 주께서 자기 백성 을 아신다는 것은 하나님께서 자기 백성을 사랑하시는 모든 것으로 증 명된다. 그리고 ② 주의 이름을 부른다는 것은 성도들이 하나님을 사랑 하는 모든 것으로 증명되어야 한다. 그것은 곧 하나님 사랑과 이웃 사 랑으로 증거되는 율법과 선지자의 강령이기도 하다(마 22:37-40). 이렇 게 하지 않는 것이 곧 불의이다.

더욱 심각한 것은 이러한 현상들이 공공연하게 그리스도의 이름에 저항하는 외부인 원수들이 아니라 주의 이름을 부르는 교회의 회원들 에게서 나타난다는 사실이다. 이들은 놀랍게도 경건의 모양을 위장할 수 있는 위선자들로 하나님의 이름 밑에서 자신들의 은신처를 위장하

고 있다. 그러면서도 그들은 모든 도덕적 결함이나 흠으로부터 자유롭
다는 식으로 스스로 위장된 성결 의식을 가지고 있다. 때문에 그들은
자기들의 경이적인 오만과 사악함이 얼마나 지독한지조차 알지 못하는
특성을 가지고 있다.341)

이처럼 자기를 사랑하는 것으로 시작된 위선은 기독교 신앙의 변절
을 가져오게 되며, 마침내 경건을 부정하기에 이르게 된다. 그것은 곧
그들이 죄의 예식에 흡수되었음을 의미한다. 이렇게 힘을 잃고 변질된
거짓 경건은 오히려 죄를 행하는 사람들을 보호하고 가려주는 훌륭한
외투로 전락하고 만다.

그들은 입으로는 하나님을 시인하나, 행위로는 하나님을 부인하는
자들이다(딛 1:16). 나아가 그들은 자신이 걸려 있는 덫에 주변의 신자들
까지도 걸려들게 유혹하고 있다. 때문에 바울은 "(그러므로) 이 같은 자
들에게서 네가 돌아서라"(딤후 3:5)고 경고하고 있다.

3. '참된 가르침'에게 약속된 승리 (딤후 3:6-9)

말세의 상태를 특징짓는 요소들을 열거한 바울은 이제 그러한 악한
요소들이 사람들과 그들이 사용하는 방법에 나타난 예를 보여줌으로써
경건을 가장하는 악한 자들의 모습을 묘사하고 있다. "저희 중에 남의
집에 가만히 들어가 어리석은 여자를 유인하는 자들이 있으니 그 여자
는 죄를 중히 지고 여러 가지 욕심에 끌린 바 되어 항상 배우나 마침내
진리의 지식에 이를 수 없느니라"(딤후 3:6-7).

앞선 2-5절에 열거된 악을 행하는 무리 중에서 경건의 모양만을 갖
춘 악한 교사들을 예로 들고 있는 것은 이들이 교회에 끼칠 수 있는 해
악이 은밀하면서도 치명적이기 때문이다. 그들의 수법은 '가만히 들어

---

341) J. Calvin, 디모데전후서, p. 584.

가'는 것으로 묘사되고 있는데, 이 말은 '안으로 기어들어 가다'는 뜻
으로 사용된다(유 4절; 갈 2:4).

　이러한 묘사는 창세기 3장과 흥미로운 유사점을 보여주고 있다. 뱀
과 그의 간교한 활동은 '가만히 들어가'라는 동사로 묘사되며, 하와가
유혹에 넘어가 사탄에게 포로가 된 것은 '어리석은 여자'로 묘사된다.
동시에 여기에서 '여자'는 그리스도의 신부인 교회를 상징한다는 점에
서, 사탄의 유혹에 빠져든 '어리석은 교회'는 거짓 가르침에 미혹된 교
회를 가리키기도 한다.

　이런 이유에서 바울은 이 악한 교사들의 특징으로 '그들의 목적을
이루기 위해 교회로 슬그머니 들어가는 것'으로 묘사하고 있다. 그리
고 어리석은 교회들을 '유인한다'. 여기서 유인한다는 말은 '어떤 사
람에 대한 통제권을 얻는다'는 의미로 그들이 사람들을 장악하고 있는
모습을 보여주고 있다.[342]

　이 거짓 교사들은 합법적인 교사의 모습으로 위장하고서 성도들에게
서 환심을 사기 위해 교묘하게 교회의 교사직을 악용하고 있다. 이 거
짓 교사들은 사탄이 하와를 미혹한 것처럼 외부인들에게 닫혀있어야
할 교회 안으로 파고 들어가 그 교회를 유혹하고 속이며 조작하면서,
심지어 그렇지 않았다면 보호되어야 할 상처가 난 양심을 더욱 집요하
게 헤집고 위해를 가하면서 사람들을 거짓 교사들의 관심사 쪽으로 끌
고 간다.

　이때 문제가 되는 것은 거짓 교사들에게 미혹된 사람들은 자기들만
이 '참된 지식이 담긴 보배를 가지고 있다'라는 허구 아래에서 복음이
아닌 다른 새로운 개념들을 흡수하게 된다는 점이다. 때문에 새로운 개
념처럼 보이는 이 거짓 교사들의 가르침으로 말미암아 참된 지식과는

---

342) James Baker, 디모데후서, p. 339.

전혀 거리가 먼 길로 가버리고 마는 결과를 초래하게 된다.343)

그러면서 거짓 교사의 미혹에 빠진 사람들은 실제에 있어서는 모든 지식의 바탕이 되는 진리를 떠남으로써 아무것도 모르면서도 자기들만이 지혜에 있어서 탁월한 것으로 생각하고 있다는 것이다.344) 이에 대해 바울은 예수 그리스도 안에 있는 것처럼 진리에 대한 올바른 이해에 그들은 결코 도달할 수 없다고 못을 박고 있다(고후 4:1-18을 참고하라).

더 큰 문제는 이 거짓 가르침에 미혹된 사람들이 교회 안에서 일종의 담합을 이루고 악한 영향을 끼치는 것으로 발전된다는 점이다. 이와 관련해 바울은 출애굽 시대의 사건을 예로 들면서 "얀네와 얌브레가 모세를 대적한 것같이 저희도 진리를 대적하니 이 사람들은 그 마음이 부패한 자요 믿음에 관하여는 버리운 자들이라"(딤후 3:8)고 밝히고 있다.

여기에 등장하는 '얀네'(Jannes)와 '얌브레'(Jambres)는 모세가 애굽으로부터 이스라엘 백성의 해방을 바로에게 요청하고 있을 때 모세를 대적했던 애굽의 궁중 마술사들로 알려져 있었다(출 7:11-12; 8:6-7). 그들의 이름은 다양한 출애굽 전승들을 통해서 알려졌던 것으로 보인다.345) 그 마술사들의 지팡이는 아론의 지팡이와 같은 모양을 하고 있었을지언정 정작 그 능력은 하나님의 것이 아니었다.

마찬가지로 거짓 교사들은 미신으로 가득 찬 주문을 마치 참된 기도의 리듬과 운율로 위장함으로써 자신들이 진짜인 것처럼 보이게 하여 하나님의 백성을 자신의 노예로 만들고 있었다. 이들은 마치 얀네와 얌

---

343) 여기에서 언급하고 있는 참된 '보배' 란 "우리가 이 보배를 질그릇에 가졌으니 이는 심히 큰 능력은 하나님께 있고 우리에게 있지 아니함을 알게 하려 함이라"(고후 4:7)에서 밝힌 것처럼 '그리스도 예수의 주 되신 것' (고후 4:7)으로, '예수가 하나님의 아들이심' (행 9:20)과 '예수는 곧 그리스도라' (행 9:22)는 복음의 핵심을 가리킨다.

344) J. Calvin, 디모데전후서, p. 586.

345) Thomas C. Oden, 디모데전후서, p. 129.

브레처럼 하나님의 백성을 노예 생활로부터 해방시키려는 모세의 사역을 대적했던 것처럼 주께서 아시는 주의 백성들을 미혹하고 있다. 이처럼 거짓 교사들은 바울이 전한 복음을 대적하고 하나님의 백성을 여전히 죄의 노예 생활에 얽매이게 하는 악행을 저질렀다.

그러나 처음에 거짓 마술이 승리할 것처럼 보였지만 마침내 때가 되자 그들이 행한 마술의 실체가 밝혀지는 것같이, 복음의 가르침을 혼란케 하는 거짓 교사들의 가르침 역시 한계를 가지고 있기 마련이다. 이에 바울은 "그러나 그들이 더 나아가지 못할 것은 저 두 사람이 된 것과 같이 그들의 어리석음이 드러날 것임이라"(딤후 3:9)고 분명하게 밝히고 있다.

거짓 교사들의 본래 목적은 '택한' 신자들을 미혹하는 것이지만 결국 그 목적을 이루지 못하게 될 것이다. 왜냐하면 앞서 언급한 교회의 두 명문, 곧 '주께서 자기 백성을 아신다'는 말씀과 '주의 이름을 부르는 자마다 불의에서 떠날지어다'는 말씀에서 이미 명확하게 증명된 것처럼, ① 자기 백성을 향한 하나님의 사랑은 결코 변함이 없으며(렘 31:3), ② 전지전능하신 하나님께서는 자신의 능력으로 참된 성도들, 곧 하나님의 이름을 부르는 자들에게는 그들이 구원에 이르기까지 보호해 주시기 때문이다(벧전 1:5).

세상에 속한 사람들은 그들의 사악한 가르침의 마법에 사로잡힐 수 있을지 모르지만, 하나님의 자녀에게는 오히려 그들의 어리석음이 폭로되어 밝혀지기 마련이다. 때문에 바울은 경건한 교사들로 하여금 ① 자기들이 가지고 있는 복음에 대한 확실한 신뢰를 가지고 있어야 할 것과, ② 거짓 교사들의 가르침이 결국 그 정체를 드러내는 것처럼 상대적으로 진실한 복음의 가르침 역시 그 결실을 가져온다는 소망을 심어 주고 있다.

이로써 출애굽 과정에서 '하나님의 진리'가 마술사들의 술책을 능가했던 것처럼 '복음의 가르침'은 사람들이 새로 고안해서 만들어 놓은 모든 종류의 망상들을 상대로 승리를 거둘 것이라는 점을 확실하게 약속하고 있다.346)

우리 주께서 다시 오시는 그날에 이르기까지 교회는 말세의 고통하는 때를 겪어야 하고 겪을 수밖에 없다. 그럼에도 불구하고 참된 교회의 성도들은 '주께서 자기 백성을 아신다'는 확고한 믿음으로 사탄의 유혹을 기꺼이 극복해야 한다. '주께서 자기 백성을 아신다'는 이 말씀은 고라와 그에게 속한 자들이 하나님을 섬기는 일과 관련해 모세를 대적함으로써 하나님께서 그들을 심판하신 사건(민 16:1-34)을 상기시키고 있다.

이때 하나님께서는 모세에게 "아침에 여호와께서 자기에게 속한 자가 누구인지, 거룩한 자가 누구인지 보이시고 그 사람을 자기에게 가까이 나아오게 하시되 곧 그가 택하신 자를 자기에게 가까이 나아오게 하시리라"(민 16:5)고 말씀하셨다. 그리고 "이스라엘의 하나님이 이스라엘 회중에서 너희를 구별하여 자기에게 가까이 하게 하사 여호와의 성막에서 봉사하게 하시며 회중 앞에 서서 그들을 대신하여 섬기게 하심이 너희에게 작은 일이겠느냐"(민 16:9)라며 모세를 대적한 고라와 그 일당들을 책망하시고 그들을 심판하셨다.

고라에게 임한 하나님의 심판에 대하여 민수기에서는 "땅이 그 입을 열어 그들과 그들의 집과 고라에게 속한 모든 사람과 그들의 재물을 삼키매 그들과 그의 모든 재물이 산 채로 스올에 빠지며 땅이 그 위에 덮이니 그들이 회중 가운데서 망하니라"(레 16:32-33)고 기록하고 있다. 결국 이 사건은 하나님의 말씀을 순종하지 않은 결과가 어떤 것인가를 확

346) J. Calvin, 디모데전후서, p. 588.

실하게 보여주고 있다. 그리고 이 사건은 우리의 눈과 귀가 누구를 향해 고정되어 있어야 할 것인가를 보여주는 '주의 이름을 부르는 것'과 깊은 관련이 있다.

고라의 사건은 "여호와 우리 하나님이시여 주 외에 다른 주들이 우리를 관할하였사오나 우리는 주만 의지하고 주의 이름을 부르리이다"(사 26:13)라고 이사야 선지자가 선포한 예언의 성취와도 연관된다. 이때 '주의 이름을 부른다'는 말은 하나님의 말씀을 순종하고 하나님의 영광을 찬송하는 것을 가리킨다.

동시에 우리는 역사의 현장에서 교회가 출범하던 오순절 때 베드로 사도가 "누구든지 주의 이름을 부르는 자는 구원을 받으리라"(행 2:21)고 선포한 약속을 굳게 믿어야 한다. 이 약속은 "여호와의 크고 두려운 날이 이르기 전에 해가 어두워지고 달이 핏빛 같이 변하려니와 누구든지 여호와의 이름을 부르는 자는 구원을 얻으리니 이는 나 여호와의 말대로 시온 산과 예루살렘에서 피할 자가 있을 것임이요 남은 자 중에 나 여호와의 부름을 받을 자가 있을 것임이니라"(욜 2:31-32)고 요엘 선지자가 오순절에 하나님께서 성령을 부어주실 것이라는 예언의 성취를 상기시키고 있다.

성령의 임재는 하나님의 부름을 받은 성도들로 하여금 온전하게 하나님을 바르게 아는 것과 연관된다. 그리고 하나님을 바르게 안다는 것은 하나님의 말씀에 전적으로 순종하는 삶을 사는 것이기도 하다. 그 결과는 하나님의 이름을 바르게 부르는 것으로 나타난다. 그것이 바로 하나님을 바르게 찬송하는 것이며 온전하게 예배하는 것이기도 하다. 이것이 바로 하나님의 영광을 드러내는 일이다.

이러한 위치에 우리가 서 있을 때 우리는 어떤 고통이 밀물처럼 몰려온다고 할지라도 기꺼이 견디고 이겨낼 수 있다. 우리가 이 땅에 있는 동안 우리는 '전투하는 교회'(Ecclesia Militans)에 속해 있다는 사실을 결코 잊지 않아야 한다.

우리는 ① 지휘관을 따르기로 온전히 헌신한 군사이며(딤후 2:4), ② 경기의 엄격한 규칙을 지키는 경주자이며(딤후 2:5), ③ 오랜 기간 후에 얻게 될 열매를 위해 열심히 일하는 농부이기도 하다(딤후 2:6). 때문에 온전한 헌신과 엄격한 훈련과 끊임없는 인내가 없이는 사도적 복음을 계승하고 보존해야 하는 교회의 시대적 사명을 수행할 수 없다는 사실을 명심해야 한다.

| 기 도 |

'주께서 자기 백성을 아신다'는 말씀과, '주의 이름을 부르는 자마다 불의에서 떠날지어다'라는 말씀으로 참된 교회의 '인'으로 삼으시는 하나님께 감사를 드립니다.

"어두운 데에 빛이 비치라 말씀하셨던 그 하나님께서 예수 그리스도의 얼굴에 있는 하나님의 영광을 아는 빛을 우리 마음에 비추셨느니라"(고후 4:6)는 약속을 굳게 믿고 모든 불의로부터 떠나 우리 자신을 깨끗게 할 수 있도록 은혜를 덧입혀 주옵소서.

또한 우리는 말씀으로 성육신하신 성자 그리스도를 보배로 담고 있는 질그릇과 같습니다. 그리고 이 사실을 오순절에 우리에게 임하신 성령께서 친히 증거하셨습니다. 성령으로 우리의 눈과 마음을 밝혀주시어 거짓 가르침에 미혹되지 않도록 인도하여 주옵소서.

"아멘이시요 충성되고 참된 증인이시요 하나님의 창조의 근본이신"(계 3:14) 그리스도의 말씀을 따라 살게 하심에 감사를 드립니다.

우리 주 예수 그리스도의 이름으로 기도합니다.

〈6〉

교회에게 유익을 주는 복음의 능력

디모데후서 3:10-17

나의 교훈과 행실과 의향과 믿음과 오래 참음과 사랑과 인내와 박해를 받음과 고난과 또한 안디옥과 이고니온과 루스드라에서 당한 일과 어떠한 박해를 받은 것을 네가 과연 보고 알았거니와 주께서 이 모든 것 가운데서 나를 건지셨느니라 무릇 그리스도 예수 안에서 경건하게 살고자 하는 자는 박해를 받으리라

악한 사람들과 속이는 자들은 더욱 악하여져서 속이기도 하고 속기도 하나니 그러나 너는 배우고 확신한 일에 거하라 너는 네가 누구에게서 배운 것을 알며 또 어려서부터 성경을 알았나니 성경은 능히 너로 하여금 그리스도 예수 안에 있는 믿음으로 말미암아 구원에 이르는 지혜가 있게 하느니라

모든 성경은 하나님의 감동으로 된 것으로 교훈과 책망과 바르게 함과 의로 교육하기에 유익하니 이는 하나님의 사람으로 온전하게 하며 모든 선한 일을 행할 능력을 갖추게 하려 함이라

말세에 교회를 괴롭히는 위험들, 특별히 배도와 관련된 내용을 상기
시킨 바울은 이것과 대조적으로 인내와 고난에 대한 바울의 모범을 제
시함으로써 디모데가 성경에서 배운 것을 굳게 붙잡아야 할 것에 대한
격려로 주제를 전환하고 있다.

디모데는 앞 단락에서 언급하고 있는 거짓 교사들과 뚜렷이 대조되
는 인물이었다. 이 거짓 교사들의 가장 큰 특징으로 "경건의 모양은 있
으나 경건의 능력은 부인하는 것"(딤후 3:5)이라고 바울은 지적하고 있
다. 이 거짓 교사들은 거짓 경건을 밥 먹듯이 행하는 자들이었다.

이 거짓 교사들은 마치 사탄에게 꼬드김을 당한 천사들이 그랬던 것
처럼 자기 자신을 고귀하고 화려하게 꾸밈으로써 자기들이 직접 하나
님으로부터 보냄을 받은 높은 계급의 메신저가 된 것인 양 자기 자랑을
주저하지 않았다. 오늘날 수많은 사이비 교주들이 화려하게 치장하고
그럴듯한 감언이설로 사람들을 미혹하는 것과 하나도 다를 바 없다.

심지어 외형적으로 위엄을 갖추고 화려하게 치장하는 것으로 만족하
지 못하고 자기는 하나님으로부터 직접 계시를 받았을 뿐만 아니라, 언
제든지 하나님과 대면할 수 있는 특권을 가지고 있는 것처럼 위장했다.
이렇게 함으로써 사람들 앞에서 자기가 마치 하나님의 역할을 대신하
는 특별한 존재나 되는 것처럼 위세를 떨고 있었다. 이 거짓 교사들은
자칭 하나님의 대행자나 되는 것처럼 위세를 부렸다.

1. 고난을 극복하는 복음 (딤후 3:10-13)

바울은 거짓 교사들의 행위를 가리켜 남의 집에 가만히 들어가 어리
석은 여자를 유인하는 것으로 묘사하였다(딤후 3:6-7). 이것은 마치 거룩
한 하나님의 말씀으로 충만해 있어야 하는 하와를 거짓말로 유혹함으
로써 하나님의 말씀을 의심하고 부정하게 만들었던 사탄의 방법과 다

를 바 없다. 사탄의 꼬드김에 빠져 하와는 죄를 짓고 말았다.

모세는 사탄의 유혹에 넘어간 하와에 대해 "여자가 그 나무를 본즉 먹음직도 하고 보암직도 하고 지혜롭게 할 만큼 탐스럽기도 한 나무인 지라 여자가 그 열매를 따 먹고 자기와 함께 있는 남편에게도 주매 그도 먹은지라 이에 그들의 눈이 밝아져 자기들이 벗은 줄을 알고 무화과 나무 잎을 엮어 치마로 삼았더라"(창 3:6-7)고 기록하고 있다.

사탄이 하와를 유혹했던 것처럼 이 거짓 교사들은 가만히 교회 안으로 들어와 참되고 거짓이 없는 하나님의 말씀으로 충만해 있어야 할 교회원들을 유혹했다. 그리고 이 거짓 교사들의 유혹을 받은 사람들은 '지혜롭게 할 만큼 탐스럽기도 한 나무의 열매를 따 먹은' 하와가 그랬던 것처럼, 자기들만이 새롭고 독특한 진리를 깨닫게 되었다며 기고만장하여 교만에 빠져 있었다.

결국 남들보다 고상하고 우수한 진리를 추구하고자 하는 욕심에 이끌린 사람들은 선지자들과 사도들이 전해준 진리의 지식을 내팽개치고 말았다. 마치 눈이 밝아져 하나님과 같이 되겠다는 욕심에 끌려 하나님의 말씀을 거역한 하와와 같이 스스로 교만의 자리에 올라서고 말았다. 그 결과 정작 그들은 유일하게 참 생명의 길로 주어진 '진리의 지식'에 이르지 못하게 되었다.

이 거짓 교사들은 사탄의 모범을 충실하게 따르고 있었다. 반면에 디모데는 거짓 교사들과 달리 바울의 모범을 충실하게 따르고 있었다. 이에 바울은 "나의 교훈과 행실과 의향과 믿음과 오래 참음과 사랑과 인내와 핍박과 고난과 또한 안디옥과 이고니온과 루스드라에서 당한 일과 어떠한 핍박받은 것을 네가 과연 보고 알았거니와 주께서 이 모든 것 가운데서 나를 건지셨느니라"(딤후 3:10-11)고 함으로써 거짓 교사들과 디모데는 전혀 다른 것을 보고 있으며, 아는 것에 있어서 서로 다르다고 밝히고 있다. 이러한 바울의 진술에 대한 사실 여부는 디모데 자신이 바로 그 증인이었기 때문에 조금도 의심할 사안이 아니었다.

'네가 과연 보고 알았거니와'(딤후 3:11)라고 바울 사도가 밝히고 있는 것처럼 디모데는 본이 되는 선생 곁에 늘 있었으며, 그 본을 온전히 닮을 정도가 되어 있었다. 나아가 디모데는 복음으로 인한 고난을 참았던 바울의 용기와 모범을 단지 지식으로만 알고 있었던 것이 아니라 그 본을 따라 삶으로써 자신이 친히 경험하는 것을 통해 바울의 용기와 모범에 관련된 모든 것을 알고 있었다.

디모데는 바울의 말과 행동 그리고 그의 삶을 통하여 가르침을 받았다. 그리고 다양한 도전들에 대해 바울이 여러 가지 가르침으로 답변하는 것을 들었고, 바울의 교훈은 바울이 행한 행동으로 입증됨을 지켜볼 수 있었다. 특별히 사도적 전승과 일치하는 바울의 교리와 함께 사랑을 따라 역사하는 바울의 믿음을 디모데는 자신의 것으로 만들 수 있었다.

바울은 자신이 겪었던 제1차 전도여행으로부터 시작된 제2차 전도여행, 그리고 제3차 전도여행에 이어서 두 번에 걸친 로마의 옥중 생활에 이르기까지 진행된 모든 사역의 여정들을 돌아볼 때, 디모데에게서도 객관적인 의미에서 바울 자신과 같은 삶의 모습을 얼마든지 찾아볼 수 있었다.

때문에 바울은 자신의 사역 여정을 통해 이미 입증된 하나님의 신실하심을 디모데에게 아주 자세히 보여줄 수 있었다. 또한 디모데 역시 바울의 삶을 통해 이미 입증된 사실을 확인할 수 있었다. 곧 바울이 살아온 모든 삶의 상황을 통해 그리스도께서 바울의 삶이 진실하다는 사실을 증명해 주셨다는 점이다. 이에 근거하여 바울은 자신이 그리스도로부터 지지를 받는 것처럼 바울 역시 디모데의 장래 사역에 대한 기대

와 함께 디모데를 힘써 지지하며 격려할 수 있었다.[347]

여기에서 바울은 디모데와 나누었던 특별한 경험을 상기시키고 있다. 안디옥에서(행 13:14, 50), 이고니온에서(행 13:51), 루스드라에서(행 14:6) 바울이 핍박당한 일들이 그것이다. 또한 디모데는 바울이 갇혀 있었던 감옥을 보았고, 그를 죽이기 위해 돌을 던지는 사람들을 지켜보았다(행 14:19; 고후 11:23-27).

이런 일들은 믿음이 어떻게 진리를 위해 기꺼이 고통을 받는가를 보여주었다. 하지만 그 모든 고난 가운데서 주님은 바울을 구원하셨다. 이런 점에서 "무릇 그리스도 예수 안에서 경건하게 살고자 하는 자는 핍박을 받으리라"(딤후 3:12)는 바울의 진술은 바로 디모데 자신이 경험한 사건들이 가져다 준 결론이기도 했다.

고난은 그리스도 안에 자신의 삶이 감추어져 있는 신자들에게 올 것이며, 반드시 와야 한다. 어떤 고난의 형태는 진리에 대해 듣기를 싫어하고 어둠을 좋아하는 세상 가운데서 복음의 증거자로 살아가고 있는 신자들에게는 결코 피할 수 없는 훈장이기도 하다. 신실한 성도들은 바로 그 고난에 참여함을 알려 하여 그리스도의 죽으심을 본받는 자들이다(빌 3:10).

그렇기 때문에 심지어 아무도 성도들의 몸을 괴롭히거나 핍박하지 않을 때라도 그리스도를 증거하며 진지하게 살아가는 성도들의 삶 그 자체는 이미 고난을 겪고 있는 것과 같다.[348]

무엇보다도 신성모독적인 만용과 참담한 발언 그리고 여러 가지 잘못에도 불구하고 악한 사람들이 승승장구하는 것이야말로 의로운 신자들에게는 언제나 고통스럽게 다가서는 박해와 다름이 없다. 마치 이스마엘이 칼이 아니라 말과 행동으로 이삭을 조롱하고 있을 때도 이삭은

347) James Baker, 디모데후서, p. 345.

348) James Baker, 디모데후서, p. 245.

이스마엘로부터 핍박을 당하였던 것과 같다(갈 4:29).

이런 점에서 하나님의 자녀들이 아버지의 영광을 위해 분투할 때 당하지 않으면 안 되는 모든 고통을 감당해야 할 것과 관련해 바울은 "악한 사람들과 속이는 자들은 더욱 악하여져서 속이기도 하고 속기도 하나니"(딤후 3:13)라는 말로 위로하고 있다.

사실 불경건한 교훈이 사람들에게 쉽게 받아들여지고 그처럼 성공적인 것처럼 보이게 되는 것은 무엇보다도 사람들의 배은망덕 때문이다. 바울은 이 사실을 밝힘으로써 경건한 교사들에게 원수들의 교만이나 오만불손에 굴복하지 않고 지속적인 전투에 대한 준비 태세를 갖추도록 하고 있다.[349]

2. 구원을 가져오는 복음 (딤후 3:14-15)

악한 자들이 승승장구하는 것처럼 보이는 것은 그들이 더욱 악하여짐으로써 더 많은 사람을 속이기 때문이다. 악한 사람들은 사탄의 간교함과 악한 사람들 자신의 타락한 힘으로 더 악해지기 마련이다. 그들은 다른 사람들을 속이는 것으로 양식을 삼지만 실은 바로 자기 자신을 속이고 있는 것이기도 하다. 때문에 결국 자신에게 더 많은 악을 쌓고 있는 것과 다를 바 없다.

이와 관련해 바울은 악인들의 경건치 않음이 중대하고 일취월장한다고 할지라도 그것에게 용기를 빼앗기지 말고 확고부동한 자세로 서 있을 것을 당부하고 있다. "그러나 너는 배우고 확신한 일에 거하라 네가 뉘게서 배운 것을 알며 또 네가 어려서부터 성경을 알았나니 성경은 능히 너로 하여금 그리스도 예수 안에 있는 믿음으로 말미암아 구원에 이르는 지혜가 있게 하느니라"(딤후 3:14-15).

---

349) J. Calvin, 디모데전후서, p. 591.

디모데는 루스드라에서 외할머니와 어머니로부터 성경을 배웠다. 그리고 장로회에 많은 증인이 보는 가운데 바울로부터 안수를 받았다. 디모데가 받은 성경은 '능히 너로 하여금 그리스도 예수 안에 있는 믿음으로 말미암아 구원에 이르는 지혜가 있게'(딤후 3:15) 하는 바로 그 성경이었다. 이것은 곧 바울의 가르침이기도 했다.

무엇보다도 바울과 디모데 사이의 개인적인 관계는 그의 가르침을 효과적으로 만들었다. 그들이 함께 당한 위험과 고난들은 그들을 가깝게 묶어 주었다. 바울은 이 유대감에 호소하면서 '너는 배우고 확신한 일에 거하라'고 격려하고 있다. 왜냐하면 사도적 증거의 진리들은 단지 추상적 개념들이 아니라는 점을 디모데는 충분히 경험하였기 때문이다.

앞서 바울은 디모데에게 "너는 그리스도 예수 안에 있는 믿음과 사랑으로써 내게 들은 바 바른 말을 본받아 지키고 우리 안에 거하시는 성령으로 말미암아 네게 부탁한 아름다운 것을 지키라"(딤후 1:13-14)고 말한 바 있다. 결국 '네가 뉘게서 배운 것을' 안다는 것은 디모데 안에 담긴 사도적 전승에 대한 것이며, 그것이 곧 '바른 말'이라는 사실을 알 수 있다.

이 말은 디모데에게 새로운 가르침을 구상하라는 것이 아니다. 또한 민간의 주술 신앙이라든지 유대교 신학을 비롯해 허망한 유행의 세속적인 변화의 바람과 같은 것과 타협함으로써 바울로부터 받은 사도적 전승을 변개시키지 말라는 명령이기도 하다. 이러한 바울의 명령은 전통에 대한 무비판적인 수용이나, 아케이즘(archaism, 옛것의 이상을 추구하는 주의) 또는 맹목적인 숭배를 의미하지 않는다.[350]

왜냐하면 바울로부터 받은 사도적 전승으로 디모데가 받은 성경의 핵심만이 그리스도에 대한 신앙으로 이끄는 유일한 길이라는 사실을

---

350) Thomas C. Oden, 디모데전후서, p. 55.

디모데 자신이 이미 잘 알고 있기 때문이다. 따라서 디모데는 바울 사도의 권위에 무작정 굴복한 것이 아니라 바울의 삶과 가르침과 그 능력으로 나타나는 그리스도의 구원에 대한 수용을 바탕으로 자연스럽게 바울의 사도적 전승을 받아들일 수 있었다.

디모데가 어렸을 때부터 배운 토라와 시편과 예언서들, 즉 구약성경과 더불어 바울의 사도적 전승과 같은 복음에 대한 구두 전승, 즉 아직 완성되지 않은 신약성경 역시 기록된 성경과 함께 정경으로 인정되어야 한다는 점을 암시하고 있다. 왜냐하면 기록된 구약성경과 사도적 전승은 예수 그리스도 안에 계시가 된 것을 일깨움으로써 '그리스도 예수 안에 있는 믿음으로 말미암아 구원에 이르는 지혜가 있게' 하기 때문이다.

이것은 앞선 거짓 교사들의 가르침으로는 결코 유일하게 참 생명의 길로 주어진 '진리의 지식'에 도달할 수 없는 것과 완전히 다른 결과를 가져온다. 이미 바울은 거짓 교훈의 병폐에 대해 다양하게 지적한 바 있다.

그것은 참 교회를 유혹해서 무거운 죄를 짓게 만들며, 여러 가지 욕심에 끌려서 진리의 지식에 이르지 못하게 한다(딤후 3:6-7). 그것은 진리를 대적하게 하며, 마음을 부패하게 만들고, 믿음에 관하여는 버림을 받게 만든다(딤후 3:8). 그리고 결국에는 자신의 어리석음을 드러내게 된다(딤후 3:9). 이 모든 것의 원천은 사람이 하나님보다 자기 자신을 사랑하는 것으로부터 시작되었고, 경건의 모양은 갖추었을지언정 경건의 능력을 부정하는 결과를 가져오게 만든다.

그러나 바울이 전한 사도의 전통을 따르는 일은 비록 그로 인해서 고난과 박해를 받는다고 할지라도, 그 길만이 '그리스도 예수 안에서 경건하게 사는 유일한 길이다'(딤후 3:12). 그리고 그 길만이 '그리스도 예수 안에 있는 믿음으로 말미암아 구원에 이르는 지혜'를 얻게 하는 길이다

(딤후 3:15). 결국 구원에 이르게 하는 지혜란 그리스도 예수 안에서 경건하게 사는 길이며, 그 길은 다름이 아닌 '모든 성경'(All Scripture)이다.

3. 복음 안에서 성장하는 교회 (딤후 3:16-17)

'모든 성경'은 그리스도 안에서 하나님 자신의 임재하심을 입증하고 있다. 구약성경은 하나님의 임재를 고대하고 있다. 신약성경은 하나님의 도래를 상기시키며, 그 하나님의 임재가 예수 그리스도의 성육신을 통해 성취되었음을 공표하고 있다. 곧 성육신은 하나님의 임재를 가리키는 사건이기도 하다. 이와 관련해 요한 사도는 이렇게 선언하고 있다.

> "태초부터 있는 생명의 말씀에 관하여는 우리가 들은 바요 눈으로 본 바요 자세히 보고 우리의 손으로 만진 바라 이 생명이 나타내신 바 된지라 이 영원한 생명을 우리가 보았고 증언하여 너희에게 전하노니 이는 아버지와 함께 계시다가 우리에게 나타내신 바 된 이시니라 우리가 보고 들은 바를 너희에게도 전함은 너희로 우리와 사귐이 있게 하려 함이니 우리의 사귐은 아버지와 그의 아들 예수 그리스도와 더불어 누림이라"(요일 1:1-3).

로고스(말씀)이신 성자, 곧 성자께서 육신으로 이 세상에 오셨다는 그 역사적인 사실을 가리켜 요한 사도는 하나님께서 임재하신 것이라고 선언하고 있다. 그리고 말씀이신 성자께서 예수 그리스도로 오셨다는 이 사실은 하나님의 말씀이신 그리스도를 통하여 우리가 하나님과 사귐을 가질 수 있도록 길을 열어놓으신 것이라고 해석했다.

그 결과 십자가에서 죽으시고 부활하신 후 다시 하늘로 올라가실 때 그리스도 예수께서 "볼지어다 내가 세상 끝날까지 너희와 항상 함께 있으리라"(마 28:20)고 말씀하신 그 약속은, 사도들이 기록해서 교회에게 위임해준 말씀, 곧 기록된 성경을 통해서 오늘날에도 계속해서 이루어지고 있다.

디모데가 어렸을 때는 오직 구약성경에만 의존했었다. 그러나 이제 디모데는 구약성경뿐 아니라 하나님의 손에 의해 바울로부터 전해진 사도적 전승(곧 신약성경)까지 가지고 있다. 때문에 더 풍성한 구원을 얻는 지혜에 이르게 할 수 있는 것이다.[351]
이에 바울은 "모든 성경은 하나님의 감동으로 된 것으로 교훈과 책망과 바르게 함과 의로 교육하기에 유익하니 이는 하나님의 사람으로 온전케 하며 모든 선한 일을 행하기에 온전케 하려 함이니라"(딤후 3:16-17)고 말한다.
성경의 중요성과 가치는 결국 하나님에 의해 기록되었고 영감된 그 자체로써 하나님의 말씀이라는 사실에 근거한다. 이 말은 디모데가 받았던 거룩한 문서들의 모든 수집물에도 해당하며 본 서신 역시 그 안에 포함되었다.

성경을 존재케 하시고 성경의 전달을 보장하시고 그 은혜로운 말씀에 마음을 열게 하시는 성령께서 친히 역사하는 특별한 방법들은 사람들의 이해를 초월한다. 하지만 성령의 열매들은 뚜렷하고 맛볼 수 있으며 누릴 수 있고 알아볼 수 있다. 이처럼 성령께서 성경의 언어 속으로 영감을 불어 넣으셔서 그 말씀들로 은혜의 방도가 되게 하심으로써 하나님께서 기록하셨다는 사실을 증명하신다.
그리고 이 성경은 '하나님의 사람으로 온전케 하며 모든 선한 일을 행하기에 온전케' 함으로써 스스로 하나님의 말씀이라는 사실을 증명하고 있다. 지금도 여전히 주의 말씀을 강론할 때 우리를 새롭게 하며

---

351) James Baker, 디모데후서, p. 56.

하늘의 소망을 누리게 하는 그 사실이 이를 증거하고 있다.

성경에 의해 신자들은 온전케 되어 흠 없는 사람이 되며, 모든 선한 일을 행함에 있어 알맞게 갖추어지며, 사역이 요구하는 모든 과업에 적절히 준비된다(딤후 2:12). 이것이 바로 성경을 연구하는 이유가 된다. 왜냐하면 성경만이 사람으로 구원에 이르는 지혜를 얻게 하는 믿음을 낳기 때문이며 하나님 앞에서 사는 삶에 대해 유익함을 주기 때문이다.[352]

이와 관련해 성경은 하나님의 사랑과 은혜를 우리에게 보여주고, 우리가 하나님과의 관계에서 더욱 성숙해질 수 있도록 이끌어 준다는 의미에서 '은혜의 수단' 혹은 '은혜의 방편'(the Means of Grace)이라고 한다. 이 은혜의 방편을 통해 우리는 하나님과 더욱 가까워지고, 하나님의 뜻을 이해하고 그 뜻을 따르며, 더욱 거룩해지게 된다. 또한, 거룩한 공교회의 성도로 살아가는 삶의 전반적인 행복과 번영을 누리게 된다.

따라서, 영적 성장과 삶의 전반적인 행복과 번영은 하나님과의 관계에서 성숙해지며, 하나님의 은혜와 복을 경험하는 것을 의미한다. 이러한 일들은 우리가 하나님의 뜻을 따르고 성경을 삶에 적용하는 과정에서 일어나게 된다.

본문에서 "모든 성경은 하나님의 감동으로 된 것으로"(All scripture is given by inspiration of God)라는 표현은 성경이 신성한 존재인 하나님에 의해 영감을 받았다는 점을 강조하고 있다. 이것은 성경이 인간의 사상이나 인식의 산물이 아니며, 전적으로 그 자체가 친히 말씀하시는 하나님의 계시라는 사실을 강조한다.

그리고 "교훈과 책망과 바르게 함과 의로 교육하기에 유익하니"라는 표현은 하나님의 계시로 하나님 나라 백성에게 주어진 성경만이 유

352) J. Calvin, 디모데전후서, p. 595.

일하고 올바른 길이며, 하나님 나라 백성으로 살아가는 모든 영역에서 올바른 행동을 취할 수 있도록 이끌어 준다는 사실을 강조하고 있다.

이렇게 살아가는 것을 가리켜 "이는 하나님의 사람으로 온전케 하며 모든 선한 일을 행하기에 온전케 하려 함이니라"고 말한다. 곧 성경을 믿고 따르는 것이 우리를 온전한 사람으로 만들어 주며, 하나님의 뜻을 이해하고 따르며, 선한 일을 행할 수 있도록 이끌어 준다는 사실을 보여주고 있다.

이와 관련해 바울은 로마서에서 이 사실을 더욱 확실하게 증언한 바 있다. "무엇이든지 전에 기록된 바는 우리의 교훈을 위하여 기록된 것이니 우리로 하여금 인내로 또는 성경의 위로로 소망을 가지게 함이니라 이제 인내와 위로의 하나님이 너희로 그리스도 예수를 본받아 서로 뜻이 같게 하여 주사 한마음과 한 입으로 하나님 곧 우리 주 예수 그리스도의 아버지께 영광을 돌리게 하려 하노라"(롬 15:4-6).

이와 동일한 가르침은 히브리서에서도 확인할 수 있다. "하나님의 말씀은 살아 있고 활력이 있어 좌우에 날선 어떤 검보다도 예리하여 혼과 영과 및 관절과 골수를 찔러 쪼개기까지 하며 또 마음의 생각과 뜻을 판단하나니 지으신 것이 하나도 그 앞에 나타나지 않음이 없고 우리의 결산을 받으실 이의 눈앞에 만물이 벌거벗은 것 같이 드러나느니라"(히 4:12-13).

이처럼 성경은 우리를 온전하게 하고, 우리의 믿음과 지식을 증가시키며, 하나님의 뜻을 이해하게 하는 길을 보여주고 있다.

첫째, 성경은 우리를 교훈하고 책망하며 올바르게 가르치는 것을 도와준다. 이런 이유에서 성경은 하나님의 말씀이며, 우리에게 하나님의 계획과 그의 성품을 알리는 토대가 된다. 성경을 통해 우리는 우리 자신, 우리 주변의 세상, 그리고 우리 주인이신 하나님에 대해 더 깊이 이해하게 된다.

둘째, 성경은 우리의 영적 성장을 촉진하게 한다. 성경은 우리가 하나님의 성품을 나타내는 데 도움을 주며, 우리가 그의 뜻을 이해하고 삶을 규율할 수 있게 한다. 이를 통해 우리는 성장하고 변화할 수 있으며, 하나님과 더욱 가까워질 수 있게 된다.

셋째, 성경은 우리가 선한 일을 행하도록 이끌어 준다. 성경은 우리가 옳고 바른 길을 걷도록 가르치고, 그리스도의 사랑과 자비로운 성품을 나타내도록 이끌어 준다. 나아가 성경을 통해 우리는 우리 주변의 세상에 선한 영향을 끼칠 수 있게 된다.

이상에서 살펴본 것처럼 성경은 하나님께서 교회에게 주신 유일한 신앙의 규율(the Rule of Faith)이다. 곧 성경만이 유일한 신앙의 근본 원리이며 믿음의 규칙이다. 때문에 이 신앙의 규율과 관련해서 우리는 성경의 교훈과 일치하지 않는 어떤 생각이나 주장도 받아들이지 않아야 한다.

특별히 이 신앙의 규율에는 삼위일체론, 예수 그리스도의 구속, 성령의 역할 등과 같은 주요 핵심 내용이 담겨 있다. 이런 내용은 전통적인 기독교 신조 및 신경, 그리고 신앙고백서들과 교리문답들에 포함되어 있다. 이를 바탕으로 성경을 해석하고 이해해야 한다. 이것이 바로 '성경은 하나님께서 교회에게 주신 유일한 신앙의 규율'이라고 우리가 고백하는 이유이다.

이럴 때 '말세'라고 하는 고통의 때에 우리가 살고 있다 할지라도 성경을 가지고 있는 교회는 하나님의 사람으로서 신자들로 하여금 하나님의 말씀을 통해 온전케 되는 은혜를 누릴 수 있게 된다. 이것은 성경을 통해서 말씀하시는 성령으로 말미암아 하나님의 말씀인 성경이 그 사명을 완전하게 성취하게 함으로써 신자들이 '그리스도의 장성한 분량이 충만한 데까지'(엡 4:12-13) 이르게 하기 때문이다.

| 기 도 |

　우리에게 기록된 성경을 주심으로써 유일한 신앙의 근본 원리를 친히 가르쳐주시는 하나님께 감사와 찬송을 드립니다.

　우리에게 주신 성경으로 인하여 우리는 주님의 사랑과 우리를 향하신 주님의 뜻을 알게 되었습니다. 우리에게 주신 말씀은 우리가 살아가는 유일한 믿음의 규율입니다. 또한 우리가 옳은 길을 가도록 인도해 주시는 유일한 길잡이입니다. 주님의 말씀을 통해 우리는 주님의 자비와 사랑을 깨닫고, 주님의 은혜와 복을 누리게 하시오니 감사를 드립니다.

　성경은 우리에게 유일한 참된 근본 원리를 가르쳐주시는 귀한 보물입니다. 우리가 성경을 통해 배우는 것들을 우리 삶에 적용하여서, 주님께서 이 시대에 바라시는 뜻을 따르는 삶을 살 수 있도록 은혜를 내려주옵소서.

　"아멘이시요 충성되고 참된 증인이시요 하나님의 창조의 근본이신"(계 3:14) 그리스도의 말씀을 따라 살게 하심에 감사를 드립니다.

　우리 주 예수 그리스도의 이름으로 기도합니다.

〈7〉

배교의 시대에 교회가 보존해야 할 복음

디모데후서 4:1-5

하나님 앞과 살아 있는 자와 죽은 자를 심판하실 그리스도 예수 앞에서 그가 나타나실 것과 그의 나라를 두고 엄히 명하노니 너는 말씀을 전파하라 때를 얻든지 못 얻든지 항상 힘쓰라 범사에 오래 참음과 가르침으로 경책하며 경계하며 권하라

때가 이르리니 사람이 바른 교훈을 받지 아니하며 귀가 가려워서 자기의 사욕을 따를 스승을 많이 두고 또 그 귀를 진리에서 돌이켜 허탄한 이야기를 따르리라 그러나 너는 모든 일에 신중하여 고난을 받으며 전도자의 일을 하며 네 직무를 다하라

교회가 사도로부터 받은 기독교의 유업을 계승해야 할 것과 관련하여 본 서신이 깊은 관심을 보이는 것은 기독교 신앙 때문에 죽음을 앞둔 바울의 상황(딤후 4:6-8)과 밀접한 관계가 있다. 바울은 자신이 처형당하기 전에 이 마지막 서신을 작성했다. 때문에 바울은 다가올 일에 대한 냉정한 판단과 자신이 열심히 행하여 온 모든 것을 뒷받침해준 믿음의 본을 통해 비록 고난의 길일지라도 신자들이 신앙을 위해 살아야

한다는 점을 유언으로 남기고 있다(딤후 1:8).

바울은 자신의 유언을 통해 기독교 신앙의 핵심을 교회에 부탁하고 있다. 그 내용은 복음으로 제시된 하나님께서 행하신 일들에 관한 것으로 기독교 신앙의 핵심을 담고 있다. 곧 하나님의 능력, 구원, 거룩한 삶으로의 부르심, 창세 전에 그리스도 안에서 주어지고 이제 신자들의 구세주 안에서 계시된 은혜, 그와 관련된 죽음과 사망, 생명의 선물과 영생(딤후 1:8-10) 등에 대한 신학적 의미를 제시하고 있다.

나아가 이러한 신학적인 가르침을 신자들의 유업으로 교회에 위탁하고 있다(딤후 1:14). 이와 관련하여 '능력과 사랑과 근신의 영'(딤후 1:7)이신 성령께서는 하나님의 구원하시는 행동의 결과를 신자들이 실천할 수 있도록 언제나 교회와 함께 하신다.

이제 교회는 사도로부터 물려받은 이 유업을 보존하고 계승하기 위해 충성된 사람들을 세워야 한다(딤후 2:2). 이것은 신자들의 구원을 위한 하나님의 활동이 시작되는 순간부터 교회에게 유업으로 주어진 복음을 이 세상이 끝날 때까지 계속해서 전파해야 하기 때문이다.

복음을 위해 봉사하는 이 충성된 사람들은 ① 자기에게 위탁된 가르침에 대한 기억과 그것을 영원히 존속시키는 능력을 소유하여야 하며, ② 탐욕과 악의와 비겁함 때문에 그들이 받은 복음을 떠나지 않아야 한다. 그러기 위해 그들은 기꺼이 그리스도의 고난에 참여해야 한다(딤후 1:8, 12; 2:9, 12; 3:11-12).

또한 그들은 주인을 위해 헌신하는 군사가 되어야 하는데(딤후 2:3-6). 이 충성된 일꾼들은 ① 전투에 임하는 것처럼 전심전력을 다하며 ② 경주하는 선수처럼 법대로 행하며 ③ 열심히 일하는 농부처럼 힘껏 수고함으로써 자신을 군사로 부르신 그리스도를 기쁘게 해야 한다.

이처럼 그리스도의 군사들은 자신의 아들을 십자가에서 죽기까지 내어주신 하나님을 올바르게 섬기기 위해 자기희생을 몸소 실천해야 한다. 이런 이유에서 하나님께서는 흔들리지 않는 견고한 터로 교회를 세워주셨다(딤후 2:19). 그렇기 때문에 교회는 사도로부터 계승된 기독교 신앙의 본질을 보존하되 타협해서는 안 되며 신자들은 어떤 희생을 치르더라도 하나님께서 행하시고 말씀하신 이 복음을 지켜야 한다.

왜냐하면 경건의 모양은 있으나 그 능력을 부인하는 사람들의 특성이 강하게 나타나는 말세에 교회가 존재하기 때문이다(딤후 3:1-5). 이러한 말세의 때에 가장 현저하게 나타나는 현상에 대해 바울은 '사람들이 자기 사랑하기를 하나님보다 더 사랑하는 것'이라고 밝힌 바 있다.

반대로 '주께서 자기 백성을 아신다'(딤후 2:19; 민 16:5)는 말씀과 '주의 이름을 부르는 자마다 불의에서 떠날지어다'(딤후 2:19)라는 말씀을 두 개의 명문으로 가지고 참된 경건을 추구하는 교회는 철저하게 자기 사랑보다는 더욱 더 하나님을 사랑하는 일에 전심을 다해야 한다. 하나님을 사랑한다는 것은 무엇보다도 하나님의 말씀에 순종하는 삶을 가리킨다는 이유에서 바울은 기록된 성경 계시의 중요성을 강조하고 있다(딤후 3:16-17).

성경은 하나님께서 교회에게 주신 유일한 신앙의 규율(the Rule of Faith)이다. 곧 성경만이 유일한 신앙의 근본 원리이며 믿음의 규칙이며, '말세'라고 하는 고통의 때라 할지라도 성경을 가지고 있는 교회는 하나님의 사람으로서 신자들로 하여금 하나님의 말씀을 통해 온전케 되어 참 생명의 길로 주어진 '진리의 지식'에 이르는 구원의 은혜를 누리게 된다.

4장에서 바울은 지금까지 자신이 달려온 길을 회상하며, 이제 그 복음의 바통(baton)을 디모데에게 넘겨주고 있다. 이제 바울은 믿음의 인내에 대한 자신의 모범을 디모데와 역사적 기독교 공동체 전체에게 교

훈하고 명령할 마지막 기회임을 밝히고 있다. 이는 죽음을 앞둔 바울이
자기의 사랑하는 '아들'에게 주는 최후의 교훈이며 바울 생애의 모든
활동을 그 아들에게 위임하고 있는 것이다(딤후 4:1-5).

바울은 마지막 심판의 장엄한 배경 속에서 디모데를 향해 진지하게
유언을 하고 있다(딤후 4:6-8). 이어서 바울은 디모데를 격려하면서 그로
하여금 맡겨진 사역을 수행하기 위한 몇 가지 주제들이 전개된다. 성령
의 도우심, 그리스도와 바울의 모범들, 반대와 박해와 고난, 악을 피하
고 복음을 전파하며 이단을 책망하되 그들의 회개를 소망할 것들에 대
한 권고가 주어진다. 바울은 디모데에게 사도로부터 받은 진리를 지키
고 장래의 교사들에게 전해야 한다는 점을 상기시키며 본 서신을 마치
고 있다(딤후 4:9-22).

1. 배교의 때와 교회의 말씀 선포 (딤후 4:1-2)

고통의 때가 임할지라도 하나님의 교회는 견고하게 서 있다. 이 교회
는 '주께서 자기 백성을 아신다'(딤후 2:19; 민 16:5)라는 말씀과, '주의
이름을 부르는 자마다 불의에서 떠날지어다'(딤후 2:19)라는 말씀으로
이루어진 두 개의 명문(銘文)을 가진 하나님의 '인'이기 때문이다.

이런 점에서 하나님의 사람은 성경을 통해 말씀하시는 성령으로 말
미암아 성경을 통해 신자들의 사명을 완전하게 성취함으로써 '그리스
도의 장성한 분량이 충만한 데까지'(엡 4:12-13) 이르게 된다. 또한 교회
는 성경으로 무장된 까닭에 ① 완고한 사람들 앞에서 더 이상 신앙에
대한 의혹에 빠지거나 변질하지 않으며, ② 많은 사람들이 바울 사도
가 제시하는 선한 교훈을 받지 않고 대적할지라도 담대하게 말씀을 전
파해야 한다.[353]

---

353) James Baker, 디모데후서, p. 358.

바울은 "하나님 앞과 산 자와 죽은 자를 심판하실 그리스도 예수 앞에서 그의 나타나실 것과 그의 나라를 두고 엄히 명하노니 너는 말씀을 전파하라 때를 얻든지 못 얻든지 항상 힘쓰라 범사에 오래 참음과 가르침으로 경책하며 경계하며 권하라"(딤후 4:1-2)고 디모데에게 명령하고 있다.

바울은 자신의 죽음이 가까웠음을 바라보면서 이제 그 임박한 날을 염두에 두고 디모데에게 이 인상적인 마지막 명령을 하고 있다. 이 명령은 목회서신에서 세 번째 디모데에게 주어진 명령이다.

첫 번째는 "하나님과 그리스도 예수와 택하심을 받은 천사들 앞에서 내가 엄히 명하노니 너는 편견이 없이 이것들을 지켜 아무 일도 편벽되이 하지 말며 아무에게나 경솔히 안수하지 말고 다른 사람의 죄에 간섭지 말고 네 자신을 지켜 정결케 하라"(딤전 5:21-22)는 명령이었다.

두 번째는 "만물을 살게 하신 하나님 앞과 본디오 빌라도를 향하여 선한 증거로 증거하신 그리스도 예수 앞에서 내가 너를 명하노니 우리 주 예수 그리스도 나타나실 때까지 점도 없고 책망 받을 것도 없이 이 명령을 지키라"(딤전 6:13-14)였다.

첫 번째 명령은 ① 말씀의 사역자를 세울 때 편벽되게 하지 말 것에 대한 지침이다. 두 번째 명령은 ② 말씀의 사역자로 책망받는 일이 없도록 말씀을 보존할 것에 대한 지침이다. 그리고 "너는 말씀을 전파하라 때를 얻든지 못 얻든지 항상 힘쓰라 범사에 오래 참음과 가르침으로 경책하며 경계하며 권하라"는 이 세 번째 명령은 ③ 말씀의 사역자로서 주님 오실 때까지 말씀을 전파할 것에 대한 지침이다.

이 세 가지 지침은 모두가 말씀의 사역자들과 관련되어 있다. 이때 등장하는 하나님과 그리스도 예수는 이 명령의 권위와 함께 법적으로 승인받았음을 강조한다. 따라서 이 명령을 거역하는 것은 하나님과 그리스도 예수를 상대로 반역하는 것과 같다. 이 점을 분명히 하기 위해 세 번째 명령에서 바울은 디모데를 그리스도께서 심판하시는 마지막 심판대 앞에 세우고 있다.

그리스도께서 다시 오실 때까지 그의 나라는 십자가의 그늘 아래 있으며 그의 원수들의 끊임없는 공격의 대상이 될 것이다. 하지만 그리스도께서 다시 오시는 날에 그의 나라는 모든 원수들을 무찌르고 모든 적대 세력들을 무산시키며 그의 위엄을 공공연하게 드러내게 된다.[354] 따라서 말씀 사역자들은 그리스도께서 지금은 버림을 당하는 것처럼 보일지라도 권능과 큰 영광으로 다시 오신다는 사실 앞에서 정직하게 말씀을 전파해야 한다.

동시에 그리스도의 나타나심과 그의 나라는 책임과 보상의 의미를 이미 함의하고 있다(딤후 2:11-12)는 점을 기억해야 한다. 이런 점에서 말씀 사역자들은 그의 나라를 상속받는 보상이 그리스도의 심판대 앞에서 공개적으로 주어진다는 소망을 가지게 된다. 이 소망에 근거하여 말씀 사역자들은 '너는 말씀을 전파하라'는 바울 사도의 명령을 수행하는 일에 적극적으로 반응하게 된다.

여기에서 '말씀을 전파하라'($\kappa\eta\rho\nu\xi\sigma\nu$ $\tau\sigma\nu$ $\lambda\sigma\gamma\sigma\nu$)는 명령은 사도로부터 받은 복음을 가감 없이 주어진 그대로 전달한다는 의미를 가진다. 특별히 말씀을 전하는 사역자들은 자신의 윤리관이나, 세계관이나, 인생의 가치관으로 왜곡하지 않고 오로지 하나님께서 하시는 일의 증인으로서 말씀을 전해야 한다. 곧 말씀 선포의 신학적 주제는 하나님 나라의 일에 관한 것과 예수 그리스도에 관한 것이어야 한다. 그리고 그 신학적 주제는 선지자들과 사도들이 기록하여 교회에 위임한 기록된 성경에 근거하고 있어야 한다.

---

354) J. Calvin, 디모데전후서, p. 596.

2. 온유함으로 선포되는 말씀 (딤후 4:2)

인간을 향한 하나님의 말씀은 성경을 통해 알려졌고 모세 오경과 예언서에서 약속되었으며 그리스도의 오심 안에서 성취되었다. 그 성경의 우수성과 유익은 바로 앞에서 "모든 성경은 하나님의 감동으로 된 것으로 교훈과 책망과 바르게 함과 의로 교육하기에 유익하니 이는 하나님의 사람으로 온전하게 하며 모든 선한 일을 행할 능력을 갖추게 하려 함이라"(딤후 3:16-17)는 말씀을 통해 이미 제시되었다.

이와 관련해 '말씀을 전파하라'(κηρυξον τον λογον)라는 말은 성경을 무시하는 모든 행위를 배척한다는 의미를 포함하고 있다. 예를 들면, 복음 전파자의 주관적인 경험에 대한 자기 주장이나, 자신의 감정 노출이나, 자신에 대한 이야기를 하는 것과 같은 자서전적인 내용을 포함하는 행위를 용납하지 않는다는 의미를 가지고 있다. 복음 전파자에 의해서는 오직 성경만이 전파되어야 한다. 곧 하나님의 모든 말씀은 수정이나 가감 없이 있는 그대로 전파되어야 한다.

사도들에 의해 교회에 위탁된 기록된 성경, 곧 정경으로 인정된 기록된 성경은 그리스도 안에서 성취되고 사도적 전승 안에서 입증된 바로 그 '모든 성경'(All Scripture)이다. 그리고 이 성경만이 복음 전파의 실체여야 한다.[355] 때문에 디모데에게는 이 성경을 고수하고(딤후 1:13) 옳게 분변해야 한다(딤후 2:15)는 책임이 주어져 있다.

왜냐하면 디모데는 성경의 안내자이며 교사이기 때문이다(딤후 3:15-16). 그리고 이제 그 성경을 전파해야 한다. 특별히 이 성경의 전파를 '말세'와 관련해 명령하고 있는 이유는 이 성경만이 이 세대에 하나님의 진리를 전달하는 수단으로 주어졌기 때문이다.[356]

---

355) Thomas C. Oden, 디모데전후서, p. 206.

356) James Baker, 디모데후서, p. 361.

따라서 말씀을 전파하는 사역자는 '때를 얻든지 못 얻든지 항상 힘쓰라 범사에 오래 참음과 가르침으로 경책하며 경계하며 권하라'(딤후 4:2)는 사도의 명령을 수행해야 한다. 여기에서 '항상 힘쓰라'는 명령은 주께서 맡기신 복음을 언제든지 전파할 준비를 갖추고 있음을 의미한다. 왜냐하면 바울은 어려운 때에도 말씀을 전파했던 것처럼 말씀을 전파하기에 '닫혀있는 때'란 없기 때문이다.

이와 관련해 바울은 말씀을 선포하는 일에 대한 세 가지 지침을 제시하고 있다.

① '경책하다'(reprove)는 단어는 '증명하다'는 의미를 가지고 있으며, 이것은 잘못을 범한 사람에게 그 잘못을 깨닫게 해준다는 뜻이다. 이런 점에서 경책한다는 것은 죄를 깨닫고 자백하는 결과를 가져오는 교정(矯正)을 말하는 것으로, 말씀 전파자는 그 일을 통해 구원받은 자와 달리 구원받지 못한 자의 죄를 다루고 있음을 보여주고 있다.

② '경계하다'(rebuke)는 말은 절대적 권위를 가지고 조사하고 훈계하는 것을 말한다. 이것은 경책함으로 죄를 드러낸 후 그가 얼마나 잘못했는가를 밝히고 꾸짖는 행위(눅 17:3)를 가리킨다.

③ '권하다'(exhort)는 말은 권고와 위로하는 것을 가리키며 잘못을 바로 잡고 믿음에 강건하도록 사람들을 위로하고 격려하는 것을 의미한다. 이 세 가지는 각각 이성과 양심과 의지에 호소하고 있음을 보여주고 있다.

이러한 명령들은 범사에 오래 참음과 가르침을 유지함으로써 견실하고 단호한 방법으로 실행되어야 한다. 그리하여 믿음은 조급하지 않게 되며, 위로는 훈계를 동반할 수 있는 시간을 갖게 된다. 권고는 타당한 것이어야 하며 그 결정들과 행동을 통하여 점진적으로 드러나야 한다.

따라서 교회의 사역자들은 말씀을 전파하는 일에 항상 힘쓰는 동시에 교회의 평화를 유지하고 있어야 하며 온유함으로써 말씀을 선포해

야 한다. 오래 참음은 교회의 덕이며 하나님의 속성(롬 2:4; 딤전 1:16)이
다. 그리고 이 오래 참음과 가르치는 일은 늘 함께 있어야 한다.[357]

3. 배도의 시대에 보존되어야 할 말씀 (딤후 4:3-5)

진리의 말씀이 선포된다고 해서 모든 사람이 환영하는 것은 아니다.
때문에 바른 교훈을 거부하는 상황들에 대해서도 대비하고 있어야 한
다. 이에 바울은 "때가 이르리니 사람이 바른 교훈을 받지 아니하며 귀
가 가려워서 자기의 사욕을 좇을 스승을 많이 두고 또 그 귀를 진리에
서 돌이켜 허탄한 이야기를 좇으리라"(딤후 4:3-4)고 경계하고 있다.

바울은 사람들이 말씀을 받지 않는 때가 오고 있다고 경고한 바 있다
(딤전 1:10; 6:3). 이 불신앙의 현상은 어떤 특정한 때를 가리키기보다는
모든 세대에 걸쳐 흔히 나타나는 현상이다. 바울은 바른 교훈을 받지
않는 현상을 두 가지로 묘사하고 있다. 곧 ① '귀가 가려워서 자기 사욕
을 추구하는 것' 과, ② '귀를 진리에서 돌이켜 허탄한 것을 추구한다는
것' 이 그것이다.

① '귀가 가렵다는 것' 은 하나님의 말씀을 듣기 싫어하는 모습을 묘
사하고 있다. 사람들은 진기한 것으로 자극받기를 원하며 새로운 감각
적인 것으로 만족하기를 원한다. 이런 점에서 색다른 경험에 대한 갈망
은 사라지지 않는다. 그때 사람들은 사도적 증거들을 전하는 복음 선포
보다는 자신의 가려운 귀를 긁어줄 수 있고, 자신의 열망을 충족시킬
수 있으며, 자신의 유행을 따라 가르칠 수 있는 복음 전파자들을 원하
게 된다(사 30:9-11). 이러한 증상에 빠진 사람들은 그리스도 예수 안에
있는 진리를 더 이상 참을 수 없게 되어 그 복음을 분쇄시키는 방법을
찾게 된다.

---

357) William Handriksen, 목회서신, p. 414.

이 상태가 되면 ② 진리에서 돌이키게 된다. 진리에서 귀를 돌이킨 사람들은 자신들의 가려운 귀를 긁어주기 위해서 거짓 교사들에 대한 강력한 욕구를 가지게 된다. 그 욕구는 마침내 거짓 교사들을 양산하게 하는 분위기를 만들게 되며 마침내 그들의 욕구에 부응하는 이들을 대량 생산하는 결과를 가져오게 된다.

이런 상태가 되면 사람들은 자신의 욕망을 충족시키기 위해서 자신만의 선생을 두게 된다. 그들은 굶주린 자신의 욕망을 더욱 강화시키기 위해 더 많은 거짓 선생을 두게 되며, 거짓 선생들은 하나님의 말씀을 대체하기 위한 온갖 가설들, 즉 허탄한 이야기들을 만들어 그들의 굶주린 욕망을 채워주게 된다.

그렇게 해서 등장하게 된 것들이 소위 비신화화(demythologization) 신학, 의식화(conscientization) 신학, 상황화(contextualization) 신학, 의심의 해석학(hermeneutics of suspicion) 등과 같은 것이다. 이것들은 사람들의 지적 욕망을 채워주기 위해 조작된 마약과 같다. 이런 단어들은 가려운 귀를 긁어주고 하나님의 말씀을 대신하기 위해 고안된 수많은 대중 신학의 한 단면에 불과하다.358)

처음에 사람들은 복음을 진지하게 받아들이며 적극적인 열성을 보이다가도 나중에는 복음에 대해 싫증을 일으키며 적극적인 증오를 보이는 때가 있다. 이때가 되면 어떤 이들은 복음을 맹렬하게 배척하기도 하며 멸시하거나 조소하기도 한다. 어떤 이들은 복음의 멍에를 견딜 수 없어서 거기에 발길질을 하거나 거룩한 도리에 대한 증오심으로 그리스도를 배신하기도 한다. 어떤 이들은 복음의 원수가 되어 공공연히 교회에 박해를 가하기도 한다.

그렇다 할지라도 이미 여러 번 예고하고 있는 하나님 말씀의 모욕과

---

358) Thomas C. Oden, 디모데전후서, p. 209.

배척에 대한 성령의 예언이 성취된다고 해서 교회가 당황할 이유는 없다. 인간은 천성적으로 허영에 기울고 있다는 점을 감안할 때 이러한 배교 현상은 조금도 이상한 일이 아니기 때문이다(살후 2:11-12).

이런 현상과 관련해 칼빈은 "하나님을 알되 하나님을 영화롭게도 아니하며 감사하지도 아니하고 오히려 그 생각이 허망하여지며 미련한 마음이 어두워졌나니"(롬 1:21)라는 로마서를 인용하면서, "건전한 탐구에 만족하지 않고, 자기들에게 합당한 한도 이상을 스스로 주장하여 제멋대로 어두움을 자기들 자신에게 드리우며, 사실 자기들의 공허하고 완악한 오만함으로 인하여 스스로 바보가 되어 버리는 것이다. 그러므로 그들의 어리석음이 핑계거리가 될 수 없다는 것이 자명해진다"라고 지적하고, "그런 상태가 헛된 호기심의 결과일 뿐 아니라, 합당한 것 이상을 알고자 하는 방자한 욕심에다 거짓된 확신이 겹쳐서 생겨난 것이다"라고 밝히고 있다(Inst., 1,4,1).

반면에 바울은 성경으로 표현되는 복음을 가리켜 '바른 교훈'과 '진리'라고 부르고 있다. '바른 교훈'은 신자들에게 경건을 가르침에 있어서 그것이 미치는 효과 때문이다. '진리'라고 부르는 것은 바른 교훈이 하나님의 말씀을 순수하고 자연스럽게 드러내는 것으로 복음의 단순성을 더럽히는 쓸데없는 망상과 대조시키기 위함이다.

여기에서 그리스도의 가르침을 받지 않는 때가 있다는 사실은 상대적으로 복음 전파자들로 하여금 이 복음을 주장하는 일에 더 열성을 가져야 하며, 온전히 간직하는 데 있어서 더욱 끈질긴 노력을 기울여야 하며, 나아가 근면과 온유함을 통해서 사탄의 공격을 물리쳐야 한다는 적극적인 대처를 요구하고 있다.[359] 이런 이유에서 바울은 "그러나 너는 모든 일에 근신하여 고난을 받으며 전도인의 일을 하며 네 직무를 다하라"(딤후 4:5)고 디모데를 격려하고 있다.

---

359) J. Calvin, 디모데전후서, p. 599.

특별히 '바른 교훈'과 '진리'를 전하는 말씀 선포자에게 있어서 필연적으로 따라오는 '고난'은 그들이 누구에게 속하여 있는가를 확실하게 보여주는 증표가 된다. "머리되시는 예수 그리스도에게 성령과 믿음으로 말미암아 연합되어 있는 모든 성도들은 그의 은혜와 고난과 죽음과 부활과 영광 안에서 그와 교제를 갖는다(요일 1:3; 엡 3:16-19; 요 1:16; 엡 2:5, 6; 빌 3:10; 롬 6:5, 6; 딤후 2:12)"(WCF. 26:1)에서 고백하고 있는 것처럼 교회의 머리되시는 예수 그리스도와 연합되어 있는 성도들에게 있어서 그리스도께서 그러셨던 것처럼 고난을 피할 수 없다. 동시에 이 고난은 부활의 영광을 약속하는 증표이기도 하다.

앞서 바울은 자신의 복음 사역과 관련해 "복음으로 말미암아 내가 죄인과 같이 매이는 데까지 고난을 받았으나 하나님의 말씀은 매이지 아니하니라 그러므로 내가 택함 받은 자들을 위하여 모든 것을 참음은 그들도 그리스도 예수 안에 있는 구원을 영원한 영광과 함께 받게 하려 함이라"(딤후 2:9-10)고 밝힌 바 있다. 바울의 복음 사역에 나타나는 특징은 언제나 고난을 동반하고 있었다. 이것은 고난을 회피하고 자신의 명예와 탐욕을 추구하는 거짓 교사들과의 차별성을 보여준다.

디모데 역시 이 사실을 잘 알고 있었다. 바울은 노골적으로 박해와 고난이야말로 참된 복음 사역자에게 주어진 훈장이라고 밝힌 바 있다. "나의 교훈과 행실과 의향과 믿음과 오래 참음과 사랑과 인내와 박해를 받음과 고난과 또한 안디옥과 이고니온과 루스드라에서 당한 일과 어떠한 박해를 받은 것을 네가 과연 보고 알았거니와 주께서 이 모든 것 가운데서 나를 건지셨느니라 무릇 그리스도 예수 안에서 경건하게 살고자 하는 자는 박해를 받으리라"(딤후 3:10-12)고 바울은 못을 박고 있다.

바울 사도가 이처럼 담대하게 말할 수 있었던 것은 4장을 시작하면서 "하나님 앞과 살아 있는 자와 죽은 자를 심판하실 그리스도 예수 앞에서 그가 나타나실 것과 그의 나라를 두고 엄히 명하노니"(딤후 4:1)라는 선언과 관련이 있다. 바울은 언제나 자기 자신을 하나님 앞에, 그리고 산 자와 죽은 자를 심판하시는 그리스도 예수 앞에 자기 자신을 세워두며 복음 사역자로서 사명을 수행하였다.

때문에 바울은 복음 사역자인 디모데에게도 동일하게 자신과 같은 길을 가라고 요청할 수 있었다. 그리고 이러한 바울의 삶에 대하여 잘 알고 있었던 디모데이기에 "너는 모든 일에 신중하여 고난을 받으며 전도자의 일을 하며 네 직무를 다하라"는 바울의 요청을 거역하거나 부정할 명분을 찾을 수 없었다. 나아가 이러한 바울의 명령은 지금 우리 시대의 복음 사역자들뿐 아니라 교회의 머리이신 그리스도와 한 몸을 이루는 모든 성도들에게도 여전히 유효하게 주어졌음을 명심해야 한다.

| 기 도 |

우리를 주님의 몸된 교회로 불러 모으시어 사랑과 은혜를 베풀어 주시는 하나님께 감사를 드립니다.

하나님께서는 우리에게 사도들이 교회에 전해준 성경을 기반으로 참된 교리를 배우고 익히게 하셨습니다. 안타깝게도 현대 사회에서는 인간의 이성을 바탕으로 세워진 수많은 갖가지 신학적인 이론이 난무하고, 이로써 참된 복음에 대한 오해와 착각을 일으키게 하고 있습니다. 심지어 성경의 가르침을 거부하고, 성경 해석을 사적인 이익과 욕망을 채우기 위한 수단으로 전락시키는 사람들도 있습니다.

주님, 이 세상에서 우리는 많은 유혹과 도전을 마주합니다. 이에 대처하기 위해 우리는 더욱 강한 믿음과 지식이 필요합니다. 이를 얻기 위해 우리는 주님의 말씀을 항상 듣고 올바른 길을 걷도록 인도해 주옵소서.

또한, 우리는 다양한 종교적 사상과 이념에 노출되어 있습니다. 이를 극복하고, 참된 종교적 신념을 가질 수 있도록 우리의 마음을 정화시키고, 성령의 지혜와 지도를 받을 수 있도록 이끌어 주옵소서.

이 세상에서 성도로서 삶을 사는 데 있어 많은 어려움을 겪거나, 심지어 고난과 박해를 받을 수 있습니다. 이를 극복하기 위해 우리에게 성경을 깊이 있게 연구하고 이해할 지혜와 능력을 주시옵소서. 우리가 지금까지 배우고 경험한 것을 바탕으로, 이 세상에서 힘을 얻고, 주님의 영광을 위해 살아갈 수 있도록 은혜를 주옵소서.

우리 주 예수 그리스도의 이름으로 기도합니다.

〈8〉

배교의 시대에 교회가 각성해야 할 사명

디모데후서 4:6-22

전제와 같이 내가 벌써 부어지고 나의 떠날 시각이 가까웠도다 나는 선한 싸움을 싸우고 나의 달려갈 길을 마치고 믿음을 지켰으니 이제 후로는 나를 위하여 의의 면류관이 예비되었으므로 주 곧 의로우신 재판장이 그 날에 내게 주실 것이며 내게만 아니라 주의 나타나심을 사모하는 모든 자에게도니라

너는 어서 속히 내게로 오라 데마는 이 세상을 사랑하여 나를 버리고 데살로니가로 갔고 그레스게는 갈라디아로, 디도는 달마디아로 갔고 누가만 나와 함께 있느니라 네가 올 때에 마가를 데리고 오라 그가 나의 일에 유익하니라 두기고는 에베소로 보내었노라

네가 올 때에 내가 드로아 가보의 집에 둔 겉옷을 가지고 오고 또 책은 특별히 가죽 종이에 쓴 것을 가져오라 구리 세공업자 알렉산더가 내게 해를 많이 입혔으매 주께서 그 행한 대로 그에게 갚으시리니 너도 그를 주의하라 그가 우리 말을 심히 대적하였느니라

내가 처음 변명할 때에 나와 함께 한 자가 하나도 없고 다 나를 버렸으나 그들에게 허물을 돌리지 않기를 원하노라 주께서 내 곁에 서서 나에게 힘을 주심은 나로 말미암아 선포된 말씀이 온전히 전파되어 모든 이방인이 듣게 하려 하심이니 내가 사자의 입에서 건짐을 받았느니라 주께서 나를 모든 악한 일에서 건져내시고 또 그의 천국에 들어가도록 구원하시리니 그에게 영광이 세세무궁토록 있을지어다 아멘

브리스가와 아굴라와 및 오네시보로의 집에 문안하라 에라스도는 고린도에 머물러 있고 드로비모는 병들어서 밀레도에 두었노니 너는 겨울 전에 어서 오라 으불로와 부데와 리노와 글라우디아와 모든 형제가 다 네게

문안하느니라
나는 주께서 네 심령에 함께 계시기를 바라노니 은혜가 너희와 함께 있
을지어다

　　앞서 바울은 '말세에 고통하는 때'가 이르게 될 것이라고 예고한 바
있다(딤후 3:1). 그리고 이때의 특성을 가리켜 '사람들이 자기를 사랑하
며 돈을 사랑하며 자랑하며 교만하며 비방하며 부모를 거역하며 감사
하지 아니하며 거룩하지 아니하며 무정하며 원통함을 풀지 아니하며
모함하며 절제하지 못하며 사나우며 선한 것을 좋아하지 아니하며 배
신하며 조급하며 자만하며 쾌락을 사랑하기를 하나님 사랑하는 것보다
더하는 것'(딤후 3:2-4)이라고 지적하였다.
　　한마디로 말세의 가장 큰 성격은 '경건의 모양은 있으나 경건의 능
력은 부인하는 것'(딤후 3:4)이라고 정의할 수 있다. 이러한 특성은 교회
시대가 출범하면서부터 지금까지 줄곧 이어져 왔으며, 첨단 문명을 자
랑하는 21세기에 와서 더욱 두드러지게 나타나고 있다. 그리고 이러한
말세의 특성은 우리 주 예수 그리스도께서 다시 오시는 날까지 이어질
것이다. 우리 주께서도 말세의 특징과 관련해 노아의 때와 롯의 때를
기억하라고 하시며 다음과 같이 경고하셨다.

　　"노아의 때에 된 것과 같이 인자의 때에도 그러하리라 노아가 방주에 들
　　어가던 날까지 사람들이 먹고 마시고 장가들고 시집가더니 홍수가 나서
　　그들을 다 멸망시켰으며 또 롯의 때와 같으리니 사람들이 먹고 마시고
　　사고팔고 심고 집을 짓더니 롯이 소돔에서 나가던 날에 하늘로부터 불과
　　유황이 비오듯 하여 그들을 멸망시켰느니라 인자가 나타나는 날에도 이
　　러하리라"(눅 17:26-30).

우리 주님의 말씀에서 볼 수 있는 것처럼, 말세의 가장 큰 특징은 사람들이 철저하게 '개인주의'(個人主義, individualism)에 빠지게 되는 것으로 나타나고 있다. 개인주의는 개인의 도덕적 가치를 중시하는 도덕적 입장, 이데올로기, 정치철학, 사회적 시각 등을 가리킨다.

개인주의를 추구하는 사람들은 자신의 목표와 욕망을 행사하는 것에 더 관심을 기울이며, 개인의 독립과 자립에 가치를 두거나, 개인의 이익이 국가나 사회집단보다 우선시 되어야 한다고 주장한다. 그들은 사회나 정부의 기관과 같은 외부 요소들이 개인의 행동에 영향력을 행사하는 것을 반대한다. 개인주의는 전체주의, 집단주의, 권위주의, 공동체주의, 국가주의, 세계시민주의, 부족주의 등에 대조되는 것으로 정의되기도 한다.

또한 개인주의는 개인을 중요시하는 것에 그 방점을 찍기 때문에 인간 개인은 해방을 위한 투쟁에서 가장 중요하다는 근본적인 전제를 가지고 있다. 고전적 자유주의, 실존주의 그리고 아나키즘 등은 인간 개인을 분석의 중심 단위로 삼는 운동의 예시로 여긴다. 따라서 개인주의는 '자유와 자기실현에 대한 개인의 권리 선언'이라고 할 수 있다.[360]

세상의 종말이 가까워질수록 사람들은 오로지 자기 자신만을 위해 모든 관심을 쏟아붓고 있다. 인류의 역사에서 볼 수 있는 것처럼 절대 진리를 추구하고자 하는 형이상학적인 관심을 이제는 찾을 수 없게 되었다. 오로지 사람들의 관심은 형이하학적인 물질의 풍요에 쏠려있다. 특히 이러한 현상은 제1차 세계대전(1914.7.28 - 1918.11.11)과 제2차 세계대전(1939.9.1 - 1945.9.2)을 거치면서 더욱 심화되었다.

혹 누구인가 열심히 공부해서 가고 싶은 대학에 진학한다고 할지라도 그 사람에게서는 인류의 행복이나 인류를 위해 봉사하겠다는 의지라든지 세계관을 기대할 수 없게 되었다. 남들보다 더 좋은 직장을 선

---

360) 개인주의 - 위키백과, 우리 모두의 백과사전 (wikipedia.org)

택하려고 하는 것 역시 자신의 물질적 만족을 채우기 위한 수단이 되었다. 심지어 애틋하게 교회를 찾거나 혹은 어느 종교에 심취한다고 할지라도 그것으로 사후 세계나 절대 진리를 추구하는 데 목적을 두지 않는다.

오히려 사람들은 종교마저도 현세에 자신이 누리고 싶은 물질적인 풍요를 얻는 수단으로 변질시키고 말았다. 이것은 사람들의 사행심을 자극하는 사이비 종교라든지, 기복을 강조하는 주술적인 요소를 강조하는 종교 집단이 성행하고 있는 원인이기도 하다.

1. 바울이 남긴 마지막 유언 (딤후 4:6-8)

바울은 이러한 말세의 때를 가리켜 "때가 이르리니 사람이 바른 교훈을 받지 아니하며 귀가 가려워서 자기의 사욕을 따를 스승을 많이 두고 또 그 귀를 진리에서 돌이켜 허탄한 이야기를 따르리라"(딤후 4:3-4)고 경고하였다. 이것은 소위 현대의 지성인들로 자부하는 집단에게서 두드러지게 나타나는 현상이기도 하다.

뿐만 아니라 이러한 현상은 하나님의 백성으로 부름을 받아 온전하게 하나님의 영광을 위해 살아야 하는 교회와 신자들에게서도 동일하게 나타나고 있다. 결국 교회나 성도들조차도 물질적 풍요를 얻기 위해 기독교의 핵심적인 교리 마저 왜곡시킴으로써 배교의 길에 들어서고 말았다.

이처럼 배교의 때를 바라보며 바울은 디모데에게 "너는 말씀을 전파하라 때를 얻든지 못 얻든지 항상 힘쓰라 범사에 오래 참음과 가르침으로 경책하며 경계하며 권하라"(딤후 4:2)고 하면서 '네 직무를 다하라'(딤후 4:5)고 격려하였다. 그리고 이제 바울은 자신의 죽음을 앞두고 지금까지 자신이 복음을 위해 봉사하기 위해 달려왔던 길을 디모데에게 위임하고 있다.

이 점을 강조하기 위해 바울은 "나로 말하자면 전제와 같이 내가 벌써 부어지고 나의 떠날 시각이 가까웠도다"(For I am already being poured out as a drink offering, and the time of my departure has come. ESV. 딤후 4:6)라는 말로써 디모데에게 남길 유언을 시작하고 있다.

여기에 등장하는 '나로 말하자면'(For I am)이라는 표현은 감동적인 대위법으로, 5절에서 디모데를 향하여 "너 자신에 대해 말하자면"(As for you, always be sober-minded, endure suffering, do the work of an evangelist, fulfill your ministry. ESV. 딤후 4:5)이라고 시작되는 격려의 말과 극적인 대조를 이룸으로써 각자 마땅히 해야 할 일이 있음을 강조하고 있다.

바울은 자신의 일과 관련해서 "전제와 같이 내가 벌써 부어지고 나의 떠날 시각이 가까웠도다"(딤후 4:6)라는 말로써 자신의 사역이 실제적인 목적을 이미 완수하였음을 알리고 있다. 그리고 이제 디모데가 그 직무를 대신하여 완성시켜야 할 것을 강조하고 있다.

'관제와 같이 벌써 내가 부음이 되고'라는 구절은 성소에서 제단 주위에 하나님께 드리는 헌주를 붓는 것을 묘사하는 제의적인 표현이다. 이것은 희생제사의 마지막 단계에 이르렀음을 가리키고 있다(민 15:1-12; 28:7, 24). 이로써 바울 자신이 드리고 있는 희생제사의 마지막 단계가 이미 시작되었음을 밝히고 있다.[361]

바울은 신자의 삶을 가리켜 '하나님이 기뻐하시는 거룩한 산 제사'(롬 12:1)로 이해하고 있었다. 뿐만 아니라 바울은 산 제사로 드리는 자신의 생명을 관제(a drink offering on the sacrifice)로 여기고 있었다(빌 2:17). 이런 점에서 바울은 자신의 생애를 마치게 되는 것과 관련해 자신을 하나님께 드리는 '산 제사'(a living sacrifice)를 완성한다는 의미로 비유하고 있다. 이제 바울은 그 제사를 육체적으로 실행함으로써 완성할 단계

---

361) Thomas C. Oden, 디모데전후서, p. 252.

에 이르고 있음을 보여주고 있다. 이것을 가리켜 바울은 '나의 떠날 기약이 가까웠다' 라고 표현한다.

'떠난다'(αναλυω)라는 단어는 군사 용어로는 '막사를 거두고 진을 철수하는 것'을, 항해 용어로는 '배가 부두를 떠날 때 배의 닻줄을 푸는 것'을 가리킨다. 여기에서 '출발' 또는 '석방'이나 '해산'의 의미가 나왔다.[362] 이것은 바울이 죽음을 절망스러운 종말로 보는 것이 아니라 하나님과 함께 살기 위해 육체로부터 떠나는 새로운 출발로 이해하고 있음을 보여준다.

사람들이 죽음이라는 말만 듣고도 그처럼 당황하는 것은 그들이 죽음으로써 모든 것이 끝나는 것으로 여기기 때문이다. 그러나 바울은 죽음을 '출발'로 부름으로써 죽음은 멸망하는 것이 아니라 새로운 삶의 시작임을 알리고 있다.

바울이 자신의 죽음과 관련해 새로운 출발이라고 말할 수 있었던 것은 "나는 선한 싸움을 싸우고 나의 달려갈 길을 마치고 믿음을 지켰으니"(딤후 4:7)라고 한 말처럼, 지금까지 자신이 살아왔던 삶에 근거하고 있다. '선한 싸움을 싸웠다'라는 모습은 마치 죽음으로 끝나게 되는 검투사의 최후 순간을 묘사하고 있다. 그렇지만 바울은 복음을 위한 고뇌와 위험과 기쁨으로 순종했던 지나간 30여 년의 세월을 돌이켜 보면서 오히려 지금은 기쁜 마음으로 가득 차 있었다.

또 다른 바울의 모습은 예루살렘을 그 출발점으로 하여 아라비아를 거쳐 지상 끝까지 온 세상을 횡단하는 경주하는 선수와 같은 모습에서 찾을 수 있다. 바울은 자신의 삶에 대해 "그리스도께서 이방인들을 순종하게 하기 위하여 나를 통하여 역사하신 것 외에는 내가 감히 말하지 아니하노라 그 일은 말과 행위로 표적과 기사의 능력으로 성령의 능력

---

362) A. C. Hrevey, 디모데전후서, p. 466.

으로 이루어졌으며 그리하여 내가 예루살렘으로부터 두루 행하여 일루
리곤까지 그리스도의 복음을 편만하게 전하였노라"(롬 15:18-19)고 밝힌
바 있다. 바울이 참여한 이 경기는 처음부터 끝까지 그칠 줄 모르는 전
쟁과 같았다. 하지만 이제 그 싸움이 끝나고 이제 승리의 월계관을 받
을 것이라는 기쁨과 안도감으로 가득 차 있었다.[363]

바울은 그리스도의 부르심을 받은 이후 평생 "나의 달려갈 길과 주
예수께 받은 사명 곧 하나님의 은혜의 복음 증거하는 일을 마치려 함에
는 나의 생명을 조금도 귀한 것으로 여기지 아니하노라"(행 20:24)는 고
백처럼 한결같은 마음을 가지고 있었다. 그리고 이제 마침내 '나의 달
려갈 길을 마쳤노라'(딤후 4:7)고 선언하고 있다. 이 문장은 이미 완료된
상황을 묘사하고 있는데, 이것은 마라톤에서 그의 가슴이 최후의 결승
점을 막 통과하고 있음을 암시하고 있다(고전 9:24).

바울의 사역 그리고 그가 소명으로 받은 일은 완성되었다. 복음이 온
민족에게 선포되었다. 그리고 바울은 믿음의 담보물을 지켰고, 맡겨진
진리의 말씀을 보존했다. 그리고 자신에게 위탁된, 그리고 디모데에게
위탁하고 있는 그 담보물인 바른 교훈은 조금도 손상되지 않았고 보존
되어 오고 있었다. 이렇게 함으로써 바울은 끝까지 충실한 군인으로 자
신의 상관이신 그리스도에게 충성했으며, 충성스럽게도 올바른 교의를
단단히 지켜낼 수 있었다. 이것은 주님에 대한 자신의 신의를 입증할
수 있는 유일한 증거였다.[364]

따라서 바울은 이후에 자신에게 주어질 보상에 대한 확신을 가지고
있다. "이제 후로는 나를 위하여 의의 면류관이 예비되었으므로 주 곧
의로우신 재판장이 그 날에 내게 주실 것이며 내게만 아니라 주의 나타

363) Thomas C. Oden, 디모데전후서, p. 254.
364) J. Calvin, 디모데전후서, p. 603.

나심을 사모하는 모든 자에게도니라"(딤후 4:8). 바울은 마지막 날에 의
로우신 재판장 앞에서 '의의 면류관'을 받아 쓰게 될 것이라고 확신하
고 있다.

'의의 면류관'(a crown of righteousness)이란 싸움의 모든 수고와 어려
움을 극복한 승리자에게 풍성하게 갚아주는 면류관으로, 이것은 신의
를 다해 주를 섬긴 것에 대한 보상이다. 그리고 신자들의 거룩함과 의
가 하나님 나라에서 완전하게 이루어질 것과, 그것이 곧 신자들에게 주
어지는 면류관이 될 것이라는 사실을 의미하고 있다. 이때 하나님은 어
떤 것도 잃어버리게 하지 않으시는 의로우신 재판장으로서 면류관을
주는 분이시다.365)

이 면류관은 사도나 순교자와 같은 특별한 신자들에게만 주어지는
것이 아니다. 이 면류관은 주의 나타나심을 사모하는 모든 (신구약 시대
의) 성도들에게 약속되었고 주어질 것이다. 왜냐하면 예수 그리스도의
나타나심을 사모하는 것은 모든 성도들에게서 찾아볼 수 있는 공통적
인 특성이기 때문이다.

(구약 시대의) 성도들은 그리스도가 자신을 단번에 제물로 드려 죄를
없이 하시려고 나타나신 그의 첫 번째 나타나심도 사모했었다(히 9:26).
그리고 (신약 시대의) 성도들은 주의 나라가 나타나심을 사모하면서 심판
날에 있을 두 번째 주의 나타나심을 기다리고 있다. 그리스도는 자신의
나타나심을 사모하는 모든 성도들에게 기쁨이 되시기 위해 두 번째로
다시 오실 것이다. 그때 그리스도의 나타나심을 기다리는 모든 성도들
에게 면류관이 주어질 것이다(히 9:28).

이런 점에서 성도들은 아직 그 면류관을 받은 것이 아니다. 그러나
지금 성도들은 그 면류관을 약속받은 상속자들이기 때문에 그리스도의

---

365) Matthew Henry, 디모데후서, p. 134.

나타나심을 갈망하고 있어야 한다. 이런 점에서 면류관은 분에 넘치는 하나님의 은혜 가운데 이미 약속된 면류관을 바라보는 성도들에게 주어지는 하나님의 보상이다.

따라서 이 면류관은 성도들이 행한 어떤 선행이나 혹은 자신의 의지로 행하는 능력에 따라 그 보상으로 받는 것이 아님을 알게 된다. 이 면류관은 오직 그리스도를 주시겠다는 하나님의 약속을 믿는 성도들에게 주어지는 것으로, 이것은 전적으로 하나님께서 주시는 의로운 선물이기 때문이다.

만일 이 의의 면류관에 대한 모든 성도들에게 동일한 소망이 없다면 바울은 결코 다른 신자들에게 본이 될 수 없었을 것이다. 바울은 최후 부활을 소망하는 모든 신자들에게 스스로 본이 됨으로써 그리스도의 나타나심을 갈망하게 하고 있다. 이것은 반대로 주의 나타나심을 소망하지 않는 자들은 불멸의 영광을 박탈당하게 될 것을 예고하고 있다.366)

이런 점에서 구약의 성도들 역시 동일한 소망을 가지고 있었다. "그 날에 말하기를 이는 우리의 하나님이시라 우리가 그를 기다렸으니 그가 우리를 구원하시리로다 이는 여호와시라 우리가 그를 기다렸으니 우리는 그 구원을 기뻐하며 즐거워하리라"(사 25:9).

의의 면류관을 바라보는 구약의 성도들 역시 신약의 성도들과 동일한 약속과 소망을 가지고 있었다. 모든 성도들은 한결같이 의의 면류관을 약속받았다는 사실에 근거하여 "아멘, 주 예수여, 오시옵소서"(계 22:20)라고 한결같이 기도하고 소망함에 있어서 동일해야 한다.367)

---

366) J. Calvin, 디모데전후서, p. 605.
367) Thomas C. Oden, 디모데전후서, p. 255.

2. 말씀 사역에 충성한 바울 (딤후 4:9-22)

이 서신을 시작하면서 바울은 디모데를 만날 수 있기를 주야로 갈망하고 있었다고 밝힌 바 있다(딤후 1:4). 이제 죽음을 앞둔 시점에서 바울 곁에는 누가(딤후 4:11)와 어쩌면 아직 죽지 않았다면 오네시보로 외에 아무도 없었다. 누가는 안디옥에서 바울을 만난 이후(행 11:26) 줄곧 바울과 함께했으며, 바울의 첫 번째 투옥 때에도 함께 있었다.

이러한 상황에서 바울은 급히 디모데가 바울에게 와 주기를 고대하고 있다. 이 사실을 강조하기 위해 바울은 "너는 어서 속히 내게로 오라"(딤후 4:9)고 한 후에 또 다시 "너는 겨울 전에 어서 오라"(딤후 4:21)고 덧붙이고 있다. 이렇게 바울이 디모데를 보고 싶어 했던 이유는 말세의 때, 곧 배도의 때가 이르러 공격받고 있는 교회 시대를 대비하기 위함이다.[368]

이 서신을 쓰고 있을 당시 바울은 로마 법정에서 이미 1차 심문을 받았던 것으로 보인다(딤후 4:16). 이 첫 번째 심문 과정에서 바울을 위해 변호해 줄 사람은 아무도 없었다. 때문에 바울은 홀로 자신을 변호하지 않으면 안 되었다. 바울은 아무도 자신의 편을 들지 않은 이유에 대해 밝히지 않고 있다.

그렇지만 64년 7월에 발생한 로마시의 대화재로 말미암아 로마에서 대대적인 기독교에 대한 박해가 일어났다는 사실로써 이러한 바울의 형편을 충분히 납득할 수 있다. 오네시보로가 바울을 찾기 위해 죽음을 무릅쓰고 결사적으로 찾아 나섰던 것처럼, 누구든 기독교 지도자인 바울편에 선다는 것은 상당한 용기가 필요했을 것이다.

제1차 심문으로 보이는 '처음 변명'(16절)은 일종의 예비 심리로, 바

---

368) Thomas C. Oden, 디모데전후서, p. 257.

울이 기대했던 것보다 순조롭게 진행되었다. 아마도 바울은 증거 불충분이라는 판결을 받음으로써 석방되지는 않고 계속해서 조사를 받기 위해 다시 구금되었던 것으로 보인다. 그렇지만 사건의 심리 절차를 밟는 과정에서 바울은 제국 조직의 심장부에서 세계적으로 유력한 청중들에게 복음을 전할 좋은 기회를 얻게 되었다.

이에 대해 바울은 "주께서 내 곁에 서서 나에게 힘을 주심은 나로 말미암아 선포된 말씀이 온전히 전파되어 모든 이방인이 듣게 하려 하심이니 내가 사자의 입에서 건짐을 받았느니라"(딤후 4:17)고 밝히고 있다. 그렇지만 그것은 그리 오래가지 않았다. 적절한 절차를 거쳐 제2차 심리가 열렸고 이번에는 유죄라는 판결이 내려졌다.[369] 때문에 바울은 자신의 임박한 죽음을 기다리고 있었다.

죽음을 가까이 맞이한 바울은 자신이 달려온 지난날의 시간들을 돌아보며 언제나 그리스도 예수께서 자신과 함께하셨음을 찬양하고 있다. "주께서 나를 모든 악한 일에서 건져내시고 또 그의 천국에 들어가도록 구원하시리니 그에게 영광이 세세무궁토록 있을지어다 아멘"(딤후 4:18).

이제 바울은 늘 자신 곁에 계셨으며, 주권적인 섭리로 자신을 죽음의 문턱에서 건져내신 주 예수께서 끝까지 그리스도의 종으로 사역을 마친 자신을 보호하실 것이라고 확신하고 있었다. 뿐만 아니라 '모든 악한 일'로부터 자신을 건져내심을 찬양하고 있다.

바울에게 있어 이 '악한 일'은 복음을 전하는 일에 실패하는 것으로 '낙심과 배도의 모든 위험'을 가리킨다. 복음의 위대한 일꾼이며 용사였던 바울조차도 복음을 섬기는 일에 있어서는 혹시라도 불충하지 않을까 염려하고 있었음이 분명하다. 때문에 바울은 자신의 신실한 충성심을 의심받을 수 있는 모든 악한 일로부터 이제 해방이 되었다는 사실

---

369) F. F. Bruce, 바울, p. 477.

을 감사하며 찬양하고 있다.[370]

바울은 자신이 달려 온 길을 함께하고 있는 디모데에게 "나는 주께서 네 심령에 함께 계시기를 바라노니"(딤후 4:22)라는 축복을 통해 ① 디모데로 하여금 그리스도께서 바울의 생애와 사역에 있어 항상 함께하셨음을 기억하듯이 주께서 디모데와 함께하시리라는 소망과, ② 바울이 평생동안 충성을 다했던 그 사역을 디모데가 계승함으로써 마지막 날까지 계속 이어지게 될 것을 기대하고 있다. 그리고 ③ 이러한 기대와 소망을 함께 가지고 있는 교회와 성도들을 향해 "은혜가 너희와 함께 있을지어다"(딤후 4:22)라고 축도를 함으로써 본 서신의 막을 내리고 있다.

3. 마치는 말

본 서신의 으뜸가는 목적은 복음의 신앙을 확신시키며 순수하고 지속적인 전파를 행함에 있다. 특히 죽음을 앞둔 바울의 상황을 감안한다면 ① 그리스도의 나라, ② 영생의 소망, ③ 복음을 위한 성도들의 전투, ④ 그리스도에 대한 신앙고백, ⑤ 복음의 보수자인 교회의 확실성 등에 대한 바울의 언급들은 그가 주장하는 것 가운데 당장 죽음을 서약할 각오가 되어 있지 않은 내용은 하나도 없다. 이런 점에서 본 서신은 바울의 교의에 대한 엄숙한 비준으로 볼 수 있다.[371]

바울은 제3차 전도여행을 마치고 자신이 커다란 박해를 당하게 될 것을 알면서도 예루살렘을 향해 갈 때 에베소 교회 장로들에게 "나의 달려갈 길과 주 예수께 받은 사명 곧 하나님의 은혜의 복음 증거하는

---

370) James Baker, 디모데후서, p. 383.

371) J. Calvin, 디모데전후서, 존 칼빈성경주석출판위원회 역, 서울, 성서교재간행사, 1990, p. 537.

일을 마치려 함에는 나의 생명을 조금도 귀한 것으로 여기지 아니하노
라"(행 20:24)고 고별인사를 한 바 있다. 그의 고별인사처럼 바울은 예루
살렘에서 유대인들에 의해 붙잡힌 후 가이사랴에서 2년간 감금당했고,
로마에 이송되어 다시 2년 동안 감금 생활을 하였다. 잠시 풀려난 바울
은 다시 붙잡혀 죽음에 이를 때까지 사도로서 복음을 증거하는 일을 한
시도 쉬지 않았다.

바울은 순교를 앞둔 시점에서 "관제와 같이 벌써 내가 부음이 되고
나의 떠날 기약이 가까웠도다 내가 선한 싸움을 싸우고 나의 달려갈 길
을 마치고 믿음을 지켰으니 이제 후로는 나를 위하여 의의 면류관이 예
비되었으므로 주 곧 의로우신 재판장이 그 날에 내게 주실 것이니 내게
만 아니라 주의 나타나심을 사모하는 모든 자에게니라"(딤후 4:6-8)고
유언을 남겼다.

바울은 마지막 유언과 함께 그의 평생에 복음 전하는 일과 글 쓰는
사명을 마무리하였고, 얼마 지나지 않아 그리스도의 이름을 위해 자신
의 목숨을 관제로 드렸다. 바울은 그의 주님을 알고, 그 안에서 발견되
며, 율법에서 오는 자기 자신의 의가 아니라 그리스도를 믿는 믿음을
통하여 오는 하나님으로부터 난 의를 소유하는 놀라운 복을 바라보며
평생 '모든 것을 버리고 배설물로'(빌 3:7-9) 여겼다.[372] 바울의 마지막
유언은 오늘날의 교회와 성도들을 향해 이렇게 말하고 있다.

> "너 하나님의 사람아, 사도로부터 물려받은 복음에 대한 너희 믿음을 부
> 끄러워하지 말라. 하나님의 은혜로 말미암아 죽을힘을 다하여 바른 교훈
> 을 보수(保守)하라. 이 교훈을 계승, 발전시키는 일에서 만나게 되는 고
> 난을 기꺼이 감수하라."

---

372) Robert L. Reymond, 바울의 생애와 신학, p. 360.

| 기 도 |

주님과의 관계를 군건하게 유지하기 위해 말씀으로 양육하기를 기뻐하시는 우리 주 예수 그리스도의 아버지이신 하나님께 감사를 드립니다.

우리에게 주의 말씀을 담보물로 주셨다는 바울 사도의 권면을 기억합니다. 우리가 주님과의 관계를 군게 하기 위해서는 주님의 말씀을 믿고 순종하게 하옵소서. 주님의 말씀을 통해 우리의 신앙을 성장시키고, 주님의 뜻을 따르는 삶을 살도록 도우소서.

우리는 거짓된 가르침을 경계하라는 경고를 받았습니다. 혼란과 잘못된 이해에 빠지거나 유혹되지 않도록 우리를 지키시고, 우리에게 주의 말씀이 주는 진리를 보여주옵소서. 우리에게 성령의 지혜와 통찰력을 주시고, 우리가 주님의 진리를 분별하고 옳은 길을 걸을 수 있도록 인도하여 주옵소서.

우리는 공의와 경건에 귀를 기울이라는 바울의 권면을 기억합니다. 우리의 삶이 주님의 영광을 반영하고, 주님을 향한 사랑과 섬김으로 가득 차기를 원합니다. 우리에게 주님의 선한 권능을 베풀어 주시어 주님의 뜻을 따르는 공의로운 삶을 살도록 도와주옵소서.

우리는 예수 그리스도의 구원 역사에 대한 바른 이해를 기억하고, 예수 그리스도의 십자가와 부활의 의미를 깊이 이해하고, 주님의 사랑과 은혜를 늘 찬송하며 살게 하옵소서.

우리 주 예수 그리스도의 이름으로 기도합니다.

〈참고문헌〉

이광호, 바울의 생애와 바울 서신, 서울 도서출판 깔뱅, 2007.

A. C. Hrevey, 디모데전후서, 풀핏 성경주석 23권, 풀핏주석번역위원회 역, 보문출판사, 1983.

Alan Richardson, 신약신학개론, 이한수 역, 고양, 크리스챤다이제스트, 1994.

Chester K. Lehman, 성경신학 II, 김인환 역, 고양, 크리스챤다이제스트, 1994.

D. A. Caeson, 신약개론, 엄성옥 역, 서울, 은성출판사, 2006.

Donald Guthrie, 신약 서론, 김병국, 정광욱 공역, 고양, 크리스챤다이제스트, 1996.

F. F. Bruce, 바울, 박문제 역, 고양, 크리스챤다이제스트, 1992.

I. Howard Marshall, 신약성서신학, 박문재, 정용신 역, 고양, 크리스챤다이제스트, 2006.

James Baker, 디모데후서, 정병은 역, 고양, 전도출판사, 2006.

James D. G. Dunn, 바울신학, 박문제 역, 고양, 크리스챤다이제스트, 2003.

J. Calvin, 디모데전후서, 존 칼빈성경주석출판위원회 역, 서울, 성서교재간행사, 1990.

J. Christian Beker, 사도 바울, 장상 역, 서울, 한국신학연구소, 1998.

John Stott, 디모데전서, 디도서 강해, 김현회 역, 서울, IVP, 1998.

Knute Larson, 디모데전후서, 마영례 역, 서울, 디모데, 2000.

Matthew Henry, 디모데후서, 메튜헨리주석전집 vol 21, 김영배 역, 고양, 크리스챤다이제스트, 2007.

Paul F. Barackman, 디모데전후서, 디도서, 원광연 역, 고양, 고양, 크리스챤다이제스트, 2007.

Ralph P. Martin, 신약의 초석 II, 원광연 역, 고양, 크리스챤다이제스트, 1993.

Robert H. Gundry, 신약개관, 이홍성 역, 서울, 크리스챤서적, 1994.

Robert L. Reymond, 바울의 생애와 신학, 원광연 역, 고양, 그리스챤다이제스트, 2003.

Thomas C. Oden, 디모데전후서, 디도서, 김도일 역, 서울, 장로교출판사, 2002.

William Handrikson, 목회서신, 나용화 역, 서울, 아가페출판사, 1983.

성구색인

〈구 약〉

창1:31	... 171	민16:9	... 435
창3장	... 432		
창3:6	... 128	신4:29;28:1-3	... 176
창3:6-7	... 440	신6:4-9	... 113
창3:15	... 129,373	신7:6;14:2;26:18	... 316
창3:16	... 129,304	신10:18	... 198
창3:17	... 129	신12:32	... 158
창15:1	... 395	신14:28-29;26:12-13	... 198
창16:7;18:1;32:24	... 246	신17:6	... 212
창17:1-8	... 378	신25:4	... 212
창28:15	... 251	신27:19	... 198
창48:16	... 419	신29:23	... 318
		신33:1	... 240
출7:11-12;8:6-7	... 433		
출19:5	... 316	수14:6	... 240
출20:4-6	... 157		
출24:9-10	... 246	삼상1:13	... 123
출25:8;29:45-46	... 160	삼상2:12-17,25,34	... 157
출34:6	... 313	삼상2:27	... 240
		삼상9:6	... 240
레10:1-2	... 157	삼상15:22-23	... 158
레16:32-33	... 435		
레19:32	... 196	왕상12:22	... 240
레26:12	... 160	왕상13:1-2	... 240
		왕상17:18	... 240
민8:10;27:18,23	... 214	왕상22:22	... 169
민15:1-12;28:7,24	... 470		
민16:1-34	... 435	왕하1:9	... 240
민16:5	... 425,430,435,454,455	왕하4:7	... 240

대상17:18,19,23,24,25,26	... 275	사2:2	... 428
대상23:14	... 240	사4:1	... 418
		사6:1-1	... 246
대하3:15-17	... 425	사6:3	... 98
대하25:7-8	... 240	사19:13	... 291
대하31:4	... 211	사25:9	... 474
		사26:13	... 436
느12:24,36	... 240	사30:9-11	... 460
		사40:8	... 405
욥1:21	... 233	사40:9	... 406
		사42:1	... 275
시2:12	... 111	사45:18	... 99
시16:11;138:17	... 373	사52:5	... 224
시19편	... 85	사53:12	... 114
시19:1	... 98		
시24:3-4	... 124	렘7:5;22:3	... 198
시49:17	... 233	렘29:7	... 110
시68:5	... 198	렘31:3	... 434
시114:2	... 160	렘35:4	... 240
시119편	... 85		
시127:1	... 251	겔1:28	... 246
시145:13	... 98	겔22:7	... 198
시146:9	... 198	겔36:26	... 334
		겔37:27	... 160
잠15:25	... 198		
잠15:9	... 241	호1:9	... 317
잠23:5	... 248	호4:10	... 317
잠30:10-11	... 146	호4:11-14	... 317
		호6:1-3	... 317
전5:15	... 233	호11:8	... 318
사1:15	... 124		
사1:17,23	... 198	욜2:31-32	... 436

암2:7	... 235	말1:10	... 122
		말1:11	... 123
미4:1	... 428	말3:5	... 198
		말3:17	... 316
슥7:10	... 198		

〈신 약〉

마5:14-16	... 217	마24:12	... 428
마5:17,18	... 85	마24:24	... 417
마5:23-24;6:12-13	... 124	마25:31-46	... 141
마5:43;15:3,6;17:9	... 85	마28:20	... 447
마6:19	... 248		
마6:19-20	... 249	막3:5;6:52	... 170
마6:25-26	... 234	막7:8	... 291
마7:15	... 347	막7:19	... 291
마7:15;24:11,24	... 77	막8:34	... 242
마9:13	... 95	막10:21	... 249
마10:1,8	... 68	막10:45	... 115
마10:20	... 68	막11:25	... 124
마10:32-33	... 408	막12:38	... 199
마11:28	... 114	막12:41-42	... 199
마11:29	... 242	막13:22	... 77,169
마12:49-50	... 196	막15:2	... 245
마15:6	... 81		
마18:20	... 161	눅6:35	... 334
마19:28	... 408	눅7:11-12	... 198
마20:26	... 113	눅10:39	... 126
마20:28	... 115	눅10:7	... 212
마22:37-40	... 430	눅11:41	... 291
마24:10-11	... 169	눅12:33-34	... 249
마24:11	... 417	눅17:3	... 459

눅17:26-30	... 467	요18:33-34	... 245
눅18:1-5	... 199	요18:37	... 77
눅18:8	... 428		
눅21:35	... 139	행1:8	... 388
눅22:17,19	... 172	행1:8,22	... 68
눅22:19	... 113	행2:4	... 391
눅22:66	... 185	행2:11	... 289
		행2:17	... 169,428
요1:7,8	... 115	행2:21	... 436
요1:11	... 137,208	행2:36	... 72,404
요1:14,16-17	... 313	행2:41	... 95
요1:16	... 374,463	행2:42	... 228
요1:18;14:6	... 246	행2:43;3:2;5:12-16	... 68
요2:11	... 314	행4:13,29,31	... 147
요3:16	... 333	행5:17;15:5	... 345
요3:16;6:35,48-49;14:6	... 373	행6:1-6	... 41,199
요6:51	... 113	행6:1-7	... 141
요6:70;13:18;15:16,19	... 68	행6:5	... 140
요7:6	... 115	행6:5;12:26	... 141
요8:44	... 230	행7:58	... 181
요10:11,18	... 114	행8:9;13:6;19:13	... 80
요10:14,28	... 417	행9:1-9	... 68
요12:40	... 170	행9:4	... 92
요14:6	... 77	행9:15	... 366,383,384,385
요14:16	... 391	행9:15;22:15,21;26:17,18	... 116
요14:26	... 228,391	행9:15-16;22:14,15,21;26:16-18	... 100
요14:26;15:26;16:7-14;20:22	... 68	행9:20	... 383
요15:13	... 228	행9:22	... 383,384,392,403
요15:15	... 225	행9:36,39,41	... 199
요15:26	... 391	행9:36-41	... 146
요16:13	... 77	행11:26	... 475
요17:24	... 274	행13:2	... 372

행13:14,50	... 442	롬1:1	... 64
행13:15	... 183	롬1:21	... 462
행13:51	... 442	롬1:23	... 98
행14:6	... 442	롬1:28	... 430
행14:15;17:28-29	... 244	롬2:4	... 460
행14:19	... 442	롬2:24	... 224
행14:22	... 407	롬3:30	... 113,120
행14:23	... 100,137,257	롬4:16;11:6	... 94
행14:23;20:2,4,6,22	... 209	롬5:3-4	... 242
행15장	... 22	롬5:5	... 241
행15:1	... 262	롬5:6	... 113
행15:1,5	... 22	롬5:8	... 333
행15:2	... 262	롬6:5,6	... 463
행19:9	... 122	롬7:4	... 187
행19:23-41	... 125	롬8:16	... 418
행20:7,28	... 137	롬8:17	... 407
행20:17,28	... 138	롬8:25	... 274
행20:24	... 472,478	롬8:28	... 233
행20:28	... 136,137,150,189,204	롬9:6-8	... 71
행20:29-30	... 169	롬9:7	... 277
행20:30	... 78	롬11:9	... 139
행20:33	... 231	롬11:26	... 418
행22:3	... 95	롬12:1	... 470
행22:5	... 185	롬12:1-2	... 175
행23:6;24:15;26:6,7;28:20	... 66	롬12:8	... 210
행24:14-15	... 376	롬13:1	... 328
행26:7,9	... 92	롬13:4	... 329
행26:9	... 95	롬13:8	... 83
행26:16-18	... 68	롬13:10	... 83
행26:18	... 190	롬13:15	... 141
행27:7-8	... 48	롬14:6	... 172
행28:30-31	... 47,384	롬14:20	... 291

롬15:4-6 ... 449
롬15:18,19 ... 68,472
롬15:19 ... 264
롬15:31 ... 141
롬16:1 ... 146
롬16:5 ... 122

고전1:1 ... 63,64
고전1:11;5:6;16:17 ... 263
고전2:7-10 ... 143
고전2:10-13;7:40 ... 68
고전3장 ... 29
고전3:18-20;8:1-3,10,11;13:9 ... 23
고전4:1,2 ... 286
고전4:8 ... 23
고전4:15 ... 70
고전4:17 ... 70
고전6:12,14 ... 28
고전6:12;10:23 ... 23
고전6:18-20 ... 28
고전8장 ... 28
고전9:1;15:8 ... 68
고전9:2 ... 68
고전9:16 ... 273
고전9:17 ... 88
고전9:24 ... 472
고전10:11 ... 169
고전11:1 ... 306
고전11:9 ... 127
고전11:19 ... 345
고전11:21 ... 29
고전12-14장 ... 23,41

고전12:4-6 ... 335
고전12:13 ... 113
고전13장 ... 301
고전13:13 ... 241
고전14:25 ... 161
고전14:34 ... 126
고전14:40 ... 387
고전15장 ... 23,29
고전15:5,8 ... 68
고전15:10 ... 399
고전16:1-2 ... 204
고전16:11 ... 181

고후1:1 ... 63
고후1:15-24 ... 263
고후2:4,9 ... 263
고후2:5-11 ... 103
고후2:13 ... 263,264
고후2:13;7:6,13,14;8:6,16,23;12:18 ... 261
고후2:17 ... 231
고후3:1 ... 22
고후3:6;6:4 ... 141
고후3:14 ... 183
고후4:1-18 ... 433
고후5:17 ... 339,385
고후6:16 ... 160
고후7:4 ... 147
고후7:6,13,14 ... 263
고후8:4,9,12 ... 141
고후8:6 ... 263
고후9:5-7 ... 204

고후10:4	... 101	갈3:28	... 130
고후11:4-5	... 22	갈4:4	... 113
고후11:13,15,26	... 23	갈4:19	... 70
고후11:19-20	... 23	갈4:29	... 443
고후11:22-23	... 22	갈5:6	... 83
고후11:23-27	... 442	갈5:20	... 345
고후12:12	... 68	갈5:22	... 347
고후12:18	... 263,264	갈5:22-24	... 94
고후13:13	... 348	갈6:6	... 212
갈1:1,12	... 116	엡1장	... 134
갈1:6	... 68	엡1:1	... 63
갈1:6-9	... 22	엡1:3-5	... 341
갈1:6-12	... 117	엡1:3-14	... 335
갈1:11-12	... 131	엡1:3-17	... 339
갈1:12	... 68,405	엡1:4	... 340
갈1:13	... 92	엡1:5	... 340
갈2:1	... 262	엡1:6	... 339,340
갈2:1,3	... 261	엡1:7	... 340,341
갈2:3	... 262	엡1:8-9	... 340
갈2:4	... 22,432	엡1:9	... 162
갈2:5	... 262	엡1:10	... 340
갈2:7	... 88	엡1:11	... 340
갈2:7-9	... 68	엡1:12	... 339,340
갈2:8	... 68	엡1:13-14	... 341
갈2:9	... 36	엡1:14	... 339,340
갈2:12	... 288	엡2:4-10	... 94
갈2:16	... 22	엡2:5,6	... 463
갈3:19	... 113	엡2:8	... 379
갈3:19-20	... 113	엡2:20-22	... 369,385
갈3:21	... 85	엡3:2-8	... 68
갈3:26-27	... 160	엡3:7;6:21	... 141

엡3:10	... 161	빌3:2,6-8	... 25
엡3:16-19	... 463	빌3:4-16	... 47
엡4:11	... 137	빌3:6	... 95
엡4:11-12	... 41	빌3:7-9	... 478
엡4:12-13	... 451,455	빌3:10	... 442,463
엡4:19	... 170	빌3:12-15	... 26
엡6:10-20	... 101	빌3:12-16	... 25,47
엡6:11-16	... 101	빌3:17-20	... 47
엡6:17	... 101	빌3:18-19	... 25
엡6:18	... 109	빌3:20-21	... 26,27
엡6:19	... 147	빌4:1	... 47
		빌4:1-7	... 47
빌1:1	... 141,257	빌4:2	... 146
빌1:6	... 242	빌4:3	... 130,146
빌1:12	... 187,405	빌4:6	... 109
빌1:20	... 147	빌4:12-13	... 232
빌1:23-26;2:19-24	... 365	빌4:13	... 399
빌1:25-26	... 188,283		
빌1:30	... 243	골1:1	... 63
빌2:1-5	... 26	골1:4,5	... 241
빌2:5-11	... 404	골1:7,23,25;4:7	... 141
빌2:6-11	... 311	골1:9,28;2:3,8,23;3:16;4:5	... 23
빌2:11	... 72	골1:15	... 98,246
빌2:12	... 189	골1:16;2:10,15;4:3,9	... 23
빌2:17	... 470	골1:24	... 406
빌2:17-30	... 355	골1:25	... 407
빌2:19	... 258	골1:27	... 66
빌2:19-23	... 48	골2:1	... 243
빌2:22	... 70	골2:8	... 23
빌2:24	... 48,49,51,149,261,355	골2:11;16-17;3:11	... 23
빌3:1-3	... 47	골2:21,23	... 23
빌3:2	... 25	골2:22	... 291

골4:2	... 109	딤전1:3	... 49,51,149,227,260,261,355
골4:15	... 122	딤전1:3,4	... 77,106,261,414
골4:16	... 183	딤전1:3-5;4:1-3	... 47
		딤전1:3-7;6:3-10	... 414
살전1:1	... 72	딤전1:3-11	... 226
살전1:3	... 242,301	딤전1:3-11,18-20	... 55
살전1:4	... 274	딤전1:3-20	... 63,221
살전1:8	... 228	딤전1:4	... 53,80,81,175,344
살전2:2	... 147,243	딤전1:4;4:7	... 53
살전2:4	... 88,144	딤전1:4;6:4	... 54,343
살전2:5	... 231	딤전1:4-5	... 259,370
살전3:2	... 141	딤전1:4,7;4:7	... 51,150
살전4:8	... 68	딤전1:5	... 55,63,82,106,111,245
살전5:1	... 115	딤전1:6	... 287
살전5:8	... 101	딤전1:6-7	... 84
살전5:12	... 210	딤전1:6,20;3:3,6;5:17-25	... 54
살전5:18	... 109	딤전1:7	... 53
살전5:23	... 394	딤전1:8	... 85
살전5:27	... 183	딤전1:8-11	... 56
		딤전1:9-10	... 86
살후1:4-5	... 407	딤전1:10	... 227,298,403
살후2:1-12	... 428	딤전1:10;6:3	... 79,460
살후2:3	... 168,428	딤전1:11	... 58,87,120
살후2:10	... 234	딤전1:11;2:7	... 79
살후2:11-12	... 462	딤전1:12	... 91
살후2:13	... 94	딤전1:12-17	... 106
살후3:1	... 406	딤전1:13	... 92
살후3:14-15	... 103	딤전1:14	... 93
		딤전1:15	... 94,112,177
딤전1:1	... 274	딤전1:15;3:1;4:9	... 335
딤전1:1-2	... 63	딤전1:16	... 95,460
딤전1:2	... 69,93	딤전1:17	... 98,99,246

딤전1:18 ... 99
딤전1:18-20 ... 107
딤전1:19 ... 56,102,170
딤전1:19-20 ... 259
딤전1:20 ... 80,102,345
딤전2:1 ... 122
딤전2:1-4 ... 56
딤전2:1-4:16 ... 119,194,221
딤전2:1-7 ... 119,158,167,194,221
딤전2:2 ... 110
딤전2:3 ... 65
딤전2:3-4 ... 111
딤전2:4;3:15;4:3 ... 243
딤전2:4;4:10 ... 51
딤전2:5 ... 112,114
딤전2:5-7 ... 58
딤전2:6 ... 114,115
딤전2:7 ... 116
딤전2:8 ... 122,166
딤전2:8-15 ... 134,158,167,194,221
딤전2:9 ... 124
딤전2:9-15 ... 166
딤전2:10 ... 126
딤전2:11 ... 126
딤전2:11-14 ... 136
딤전2:11-15 ... 304
딤전2:12 ... 126
딤전2:13-14 ... 127
딤전2:16 ... 129
딤전3,5장 ... 55
딤전3장;5:17-25 ... 370
딤전3:1 ... 136,208,212

딤전3:1-3 ... 56
딤전3:1-7 ... 57,208
딤전3:1-16 ... 134,167,194,221
딤전3:2 ... 138,165,210
딤전3:2-6 ... 139
딤전3:2-7 ... 208
딤전3:3 ... 212
딤전3:3,8 ... 216
딤전3:4-5 ... 210
딤전3:5 ... 210
딤전3:6;5:22 ... 283
딤전3:7 ... 139,212
딤전3:8 ... 140
딤전3:8-9 ... 142
딤전3:8-10 ... 165
딤전3:8-10,12 ... 57
딤전3:8,12 ... 141
딤전3:10 ... 144,239
딤전3:11 ... 145,302
딤전3:11-13 ... 141
딤전3:12 ... 146,165
딤전3:13 ... 147
딤전3:14 ... 182
딤전3:14;4:13 ... 63
딤전3:14;4:6,11,15,5:7,21;6:2,17 ... 180
딤전3:14-15 ... 49,55,160,166,355
딤전3:14-16 ... 159,194,221
딤전3:15 ... 46,159,239,240
딤전3:16 ... 134,162,167,168,193,221,370
딤전4장 ... 53,209
딤전4:1 ... 168

딤전4:1-2	... 291,428	딤전5:15	... 84
딤전4:1-3	... 179	딤전5:16	... 203
딤전4:1-10	... 226	딤전5:17	... 209
딤전4:1-16	... 167,194,.221	딤전5:17-18	... 204
딤전4:2	... 170,180	딤전5:17-19	... 57
딤전4:3	... 51,54,150,171	딤전5:17-25	... 221
딤전4:3-4	... 51,150,233	딤전5:18	... 165,210,370
딤전4:4	... 56,171	딤전5:19	... 165
딤전4:5	... 172	딤전5:19-20	... 213
딤전4:6	... 174	딤전5:21	... 214
딤전4:6;6:1	... 243	딤전5:21-22	... 456
딤전4:6-7	... 56	딤전5:22	... 214
딤전4:7	... 80,175,414	딤전5:23	... 215
딤전4:8	... 175,232	딤전5:24-25	... 216
딤전4:9	... 177	딤전6:1	... 223,304
딤전4:10	... 177	딤전6:1-2	... 166
딤전4:11	... 180	딤전6:1-19	... 134,221,239
딤전4:12	... 181,197,306	딤전6:2	... 225
딤전4:13	... 182	딤전6:3	... 79,227
딤전4:14	... 55,165	딤전6:3-13	... 56
딤전4:14;6:12	... 100,399	딤전6:4	... 229
딤전4:14-15	... 185,386	딤전6:5	... 54,150,231
딤전4:16	... 47,188,189	딤전6:6	... 232
딤전5:1-2	... 166,195,221	딤전6:7-8	... 233
딤전5:1-25	... 194	딤전6:9	... 139,235
딤전5:3	... 199	딤전6:10	... 236
딤전5:3-16	... 166,221	딤전6:11	... 240
딤전5:6	... 125	딤전6:11-14	... 59,150
딤전5:8	... 234	딤전6:11-16	... 239
딤전5:9-10	... 201	딤전6:12	... 55,101,243
딤전5:13	... 125	딤전6:13	... 56
딤전5:14	... 125,202	딤전6:13-14	... 244,456

딤전6:15-16 ... 245
딤전6:17 ... 56,234,247
딤전6:17-19 ... 166,239
딤전6:18 ... 249
딤전6:19 ... 249
딤전6:20 ... 47,59,150,243,390,400
딤전6:20-21 ... 239,250
딤전6:21 ... 42,84

딤후1:1 ... 63,372,383,384,392
딤후1:2 ... 69,374,385
딤후1:3-4 ... 378
딤후1:3-5 ... 386
딤후1:4 ... 50,356,475
딤후1:5 ... 379
딤후1:5;4:10,12,16 ... 365
딤후1:6 ... 185,387
딤후1:6,7,14 ... 364
딤후1:7 ... 371,387,392,403,453
딤후1:8 ... 363,421,453
딤후1:8;4:6 ... 260
딤후1:8,12;2:9,12;3:11-12 ... 453
딤후1:8-10 ... 363,453
딤후1:9 ... 364
딤후1:9;3:4,15 ... 374
딤후1:9-10 ... 389
딤후1:11 ... 389,405
딤후1:12 ... 389
딤후1:12,14 ... 243
딤후1:13 ... 79,365,458
딤후1:13;2:2;3:10,14 ... 79

딤후1:13-14 ... 390,444
딤후1:14 ... 363,453
딤후1:15 ... 392,398
딤후1:15;4:10,16 ... 374
딤후1:15-18 ... 51,357
딤후1:16 ... 393
딤후1:16-17 ... 357
딤후1:16-18 ... 366,398
딤후1:17 ... 393
딤후1:18 ... 394
딤후2:1-2 ... 257,399,411
딤후2:2 ... 100,228,370,.424,427,453
딤후2:3 ... 401,412
딤후2:3-6 ... 453
딤후2:4 ... 412,424,437
딤후2:4-6 ... 402
딤후2:5 ... 85,424,437
딤후2:6 ... 424,437
딤후2:8 ... 403
딤후2:8-10 ... 424
딤후2:9 ... 366,405
딤후2:9-10 ... 463
딤후2:10 ... 406,412
딤후2:11 ... 335
딤후2:11-12 ... 345,407,412,457
딤후2:11-13 ... 364,370,412,425
딤후2:12 ... 448,463
딤후2:13 ... 408
딤후2:14 ... 413
딤후2:14-18 ... 364
딤후2:14-19 ... 426
딤후2:15 ... 414,427,458

딤후2:16	... 416	딤후3:17	... 240,292
딤후2:17	... 102,416	딤후4:1	... 426,464
딤후2:17-18	... 102	딤후4:1-2	... 456
딤후2:17-19	... 102	딤후4:1-5	... 455
딤후2:18	... 53,84,150,417	딤후4:2	... 195,459,469
딤후2:19	... 425,418,430,454,455	딤후4:3	... 365
딤후2:20-21	... 419	딤후4:3-4	... 460,469
딤후2:20-26	... 426	딤후4:5	... 462,469,470
딤후2:22	... 420	딤후4:6	... 51,358,470
딤후2:23	... 343,420	딤후4:6-8	... 362,365,367,452,455,478
딤후2:24-26	... 420	딤후4:7	... 101,243,471,472
딤후2:25;3:8	... 374	딤후4:7,8	... 68
딤후2:26	... 139	딤후4:8	... 473
딤후3:1	... 426,427,467	딤후4:9	... 51,358,362,475
딤후3:1-5	... 364,454	딤후4:9-22	... 455
딤후3:2-4	... 467	딤후4:10	... 264,346
딤후3:2-5	... 429	딤후4:10-11	... 50,357
딤후3:4	... 467	딤후4:11	... 50,51,357,358,475
딤후3:5	... 274,371,431,439	딤후4:12	... 51,260,358
딤후3:6	... 54,150	딤후4:13	... 50,51,260,356,358,362
딤후3:6-7	... 431,439,445	딤후4:13,20	... 50,356
딤후3:8	... 433,445	딤후4:16	... 475
딤후3:9	... 434,445	딤후4:16-17	... 51,358,362,366
딤후3:10-11	... 70,440	딤후4:16-18	... 50,357,366
딤후3:10-12	... 463	딤후4:17	... 364,366,476
딤후3:11	... 441	딤후4:18	... 476
딤후3:12	... 442,446	딤후4:19	... 49,356
딤후3:13	... 443	딤후4:20	... 50,260
딤후3:14-15	... 444	딤후4:21	... 51,260,358,475
딤후3:15	... 348,444,446	딤후4:22	... 477
딤후3:15-16	... 458	딤후5:10	... 261
딤후3:16-17	... 363,370,447,454,458		

딛1장	... 267	딛2:5-10;3:1,8	... 288
딛1:1	... 228	딛2:7	... 337
딛1:1-3	... 274	딛2:7-8	... 306
딛1:3;2:10;3:4	... 65	딛2:9-10	... 308,337
딛1:4	... 261,264,279,348	딛2:11	... 311,332,348
딛1:5	... 138,260,263,325,355	딛2:11-14	... 94,266
딛1:5-6	... 266	딛2:11-15	... 264
딛1:5,7	... 137	딛2:12	... 313,326
딛1:5-7	... 138	딛2:13	... 314
딛1:5-9	... 264,325	딛2:14	... 315,322,335
딛1:6	... 272,284	딛2:15	... 263,319
딛1:6-9	... 296	딛3장	... 267
딛1:7-9	... 286	딛3:1-2	... 264,266
딛1:9	... 290,296	딛3:2	... 329
딛1:9;2:1	... 79,243	딛3:3	... 331
딛1:10,16	... 328	딛3:3-7	... 341
딛1:10	... 53,266,287,298	딛3:3-8	... 264
딛1:10-16	... 297	딛3:4-5	... 333
딛1:11	... 298,303	딛3:4-7	... 339
딛1:12	... 272,289	딛3:5	... 332
딛1:13	... 289	딛3:6	... 334
딛1:14	... 80,298,393	딛3:7	... 335,348
딛1:14-15	... 290	딛3:8	... 335,342
딛1:15	... 51,150,291	딛3:8,14	... 259,335,370
딛1:16	... 200,291,298,337,431	딛3:9	... 80,288,298,343
딛2장	... 267	딛3:10	... 266,344
딛2:1	... 298	딛3:10-11	... 259
딛2:1-10	... 264	딛3:11	... 345
딛2:2	... 196,300	딛3:12	... 48,49,159,260,261,264,356
딛2:3	... 301	딛3:13	... 266,346
딛2:4-5	... 303	딛3:14	... 347
딛2:5,7-8,10,14,3:1,8,14	... 288	딛3:15	... 348

몬2절	... 122
몬22절	... 48,49,283,355,355,365
히1:2	... 169,428
히3:12	... 168
히3:14	... 190
히4:12-13	... 449
히4:15	... 114
히8:6;9:15;12:24	... 113,121
히9:22	... 144
히9:26	... 473
히9:28	... 473
히11:6	... 82
히12:28	... 417
히13:4	... 284
약1:27	... 199
벧전1:4	... 98
벧전1:5	... 434
벧전2:6-10	... 389,390
벧전2:10	... 316,329
벧전2:13	... 328
벧전2:14	... 329
벧전3:4	... 98
벧전3:10,11	... 111
벧전4:10	... 286
벧전5:1-2	... 138
벧전5:2	... 208
벧전5:4	... 137,208
벧전5:10	... 313

벧후1:18-2:1;3:15	... 28
벧후2:1	... 28,345
벧후2:1,10,11	... 28
벧후2:2,10,18	... 28
벧후2:3,12,14,15,18	... 28
벧후2:5-7	... 30
벧후2:10	... 28
벧후2:10,12-13,18-19	... 28
벧후2:15	... 29
벧후2:18-19	... 29
벧후3:3-4	... 28,32
요일1:1-3	... 68,446
요일1:1-4;2:22-23;5:1-2	... 33
요일1:3	... 463
요일1:5-2:29;3:1-5:13	... 35
요일1:6-7	... 176
요일1:7	... 34
요일2:2;3:16	... 34
요일2:4,22;4:20	... 34
요일2:6;4:2,9,17	... 33
요일2:13-14,20,28-29;3:2,3,5,7;5:20-21	... 33
요일2:18	... 34,428
요일2:18,22;4:3	... 34
요일2:19	... 418
요일2:19,20	... 277
요일2:22;4:2-3	... 33
요일4:1-6	... 169
요일4:10	... 34
요일4:20-21	... 35
요일5:6	... 34

요일5:13 ... 35 유25절 ... 65,99

유4절 ... 31,432 계1:3 ... 183
유4,8절 ... 31 계1:17-18 ... 404
유5-10절 ... 30 계2-3장 ... 29,169
유8-10절 ... 31 계2:9 ... 345
유10절 ... 30,329 계2:10,17 ... 176
유11-13절 ... 30,31 계3:14 ... 245,408
유12절 ... 31 계7:2-4 ... 418
유14-16절 ... 30 계17:8 ... 235
유16절 ... 31 계22:20 ... 474
유23절 ... 31